三十九军在朝鲜

吴信泉 著

辽宁人民出版社

© 吴信泉 2018

图书在版编目（CIP）数据

三十九军在朝鲜 / 吴信泉著 . — 3 版 . — 沈阳：辽宁人民出版社，2018.8（2025.3 重印）
ISBN 978-7-205-09319-8

Ⅰ．①三… Ⅱ．①吴… Ⅲ．①中国人民志愿军－抗美援朝战争－史料 Ⅳ．①E297.5

中国版本图书馆CIP数据核字（2018）第132714号

出版发行：辽宁人民出版社
地址：沈阳市和平区十一纬路25号　邮编：110003
电话：024-23284321（邮　购）　024-23284324（发行部）
传真：024-23284191（发行部）　024-23284304（办公室）
http://www.lnpph.com.cn

印　　刷：	辽宁新华印务有限公司
幅面尺寸：	170mm×240mm
印　张：	28
字　数：	510千字
出版时间：	2018年8月第3版
印刷时间：	2025年3月第4次印刷
责任编辑：	董　喃
装帧设计：	末末美书
责任校对：	吴艳杰
书　号：	ISBN 978-7-205-09319-8
定　价：	68.00元

吴信泉中将（1912—1992）

作者简介

吴信泉同志是湖南省平江县人,1926年参加农协,1928年参加赤卫队,1930年参加中国工农红军,同年加入中国共产党。土地革命战争时期,他历任红军班长、参谋、连政治指导员、营政治教导员、团特派员、军团保卫局执行部部长、师特派员、师政治部主任等职,参加了中央革命根据地第一至五次反"围剿"斗争和二万五千里长征。抗日战争时期,他历任八路军团政治处主任、团政治委员、旅政治部主任、旅政治委员、新四军淮海军分区司令员兼政治委员和中共淮海地委书记等职,转战晋冀豫等地区,参加创建苏北抗日根据地,参与领导了保卫淮海抗日根据地的斗争和高杨战役,率部参加了著名的阜宁战役和两淮战役,为建立、巩固和扩大苏北抗日根据地作出了重大贡献。解放战争时期,历任旅长兼政治委员、东北民主联军师长兼政治委员、纵队副司令员、副军长、军政治委员、军长等职,参加了创建西满根据地、四平保卫战、三下江南战役和辽沈、平津、渡江、衡宝、广西战役,为解放战争的胜利建立了卓著功勋。

抗美援朝战争中,历任中国人民志愿军军长兼政治委员、兵团副司令员,率部参加第一至五次战役和阵地坚守防御作战,为夺取抗美援朝的胜利立下了不朽的战功。回国后历任东北军区参谋长、沈阳军区参谋长、炮兵副司令员、军委国防工业领导小组成员,为部队的革命化、现代化、正规化建设作出了卓越贡献。1955年被授予中将军衔。曾当选为第四届全国人民代表大会代表,在中国共产党第十二次全国代表大会上被选为中央纪律检查委员会委员。

编者的话

在伟大的抗美援朝战争即将迎来60周年之际,当年首批入朝作战的中国人民志愿军第三十九军军长、原军委炮兵副司令员吴信泉经过多年酝酿和准备,呕心沥血反复修改而写成的《三十九军在朝鲜》一书终于再版了。

这是值得欣慰的事情,也是值得祝贺的事情。

翻开这部长篇战争纪实巨著,展现在人们面前的是一幅这支英雄的部队在朝鲜战场上那艰苦卓绝的1000个日日夜夜光彩夺目的画卷。那一次又一次艰难残酷的战役战斗的惊人场面在人们面前再现;那一个又一个热爱祖国、热爱朝鲜人民顶天立地的英雄好汉"最可爱的人"在向人们走来;那一件又一件生动感人、催人泪下的历史故事在向人们诉说……

三十九军是在中国共产党领导下的自红军诞生之日组建至今完整保存下来的一支英勇善战的老部队,以善于打硬仗、打恶仗而闻名全军全国。在抗日战争和解放战争时期,都是八路军、新四军和解放军的主力之一。在朝鲜战场上,这个军又是志愿军的主力之一。

本书第一次向世人披露了许许多多鲜为人知、具有历史意义的范例和三十九军对赢得朝鲜战争所作出的特有贡献:一是,在出国第一仗中,第一个打败了从未吃过败仗、号称美国的王牌军骑一师,开创了歼灭美军现代化装备的一个建制团和伪军一个团的战绩;一个装备落后的连队歼灭美军现代化装备的一个连,这是独一无二的;在战场上一次就缴获美军4架飞机,是空前绝后的。二是,在第二次战役中,以军事打击和政治瓦解相结合,一个连在战场上活捉美军一个黑人连,逼得美军改变了白人黑人分开的编制。

三是，解放朝鲜平壤和汉城（汉城是同我志愿军五十军和朝鲜人民军一军团并肩解放的），毛泽东主席亲自为收复平壤撰写了新华社的新闻报道，打到朝鲜最南端的水源。四是，在第四次战役中，我一个师歼敌3300余人，这是志愿军在一次战役中歼敌最多的师。五是，连续参加一至五次战役历时7个月的全过程，最后全军撤出阵地进行休整。六是，在阵地防御战中，在兄弟部队防炮洞和短坑道的基础上，创造了以坑道为核心结合各种野战工事的坚固防御阵地体系，完善了以长期作战为中心的能打仗、能工作、能生活的阵地管理体系，充分发挥了地下长城的优势，大量地杀伤了敌人的有生力量。七是，争取战场主动权扩占阵地，主动实施战术反击，是攻占敌人阵地并能巩固阵地最多的一个军。八是，实行人道主义，在战场上主动释放被俘的美军的伤病员，在国际上引起极大的反响，受到党中央、毛主席的表扬。九是，一个师高射炮营在阳德兵站不仅白天把美国飞机打得不敢来了，而且开创了在夜间无探照灯、无雷达的条件下击落敌机多架次的奇迹。十是，后勤战线功绩卓著，在极端艰难困苦的条件下，供应物资5.6万吨等于2.8万辆汽车的运输量，满足了部队作战的需要和生活的改善。此外，还有许许多多、大大小小的范例，不胜枚举。这些，也就是三十九军在抗美援朝战争的大战场上所作出的巨大贡献的缩影，也是三十九军在几次大战役中所显示出来的主要特点。

　　本书作者吴信泉将军率领三十九军出国作战时只有38岁。全军指战员在异国战场上面对的敌人，不是解放战争后期国民党的残兵败将，一仗可以消灭几个师几万人，而是世界上最强大的美帝国主义现代化军队，其中有百年历史的南北战争中的"王牌军"，第二次世界大战中的"常胜军"。然而，富有实战经验的吴信泉军长，无论是在首战云山中发现美军和伪军正在换防，不顾炮兵主力尚未进入阵地，果断地提前两小时向敌人发起进攻，指挥8个团（欠一个团）从三面包围云山之敌，打得敌人措手不及、晕头转向，还是在突破"三八线"的战役中，一面大胆地指挥主攻师转入地下隐蔽，一面巧妙地组织一个团进行佯攻，把敌人火力吸引过来，掩护主攻师胜利地突破临津江，都表现了非凡的胆略和军事才能，以及卓越的指挥艺术。书中还有一个精彩的场面，即水淹美军陆战队的战法：他发现华川湖水库蓄水量很大，先组织部队把大堤上的闸门全部关闭，提高水库的水位。当美军进入阵地战斗打响之前，他又指挥部队把大堤上的闸门全部打开。结果，大水冲垮了美军一个炮兵阵地，冲光了帐篷，冲毁了公路，美军前进受阻……谁读到这里，都会情不自禁地拍案叫绝。

　　书中既有气势雄伟的战役战斗，又有平凡细小的动人故事；既写了三十九军的胜利，又写了所遭受的挫折。尤其是以大量的章节，既讴歌了一大批英勇善战、奋不顾身、前赴后继的英雄人物，又真实地再现了他们那些惊天动地可歌可泣的悲壮事迹。全书内容丰富，史料众多，描写详细，文笔流畅，生动感人，具有很大的吸引力和很强的可读性。

作为二战后最大规模现代化战争的朝鲜战争虽然过去了半个多世纪，但人们记忆犹新，那场战争的艰苦程度和残酷程度是罕见的。

老将军吴信泉的这部著作，既回顾历史，缅怀先烈，又激励后人，教育后代。是进行爱国主义、国际主义和革命传统教育的极好教材。同时，也是推动我军现代化建设，教育部队广大指战员难得的教科书。应该说，这也是吴信泉老前辈留给我们的一份极宝贵的精神财富。让我们这一代和我们的后代，不要忘记这场战争，不要忘记在这场战争中做出贡献和英勇献身的老前辈。我们一定要珍惜它、爱护它，当作促进我们建设具有中国特色社会主义的精神力量。

目录

编者的话 1

第一章 出 兵 1

林彪、谭政、陶铸在武汉向我面授机宜,我率部从中原大地向东北紧急出动——刚刚从战争转入和平,又要从和平转入战争

第二章 是战争就会有流血 17

当我们秘密地跨过鸭绿江以后,每个人都有参加抗美援朝战争的第一天。何凌登是周恩来总理批准以武官身份入朝的第一人,也是在朝鲜战场上牺牲的第一人

第三章 首战告捷 27

出国第一仗在云山第一次和美军交手,彭德怀说:"一直没有吃过败仗的美骑一师这回吃了败仗,败在我们三十九军的手下嘛!"——美国舆论哗然,认为这是"自珍珠港以来美国军事上之最惨重失败,也可能是美国历史上空前绝后的军事浩劫"

第四章 活捉黑人连 87

第二次战役是诱敌深入关门打狗——三四七团四连活捉美国一个黑人连,迫使美国把白人黑人分开编队改为混合编队

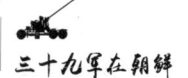

第五章　目标——平壤　　115

一一六师在美军侵占平壤47天后，一举收复了这个朝鲜民主主义人民共和国临时首都——毛泽东主席亲笔为新华社撰写向全世界发布的新闻，金日成首相向全国军民发布号召书

第六章　跨过三八线　　131

我军突破三八线，一一六师主攻，突破口选在临津江凹向敌人江湾，千军万马，在敌人眼皮下潜伏一昼夜，炮兵实施300～700米的抵近射击——邓华、陈赓、洪学智、韩先楚听了张峰副师长汇报称之为"三险三奇"，刘伯承元帅在解放军最高学府给打了满分

第七章　局部牺牲　　177

在突破三八线的战役中，为了掩护，一一六师在临津江敌人对岸潜伏一昼夜——我赋予了三四四团以佯攻吸引敌人的注意力，甚至准备吃亏"挨打"的光荣任务

第八章　号声退强敌　　187

三四七团"钢铁连"和英军激战釜谷里，干部全部伤亡时司号员郑起指挥全连仅剩下的10余人继续战斗——他机智地吹响军号吓退敌军，荣获二级英雄称号，列席全国政协会议，受到毛主席的接见

第九章　解放汉城　　203

美军、英军、伪军纷纷向南撤退，彭德怀下令："三十九军主力向汉城进击！"——一一六师指战员说："朝鲜的临时首都平壤我们收复了，朝鲜的正式首都汉城我们也要解放。"

目 录

第十章　奇兵穿插 ·· 215

一一七师横城大捷战果辉煌,创造了志愿军一个师歼敌最多、缴获最大的范例——中朝联军领导机关通令嘉奖

第十一章　天助志愿军 ·· 241

砥平里一仗打得很惨,一一五师撤退时数百名伤员挤在铁路隧洞里,颜文斌副师长带两个连队才把伤员全部转移——鹅毛大雪下得比金子还贵重,大家仰天长叹:"马克思在天之灵,天助我也!"

第十二章　历尽艰辛　重返部队 ···································· 267

一支奇特的队伍走上朝鲜前线——朱品先带领上千人的军归队团,历经艰险,遇到邓华副司令员才找到部队

第十三章　水淹美军陆战队 ··· 277

我命令一一五师打开华川湖全部水闸,来了个水淹美军陆战队的战法——赵志立成了板门店谈判记者招待会上的新闻人物,因为他指挥三四四团一连同美国人打了一场东方的"直布罗陀"战斗

第十四章　毛主席接见 ·· 293

我们首批入朝4个军的军长秘密回国向毛泽东主席汇报,毛主席请我们在他家里吃饭——四菜一汤

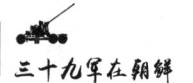

第十五章　步兵陷危境　炮兵解燃眉　　　　　　　301

打响阵地防御战的第一炮，出现了炮兵连的"光荣枪"：步兵陷于绝境，炮兵解了围，步兵从战利品中挑选一支美国卡宾枪送给炮兵——一一五师炮兵团这支"光荣枪"至今陈列在中国人民革命军事博物馆

第十六章　代表团的殊荣　　　　　　　313

李雪三政委率领志愿军归国代表团回国是两次志愿军归国代表团中规模最大、人数最多、影响最深的一次，受到毛主席单独召见——这是三十九军历史上的殊荣

第十七章　炮震敌胆　　　　　　　323

彭德怀司令员重视"战争之神"——我们军的游动炮打得敌人终日不得安宁

第十八章　坑道战　　　　　　　335

一一七师在190.8高地上打出了二级英雄高云和及二级英雄班——他们转入坑道后首创了志愿军坑道作战五昼夜的范例

第十九章　击碎的"空中优势"　　　　　　　353

吴国璋副军长遭敌机空袭是志愿军牺牲的最高指挥员；高炮健儿严惩美国空中强盗，打破了他们的"空中优势"

第二十章　红旗插上老秃山　　　　　　　　　　369

三四三团四打老秃山，要清川亲率营长、参谋蹲在敌人鼻子底下侦察；一级英雄倪祥明和战友拉响手榴弹与敌人同归于尽——他和他的一级英雄班获得了志愿军"222.9高地一级英雄班"的荣誉

第二十一章　不幸之中有万幸　　　　　　　　　383

一一五师前指被美国飞机炸塌，代师长王扶之等7位同志被埋在里面——经过一场生与死的搏斗和揪心的抢救，出现了不幸之中的万幸

第二十二章　战术反击战的胜利　　　　　　　　391

我军在战术反击作战中打了许多漂亮仗，英雄人物辈出——要让敌人的尸体填平他们自己打的炮弹坑

第二十三章　士气高涨　　　　　　　　　　　　405

祖国人民慰问团送给我军两面红旗——"先锋连"和"常胜连"，奉命把红旗插上了"联合国军"加拿大二十五旅皇家步兵团由贝茨公主伞兵营占领的高旺山

第二十四章　安息吧　战友　　　　　　　　　　417

永远不要忘记他们——把生命和鲜血留在朝鲜国土上的无名英雄们

抗美援朝战争时期志愿军第三十九军牺牲的团职以上干部　　431

后　记　　　　　　　　　　　　　　　　　　　433

第一章

出 兵

> 林彪、谭政、陶铸在武汉向我面授机宜，我率部从中原大地向东北紧急出动——刚刚从战争转入和平，又要从和平转入战争

1950年那个不平静的夏天。我们军部驻扎在河南省漯河市。刘震军长和吴法宪政委已调走,我任军长兼政委。7月7日这天,吃过晚饭,我和妻子俞惠如带几个孩子,副军长谭友林和他的妻子鲁方也带着孩子,在树荫下乘凉。只见军司令部作战科参谋李方明急匆匆地走到我跟前:

"军长,野司来电话,请你亲自去接。"

我回到房间电话机旁,拿起话筒,只听:

"喂!你是三十九军吴军长吧?"

"我是吴信泉。"

"林司令员请你迅速来武汉,有要事面谈。我们已经派好了轻油车,明早8点到漯河火车站接你……"

"知道了,再见!"

放下话筒,我忽然想起了13年前的今天——1937年7月7日,日本侵略军发动了中国人民永世不忘的卢沟桥事变。现在,林总这么着急要召见我去武汉有什么要事呢?我暗自思量起来:很可能与刚刚爆发的朝鲜战争有关,但没有想到要带兵出国作战。这些天来,我以一个高级军事指挥员特有的习惯,每时每刻都在注视着朝鲜战局的发展。当晚,我同谭友林副军长、李雪三副政委、沈启贤参谋长等人打了一下招呼,说去武汉,林总有要事交代,但没有表露自己心里想到的朝鲜战争问题。

第二天——7月8日清早,我带一名参谋和一名警卫员在漯河火车站登上野司派来的轻油车。下午3时许,我来到了第四野战军兼中南军区司令员林彪在汉口的住宅。林彪和第三政治委员谭政、政治部主任陶铸正坐在屋子里等着。我穿着刚发下来的国防军绿色军装,戴着大檐帽,走上前去向他们敬了个礼。他们握着我的手说:"吴军长,你来得很准时呀!快坐下,快坐下。"我便在谭政、陶铸对面的椅子上坐下来。

林彪操着浓重的湖北口音对我说:

"信泉同志,今天请你来,谈谈你们军的行动问题。目前,美军已在朝鲜登陆,和朝鲜人民军僵持起来了。看来朝鲜战局有向北发展的趋势。同时,美军又占领了我国台湾。所以，整个形势日趋严重了……"讲到这里，他稍稍停顿了一下，接着讲："东北现在没有什么正规部队，只有四十二军在北大荒垦荒生产，地方部队也不多。中央军委已经决定：调你们三十九和三十八军（在信阳）、四十军（在洛阳）同时开往东北，在辽南一带集结待命，一个星期准备。"他回头望了望身后墙上的地图，继续说："你们军的一一五师在广西，把剿匪的事情交给留在当地的一五二师，直接开往东北。你们军的一一六师和一一七师在河南生产，立即停下来，收拢部队，抓紧时间做好准备，迅速北上。车运问题由总部直接安排，你们尽快编造好车运计划报总参……"

林彪说话的速度很慢，说话的声音很轻。嘴里不时地发出"嗯、嗯"的习惯声音……

接着，谭政带着湖南湘乡的乡音对我说："部队往东北开，暂不要向下面讲出国作战，只讲加强东北边防，保卫祖国边防，朝鲜战争的局势很严重，加强东北边防，有备无患嘛。部队思想转弯又不能太急，要一步一步地转……"

随后，陶铸带着一口夹杂着湖南老乡话的普通话对我说：

"部队移防前，要把停止生产的工作搞好，认真地检查一下群众纪律，发扬我军政治工作的优良传统。部队走了，要给当地政府和老百姓留下一个好印象……"

当林彪、谭政、陶铸向我交代完任务后，我当即表示：回去后，坚决按照首长的指示办，停止生产，收拢部队，加紧准备，迅速北上。我起身告别，于当晚返回军部。第二天——7月9日，召开军党委扩大会议。我传达了林彪、谭政、陶铸三位首长的指示，大家展开热烈的讨论。参加会议唯一的师长张竭诚（一一五师师长王良太在广西指挥部队剿匪，一一六师师长吴国璋调到越南当军事顾问）发言说："我们坚决拥护和执行党中央作出的决定，虽然入朝作战地形不熟，语言不通，困难很多，但我们是有信心克服这些困难取得战争胜利的。"

这次会议确定了下列准备工作，确保部队按时向东北开进：一、进行简要动员——只讲加强东北边防，不讲入朝作战；二、收拢部队——命令回家探亲的干部战士立即归队，动员临时来队家属返回家乡；三、结束生产——做好各种善后工作，尽量减少损失；四、各单位普遍检查一次群众纪律——借群众的东西一定要如数还清，损坏的东西一定要按价赔偿；五、作战部门赶紧编造车运计划——一面与铁路部门联系，一面上报总参。

眼看我就要带着部队乘军列北上了，我的妻子俞惠如于1950年7月18日生下了第七个孩子吴安平。我望着她刚生下小孩子比较虚弱的身子，久远的历史镜头一个又一个浮现在我的脑海里：我们结婚到现在正好10年了，而我们夫妇在一起生活的时间还不到一半。我常常想起我国著名的女作家冰心说过的一句名言："年轻时没有年轻过……"

老七安平这孩子降临在我们家三天之后,我就离开了他和他的母亲。走前,我对她说:"惠如,真对不起你,你每次生孩子我都在前方打仗,从未照顾过你。这次我又要走了,你在后方又要工作,又要照顾孩子,真够辛苦了。"她说:"信泉,我习惯了,你这次出国作战,不仅是抗美援朝,而且也是保家卫国,任务光荣的。我保证把后方工作做好,把孩子照顾好,你放心走吧!"我听了她的话,向她竖起大拇指就走了。

1950年7月21日,军直和一一六师、一一七师乘数十组军用列车从河南向东北驶去。

三十九军原为红四方面军的二十五军。1932年,红四方面军到四川开辟川陕根据地后,留下红二十五军坚持鄂豫皖根据地,1934年经突围到鄂豫陕开辟新的根据地。原根据地留下一些游击队由高敬亭率领坚持到1938年国共合作以后,成立新四军四支队,他任支队长。红二十五军在鄂豫陕边区,以劣势装备和兵力打了两个漂亮的大胜仗,消灭国民党十七路军的两个旅,开辟了鄂豫陕游击根据地。1935年9月,吴焕先、徐海东、程子华率领红二十五军到达陕北,与刘志丹领导的陕北红二十六军、红二十七军会合后组成红十五军团。接着,红十五军团以劣势兵力打了崂山、榆林桥两个歼灭战,巩固了陕北根据地,为中央红军到达陕北,实现三大红军陕北会师创造了立脚点。1935年10月底,红十五军团与中央红军胜利会师,打了直罗镇歼灭战。1936年,红十五军团参加东征打阎锡山,然后又参加西征,打"三马"和胡宗南,都立下了战功。

在抗日战争中,红十五军团改编为八路军一一五师三四四旅,徐海东任旅长,黄克诚任政委。首先参加歼灭日本精锐部队坂垣师团的平型关大战,1938年4月配合一二九师粉碎日寇对晋东南的九路围攻,7月配合友军(国民党军)进行町店战斗。1939年又配合一二九师粉碎日寇对晋东南以长治为中心的大"扫荡"。1940年春天,三四四旅和冀鲁豫支队等组成第二纵队,下辖4个旅(新一、二、三旅和三四四旅),接着讨伐石友三,将其大部歼灭。随后南下增援新四军开辟苏北根据地(包括盐阜、淮海两区),部队番号先后改为八路军第五纵队和新四军第三师,粉碎敌人从1941年至1943年对苏北根据地的大"扫荡"。而后进行了高杨、阜宁以及两淮(淮阴、淮安)战役。八年抗战,我军纵横驰骋,足迹遍及陕西、山西、山东、河北、河南、安徽、江苏等8省,部队发展到7万余人(主力部队与地方武装各3.5万人)。1945年9月在黄克诚师长兼政委的率领下挺进东北。

解放战争时期,部队番号先后改为东北民主联军第二纵队和中国人民解放军第三十九军,参加三下江南战役,歼灭国民党七十一军八十七师大部,给新一军以沉重打击;在夏季攻势中,攻克怀德、大黑林子、昌图,歼敌1.5万余人;在秋季攻势中,攻克彰武、温家台，歼敌 1.5 万余人。我军参加辽沈战役，突破锦州，会战辽西，解放沈阳，歼敌 6.8 万余人；在平津战役中，主攻天津，首战金汤桥，歼敌 2.3 万余人；挺进华中，相继参加衡宝战役和广西战役，歼敌 1.2 万余人。我军在零下 40 摄氏度的东北严寒中，战斗在白山黑水之间，在炎热如火的江南原野上，不分昼夜追歼逃敌，从松花江一直把胜利的红旗插到了祖国的南大门镇南关上。

火车昼夜不停地行驶在津浦线上，很有节奏地发出"哐当、哐当"的重复响声。每驶进一个车站，其他的客车和货车都给我们乘坐的军用列车让路。我知道，这是中央军委副主席周恩来亲自对全国铁路系统作出的安排。

那时候，连队干部战士坐在闷罐车里。从连长、指导员、排长到各班的正副班长，还有全连的共产党员，都向战士做政治思想工作，最主要的就是做好巩固部队的工作。东北战士和南方战士，相互之间提出了挑战应战，条件有好几项内容，其中有一项就是："不离开连队，不离开车厢……"

在一一七师三四九团二营四连的闷罐车厢里，谁都知道连部通信员董伯友的家在唐山，有的战士就对他半开玩笑地说：

"小董，车快过唐山了，你得自觉点。"

"放心吧！车过唐山时，我趴在小窗户上看一眼就满足了。"

董伯友说完，又去找指导员宋焕祥说：

"指导员，我家就在唐山铁路边上。车过唐山我要是睡觉了，到时候你叫醒我，让我看看家房顶上的烟筒吧……"

结果，车过唐山时正好是半夜，宋焕祥和董伯友都睡得十分香甜，一觉醒来车已经到了山海关。董伯友倒没有当回事，宋焕祥却向他一再表示歉意，心里一直为没有满足战士这种最低的要求而感到内疚……

1950 年 7 月 25 日，军部乘坐的混合列车到达辽宁省辽阳市。各师部队到达辽南集结后，我和军里其他几位领导把工作安排好了，便驱车前往沈阳东北军区司令部。我走进了军区副司令员兼参谋长贺晋年的办公室，一见面，他就来了这样一番开场白：

"吴军长，东北是你们三十九军打仗最多的老地方。你们过去在这里打了不少漂亮仗，这里有很多你们的老朋友哟……"

"贺副司令员，有几件事情向你请示，希望能够尽快解决。"我毫无拘束开门见山地提出来。

"不必客气，你说吧！"

于是，我一口气把几件事一股脑儿地全都端了出来：

1. 我们在河南休整时复员老、弱、病、残3000多人。军区答应拨给我们一个独立师的兵员，班以下人员编入我军，排以下干部留地方继续扩军。

2. 1948年打完沈阳时，一一六师参谋长汪洋留在东北军区警卫师当师长。我们在河南生产时这个师的师长吴国璋又调到越南去当军事顾问。现在师长缺员，我们要求将汪洋调回一一六师任师长。

3. 请尽快解决三十九军补充装备、马匹、大车、弹药。

贺晋年很注意听了我的陈述，一边听一边用笔记在本子上。等我讲完，他说：

"吴军长，你提的这些问题都应该解决也可以解决。不过，火炮、弹药补充由军区炮兵直接管。我给你写一封信，你去找炮兵司令员万毅同志。"

1950年8月3日，我们召开部队到达辽南集结的第一次军党委扩大会议。首先，我如实地把敌情告诉了大家：美国军队以"联合国"名义发动了侵朝战争，仆从军队能来多少尚不知道，但美国是陆、海、空三军现役兵员120万人，已经在朝鲜釜山登陆的有装备精良的美二十二师、二十四师、二十五师，将要登陆的有骑一师，现在与朝鲜人民军在洛东江进行战斗。南朝鲜军队有首都师、一师、二师、三师、六师、七师、八师、九师，总兵力为15万余人，装备差，战斗力不强。其次，友军情况怎样呢？朝鲜人民军共15个师，加上地方部队共25万人，苏式装备的有3个师，参加过东北解放战争，有一定的战斗力。根据现在和今后战局的发展，对人民军极为不利。人民军与美、伪军在洛东江处于相持状态，美国继续增兵，加上他们强大的空军、海军，人民军难以挡住美国人的进攻。因此，战火烧到北朝鲜的可能性极大。但这场战争仍然是局部战争，不可能是第三次世界大战。经过第二次世界大战，即使是战胜国也打得精疲力尽，人民要求和平和医治战争创伤，也就是和平力量超过战争力量，任何集团不可能发动第三次世界大战。

我在军党委扩大会上正式传达：基于上述估计，党中央和毛主席决定：三十八军、三十九军、四十军、四十二军计4个军和3个炮兵师，加上后勤支援部队共计25万兵力，集结在中朝边境进行备战，随时准备入朝参战，支援朝鲜人民军抗击以美国为首的"联合国军"的侵略。

最后，我在这次会上提出了我军在集结中必须做好以下几项工作：第一，做好准备打仗的思想动员工作。我们军打了22年仗，每个指战员都希望战争结束过和平生活。过去，我们对部队说，打败日本鬼子好回家；后来，我们又说，打垮蒋介石好回家。现在，和平生活不过半年，又要重新走上战场去打美帝。由战争转入和平不需要做多少工作，由和平转入战争，这是180度的大转弯，难度相当大，非要把大道理和小道理都讲得很明白不可。第二，加速组织准备。东北军区拨一个独立师兵员给我们军，迅速编入部队；加速维修补充装备，尚缺的车辆、马匹上报补充。全军所缺干部迅速提升补充；组建军、师、团后勤民工担架部队，排以上干部从部队抽调解决。第三，加强临战训练。团以上干部由军办集训班研究美军作战特点及我们的对策；大力加强部队夜间师、团、营、连战术训练；重点是团以下的训练，技术训练着重射击、投弹、刺杀、土工作业，特别注意防空防炮训练；为适应国外作战需要，增强部队中的侦察训练。第四，加强后勤保障准备工作。充实后勤部队和干部，军司令部迅速制定部队本身携带弹药数量，军、师、团三级后勤携带基数、药品、战场抢救材料，军、师、团应携带数量，粮油盐除连队带足外，军、师、团后勤也应规定携带数量，由于处于国外作战，交通运输困难，难以及时得到补给，必须加强自身携带数量。与此相应增加军、师、团大车编制，将所需增加的车辆、马匹数量报军区，请从速解决。

那时候，部队刚到辽南集结，出兵朝鲜问题还没有公开，但部队中干部战士关于是否出兵的议论多起来了，因此，我们对保密的要求也更加严格了。当时，不管是谁，在给家人或好友写信时，都不准谈及出兵的问题，如有违犯就要受军纪制裁。

8月9日，我乘吉普车到安东（今丹东）十三兵团去汇报部队情况。邓华、洪学智、韩先楚、解方、杜平等十三兵团领导人就住在这里。

我向他们汇报了我军各师到达辽阳、鞍山一带集结的时间、地点和部队现有人数、武器、装备等情况，特别强调了干部战士的思想状况。3天后，海军司令员萧劲光、总政治部副主任萧华来到了东北，组织东北边防军。萧劲光任司令员，萧华任政治委员。

8月13日，东北军区在沈阳召开了师以上干部会议。东北军区司令员兼政治委员高岗主持会议，萧劲光和萧华参加了会议。高岗在会上讲了当前的形势和东北边防军的作战任务。十三兵团司令员邓华就同美军作战的有关战术问题讲了话。会后，萧华到三十九军检查和指导备战工作。

我在这次会上发言说："怕个熊，美国鬼子又不是三头六臂，我们把纸老虎当真的打就是了。打它个人仰马翻，给全世界人民看看。"讲完了我问身旁的谭友林副军长：

"老谭，你有什么意见？"

"军长，你的话表达了我们三十九军指战员的心愿，我举双手赞成。说得好，说到了大家的心坎上。"谭友林说。

我们这支部队敢于胜利善于胜利，既能打运动战，又能打攻坚战，也能打防御战。部队士气旺盛，有自我牺牲精神。在整个解放战争中打的都是胜仗，部队中曾一度产生居功骄傲、自满情绪和本位主义。在河南整训时，我们对这种不良倾向做了整顿，已有好转。

军副政委兼政治部主任李雪三亲自布置了以美帝武装干涉朝鲜，侵占我国台湾，我们能否置之不理为中心内容的形势任务教育、仇美（仇视、蔑视、鄙视）教育和爱国主义、国际主义教育，各级政工干部深入连队和干部战士一起，结合形势，联系历史，举行控诉会，组办演讲会，看电影、听广播、参观图片展览，揭露了美帝国主义的侵略本质，激发了对美帝的刻骨仇恨，明确了抗美援朝、保家卫国的必要性。

我翻开当年的工作日记本，那里面记载着我军出国前的临战训练，是分两个阶段进行的：

第一阶段比较简单，主要是进行单兵技术，如射击、投弹、爆破、反坦克、土工作业训练以及班和战斗小组的战术训练。

第二阶段比较复杂，主要是进行从排到营的山地、村落、城市进攻战术演练。我们组织各级指挥员反复学习毛主席的十大军事原则："集中优势兵力、各个歼灭敌人的作战方法，不但必须应用于战役的部署方面，而且必须应用于战术的部署方面。"大家说：无论对付任何敌人都是战无不胜的法宝。

大家对林彪在指挥东北解放战争时总结出来的六个战术原则也很爱学习。因为，许多指挥员那时在我军的前身"二纵"，从战争的实践中亲身感受到："一点两面"（集中优势兵力于我主要的"攻击点"、勇敢包围至少两面）；"三三制"（战术组织形式）；"三猛战术"（猛打、猛冲、猛追）、"三种情况三种打法"（如果敌人守，就完成一切准备后再攻击；如果敌人不退，先将敌人围而不攻，准备好再打；如果敌人退，就要猛追，不要等命令）；"四快一慢"（向敌前进要快、抓住敌后进行攻击准备要快、突破后扩张战果要快、追击要快、总攻发起时间要慢）、"四组一队"（火力组、突击组、爆破组、支援组组织起来成为一个战斗集体，这是当时四野参谋长刘亚楼总结出来的），过去打国民党蒋介石很管用，今天把美帝纸老虎当真老虎打也同样是管用的。

刚回到一一六师当师长的汪洋，研究了美国军队的战术特点，亲自组织了一次成功的营进攻的战术训练在全师作示范演习，把指挥员的战术水平提高了一步。汪洋还研究第二次世界大战中，苏联红军对于打坦克的问题解决得比较好，于是在全师掀起了用炸药包、爆破筒打坦克的训练热潮。

我们军集训了团以上指挥员，沈启贤参谋长提出一个很好的建议：主要针对美军特点，结合朝鲜地理情况，做一个很大的朝鲜地形的沙盘，着重研究了美军战术和山地攻防，进行近战、夜战、打坦克、防空以及步炮协同问题，通过理论学习、沙盘作业、地图作业和实兵演习，提高干部组织战斗、指挥战斗的能力。这次集训的缺点，虽然对敌作战防空问题重视了，也想了一些办法，但主要是消极防空，如隐蔽、伪装、疏散、挖防空洞等，而积极地防空训练，即组织运用手中武器对空射击训练不够。入朝作战之前，我们知道美国飞机厉害，但不知有多么厉害。

集训结束时，作为军长兼政治委员的我向团以上指挥员进行了政治动员。

9月初，我们全军的战斗英雄、功臣模范在军部来了一次空前的大集合。其中立一大功的有193人、立二大功的有228人、立三大功的有20人、立四大功的有74人、立五大功的有23人、立六大功以上的有19人。我们军里领导看望大家时，看到他们把金光闪闪的毛泽东奖章、朱德奖章挂在胸前，显露出英雄的风采。

这是一次解放战争以来我们军最为隆重的英模大会。副政委兼政治部主任李雪三总结了"三模"（战斗模范、纪律模范、巩固模范）运动，表彰了93个"三模"连队。大家选举了一一五师三四三团九连排长杨印山（八大功一小功）、一一六师三四七团七连副排长王凤江（七大功二小功）、一一六师三四八团八连连长靳文卿（六大功二小功）、一一七师三四九团一营营长黄达宣（一特功一大功）、一一七师三五〇团一连副连长于德富（六大功）5人为出席全国战斗英雄代表大会代表，一一七师三五一团二连副指导员曹根福（五大功二小功）、一一七师三四九团八连副排长赵泽南（一特功一大功）为候补代表；选举一一七师炮兵营战士朱万荣（二大功一小功）为出席全国劳动模范代表大会代表。代表们座谈讨论十分热烈，求战情绪异常高涨，一致联名上书毛主席、朱总司令和中央军委，请求参加中国人民志愿军的行列，立即出兵朝鲜，同朝鲜人民军并肩战斗，狠狠地打击美国侵略者。

当时，连队里的政治工作搞得有声有色，热火朝天。干部战士立即行动起来。请战书、决心书、保证书如雪片似地飞往连部、营部、团部、师部、军部。一一五师警卫营四连的同志们写血书，每人按上自己的手印，向毛主席和朱总司令请战，强烈要求批准他们开赴朝鲜国土参战，同朝鲜人民军一道打击美国侵略者。

我军各师、各团举行出兵朝鲜的誓师大会的热烈气氛，是令人振奋使人难忘的。一一五师师长王良太、政治委员沈铁兵、副师长颜文斌、参谋长程国璠、政治部主任姚书梅、副主任尹培良分头参加了各团的誓师大会。

三四四团在驻地辽阳二台子的一个空场,各营、各连列队围成一个巨大的方队,迫击炮、六〇炮、四〇火箭筒、重机枪、轻机枪整整齐齐地排列开来,方队中央放着一个桌子。团长徐鹏、政治委员姜石修站在桌子上,放开又高又大的嗓门作政治动员。只见他们举起了右手的拳头,带领全团指战员庄严地宣誓。他们念一句大家跟着念一句:

"我们是中国人民志愿军,我们是保卫祖国的战士。当此,美帝侵略台湾、朝鲜,屠杀中国人民,企图进攻中国大陆,扩大侵略战争的时候,为了保卫祖国国防,为了保卫世界和平,我们志愿军出兵朝鲜,配合朝鲜人民军,坚决打败美帝侵略者,消灭中朝人民的共同敌人。不怕任何艰苦、坚决服从命令,自觉遵守纪律,热爱朝鲜人民,尊重朝鲜人民领袖,团结兄弟友军,掌握战术技术,勇敢歼灭敌人,为祖国争光荣,为人民立功勋。我们要高举毛泽东的旗帜,向胜利前进,不消灭敌人,绝不罢休。"

1936年当红军,从抗日战争起就爱把这支部队行军打仗和战地生活的精彩镜头摄入照相机的尹培良,正好在这个团参加誓师大会,置身于这样激动人心的场面,他和过去一样当然是不会错过这个机会的,拿起了照相机,频频地抓拍了这些具有历史价值的镜头。

在那些令人激动的日子里,有一件动人的事情发生在我军一个红军团——三四三团里。政治委员王国英高烧40摄氏度,他没有向谁说一声,也没有向上面报告,仍然像平常一样走向了誓师大会的会场。他强忍着、坚持着,慷慨激昂地作了一次非常成功的政治动员。

开完誓师大会,部队登上了火车。王国英高烧不退,用担架抬20华里上了火车。团长王扶之劝他:

"老王,你暂时留下来吧!"

"不!这是非常时期,我就是爬,也要爬过鸭绿江去。"

只有铁汉子,硬骨头才能说出这样的话来。我知道王国英这位政治干部:他5岁那年父亲去世,寡母拉扯他长大成人。1938年7月,日寇占领他的家乡——河南省武陟县城。他亲眼看见日军残酷的"三光"政策,不知使多少无辜的同胞家破人亡。他的二叔进城讨饭被鬼子活活打死,他的三叔因病无钱请医生眼睁睁看着死去。他走投无路,舍下守寡的老母,参加了八路军。

火车开动了。王国英在警卫员的照顾下,一直忍受着高烧的痛苦。当火车快到凤凰城的时候,警卫员突然报告:

"团长,政委昏迷了!"

"快用担架抬到首车上去，把卫生队队长找来打针。"

王扶之和王国英是一对多年朝夕相处的老战友，无论是战时行军打仗，还是平时执行什么任务，两个人配合得默契，结下了深厚的战友之情。说完，他也去了首车。

军列沿途是不停车的。卫生队队长高林确诊是恶性疟疾，打606特效药，这种针药全团医务人员谁也不敢往血管里注射，因为，稍有不慎，针药露出血管一点，皮肤就会腐烂。高林是药剂员出身，只有他来给王国英注射了。但他向团长提出：火车在凤凰城车站停几分钟。王扶之马上布置参谋人员向铁路有关方面联系，得到的答复：特殊情况破例可多停车2分钟。

高林是位既有实践经验，又有医学知识的老医务工作者，他把注射前的一切准备工作都搞好了，火车进入站台刚一停稳，他就开始给王国英注射。

这时候，团首长、警卫员、医生、卫生员，每个人都在为高林打这一针捏着一把汗。

两分钟到了，火车刚一启动，高林手里的针正好从王国英的静脉血管里抽了出来。

"打针成功了！政委清醒过来了！"消息迅速传遍列车的各个车厢……

火车到达终点站安东（今丹东），我们军的副政委兼政治部主任李雪三得到了报告，亲自赶到三四三团下命令把王国英留了下来，转送辽阳军里四所治疗。后来，他的病未痊愈，急急忙忙赶到朝鲜前线参加了第二次战役。

王国英从战士到团政委，10多年来从未给老母亲寄过一封信，因为他家乡一直是敌占区，不敢写信，怕给老母亲带来灾难，直到部队解放了广西，他才写了一封信……

李雪三得知这一情况，同我商量了一下，便派人把王国英的老母亲从家乡接到辽阳军留守处。但是，王国英同他的老伙伴王扶之一直率领一一五师这个主力团在前方打仗，后来到了第五次战役结束，部队转入休整，王国英才回到辽阳与分离10余年的老母重逢，那是怎样的一种情感呀！该有多少话要诉说啊！

这段不平凡的经历，在王国英的心里，是一辈子也不会淡忘的。

1950年10月8日，中央军委主席毛泽东发出了一封电报：

彭高贺、邓洪解及中国人民志愿军各级领导同志们：

（一）为了援助朝鲜人民解放战争，反对美帝国主义及其走狗的进攻，借以保护朝鲜人民、中国人民及东方各国人民的利益，着将东北边防军改为中国人民志愿军，迅即向朝鲜境内出动，协同朝鲜同志向侵略者作战并争取光荣的胜利。

（二）中国人民志愿军辖十三兵团及所属三十八军、三十九军、四十军、

四十二军及边防炮兵司令部与所属之炮兵一师、二师、八师。上述各部须立即准备完毕，待令出动。

（三）任命彭德怀同志为中国人民志愿军司令员兼政治委员。

（四）中国人民志愿军以东北行政区为总后方基地，所有一切后方工作供应事宜，以及有关援助朝鲜同志的事务，统由东北军区司令员兼政治委员高岗同志调度指挥并负责保证之。

（五）我中国人民志愿军进入朝鲜境内，必须对朝鲜人民、朝鲜人民军、朝鲜民主政府、朝鲜劳动党（即共产党）、其他民主党派及朝鲜人民的领袖金日成同志表示友爱和尊重，严格地遵守军事纪律和政治纪律，这是保证完成军事任务的一个极重要的政治基础。

（六）必须深刻地估计到各种可能遇到和必然遇到的困难情况，并准备用高度的热情、勇气、细心和刻苦耐劳的精神去克服这些困难。

目前总的国际形势和国内形势对我们有利，于侵略者不利，只要同志们坚决勇敢，善于团结当地人民，善于和侵略者作战，最后胜利就是我们的。

中国人民革命军事委员会主席毛泽东
1950年10月8日于北京

就在这一天，我接到了第十三兵团司令部的电话通知：

首批入朝作战的各军军长、政委务必于9日凌晨前赶到沈阳，彭总召开军以上高级干部会议。

从接到这个通知的那一刻起，我的心里就平静不下来了。1938年10月，彭总在延安出席党的六届六中全会后，回来路过山西省高平县。当时我在八路军一一五师三四四旅六八七团任政治委员，彭总在我们团住了一宿。我向他汇报了部队思想、装备、作战等情况，他听了很满意。

从那以后再也没有见过彭总，算起来到现在已有12年了。一想到明天又能见到彭总，而且将在他领导和指挥下入朝作战，我心里很是高兴。

第二天——10月9日凌晨，我和政治委员徐斌洲乘吉普车按时赶到沈阳参加会议，走进了东北军区第三招待所会议厅。

忽然，会议厅的门开了。只见，由东北军区高岗陪同，彭德怀出现在那里。随后进来的还有东北军区领导人李富春、贺晋年、张秀山和十三兵团领导人邓华、洪学智、韩先楚、解方、杜平。

我们都站了起来，鼓掌欢迎。

彭总脸上带着微笑，说："同志们好！"然后招招手让我们坐下。

接着，十三兵团司令员邓华向彭总一一介绍着我们首批出国作战的将军们：

"这是三十八军军长梁兴初、政委刘西元。"

"这是三十九军军长吴信泉、政委徐斌洲。"

"这是四十军军长温玉成、政委袁升平。"

"这是四十二军军长吴瑞林、政委周彪。"

"这是炮兵政委邱创成、副司令员匡裕民。"

我望着彭总那熟悉的紫红色大脸庞，魁梧的身材，身体仍然是那样健壮，衣着仍然是那样朴素，精力依然是那样旺盛，但毕竟过了十几年，显得老了些，胖了些。他稳步走到了我们面前，一双有力的大手紧紧地握住了我的手。我又听到了他那洪亮、亲切而熟悉的平江口音：

"噢！平江佬，多年不见，现在又见面了。"

彭总这"平江佬"3个字使我感到十分亲热。

会议由高岗主持。首先，由邓华宣读中共中央和毛主席关于任命彭德怀为志愿军司令员兼政治委员的决定，以及对志愿军入朝参战的决定。

而后，高岗讲了话。他说：

"我可以告诉大家，中央对出兵朝鲜的问题，是有不同意见的。比如我吧，就有些不同考虑，在政治局扩大会议上，我都谈过了，就不多说了。现在既然中央做了决定，那我们就要坚决执行。中央决定东北局负责志愿军的物资供应，我这个东北主席表个态：当好志愿军的总后勤……"讲到这里，他指着彭总继续说：

"老彭敢挑这副担子可不容易，他的本事你们大家都知道——彭大将军嘛！实话告诉你们，他是10月4日被中央调到北京，几天后到了沈阳，也是仓促上阵。原来，毛主席让林彪去朝鲜，他对四野熟嘛，可是林彪有病，去苏联治病去了。现在，德怀同志来也一样，你们大家要坚决服从他的指挥。既然中央信任你，点将点到了你头上，你就干嘛。四野的同志欢迎你来，你们说对不对？现在欢迎彭总作报告。"

我们听到这里，大家都点着头笑了。

彭总站了起来，摆摆手说：

"不敢说作报告，今天和大家见见面。你们都是四野的主力，四野是能打仗、能打

大胜仗的。林彪同志曾经指挥你们打了很多胜仗嘛。攻锦州,克天津,辽沈和平津两大战役,功劳不小。这些年我在一野,在西北打仗,对四野的情况不熟,入朝作战要靠大家。以后不光是四野,现在就有华北的六十六军,宋时轮的九兵团正在开进途中,还有十九兵团、二十兵团和陈赓的三兵团。我们的责任是非常重大的。党中央、毛主席下这个决心是不容易的啊!我们一定要把仗打好。不要把美国军队看得太了不起,800万国民党军队都是美国武装的嘛!不也是我们手下的败军吗?当然,我们也不能轻敌。我们的敌人不是宋襄公。他们不会愚蠢到这种地步——等我们摆好了阵势才来打我们。他们是机械化,前进的速度是很快的。我们必须抢时间。中央叫我到这里来,也是3天之前才作出的决定……昨天晚上,我会见了金日成首相派来的代表朴一禹,他说,金日成同志紧急要求我们迅速出动……"

这次会议的第二天——10月10日深夜,彭总接到中央军委代总参谋长聂荣臻打来的长途电话,请他火速返京,参加中央政治局会议,再次讨论出兵朝鲜的重大问题。会议讨论的结果:我们还是出兵朝鲜有利。如果我们不出兵,让敌人压到鸭绿江边,国内国际反动气焰升温,对我国和朝鲜都不利,首先对东北更不利。最后决定:"应当参战,必须参战,参战利益极大,不参战损害极大。"

彭总从北京返回沈阳后。又于10月14日在志愿军师以上干部会议上作了出国作战的动员报告。

彭总在这两次会议上的讲话,我印象最深、记得最牢的是这样一句话,他说:

"大将不在,廖化当先。我彭德怀本事不大,确实是廖化当先锋啰……"

现在,中央决定出兵朝鲜,彭总由毛主席点将挂帅出征,人民是非常信任的,军队是特别拥护的。在动员大会上,我们出国参战的军、师指挥员纷纷表示:彭总当我们志愿军的统帅,同世界上头号帝国主义侵略军较量,我们心里更有底了,一定能打胜仗。请彭总放心,您指到哪里,我们就打到哪里。

最后。彭总提高嗓门,用他那洪亮的声音宣布:

"我命令——所有出国参战部队,从现在起,10天之内做好入朝作战的一切准备!"

1950年10月15日,这是我军军史上值得记载的日子——我们军正式列入志愿军序列,隶属于邓华、洪学智、解方、杜平等领导的志愿军第十三兵团,为中国人民志愿军第三十九军。

同一天,我和徐斌洲政治委员签署了我军开赴朝鲜的命令:

"经过本军全体指战员的请求,已获上级批准,自今日起,正式命名为中国人民志愿军，担任支援朝鲜人民解放斗争，保卫祖国国防的伟大光荣任务，奉命即日进军朝鲜！

"为此，特号召我军全体指战员同志，发扬过去光荣传统，英勇善战，艰苦奋斗，遵守政策纪律，团结朝鲜人民，为彻底消灭美国侵略者而奋斗！"

从1950年盛夏到初冬，我们首批入朝作战的三十八军、三十九军、四十军、四十二军和3个炮师，几十万大军隐蔽集结在通化、辑安（今集安）、辽阳、鞍山、海城、安东等地，长达两个半月之久，然而，敌人包括美国最高指挥官麦克阿瑟，自始至终未能发现。一方面，说明部队指战员觉悟高，纪律严明，保密工作做得好；另一方面，说明当地群众热爱共产党和解放军，协助部队做好保密防奸工作；同时，也表明国民党反动派被赶到台湾后，还来不及恢复在大陆的特务情报活动……

出国前，彭总召开的最后一次会议是在安东。这时候，我们三十九军已按一一七师前卫、军直、一一五师、一一六师的开进序列，乘火车从辽阳一带出发了。

我在部队开进途中接到通知后，乘吉普车赶往安东。那天下午，我们参加会议的4个军长、3个炮兵师长都到齐了。彭总一走进来，大家都站了起来。彭总手指着铺在桌子上的一张巨大的朝鲜地图说：

"同志们！目前，朝鲜的战局十分严峻。美国军队9月30日已越过三八线，又在仁川登陆，朝鲜人民军正在仓促撤退。为了保障人民军收容、集结、休整，稳定战局，我们决定在朝鲜的蜂腰部以北有利地形组织防御，而后再实施进攻。具体部署：三十九军在泰川、云山以北，四十军在云山以东妙香山一线，三十八军在姚德以北、东西地区，四十二军在阳德、新上东西地区。"

说到这里，彭总绷着严肃的面孔，用深沉的目光朝大家看了一下，似乎在问我们："怎么样，明确了吗？"然后继续说：

出国前夕，军领导同志在辽阳合影（左起，军参谋长沈启贤、军副政委兼政治部主任李雪三、军长吴信泉、军政治部副主任贺大增、副军长谭友林）

"各军到达位置后,一方面组织部队迅速构筑好工事,一方面派出侦察分队侦察敌情……"

我们4个军长是抱着前来受领战斗任务的心情参加会议的,急切地想知道入朝后,彭总给我们什么任务,在什么地区,采取什么办法作战,当彭总问我们"大家明确了没有?"我们异口同声地回答:"明确了。"

我们注视着朝鲜地图上彭总标出的各个军防御的地区,感到:彭总根据敌人疯狂北上,朝鲜人民军后撤的形势,采取先防御后进攻的作战方针,是完全正确的。这样,我们4个军部署在朝鲜蜂腰部以北,由西向东,组织防御,掩护人民军撤到中朝边境地区集结休整,把敌人放到蜂腰部以北,即清川江以北,云山、妙香山、宁远、姚德、新上以南之线,这是利于首战采取稳妥的战役部署。

会议的气氛是严肃而又紧张的。彭总还向我们宣布部队过江的时间:从10月19日晚至22日晚,四十二军和三十八军从辑安过江,四十军和三十九军从安东鸭绿江桥和长甸河口过江。

选择10月19日入朝,是毛主席决定的。这是最好的时机,既不早,也不晚,完全出乎敌人意料之外。早了不好,晚了也不好。早了,如8月底9月初入朝,美国9月15日在仁川登陆,那时我志愿军势必进至三八线,既暴露了志愿军作战意图,又因此处是朝鲜半岛最宽的地方,4个军防守,防不胜防,鞭长莫及。这样敌人可能不在仁川登陆,而在咸兴、南浦登陆,将把我们卷进去,处于很被动的地位。如果再晚到10月25日过江,敌人就要打过鸭绿江,这将失去我军出兵的突然性,达不到意外歼敌的目的。打过鸭绿江是没有问题的,但困难增多。因此,选择入朝时机是个很重要的战略问题。毛主席选择的入朝时机是最好的时机,是英明的决策。

会议只开了一个多小时就结束了。时间紧迫,彭总来不及同我们话别,就和我们分手了。

第二章

是战争就会有流血

当我们秘密地跨过鸭绿江以后,每个人都有参加抗美援朝战争的第一天。何凌登是周恩来总理批准以武官身份入朝的第一人,也是在朝鲜战场上牺牲的第一人

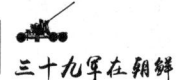

　　祖国的江城安东市，对我来说是比较熟悉的。它依山傍水，景色秀丽，碧波荡漾的鸭绿江水在它面前缓缓流过。风景优美的镇江山、元宝山，郁郁葱葱，犹如两扇色彩壮丽的天然屏风，衬托在它的身后。整个城市沿江傍山而建，街道整洁，空气清新，市树银杏成荫，市花杜鹃满城，素有东北"小苏杭"之誉称。我党早期无产阶级革命家任国桢，抗日民族英雄邓铁梅、苗可秀，爱国将领黄显声……都曾在这里生活、工作和战斗过，为新中国的建立献出了自己年轻而宝贵的生命。

　　而现在的这座祖国的前哨城市，已经笼罩着浓厚的战争气氛。

　　那些天，我乘坐吉普车在街道上穿行，透过车前面的玻璃窗，看见几乎每一幢建筑物和民房的玻璃窗户上都贴上了防震的白纸条。马路上，许多军用汽车、大车披着绿色的灰色的伪装，匆忙地奔驰着，驭手们牵着骡马，汽车牵引着火炮，从各个方向赶到鸭绿江边集结。市民们神色紧张地迈着急促的脚步，扶老携幼向郊区疏散、搬家，佩戴着红臂章的纠察队员们在人群中维持秩序。不时传来空袭警报声，顷刻间，全城都骚动起来了，人们有的跑进了防空洞，有的来不及进防空洞就靠大街一侧隐蔽处停了下来，直到警报解除，大街上才恢复了平静。但我看到了混凝土的马路上留下了美国飞机轰炸的弹坑，有时小车遇到前面的炸弹坑太大，不得不绕道行驶。

　　入夜，安东城市实行严格的灯火管制，各条街道上的路灯不亮了，到处都黑洞洞的，看不到什么行人，只有荷枪的民兵在巡逻，使人更加感觉到战争空气的沉重。有人小声说："同志，老百姓都在睡觉，别把人家吵醒了！"

　　其实，这几天志愿军过江，这是一个历史性的日子。安东市的人民哪里能入睡呢？他们虽然没有成群结队地欢送我们过江，但他们却在心里默默祝福自己的子弟兵，跨过鸭绿江大桥，奔赴抗美援朝保家卫国的战场，给美国侵略者以沉重的打击。

　　早在1950年8月20日，我们军由副军长谭友林率各师师长及军作战科科长左勇，乘火车到达安东准备化装入朝去了解战况。根据左勇日记的记载：21日，他们住在鸭绿江饭店，白天参观了宏伟庄严的鸭绿江大桥，晚上出席了东北人民政府组织的慰问晚会。22日，他们到十三兵团，邓华司令员给他们讲了话。23日，他们购买了便衣，出国前特地到著名的镇江山公园游览了一下。24日，朝鲜人民军作战部部长专门向他们介绍了朝鲜战局的情况。25日，由于各种原因，他们暂不能入朝，于当晚乘火车返回部队……

一一五师王良太师长在这几天的日记中写道：

> 解方参谋长说关于到朝鲜去参观的问题：1.参观要到的首先是人民军总部，然后再到前线集团军，可能还要到师；2.注意国际关系、保密、防特；3.时间很短，要少带东西。

前去参观的是4个军，每个军去16人，由兵团邓华司令员负责。主要内容是海、陆、空、坦克作战的各种经验，将来配合作战的联络方法，地理和民情调查，将来主要作战的战场，以及后勤方面的准备等。

然而，到了10月下旬，由谭友林副军长统一组织领导，以师为单位组织先遣人员先于部队跨过了鸭绿江。

记得，10月17日这天，各师的副师长颜文斌、张峰、彭金高和团长或副团长纷纷到达了军部。我和徐斌洲政委、谭友林副军长、李雪三副政委、沈启贤参谋长等接见了他们。在会议室里，我指着一张朝鲜地图，对他们说：

"为什么军里组织你们先于部队到朝鲜去？过去我们有同国民党军队打仗的经验，地形熟，敌情容易了解。今天，我们要带着部队入朝作战——跟美国侵略军直接较量，我们还没有经验，对美国军队的战术特点、装备情况了解得不多，再加上语言不通，地形地理条件都不熟悉，一定会有许多困难。你们先走一步，就是要了解美军和李承晚伪军的作战特点，编制装备，详细察看朝鲜地形，为部队入朝作战做好准备。"

军里其他几位领导同志也再三嘱咐他们：

"路上注意行车安全，防止敌机的轰炸扫射……"

第二天，他们乘坐的火车奔驰在沈安线上，像坐在摇篮里似的摇晃了一夜。因为火车是开往祖国的边疆城市安东，每个人心中都有一种神圣的使命感在激励着自己，所以很长时间才入睡。火车刚到一大站，三四六团副团长李德功醒来了，问值夜班的列车员：

"到了什么地方？"

"凤凰城车站。"

"安东还有多远？"

"天亮就到了。"

李德功再也睡不着了。他想起自己刚刚结识的女朋友原定20日约会，昨天乘火车到军部正好经过她工作的地方，心情是那样的不安和惋惜。李德功只好将约会改用书信取而代之，后会有期，祝她工作顺利，生活愉快，等待着未来吧……

天亮了，他们在安东火车站下车，走出车站，立刻有一种战争气氛的感觉。果然，多年听不见的空袭警报声响彻了安东市全城。他们临时靠大街一侧停下来，等到警报解除，他们才到了招待所。他们上到楼顶的平台上一看，鸭绿江那边的新义州正在遭受美国飞机的狂轰滥炸，火光冲天。这些师、团指挥员恨不得马上飞到朝鲜去狠狠地打击美国侵略者！

10月19日这天的黄昏时分，我军这50名先遣人员携带电台分乘大卡车和吉普车，以师为单位离开了安东向朝鲜开进。临过鸭绿江的时候，一一六师副师长张峰对大家说：

"再有几分钟我们就真正出国了，谁给新娘子写信赶快留下来投邮。"他指着三四七团团长李刚说：

"老李呀，你给辛敏（李妻）写的情书赶快邮走，别带到朝鲜去哟！"

"我的信已经邮走了，你写给宋毅的信忘了没有？"

"这种事怎能忘呢！"张峰这样回答着。

当时，在这个师先遣人员中，只有这两个人刚刚结婚不久。

各师和车队从安东开出来，缓缓地行驶在鸭绿江大桥上。大家立刻沉静下来，激动地不断回过头来，多看几眼祖国美好的山川和城市。每个人对祖国疆土的依恋之情油然而生。当汽车开到大桥的东桥头的时候，大家互相提醒说：

"同志，新义州到了！"

他们看到新义州被美国飞机轰炸留下的残垣断壁和炸弹坑到处可见，朝鲜老百姓一见中国人民志愿军车队过来，纷纷招手致意……

一一六师先遣人员的车队利用夜暗行驶了一个通宵，天亮时到达了朝鲜北部的龟城。这是一座不大的城镇，大部分建筑是青砖青瓦房子，许多民房已被美国飞机炸毁。他们找到一处比较好的房子，20多人挤在一起，因为坐了一夜的车，都很疲劳，把马褡子往炕上一放就都呼呼地睡着了。正睡得甜蜜的时候，警卫员突然喊道："首长，敌机来了！"不一会儿，房东老大爷跑来说："美国飞机飞走了。"他们分析了一下：可能是敌人的侦察机。

他们在龟城和南市看地形的时候，常常看见朝鲜人民军的女战士镇静地站在一片炸弹坑旁，嘴里含着哨子嘟嘟地吹着，双臂挥动小红旗在指挥来往车辆的通行。在龟城，他们在路上遇到两位人民军女护士，操着一口流利的中国话，自豪地说：

"我们在中国人民解放军中工作过，参加过东北解放战争，我们很怀念中国。"

第二章 是战争就会有流血

在南市，他们刚看完地形，美国飞机就对这里进行了疯狂轰炸，顷刻间这里变成一片火海，烟雾冲天。他们看到，这个小镇的房屋几乎都在燃烧着，红色的火苗在寒风中抖动。道路旁、田野里到处都有被炸死的居民和牲畜，空气中散发着难闻的焦煳味。

这是美国侵略者欠下的血债，激起了这些指挥员们心中无比的义愤。他们默默地表示："我们在即将开始的出国第一仗中，一定要狠狠地教训这些杀人放火的美国强盗，为朝鲜人民报仇！"

一一六师政治部宣传科干事王秀庭的家在安东市内。过江前一天，经陈绍昆副主任批准，请假回家去向祖母和妹妹告别（父母不在安东）。

王秀庭一进家门就喊起来："奶奶！奶奶！"60多岁的祖母双手抱住了自己的孙子，嘴里一个劲地叨咕着：

"这回孙子回家了，不再走了吧？"

"奶奶！我已经是中国人民志愿军了，明天就过鸭绿江，到朝鲜去打美国鬼子。"

"不去不行吗？"

"奶奶，不打美国鬼子战火就要烧到我们家门口了。再说，朝鲜在遭受侵略，我们和朝鲜是一江之隔，不能隔岸观火吧……"

王秀庭的话还没说完，他的祖母就同意了。然后，他又嘱咐妹妹：

"爸爸妈妈不在奶奶身边，只有靠你多照料奶奶了。"

"哥哥，你放心地到朝鲜去打美国鬼子吧！出了国可别忘了给家里写信。"

我们三十九军跨过鸭绿江的开进部署：右纵队一一五师、军指挥所、一一六师、军直属队、军后勤，从安东江桥入朝；左纵队一一七师从长甸河口江桥入朝；第一梯队一一五师、一一七师均于10月21日夜过江；10月22日夜，军指挥所、第二梯队一一六师、军后勤过江。

我们军指挥所的几辆吉普车和一辆中卡驶向鸭绿江大桥的时候，天已黑下来了。我看见一一六师的部队源源不断地开来了。汽车和火炮牵引车轰鸣着，拉着大炮、驮着重机枪的战马嘴里喷着热气，一队队武装整齐、不戴帽徽胸章的指战员们，迈着急促的步伐像一道铁流似的涌向鸭绿江大桥。

我望着大桥下面的江水依然是那样静地流淌着，禁不住想起，作为中国和朝鲜两国界河的鸭绿江，发源于两国边境的长白山南麓，最后在我国辽宁省的安东市注入黄海。奔腾清澈的鸭绿江以821公里长的躯干，穿流在两国美丽富饶的土地上，把我们中朝两个唇齿相依的兄弟国家和有着历史悠久的战斗友谊的两国人民紧紧地联结在一起。这是任何力量也无法分开的。过去，从地图上看，谁都知道这条江水把中国和朝鲜隔在东西

两岸,如今,在打击侵略者、保卫世界和平的共同事业上,这条界线已经不存在了。

我坐在吉普车里,伸手就可能摸到的鸭绿江大桥,像从两国土地上伸出的一双巨臂,在江中相拥。大桥全长1100多米。左桥是新桥,可走火车;右桥是老桥,走火车不保险,改走人和汽车。左右桥可走6路纵队,还可走汽车。我从车里探出头望去,走在大桥上的队伍非常肃静,每个人都在默默地走着,谁也没有说什么话,但我听出有的战士在数着这座桥有多少步长——从中国到朝鲜只有1500步的距离。车过大桥的中心,也就是两国分界线,我听到车旁队伍中有的战士激动地问干部:"连长,现在几点几分?"

"同志们,记住吧——现在是1950年10月22日晚上8点30分。"

我看了看手表后,一种真正走进战争的心情,犹如江水那样翻滚起来。我看见几乎每个人都和我一样,回过头去向祖国看了看,向祖国告别——再见吧!亲爱的祖国!您的优秀儿女们已经踏上了正义的战场,我们绝不会给您丢脸,一定要狠狠地打击那些从太平洋彼岸跑到朝鲜来杀人放火的美国强盗,让侵略者知道我们站了起来的中国人民是不可欺侮和不可侵犯的!亲爱的祖国人民,请等着我们胜利的消息吧!

随着一阵阵马蹄声和车轮声,一支浩浩荡荡的炮兵部队向鸭绿江大桥的桥头开来。一位指挥员跑来问道:

"一一六师在哪里?"

正好这时汪洋师长来到桥头,跟在他身后的山炮营营长杜博说:

"这是我们一一六师汪师长。"

"报告师长,我是炮一师二十团参谋长王旭东,奉命带来一个野炮营配属你们入朝作战……"

"欢迎你们来!你们就跟在我们师的山炮营后面过江吧。有什么事情和杜博同志联系。"汪洋说完就指挥部队去了。

越来越多的步兵和炮车、汽车、马车行进在鸭绿江大桥上,黑暗中,步兵分在大桥两边,各种车辆穿行在中间,大桥上形成了多路纵队并肩前进,井然有序,形成一条长龙……

过了大桥,我们看见的第一批朝鲜同志是负责警卫大桥的警察署的同志们。他们一个个胸前挂着转盘枪,列队高呼口号:

"欢迎中国人民志愿军入朝作战!"

部队再往前开,暗夜中,还能看见零零星星的朝鲜老百姓,有老人、妇女和小孩,站在自家门口深情地望着中国军人的队伍,由衷地喊着:

"毛泽东万岁!"

"金日成万岁！"

在长甸河口渡江的一一七师部队，在通往渡口的一条公路走了25公里。大休息的时候，指战员们看到，这里从各方面看已经和祖国内地的风俗习惯不同了。许多朝鲜族居民会说汉话，也有不少汉族老百姓会说朝鲜话，这就是中朝边境的特点。

这里是祖国的前哨，也是朝鲜的后方。人们都在为即将投入战斗而积极地准备着。有的在开干部会，有的在开党员会。有的准备担架，有的在做干粮……人们看见部队在向鸭绿江渡口开进，纷纷议论起来：这回中国要出兵帮助朝鲜打仗了！

部队出发了，继续向着鸭绿江的长甸河口前进。行军的速度很快，每个人身上汗水湿透了衣衫，晚风吹得周身发凉。走着走着，在他们面前映出一道银白色的玉带——鸭绿江。由于它的出现，驱散了指战员们的疲劳。

马上就要过江了。这次过江的行动，不同寻常，是极其秘密的。在通过江桥时，江边上没有欢送的群众，队伍里也没有雄壮的歌声，只有鸭绿江日夜不停的流水声在表示欢迎也表示欢送。

在跨过鸭绿江桥中心的那个时刻，长长的队伍里到处都有人在小声地说着：

"这一步迈过去就出国了！"

在三五〇团一连的行军行列里，出现了这样一种不寻常的变化：指战员们第一次行走在朝鲜的土地上，对所见到的一切都感到十分新奇，部队情绪激昂，见到老百姓就亲切地问道：

"牙包，前面是什么地方？"

志愿军和人民军两军相遇，互相打着招呼，有的举起手来，有的摇动着帽子：

"冬木，大大的辛苦啦！"

走着走着，指战员们看见路旁被美国飞机炸塌的民房还在燃烧；母亲被炸死，婴儿趴在亲人身上哭叫，耕牛死在稻田地里……长长的队伍里，谁也不吭声了，每个人都沉默地低着头走，只听见急迫的、沉重的脚步声。

会做工作的指导员李卫国、副指导员张耀东跑前跑后，一边走一边对沉默了的全连同志高声说：

"大家已经看到了，什么是抗美援朝、保家卫国？抗美援朝、保家卫国就是为这些受苦受难的朝鲜人民报仇！就是绝不让美国侵略军制造的灾难在我们神圣的国土重演！"

行军队伍里不再沉默了，脚打泡的战士跟上队伍，从班长、排长到共产党员们都说：

"脚走烂了也要跟上队伍，去为朝鲜人民报仇！"

指战员们按捺不住心中的怒火说：

"咱们来的正是节骨眼上，再晚了，祖国土地上也会出现这样的悲剧……"

10月22日夜，我们军指挥所5辆吉普车、1台美式中卡，按照预定的行军路线向龟城方向前进。参谋长沈启贤和参谋处长何凌登坐在第一辆车上，我带警卫员坐在第二辆车上，政治委员徐斌洲带警卫员坐在第三辆车上，副政委兼政治部主任李雪三带警卫员坐在第四辆车上，政治部副主任贺大增带警卫员坐在第五辆车上，一部分司令部、政治部机关的同志和警卫排乘坐中卡车。沈启贤告诉我：他已经叫各车司机车与车距离拉远点。

当车队行驶到离龟城六七十里的山区，夜空的月亮已经斜下来了。附近的山把月亮的光线遮住，视度不良，四周一片漆黑。第一辆车上坡时，司机小唐看不清道路，开了小灯。车灯一亮，警卫员喊了一声："敌机！"果然被空中迎面飞来的敌机发现，俯冲扫射，接着又投下两颗炸弹。我乘坐的第二辆车跟在第一辆车只八九公尺远，听到飞机扫射声。当我看见第一辆车停了下来，马上意识到：不好，出事了！我跳下车，奔跑到前面去，急切地问道："老沈！老沈！怎么样？怎么样？"

"军长，何凌登同志，他……"沈启贤沉痛地再也说不下去了。

借着微弱的月光，我仔细一看，坐在司机旁边的何凌登安详地坐在那里，一动也不动了。

这时候，整个车队都停下来。从地图上看，这里是西谷里，前不着村后不靠店。军里几位领导同志都下了车。我当机立断派警卫排两名战士乘1号吉普车把何凌登的遗体送回国去，经安东送到沈阳。

处理完这件事，沈启贤坐到我的车子上来，我们军指挥所又继续前进了。除了吉普车在山间公路上行驶的马达声，我们谁也没有说话，一片沉默。我的心里非常不平静：战争年代牺牲人的事情经常发生，但眼前发生的事情竟是这样突如其来，我万万没有预料。我们共产党人是无神论者，虽然并不迷信什么损兵折将的说法，但是，凡是知道这件事的人，心间都蒙上了一层阴影——每个人都在为突然失去这样一位好战友而深深地惋惜和悲痛。

何凌登同志是我熟悉和喜爱的一位优秀军事指挥员。他是福建省福州市人，1938年参加革命，牺牲时年仅33岁。他早年毕业于上海一所中学，1937年开始参加抗日救亡运动，在唤起民众抗日热情的募捐义演中，他以高亢激昂的口琴演奏，激励了多少人的爱国之心啊！后来，他在湖南岳阳参加了抗日救亡剧团，通过革命老人徐特立的介绍，投奔到革命圣地延安，在抗日军政大学这座革命熔炉里锻炼成长。他曾经获得延安地区毛泽东模范青年奖章和模范干部奖章。

他在抗大毕业后，分配到新四军三师当参谋。我那时在三师八旅担任政治委员，经常见到这个充满革命朝气的知识分子。时间长了我和大家发现他还写得一手漂亮的毛笔字,每次联欢晚会,都有他的口琴独奏。总之,他给我和大家留下的印象,如果用一句话概括,就是"年轻有为"4个字。1950年年初被任命为军司令部参谋处长。

可以说,何凌登是我们军最早跨过鸭绿江的人。

东北边防军曾向中央打过一个报告:建议在出兵之前,派一个数人组成的先遣小组前往朝鲜熟悉情况,勘察地形。周恩来总理当时没有批复这个报告。后来中央决定可以派出,但在中央未就出兵作出最后决定之前,仍不宜用先遣小组名义,所以决定均称武官。他们是:东北军区后勤部副部长张明远、第十三兵团司令部侦察处处长崔醒农、第三十九军司令部参谋处处长何凌登、第四十军一一八师参谋长汤敬仲、军委炮兵司令部情报处副处长黎非。

9月17日,也就是美国侵略军在朝鲜仁川登陆的第三天,中国驻朝鲜民主主义人民共和国大使馆政务参赞、临时代办柴成文带着这5位武官,受到了周恩来总理的接见。何凌登壮着胆子向周总理请示:

"总理,我们一切都准备好了,不知何时出兵朝鲜?"

周总理严肃而亲切地说:

"志愿军何时出兵朝鲜,我现在还不能回答你。这件事关系重大,由毛主席直接掌握和决定。"

说完,周总理向柴成文说:

"你带着他们尽快出发前往平壤。"

"是!我们明天就走。"柴成文说。

当他们路过沈阳时,东北军区已为武官们准备好5辆吉普车、5名司机。进入朝鲜抵达平壤后,柴成文会见金日成首相,向他报告:中国又派来5位武官。金日成听了十分高兴,叫首相秘书分别给5位武官各开一个首相签署的《信任状》,要求朝鲜有关党政军机关沿途给予协助……

何凌登他们立即分赴朝鲜北部前沿勘察地形、了解情况,直到10月19日,他才由朝鲜返回辽阳,当天他向我们军领导同志作了汇报后,又向司令部各科介绍了朝鲜的有关情况。

怎么也没想到,何凌登又成了我们军在朝鲜战场上最早牺牲的人。

何凌登的妻子吴为真,也是1938年参加革命的。在新四军女战士中不失为佼佼者。她的前一位丈夫,就是抗日名将彭雄——我们军的前身新四军三师参谋长,不幸的是在1943年的黄海上同敌人遭遇中,为国捐躯。后来,吴为真带着彭雄的儿子和何凌登结婚,万万没有想到,现在,她又一次失去了丈夫。这两次失夫的沉重打击都落在一个妻子身上,那是怎样的巨大痛楚和人生憾事啊!

有一件事,我的妻子俞惠如一想起来就非常难过。就在何凌登牺牲的前一天,军指挥所从辽阳出发的时候,大家都按时上了车,还不见何凌登从家里出来。有人吵着:"时间到了,马上要开车,何处长怎么还不来?"作为留守处政治协理员的俞惠如,跑到何凌登家去催。她推开门一看,这一对恩爱夫妻难舍难分正在亲热哩,心直口快的俞惠如随便说了一句:

"快走,快走,大家都在外面等着,你俩还在这里搞什么'小资产'?"

何凌登牺牲的消息传到后方后,俞惠如一想起这件事,就感到当初不该讲那句话。刚踏上异国土地就牺牲了一位丈夫,俞惠如生怕在后方的家属受不了,布置留守处的领导保密,由俞惠如陪着吴为真到沈阳去看何凌登的遗容,后事处理得很好。

沈启贤参谋长在行军途中遇到朝鲜人民军一位将军,他看到了我们刚刚踏上朝鲜国土的中国军队,便通过他带的翻译说:

"贵军的士气非常之高,但武器装备差。"

"我们对战胜世界上最强大的敌人是充满信心的。"沈启贤这样回答着。

军司令部作战科长左勇带着联络员卞武雄乘吉普车在公路上遇到一辆大卡车满载往后撤退的朝鲜人民军军官,双方热情地打招呼,车子就停下来了。左勇仔细一看,车上有男有女,全都没有戴帽子。下面是人民军与左勇的一段对话:

"你们是中国人民解放军吗?"

"我们是中国人民志愿军。"

"你们来了多少人?"

"很多很多。"

"你们有没有飞机?"

"我们暂时还没有。"

"你们有多少坦克?"

"我们暂时还没有。"

"飞机、坦克都没有,那不行!那不行!"

"我们用劣势装备可以打败优势装备的敌人。我们不是已经消灭了国民党800万美式装备的军队吗?"

左勇说到这里便问起了人民军的情况:

"你们从哪里来?"

"从洛东江边。"

"你们到哪里去?"

"上级命令我们:到新义州集合!"

第三章

首战告捷

出国第一仗在云山第一次和美军交手,彭德怀说:"一直没有吃过败仗的美骑一师这回吃了败仗,败在我们三十九军的手下嘛"——美国舆论哗然,认为这是"自珍珠港以来美国军事上之最惨重失败,也可能是美国历史上空前绝后的军事浩劫"

1950年10月25日拂晓前，我军3个师的部队以非同寻常的速度急行军，经过龟城前进到泰川东西地区。

军指挥所设在泰川附近一个小村庄里。

出国前，我接到志司通报，美国侵朝军队已经越过三八线，战局非常紧张。入朝后，处在野战条件下，除了无线电报外，只能从收音机里了解外界情况。我听美国之音报道：美国除占领了平壤外，并在肃川地区实施了空降。我在作战地图上寻找着，查看着，思考着……

我和政治委员徐斌洲、副军长谭友林、副政治委员兼政治部主任李雪三、参谋长沈启贤等同志在分析：敌人进展的速度很快，已经占领了我们预定的防御地区——朝鲜蜂腰部以北，估计去不成了。看样子彭总会改变原来的战略部署。23日、24日这两天没有接到志司的电报，既没有前进的命令，又没有敌情的通报。当时情况不明，心中无数。这对于我们指挥员来说，是最苦恼的事情。军指挥所的每个人都焦急不安起来。

24日这天傍晚，我挂电话给一一七师师长张竭诚："这几天情况不明，你赶快派部队到宁边方向侦察情况，捕捉俘虏，查明当面之敌，向我报告。"

"好！我马上派人去办。"

张竭诚接我的电话后，便派侦察队深入敌占区去执行这个任务。

深秋季节，到处一片漆黑。唯独一个孤立的小房屋的灯还亮着。一一七师的侦察员们从窗外观察，屋里两名美军的游动哨兵正在休息。侦察排长指挥两个班在外面警戒，一个班突然推开门冲了进去。两个家伙正在吸烟，还来不及弄清是怎么一回事，就被我们神勇的侦察员活活捉住了。

当时，每个师都配有英语和朝语翻译，团里只配朝语翻译。侦察员们押着这两名俘虏送到了师司令部。张竭诚带着英语翻译连夜审问，才知道美军二十四师已经进犯到宁边、博川东西地区。

深夜里，军指挥所的电话铃响了。我拿起话筒，听出了我熟悉的张竭诚的湖北口音，我连忙问道：

"怎么样？抓到俘虏没有？"

"抓到了！抓到了！"

接着，他把审问俘虏的结果告诉了我。这个情况对我后来确定包围云山部署，防止敌人抄我后路，与保障我侧后之安全起了很大作用。也就是说，如果不知道美军二十四师已到达宁边地区，我不会部署三四四团到泰川以北地区。我判断：美二十四师到达宁边，会向泰川、龟城进攻，而泰川以北有一条小路，敌人沿这条小路前进，就会抄我军一一五师、一一六师和军部从西北包围云山的后路。所以，我确定调三四四团部署在泰川以北，防止美二十四师抄我后路。后来的事实证明：美二十四师一个团进犯泰川，遭到三四四团顽强阻击，不得前进一步，保障了我们围攻云山之敌的部队后路安全。同时，我认为美二十四师到达宁边，直接威胁我军在龟城的后方安全，于是我决定后勤随整个部队转移到龟城以北的北镇地区。而北镇到云山有公路可通，既能保证部队后勤供应，又可防止敌人袭击。我命令后勤当晚转移，因为龟城附近没有部队了。事后得知，我五十军一个师进到龟城，27日与进犯龟城的美二十四师一个机械化营接触了一下，美军折返泰川。如果我不把后勤及时转移，肯定会受到很大损失。

10月25日这天，先头部队四十军打响了志愿军入朝作战的第一枪。先是一二〇师三六〇团给予敌人以迎头痛击，接着一一八师三五四团歼灭了伪第六师一个加强营。

第二天，军指挥机关驻扎青龙洞时，我对司令部作战科长左勇说："四十军已经和美军交锋了，你去联络一下，重点提一提敌人的作战规律。快去快回。"

左勇带着军部的联络员卜武雄乘一辆吉普车出发了。他到了四十军一二〇师第一线部队，指挥员们向他介绍着：

美军进攻我军阵地，先用飞机轰炸扫射，然后地面炮火急袭，当空、炮火力向我纵深延伸之际，坦克火力射击，而后引导步兵向我阵地冲击。敌步兵怕死，依赖坦克，不敢近战、夜战和白刃格斗，只要把步兵冲锋击退，这次进攻就算结束。然后，敌人再一次机械地重复这样进攻三五次，到了晚上就龟缩不动了。

左勇回来后，向我和徐斌洲、谭友林、李雪三和沈启贤作了详细汇报。我们在一起议论了一番之后，我签署了由左勇起草的电报发各师并上报志司。志司很重视，马上转发，通报志愿军各个部队。这是入朝以来志司转发我们军的第一份重要电报，也是志愿军各军入朝后收到志司发来的第一份作战电报。

从10月25日，毛主席和中央军委直接指挥我们三十九军作战的电报一封接着一封发来了：

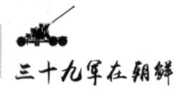

三十九军即进至泰川东西地区准备阻援

（1950年10月25日15时电三十九军并四十军）

（一）伪六师一个团24日抵温井，另一个团也可能向温井前进。今日温井敌分别向西北武装搜索，已与一一八师、一一九师打响，伪一师占宁边后，一部进占云山，另一个团占龙山洞。

（二）你军应即全部向泰川东西地区推进（先头不要超过龙兴洞、龙伏洞、烽燧山），掌握龙山洞敌情。准备打击向北增援之敌及消灭进抵龙山洞之敌。

并将上述企图告知泰川友军主要干部。

军委参令三十九军派有力一部阻击美英军

彭邓并高贺：

敌英二十七旅美二十四师，先后于23、24两日渡过清川江，向中朝国境前进。据伪二师师长25日称美×师以碧潼为进击目标。又悉：美八军总部已撤销韩军以外之外国军队应停止于距朝鲜北部国境64公里线上之命令等情。为了保证出国第一仗的侧翼安全，应令三十九军以得力之一部，对敌作有力地阻击，以辖制该敌，请考虑。

军委参1950年10月26日13时

首先歼灭伪一、六、八师后再打美英军。

彭邓并告高：

美二十四师英二十七旅已在新安州一带渡过清川江，请令三十九军勿去龙山宁边，暂时避开（如果可能的话）美英军，以免被其胶着，而应由泰川向云山及其以北方向前进寻伪一师作战，与四十军三十八军配合，首先歼灭伪一、伪六、伪八等师，然后再打美英军。如伪一师与美英军在一起时暂时也不要打伪一师，待伪六、伪八歼灭后寻机再打该敌。如何，请按情况酌定。

毛泽东　10月26日5时

10月26日下午，译电员送来刚刚收到的电报说："军长，志司转来毛主席的电令。"大家围拢来看，心情特别激动。

对三十九作战行动的部署

彭邓韩洪并告高：

　　10月26日7时电悉。美二十四师向碧潼，英二十七旅向新义州，这是过去几天的计划。今后几天则有3种可能：第一是伪一师被我围歼时向北增援伪一师；第二是照原计划进攻碧潼、新义州不变；第三是在博川一带观望形势。我应以第一种可能为基点，令三十九军迅速进至云山、温井线，以有力一部隔断伪一师（战力较强，且有4个团），然后改向南面防御，待伪六师、伪八师均被我歼灭后，看情况再定对美英军作战的部署。以上请酌办。

毛泽东　10月26日16时

28日深夜，我们又收到了志司转来毛主席对一一五师作战行动的电令：

彭邓并告高：

　　据志司报称，博川敌进至长山面，在泰山以南与一一五师接触等语，果如此，则极好。请令一一五师北撤，在定州、宝川、泰川、龟城一带之有我部队、兵站、人员，一律西撤，让该敌深入泰、龟、定、宣区域，以利而后歼击。此种意图，原是你们提出的，极为正确，望令上述各部执行。

毛泽东　10月28日23时

　　我和军里几个领导同志看完了毛主席的电令，兴奋的心情久久不能平静。大家说：入朝参战的时机由毛主席直接掌握，现在马上就打出国第一仗了，又是毛主席直接指挥。毛主席不仅指挥整个志愿军，而且对我们三十九军多次作出具体的指示。我们望着这一封封毛主席亲手拟定的电报，怎能不激动万分呢！

　　大榆洞在朝鲜北部一个四面环山的山沟，志愿军司令部——彭德怀司令员的作战指挥机构就在这里。

　　这天，彭德怀、邓华、洪学智、韩先楚、解方等志愿军首长陆续来到作战室，作战

第三十九军分别从长甸河口和安东跨过鸭绿江，入朝作战

第三十九军在上九洞、立石里、龙头洞、石城洞等地与敌军展开激战

1950年11月28日，第三十九军乘胜向宁边、清川江追击逃敌

1950年11月30日，第一一七师三五〇团在军隅里以西全歼向马场里逃窜之敌

1950年12月1日，第三十九军渡过清川江，攻占军隅里

处副处长杨迪拿出了本子，汇报各军到达位置：

四十二军按照彭总的命令阻击东线敌人，用汽车紧急运送了两个营，到了黄草岭、赴战岭，其主力正在向长津运动。四十军先头两个师进到北镇以东、云山以北，已接近熙川以西温井地区的伪六师。

三十九军和三十八军距敌尚有不到50公里的距离。

彭总指着地图说："四十军的任务就是集结于温井以北、北镇以东，待机攻歼南朝鲜伪六师于温井西北。"

解方说："三十九军在云山集结比较好。"

彭总点点头，又指了指地图说："三十九军集结在云山，准备在南朝鲜第一师东援伪第六师时歼灭它。三十八军准备歼灭伪八师于熙川。六十六军过江后，准备阻击英二十七旅。这个部署你们同意吗？"

邓华首先表态："我同意这个部署，东线四十二军阻击敌人，西线三十八军、三十九军和四十军分别歼灭一个师，各军一定要完成任务！"接着，洪学智和韩先楚也表示同意这个部署。这天上午，译电员走进军指挥所，给我送来一份刚刚收到的志司电令。主要内容是：

伪六师进至温井里，其一个营乘车进到温井里以西的两水洞，与我四十军一一八师遭遇，被消灭了；其一个团正向楚山前进。伪七师占领熙川。美军陆战一师、三师和伪首都师等已在咸兴登陆。四十二军主力坚守黄草岭，阻击咸兴登陆之敌西犯，防敌抄我后路。四十二军的一个师归三十八军指挥，协助三十八军消灭熙川之敌。命令三十九军包围云山伪一师，阻击云山之敌向温井里伪六师靠拢，保障四十军消灭伪六师、三十八军消灭伪七师。

我看完电报后，把电报给徐斌洲、谭友林、李雪三、沈启贤看了一遍。大家在一起议论着，并决定召开军的作战会议。

在我们军入朝后召开的第一次作战会议上，我望着风尘仆仆赶来的王良太师长、沈铁兵政委、汪洋师长、石瑛政委、张竭诚师长、李少元政委互相打着招呼，互相亲切问候，心中涌起一阵喜悦之情。在听完了他们关于各师部队这几天行军和设防的情况后，我对大家说："彭总原来计划在龟城、泰川、球场、德川、宁边这些地区组织防御，制止敌人进犯，稳定战局，为今后作战创造有利条件。但是，敌人在我们出国这几天之内分兵急速推进,已经部分越过了我们预占的防御地带。这样,彭总果断地改变原定计划,采取运动中集中优势兵力歼敌的作战方针,以改变目前的战场态势。志司命令我们三十九军围歼云山地区的敌人,如该敌南逃,则实施战役追击。"

说到这里,我指着作战地图说:"我们军的作战部署是:一一五师主力向云山及其西南方向进攻,配合军主力围歼云山之敌;一一六师主攻云山之敌伪一师,一一七师先配合四十军围歼温井之敌伪六师,而后由东配合一一六师围歼云山之敌。"

我对张竭诚和李少元说:"你们师今晚出发,迅速进到云山以北鹰峰洞地区接替四十军一二〇师防务,如云山地区之敌向温井增援,你们要坚决阻击将敌歼灭,保障四十军消灭伪六师,而后向东占领泥踏洞交叉路口,准备围歼三巨里之敌,并切断云山之敌向东撤逃之路。在总攻云山时,你们师又由东向西进攻,配合一一六师歼灭云山之敌。炮兵二十九团、高炮团一营配属你们作战。"

徐斌洲也对张竭诚和李少元说:"你们一一七师的任务繁重、艰巨、复杂,先在云山以西防御,后到云山以北阻敌,再到云山以东歼敌,还要准备到云山以东追击逃敌,这些都是在敌人腹地作战,可能几面受敌,遇到的人既有伪军也有美军、英军,都是新对手。加之敌人有飞机、坦克、机械化步兵,我们缺乏经验。因此,要对干部战士进行深入动员,树立胜利信心,把打日本鬼子、打国民党反动派的那种不怕苦、不怕死的精神发扬起来,完成好国际主义的战斗任务,为朝鲜死难的同胞报仇!"

10月25日黄昏以后,我们三十九军分兵两路从龟城、泰川出发,向云山地区开进。左路为一一七师和一一六师,右路为一一五师和军直。

担任全军向云山开进的前卫任务的一一七师张竭诚师长和李少元政委从军里开完会返回师部后,立即通知各团团长、政委和师机关科长以上干部参加作战会议。会前,他们和副师长彭金高、政治部主任吴书、副主任杨弃、后勤部长赵永胜、政委朱礼余、卫生部长高均作了简短研究。会后,部队按计划出发了。

我们军指挥所紧紧跟在一一七师后面,正在行进途中,左勇科长向我报告:

"军长,刚才接到报告:一一七师张师长、李政委他们遭到敌人伏击,没有大的伤亡。"

"左勇,你快到前面去看看。"我说完就想:出国第一仗还没有打起来,这个师的主要指挥员如果有个三长两短,后果不堪设想……

原来,张竭诚、李少元和彭金高、杨弃还有作战科长廖振铎乘车去鹰峰洞与四十军联系协同作战。为防止意外,他们带了几支冲锋枪。从泰川通向鹰峰洞的土公路,路面失修,坑坑洼洼,吉普车越过师的前卫三四九团和四十军的部队后,行至松亭洞一个小山口,忽然遭敌巡逻小分队伏击。一阵机枪、冲锋枪、火焰喷射器向他们乘坐的汽车开了火。彭金高、杨弃和两名警卫员负了伤，汽车着了火。张竭诚、李少元身上也着了火。他俩跳下车，一面叫大家在地上打滚灭火，一面命令后车的冲锋枪手向敌人开火，击溃了埋伏之敌。

左勇带着警卫员搜索前进。他们看见倒在路旁的司机，以为是牺牲了，结果一说话，司机爬起来拍拍身上的尘土说："没有事。"后面部队听到枪声，三四九团前卫一营营长黄达宣这位全国战斗英雄带着部队赶上来了。接着，薛复礼团长、康应中政委、赵先顺副团长也赶上来了。

不一会儿，我们军指挥所也上来了。我和徐斌洲、谭友林、李雪三、沈启贤争先恐后地跳下吉普车，向出事地点跑去。大家急切地招呼道：

"竭诚同志怎么样？"

"少元同志怎么样？"

"军长、政委，不要紧，彭金高和杨弃负了伤，汽车被打着了，但机器没有烧坏……"张竭诚、李少元向我和徐斌洲说。

"万幸呀，万幸呀！同志们，我们要做好与敌人遭遇的准备，大家继续赶路吧！"我说完就带着军指挥所继续前进了。

一一七师的部队昼夜兼程，翻山越岭，师侦察连走在最前面。当他们深入到鹰峰洞东南两公里处时，竟同敌人的侦察分队遭遇了。他们趁敌人尚未展开，先下手为强，一阵突如其来的打击，将敌消灭，活捉了包括敌侦察排长在内的25个俘虏，就这样很快掌握了敌人的兵力部署情况，争取了主动。

10月26日傍晚，部队到达鹰峰洞地区。师前卫三四九团首先与敌人接触，前卫一营与伪一师突然遭遇。薛复礼、康应中指挥一营先敌展开，先敌开火，先敌占领了公路两侧的有利地形，把敌人打退了。二营和三营随即于鹰峰洞西侧占领了有利地形，阻敌进攻。在他们构筑工事的时候，师里军务科长查锦标急匆匆地骑马跑来了。他送来张竭诚的一封短信，信上说："你们不要停在鹰峰洞，马上转到泥踏洞去阻击敌人。"薛复礼看完信，又让康应中和赵先顺看了看，3个人一看地图，这里离泥踏洞还有15公里，这时已经是下半夜了。他们说："赶快走，走快点，拂晓前叫部队进入阵地。"

就这样，三四九团在天亮前急行军赶到了泥踏洞。

拂晓前，敌人一个多连兵力两小时内在飞机、大炮、坦克支援下连续向五连阵地发起5次攻击；

上午，敌人又向一营和二营阵地的接合部发起5次攻击；

下午，敌人以5辆坦克引导步兵，在飞机支援下向一连、二连和三五一团八连阵地连续攻击。

以上均被各阻击部队打退。当晚，为了打击敌人的嚣张气焰，担任师二梯队的三五〇团五连八班的勇士们，静悄悄地深入敌后，在云山西南10余里的诸仁下洞突然袭击了敌人哨兵，杀伤敌人10余名后安全返回。这一袭击，给敌人以极大的震摄。

到了28日，敌人实施大规模的报复行动。天刚一亮，敌机出动百余架次，轮番轰炸三四九团的阵地，野战工事大部分被摧毁，随即敌步兵在坦克引导和炮火支援下，向五连、六连防守的鹰峰洞和178高地发起猛攻。战士们把敌人放到最近处，各种火器突然开火，大量杀伤了敌人。下午，敌人又以6辆坦克和近1个营的兵力向三四九团一营进攻，坚守在前沿阵地的三连机枪射手肖子云，单人独枪连续击退敌人3次冲锋。二连五班战士跃出阵地，用爆破筒将敌人坦克炸毁……

三五一团在三四九团左翼310高地展开，阻敌北犯。团长王德雨、政委彭仲韬一上阵地就接到张竭诚、李少元的电话：

"你们两个老团上去，必须把阵地守住！"

"请师首长放心，我们坚决守住阵地！"

团指挥所设在山的棱线上，王德雨、彭仲韬和参谋长厉秉举起望远镜就可以观察到阵地前沿的一切。

电话铃声响了。王德雨和彭仲韬几乎同时拿起话筒，传来了三营营长陈正伦的报告："我营发现敌人6辆坦克掩护步兵向前运动。"一营营长赵希刚在电话中报告："我营阵地前面出现敌人4辆坦克，步兵距离四五百米……"

"做好工事，坚决把敌人打下去！"王德雨在电话中说。

"注意防空，绝不能让敌人上来！"彭仲韬在电话中说。

在三营阵地面前，敌人开始进攻了。步兵开始停在小河边，坦克向山上开来，一边开一边打炮，后来，步兵尾随坦克进行冲击。在第一线展开的八连和九连，第一天整整打了一天，打退了敌人多次进攻。九连战士张玉良利用山沟地形，奋不顾身地爬上敌坦克，用爆破筒把第一辆坦克炸毁，其他坦克掉头就跑。

第二天上午，敌人一个连兵力向二营阵地进攻，天空中有6架敌机掩护，地面又有大炮配合。等敌人上来后，二营四连从右翼沿一条山沟插上去，一下子把敌人打垮了。

就在三四九团守备的第三天中午，二营教导员薛志友去五连。走前他问带领六连的副营长汪国全：

"老汪，六连怎么样？"

"粮食快没了。"汪国全说。

"伤亡情况如何？"薛志友又问。

"一排打得最激烈，敌人炮火很猛，伤亡大一些。"汪国全做了一下手势说。

"我到五连去看看，再回营部。"薛志友边走边说。

"那里道路你不熟，派人送你去吧！"汪国全想拦住他说。

"不用送，人多了目标大。"薛志友一摆手就走了。

他沿着长满密密麻麻松树丛的山梁走去，走着走着，突然从树丛里窜出来3个伪军士兵，一下子把他抱住了。然后，3个敌人推着他走。他一边走一边观察周围的地形，心里琢磨着：怎能尽快甩掉敌人，摆脱困境？一边走着眼睛一边瞅着周围的动静。他见松树丛下面有一条雨裂沟，便猛然来了个金蝉脱壳，跳到10米深的山沟里去。3个敌人在山梁上开了枪，但是谁也不敢往下跳。

汪国全听到枪声说了一声："坏了，出事了！"他马上派副连长叶志禄带着战士去五连那边看看。后来，这个勇敢而机智的苏北老同志薛志友终于回到了部队。

敌人6辆坦克四五十个伪军坐在上面向三四九团冲来了。薛复礼告诉黄达宣："叫二连出击！"二连正好在三岔路口，黄达宣命令一下，二连一冲击，敌人坦克上的机关枪和机关炮转着圈打，二连伤亡20多人。薛复礼对大家说："伤亡再大也不能叫敌人这6辆坦克开过去！"他说完跑到最前面去指挥，结果把敌人的坦克打回去了。

然而，到了阻击伪一师十二团的第四个晚上，三连阵地上出现了严重的情况：前卫排叫敌人断了后路！康应中大声地对大家说：

"谁去把三连这个排带出来，给谁立大功！"

"我去！到前卫排的一条路只有我熟悉，因为我曾跟营长去看过地形。"站出来自告奋勇的这个人，大家一看是营部的号兵刘文华。

天刚黑下来，他带着一个班出发了，摸过两个山头，发现前面有敌人的两个哨兵在山坡上监视这条路。他马上叫第二战斗小组从路旁的水沟里摸进包围圈里，他自己带着第一战斗小组也从敌人警戒线进入包围圈。他和三连长取得了联系，便稳稳当当地把三连带出了包围圈，回到了营的阵地上来。

这个排撤回来时，薛复礼狠狠地批评了排长肖林：

"你为什么没有命令往回跑，结果让敌人包围了？"

"团长，我错了。"肖林低下头说。

"现在这个仗还没有打完,你这个排现在就顺着公路,爬到山上面制高点。"薛复礼用手指着说。

"团长,我一定完成任务。"

"还有,敌人迂回到你们侧后,没有我们命令不准撤退。否则,看我饶你不饶你!"

这个制高点距离一营阵地有 1000 米,肖林带领全排战士一直坚守在上面。

10 月 28 日深夜 12 点钟,我打电话给一一七师张竭诚师长:"你们把鹰峰洞两侧阵地交给一一六师,连夜转到云(山)温(井)公路以东地区。"

张竭诚率部东进,控制了云温公路及其以东地区。师指挥所设在马尚里。他把三个团的部署向我报告后,部队很快到达指定地点进入了阵地,三四九团占领了通洞、泥踏洞一带云温公路上的三岔路口,三五○团于云山东北、温井川东岸的柯树洞占领进攻出发阵地,三五一团位于马场洞做好了战斗准备。

10 月 29 日,300 多个敌人在 6 辆坦克引导下,向泥踏洞三四九团五连和六连阵地攻击,六连在副营长汪国全、连长彭俊岭、指导员田光明的指挥下,高喊"人在阵地在,誓与阵地共存亡"的口号,顽强地抗击着敌人的进攻。在六连一排的阵地上,三班只剩下 4 个人了。当敌人逼近堑壕时,这 4 位勇士用炸药包、用石头奋力与敌人拼杀。紧急关头,副连长叶志禄带着第二梯队赶到,协助一排将敌人击退。

敌人稍事整顿又冲上来了,眼看已经突入六连四班的阵地,战士们跳出战壕,端着刺刀与敌人展开了肉搏,在十班支援下,将突入之敌 1 个班全部歼灭。

晚一点的时候,敌人一个排又突入了五连二班的阵地。二班长王春常知道,营的绑带所里有几十位伤员,距离阵地只有几米。他为了不让敌人占领班里的阵地,为了保护几十名负伤的战友,毅然决然地手持爆破筒,扑向阵地上的一群敌人中间,黑夜中只见一团火光,只听一声巨响。二班的阵地保住了,负伤的几十名战友保住了,英雄的共产党员老班长王春常,却献出了宝贵的生命。

在三四九团前卫二营四连的阵地上,还发生了这样一个故事:赵先顺副团长在这里指挥战斗,部队几天来都是吃的煮苞米粒,大便拉不下来。每个人所带的干粮都吃光了,又饥又渴。他们发现山底下有一片萝卜菜地,谁都想拔个萝卜解解渴,但谁都用"不动朝鲜人民一针一线"的群众纪律抑制着这种愿望。敌人打来的炮弹不断落在菜地里,把鲜嫩的大萝卜炸得到处乱飞。眼看干部战士渴得实在支持不住了,赵先顺便和营长朱广道、教导员曹厚峰在一起商量后,派营部通讯员董伯友等几个勤杂人员到山下菜地里,拔一个萝卜就埋上一点朝鲜币,最后叫营部的文化教员小梁写了一封信,也埋在菜地里。

信的内容大意如下:

萝卜菜地的主人朝鲜老乡:

我们是中国人民志愿军,1950年10月26日至今日同美国侵略军、李承晚伪军激战三天三夜。战斗中我们断粮了,部队又饿又渴,只好吃了你们菜地里的萝卜,每个萝卜的坑里都埋着我们付给你们的钱。

中国人民志愿军某部二营于1950年10月28日

黄昏时分,天还没有黑。一一五师主力从泰川向云山方向开进,配合军主力歼灭云山之敌。在一个沟口上,王良太师长向三四四团团长徐鹏和政委姜石修交代任务:

"你们团留在泰川以北地区阻击援敌,任务是保障军、师主力的侧后安全。"

"师长,师首长谁跟我们团?"徐鹏问道。

王良太征求了一下副师长颜文斌的意见。颜文斌这个从红军长征起打起仗来就冲在前面的指挥员说:"我要到前线去!"

结果,徐鹏很希望有位老同志在身边没有争取到。他是我从抗战开始就在一起共事多年,我很熟悉的年轻指挥员。现在,他这个团是离开军、师主力最远的一个团。这样也好,我们军很多优秀指挥员就是在这种情况下锻炼成长起来的。

师主力部队开走以后,徐鹏和副团长孟宪连、参谋长杨健一起组织各营营长、各连连长把泰川以北的地形看了一遍,决定了营主力坚守北安洞公路两侧要点,八连守在北安洞南侧无名高地;一营坚守北安洞东侧要点,二营坚守龙凤洞公路两侧要点。当时营里前面展开一个连后面两个连,成为前三角。部署完了,部队积极构筑工事,八连把一排放在最前面,叫作触角阵地。

这是徐鹏当团长第一次组织指挥这么大的战斗,而且是在人地生疏的朝鲜战场上。在火力配备上,他大胆地把72步兵炮推到最前面,引起了人们的争论。有人说他不懂炮兵,不会用炮。他说:"步兵炮就应该推到最前面去,如果放在团指挥阵地上,一开炮就会打到前沿阵地上自己的人,根本不能阻击敌人,也不能用炮火制止敌人的进攻……"

第二天上午9时许,美二十四师先头部队乘汽车和坦克从泰川以南沿公路向八连阵地扑来,约有一个加强连的兵力。一排出敌不意,突然以猛烈火力把敌人打下去。敌人又在飞机、坦克掩护下,连续两次进攻,都被八连打退了。

就在这时候,阵地上出现了一件很巧合的事情:

敌人一辆坦克向八连阵地射击，骄横的美国兵满不在乎地把炮塔的盖子揭开观察。八连的六〇炮班副班长"练兵模范"米占云用六〇炮瞄准射击，一发炮弹正好落进了坦克炮塔出入口，把里面的坦克乘员炸死了，把驾驶仪器也打坏了，坦克就停在那里不能动了。

到了下午，敌人十几架飞机就在这个团的阵地上进行疯狂的轰炸和扫射。然后，敌约有一个加强连的兵力在炮兵和坦克的掩护下，分两股插到八连后面，把八连后面的无名高地占领了。这样，直接威胁了八连阵地。徐鹏和姜石修研究后，命令八连后撤，撤到北安洞那边去。因为阵地一道道防御工事预先都搞好了，在构筑工事时，在从泰川至龙凤洞的公路上，他们挖了道破坏公路的沟，为防止敌人过来还挖了一段方坑，在公路上还埋了一些集束手榴弹。一直到10月30日晚上，他们按照王良太师长命令撤至丰德里，便在龙城洞后面一带组织防御，诱敌深入，让美二十四师向龟城深入，由六十六军相机歼灭这股敌人。

三四八团在鹰峰洞接替一一七师的防务后，在坚守阵地时有一个教训，后来就成了经验。敌人先是用炮兵的火力轰击，接着是用飞机投汽油弹，然后就是坦克引导步兵往上冲。我们开始时还是用在国内打国民党军队的那一套经验：给火炮挖个小坑，上边用草伪装一下，人就搞个单人掩体，靠山头前边和两侧，电话线是在外边架设的。敌人协同攻击，把整个阵地搞得很乱，电话线一段一段被烧坏，敌机扔下的汽油弹使满山遍野都在燃烧，营、连的指挥就不灵了。于是，通讯员伤亡不少，查线的电话员伤亡也很大，干部通讯指挥不灵，只好直接跑到前边去指挥，干部伤亡也在增加。还有，工事构筑在两侧和反斜面，敌人的坦克上来，看到新土就直接瞄准射击，一个一个地轰。我们的战士们不敢往后跑，就往山前跑，跑到公路两边的沟里隐蔽起来，这样才减少了一些伤亡。但还是在敌人空、炮联合攻击下被汽油弹烧死烧伤不少人。

团长高克和一营营长徐友仁联系不上，他带着作战股长张成里离开团指挥所，来到了一营前沿，和营、连指挥员到阵地看了一遍，采取了一个办法：把前边兵力往后缩，这样一来，前边一连和二连的兵力就减少了，把三连的兵力集中在后边，一连和二连也有了预备队，把他们拉到树林边疏散隐蔽。前边守阵地的就在山的两边挖单人掩体观察。人都在山的背面搞一些疏散的散兵坑，电话线也埋入地下。再一个办法：一个人挖一个小防空洞，把雨衣堵到小口上，雨衣上面再放些青草。这样，敌人再投汽油弹，只要往外一推，火就烧不到自己身上。采取这些办法后，第二天、第三天，敌人进行的两次攻击中，部队伤亡就减少到最低限度了。敌人进攻最厉害的那一次，比哪一次进攻的规模

都大，炮火很凶，但最后一查只负伤两个人，结果，部队坚守了几天整个伤亡才七八十人。

与此同时，10月30日深夜时分，三四七团为夺占有利地形作为向云山发起总攻的出发点，五连和六连在山炮、迫击炮火力支援下分别占领了敌军十二团的288高地及其以南另一高地。天亮后，这个伪军团长金占坤为了把阵地交给骑一师第八团，组织一个营的兵力在飞机、炮火掩护下，用坦克作为先导向五连阵地连续发起4次猛攻，都被打退。当五连连长、指导员负重伤后，青年学生出身的副指导员顾仁柏勇敢地站出来代理指挥，挽救了危局。炮弹片削掉他嘴里的半口牙，全身3次7处负伤，仍然坚持不下火线，走不动便躺在地上继续指挥战斗，直到鼓励战士们击退敌人最后的一次进攻。从左侧协同二营攻击的一营二连有个战斗小组长，名叫张生。他机智地绕到敌人正在射击的一挺重机枪屁股后面迅速扔过去两颗手榴弹，把这挺重机枪报销后，他又迂回到后山腰用手榴弹炸死敌人另一挺重机枪射手，趁着烟雾尚未散开，他又以超人的快速敏捷的动作，将一个返身夺枪拼命顽抗的美国兵推下了山崖。就这样他一个人缴获了两挺美国重机枪。由于他连续消灭了敌人两个火力点，为连主力进攻扫清障碍，当九连赶到以后，4个连队同时向敌人猛扑过去。一一六师党委授予顾仁柏和张生两位同志"保国英雄"的荣誉称号。

10月30日0时，我发报给彭总请示关于我军攻击云山部署的问题。

彭、洪、韩、解首长：

根据志司攻击云山意图，我们召集师干部研究认为：云山敌人兵力比较集中，火力较强，但战斗力弱。如集中4个师（缺一个团）的兵力攻击则我完全有把握歼灭该敌。据此我预作如下部署：

1. 攻击部署：以一一六师为主攻方向，自鹰峰洞沿云山之两条公路两侧山缘向云山东之圣洞攻击前进；一一七师以两个团绕至云山东之内洞、马场洞，由东南至西北向富兴洞三巨里攻击，另以一个团由泥踏洞向南攻击；一一九师自上九洞（云山东南）向西北攻击；一一五师两个团自龙兴洞、诸仁上洞把主力放在公路以南自西向东攻击，当打响时，该师即抽一个营插至诸仁上洞东南公路转弯处，断敌逃路。

2. 炮兵配属：因道路条件限制只能配置北面，决定炮二十九团进至利洞附近，配属一一七师作战；以炮二十六团全部、炮二十五团一个营及军火箭炮营配属一一六师作战；高炮一团以一个营配属一一七师、以两个营配属一一六师。

3. 攻击时间：如4时30分开始，则部队在截敌运动中易受敌炮、空火力杀伤，炮兵亦易受威胁。同时，敌无坚固工事，我炮兵任务主要为集中射击，压制敌炮。决定31日19时30分开始炮击，发动总攻，预计一天一夜解决战斗。

4. 阻援问题：建议以一至两个师31日晚进至下馆洞、龙城洞（云山南）切断通宁边、龙山洞公路，阻止北援。以上部署当否请速示知。一一九师如何联络和指挥？

吴、徐、谭、李、沈 30日零时

当天9时，志司就复电了：

> 围攻云山部署计划我们同意，请照来电准备。唯攻击时间待三十八军主力攻占球场、院里，威胁安州，调动美二十四师回援后，即发起攻击云山，此时可能引起云山之韩一师南撤，在开始撤动时，给以猛攻。我在云山东南角留一缺口，让其向军隅里方向逃窜。预以四十军主力置于上九洞、麻田洞埋伏该敌，可能比硬攻易为得手。
>
> 故攻击时间同意10月31日黄昏开始外，还须准备提早或迟数小时，酌情况再告。

这次在异国作战，地形不熟，语言不通，给作战指挥带来许多困难。但我相信，我们这支党培育下在历次战争中锻炼成长起来的老部队，一定能像过去在国内打仗那样，克服一切困难，赢得战争的胜利。

这些天来，我在军指挥所不分昼夜地看电报、发电报、看地图，下命令。指挥所几乎每天都换地方……

10月31日拂晓，电话铃响了。我拿过话筒，听出是志司作战处长丁甘如的福建口音：

"吴军长吗？志司向你们军发出预先号令。"

"丁处长，你快说吧！"

"四十军歼灭伪六师的战斗快结束了，准备明天晚上四十军协助你们军消灭云山之敌。"

我放下电话，就向3个师打了招呼，要求各个师抓紧时间，务必做好向云山发起总攻前的一切战斗准备。

到了第二天——11月1日上午，电话铃又响了，参谋人员把话筒递给我：

"军长，彭总的电话。"

我立刻听出彭总用我们俩人家乡湖南平江口音叫起我的名字,听着是那样亲切:

"吴信泉吗?"

"是,彭总。"

"四十军已经歼灭进至温井里、两水洞、楚山伪六师的主力,今日晚上配合你们军消灭云山之敌。"

"明白了,按你的指示办。"

"总攻时间定下来了吗?"

"计划在今天19时30分。"

"好!祝你成功。"

"战斗中随时向你报告。彭总,再会!"

在我和彭总通话的时候,在军指挥所的徐斌洲、谭友林、李雪三和沈启贤都停下了自己的工作,静静地听着。大家都知道,这是入朝以来第一次接到彭总亲自打来的电话,大家都非常高兴。我的心情更是激动不已。

在一一六师指挥所洞口的交通沟里,始终架着一台炮对镜在观察敌人动静。开始,观察员报告:

"右翼三四七团主要方向龙浦洞和周围高地上,敌人好像是在后撤。"

师长汪洋、政治部副主任陈绍昆和山炮营营长杜博从指挥所跑出来。杜博从炮对镜里看见:两个穿白衣服的朝鲜人带着美国兵,提着枪往回跑。他边看边说:"师长,你来看看,敌人要跑了!"

大家你一句我一句地骂开了:"坏了!坏了!狡猾的美国鬼子要溜掉了!"

汪洋从炮对镜里看到这种情景,看完后说:"怎么只看到往回走的,没有看见往前来的?再问问右翼团的李刚团长。"

参谋人员立刻把电话要到了右翼团,李刚报告说:"我们发现美军一个排在朝鲜人引导下往后撤,没有看到上来的那个排……"

后来才知道,这是美军骑一师第八联队(团)和伪一师十二团在换防。汪洋在电话上向我报告:

"军长,绝不让敌人跑掉,我建议提前发起总攻!"

"好!打他个措手不及,汪洋,你们做好准备,提前到下午5点开始进攻。"

我就这样果断地下了决心。作战时间提前了,对我们有利,趁敌人交接防之际,打得敌人措手不及。同时,作战时间长了些,当夜消灭敌人更把握了。

指挥所十几台电话机同一时间忙起来了。左勇科长在电话上分头传达了提前发起总攻的命令：

"一一五师吗？今晚总攻时间提前到17时。"

"一一七师吗？今晚总攻时间提前到17时。"

1950年11月1日16时40分，我发出了三十九军向云山之敌发起总攻的命令。顿时，炮兵发出了怒吼的轰鸣，全线向敌人展开了猛烈的进攻。从各个角落传来了激烈的机枪声和手榴弹爆炸声。军指挥所里十几部电话机和电台旁的参谋人员紧张地工作着。我和大家一样，此刻的心情是兴奋、紧张、焦急……期待着部队占领敌人阵地的信号。

从炮弹出口的嗖嗖声和落地爆炸的轰隆声，我听出敌人炮兵向鹰峰山前后和东西两条公路的狭长地区猛烈射击起来，弹片发出的火星，密集地飞溅着，显然是在阻拦我们部队向前运动。我还听出我们的炮兵健儿接到急速射击的命令后，不顾敌人疯狂的优势炮火，以猛烈而短促的急速火力，打得敌人炮兵半晌没能还击。

没有任何力量能够阻挡我们部队的前进！红色的、绿色的、白色的信号弹交错着在黑暗的夜空闪耀，各种火器发射的声响汇成一片，听声音可以判断出向云山敌人的包围圈越来越小了。

不久，观察所的电话铃响了，参谋人员大声报告的声音震得人说话互相听不见说的是什么。战况报告从各师各团一个又一个传到军指挥所里来了。

从主攻方向传来了一一六师的战况报告：右翼三四七团和左翼三四八团4个营8个突击连一齐开始了向云山之敌的攻击。

向云山发起攻击之前，我打电话给一一六师从西北方向进攻云山城的三四七团：

"喂！你是谁呀？"

"我是任奇智，李刚到师里去了。"

"前边山上的敌人有退却的征候，你们要注意观察……"我说。

"你是谁呀？"任奇智问道。

"我是六一。"我告诉他我的代号。

"你是鲁艺？怎么现在部队马上就要向云山冲锋了，你们这些文化人还要到火线上来干什么……"

糟糕！任奇智把我的湖南口音"六一"听成延安时期那个鲁迅艺术学校了。于是，我马上打断他的话说：

"我是军长。李刚回来立刻向我报告。"

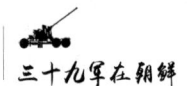

李刚从师部开完作战会议回到团里时,部队已经出发了。他向我作了报告,我对他说:"为了朝鲜人民,为了我们的祖国,你们一定要打好出国第一仗!"

"请军首长放心吧!"李刚说完就到第一线指挥战斗去了。

部队沿着松亭洞东南的高地,向龙浦洞和云山城里打下去了。二营四连和六连在96.9高地两侧,并肩突破了敌人前沿阵地,迅速驱逐和消灭了当面之敌。六连从左翼连续攻下两个高地后,五连、四连继续向敌人纵深发展进攻,但是进至龙浦洞北侧高地,遭到敌人拼命的抵抗,二营数次冲击均不成功。

天已经全黑下来了。敌人带有曳光弹的弹道以及坦克的射击,在夜空中发出刺眼的光亮。

李刚向观察所跑去。敌人的炮火打得很猛烈,炮弹吐着长长的火舌在二营阵地上爆炸着。烟尘滚滚,被炸断的树枝乱飞。他从望远镜里怎么也看不清战士们的活动。

"参谋同志,给我要二营。"

"团长,二营的电话线断了。"

"怎么搞的,在这节骨眼上……"李刚说着就离开了团指挥所,带着一营营长穆占魁和警卫员向二营阵地跑去。他一见到二营营长董文才就说:

"赶快命令停止攻击!"

部队停下来后,李刚整顿了战斗队形,组织三挺一组的10多挺轻机枪、团属两门九二步兵炮、两门化学迫击炮和二营的迫击炮等火器,命令一营副营长傅学君说:"你带一个连沿三滩川水边线迂回到龙浦洞东南,由东南向西北打,协同二营攻击龙浦洞。"

一个多小时后,开始火力准备,部队发起了冲击。把龙浦洞北山的主要高地打下来后,其他高地的敌人还在继续抵抗,二营以一个连兵力继续肃清附近高地的敌人,营的主力直扑龙浦洞,与迂回的一营一个连打了会合,大部敌人被歼,其他敌人向云山逃窜。这一仗傅学君指挥的那个连打得很勇猛,起到了很大作用。二营营长董文才在战斗中负伤。

这时,三营已向云山接近。二营伤亡较大,李刚叫他们留在原地整顿。命令一营向云山攻击前进。副团长屈太仁带领三营到达云山后遭到敌人拼命抵抗,又遭到敌人炮兵火力的压制。他们以少数部队牵制敌人,主力利用雨裂沟渠逼近敌人,组织了全营的轻重机枪、迫击炮突然开火,向敌人进行密集的射击,随即发起了勇猛冲击,突破了敌人野战工事。他们没有顾得肃清两翼的敌人,沿着大街向街中心冲去,就这样把敌人冲垮了。

当七连追至街西十字路口,看见敌人十余辆满载汽车,在坦克引导下向东逃窜。一排当即占领了临街房屋,用冲锋枪和手榴弹大量杀伤敌人,敌人弃车南逃。八连沿街向东追歼敌人,于中街路口与三四六团四连和三四八团七连会合了。这时候,云山街里的巷战处于混乱的状态。因为是夜间,有一些敌人也随着三营向街心溃逃。三营不得不用一部分部队掉过屁股打溃逃下来的敌人。这样一来,就和牵制敌人的那部分部队夹击溃敌。三营在这里消灭了一部分敌人,也抓到一些俘虏。三四七团的俘虏主要是在这里抓的。

在云山东北隅,一营向云山前进中,与云山溃逃之敌遭遇,部队由于歼敌心切,先头连未待上级命令就发起了冲锋,把敌人压缩到云山城东北一角一所学校里。这里空场地很大,周围有残缺不全的矮墙,敌人一〇五榴弹炮阵地就在这里。敌人拼命地抵抗,随后三营一部分部队也赶到了,便对敌人进行了有组织的攻击。

李刚和任奇智指挥的三四七团,在云山战斗中歼敌 700 余人(俘虏百余人),缴获敌人榴弹炮 15 门、坦克 10 辆、汽车 150 余辆,以及大批武器弹药和军需物资。

这个团在激战中,指战员们一看打的不是南朝鲜伪军,而是全部机械化的美军骑兵第一师,士气更加高昂起来。

张峰副师长、高克团长和王竟政委率领的左翼三四八团,沿三滩川东岸向涧洞、云山东面攻击前进,把主攻的任务交给了二营。

二营营长王岚峰、教导员王林指挥全营迅速向云山南 3 公里处穿插迂回。天黑得伸手不见五指,他们趁着夜暗勇猛穿插,一条小河挡住了去路。指挥员带着战士们就扑通扑通地涉冲过去了。过了河,他们见美军一辆吉普车由北向南急驶而来,尖兵班一个齐射,马达不响了,车灯也熄了,王林提着一支驳壳枪带着战士们跑过去一看,吉普车的司机和坐在里面的一名美国军官都被打死了。

在一一六师指挥所里,参谋人员大声地重复着观察所传来的报告:

"262.8 高地上发出了占领敌人阵地的信号!"

汪洋师长按捺不住心头的高兴,撂下耳机,便走出了掩体。他要亲自去看看这颗报告初战胜利的信号弹。但是,他走到外面信号弹已经熄灭了。而站在那里观察的一个参谋,激动地向汪洋说:

"两颗绿颜色的,是两颗绿的。"

汪洋当然不会怀疑参谋的报告,但使他惊奇的是战斗竟发展得如此顺利,难道 262.8 高地确无敌人重兵把守吗?他一直在想着这个问题。事后,当他了解到上面所展开的那一带的真实情况,他心里沉重起来:这是多少指战员用鲜血和生命换来的胜利信号;这是初次同美军交手用挫折和教训换来的胜利信号!

张峰从左翼三四八团指挥所用电话向汪洋报告了这个团战斗进展的情况:

"美军遭我突破后,纵深已陷入混乱,高克带一个营向涧洞压下去了……"

"你们打得好呀!应该立即派一支小分队涉过河去,袭击敌人的侧翼,直接支援右翼团,狠狠地揍敌人一顿!"汪洋兴奋得大声说。

"对!狠狠地揍他们一顿……"张峰在电话上重复着。

由副团长周问樵带领的三四八团二营进至云山以东的一条公路桥时,听到汽车的马达声,判断敌人要逃跑。周问樵马上命令:

"四连迅速过河,切断敌人的退路!"

四连连长和指导员范喜才带领全连涉水从桥南蹚过结成一层薄冰的三滩川。二排占领了公路,三排占领了制高点。五班战斗小组长吴盘火负了重伤,班长叫他下去,他说:

"我是全连最前面的战斗小组长,不能下去!"

他上了公路用刺刀一连捅死3个美国兵,其他的敌人吓得直往公路上停着的30多辆汽车底下钻。

五班副班长李运贤勇敢地抱起两根爆破筒,敏捷地冲向敌坦克群,将先头的坦克炸毁,堵住了后面的坦克和汽车,切断了敌人逃跑的道路。

当副连长张玉峰带着一排冲到三滩川两岸沙滩时,一班副班长李连华借着炮弹爆炸的火光,看见前面100米处有4个房屋大小的物体,黑乎乎的。他想:战前勘察地形时,这里是一片开阔地,怎么现在变成了高坡?他带领战士们向前摸去,4个物体原来是4架飞机,这里是美军的一个临时飞机场。他把手向前一挥,3个战斗小组成三角队形向那4架飞机冲去。守卫机场的敌人凭着野战工事,集中所有火器拼命地封锁必经之路。李连华带领的一班伤亡严重,他一看身边只剩下两名战士了。他们冲到飞机跟前,一口气打掉两架飞机上的敌人。战斗到最后,李连华和另一名战士虽然也都负了伤,但始终没有倒下去,直到把最后一架飞机的驾驶员从机舱里抓出来,乖乖地举起了双手。这时,四连主力赶上来占领了美军这个临时飞机场。

拂晓,指挥左翼团进攻的副师长张峰来到了这里。他用他那大嗓门问道:

"这4架飞机是哪个连缴获的?"

"我们四连刚刚缴获的,还有驾驶员哩!"

"好呀!好呀!怎么不拖到山沟里去隐蔽起来?"

"副师长,我们没有牵引车。"

"用人推行不行?"

"我们推过了,推不动呀!"

"那就派一个班赶快用苞米秸子伪装起来。"

没想到刚伪装不久，上午10时，美军飞来8架野马式战斗机发射机关炮和火箭，把这4架飞机烧毁了。

后来，我们英语翻译审问俘虏时，才知道这4架飞机的来历。

准确一点说，这是3架轻型飞机、一架炮兵校射机，是由美军远东总部派来的，飞机上坐着慰问团和新闻记者。11月1日下午从日本东京机场起飞，是打算飞到云山来慰问和采访美军骑一师官兵的胜利的。他们万万没有想到，连骑一师官兵的面都没见到，就当了中国人民志愿军的俘虏。真是可笑又可悲！

当我军向云山发起攻击，这4架美国飞机为什么没有起飞呢？因为，云山这个临时机场没有夜航设备，我军炮火压制了敌人阵地，他们还弄不清楚是怎么回事，直到三四八团四连李连华这个班的勇士们冲到他们面前，他们才发觉形势不妙，大祸临头，准备起飞逃之夭夭，但为时已晚！

最初，我们向上级报告战果，有的同志还不相信我们缴获了4架敌机。后来，在志司无数次的通报战果中，一直写着：缴敌机4架……因此，这是志愿军在朝鲜战争中唯一缴获的4架美国飞机。

11月2日2时，左翼三营于朝阳洞加入战斗，当七连二排进到云山东侧街口，看见街内敌人车辆拥挤，人员混乱。班长幺兴福抱着爆破筒勇猛地冲上第一辆坦克，将它炸毁。敌人丢掉车辆南逃，二排乘胜猛追，与从西南方向退下来的300余逃敌相遇，二排长吹响了牛角小铜号，全排出击，用冲锋枪、手榴弹、刺刀杀向敌人，与从西面追来的三四七团战友们协同围歼了这股敌人。

已经是半夜了，担任左翼进攻的三四八团第三营沿着偏僻的小路向南疾进。当他们插到云山以南15公里外的公路时，有一股逃路的美军刚刚从这里窜过去。营长郭湘云告诉九连留下一个班，防止后面再有敌人从这里跑掉。

九连连长朝着正在急速行进的队伍里喊道："四班下来！有任务。"正在沿公路向东南方向跟踪追击队伍里，齐刷刷地出来了四班的同志们。

"你们埋伏在公路上，卡住后面陆续赶来的逃敌。无论如何，你们也要坚决堵住公路，绝不能放跑一个敌人。"布置完毕，九连连长就带着本连匆匆地追赶逃敌去了。

这里，云山那边满天红光，机枪大炮响成一片。前面公路上敌人的坦克、汽车呼隆呼隆直叫，灯光闪闪，越来越近，眼看后尾的敌人很快就能赶到这里。

四班的同志们赶紧看了看地形，公路左边是稻田，右边是长满荒草的浅沟。班长邵

作成决定由他带两个组伏在公路的左边，副班长赵顺山带着机枪组趴在公路右边。大家立刻动手挖工事，赵顺山和弹药手于世雄、副射手田有福挖了一个长方形的散兵坑，把机枪架在公路边上。班长一边挖一边催促着大家："快点挖！没有工事是顶不住的，咱们这回打的是美国军队。"

战斗打响以前，战士们并不知道打的是美国"王牌军"，打起来之后，才知道是美军骑一师的部队，在美国是战斗力最强的。四班的同志们都这样说："我们出国第一仗就和美国侵略军的'王牌'交手，看看这些从太平洋那边跑到朝鲜国土上来杀人放火的敌人究竟是破铜还是烂铁？不管你是'王牌''张牌'，就是三头六臂的'天牌'，我们也要拔下你的角来。"

没等他们把工事挖好，前面就闪出了明晃晃的灯光。开着灯的汽车、坦克、装甲车一辆接着一辆地翻山过来了，像一条火龙似的，数不清有多少辆。赵顺山一看敌人这阵势，真有点担心：我们这一个班能堵得住吗？要是第一次"开张"就完不成任务，那有什么脸再回祖国啊！不！不管面前有多少敌人，我们一定要卡住他们，一定要叫他们尝尝中国人民志愿军的厉害！

"准备战斗！"班长镇静地喊道。

于世雄哗啦一下子把子弹袋扯开了，田有福把压得满满的6个弹夹送到赵顺山的跟前说：

"副班长，弹夹都在这里，你好好地打吧！"

"副班长，要沉住气呀！"于世雄也补上了一句。

沉重的坦克碾得公路直打战，强烈的灯光把他们的眼睛都照花了。那铁王八闯到离他们10多米的地方，哐哐打了两炮，机枪子弹一阵急雨似的从他们头顶上掠过去，显然是敌人坦克手已经发现了他们。

"快爆破！快爆破！"不知是谁在叫喊着。

话音刚落，只听到一阵震耳的吼叫，一个黑乎乎的庞然大物，呼隆一下子就从身旁过去了。

"怎么搞的？坦克给放跑了？"田有福跳起来冲着爆破组那边埋怨地喊道。

原来，爆破手跳到坦克前面，看见坦克上面有五角星，怕打着自己的坦克便跑回来了。他这么一说，旁边的人喊起来：

"那五角星是白的，正是美军的坦克。"

正在嚷嚷，忽见爆破组长范吉太跳起来，黑色的爆破筒一晃，一辆装甲车冲过来了。

轰隆一声爆炸了,汽油溅了四周一片一片的,火焰喷起一丈多高。后尾拥上来的汽车,一下子撞到它的屁股上,一个抵住一个,堵住了后面开来的汽车。停在公路上不动了。

火光、灯光和手榴弹爆炸的闪光,映照得公路上一片刺眼的明亮。四班同志们清楚地看见:卡车上、汽车拉的榴弹炮的炮架上,都挤满了头戴钢盔的美国兵。不等这些家伙跳车,他们的机枪、冲锋枪、手榴弹一齐朝汽车上猛打。班长打得起劲地喊道:

"打呀!打它个下马威!"

敌人连枪也来不及还,听见一片叽里呱啦的喊叫,有的跳下车来乱糟糟地朝两边跑,挤在公路边的泥沟里,呆头呆脑地四处张望。

赵顺山抱着机枪趁敌人混乱发呆的时候,狠狠地揍了他们一顿。敌人哗地一下倒下了,躺在沟里狼嚎狗叫。他端起机枪又狠狠地打了几梭子,只有几个没断气的家伙在哼哼。

敌人车队后尾的步兵终于清醒过来了。显然他们看到自己不利的处境,想快点冲出去,就一窝蜂似的端着枪向四班的同志们冲过来,有几个军官挥着手,嗷嗷地怪叫着。赵顺山端起机枪兜头一梭子,前面的敌人像一捆捆干草似的倒下,后面的敌人像一群受惊的鸭子转回头就跑,沟里的稀泥给踏得扑哧扑哧直响。于世雄和田有福高兴地嚷起来:

"打得好呀!敌人完蛋了。"

一连打垮了敌人几次反扑,赵顺山身边的弹夹打空了。他赶忙回头要弹夹,刚刚按下去,准备收拾到处乱跑的敌人,突然停在他身边的汽车闸门砰的响了一声。不好!这里边还躲着敌人呢。没等他掉转枪口,一个个子高大的敌人已经跳到他的跟前,那家伙一定也是吓蒙了,他没有用卡宾枪射击,却把它丢开,伸手抓住赵顺山的机枪怪喊怪叫,拼命地夺着。

赵顺山还没定住神,而卡车上却又跳下两个敌人,张牙舞爪地直奔他来。情况十分紧张,敌人刚刚扑到他跟前,于世雄和腿部负了伤的田有福从工事里猛地跳出来,一人抱着一个鬼子,扭倒在散兵坑里。战友的援助给赵顺山增添了力量,心里马上镇静多了。他和敌人拼命地争夺机枪,谁也不松手。他明白眼前这场短兵相接的肉搏的胜负,对我们整个战斗的意义:如果机枪被敌人夺去,我们这个班不但有被消灭的危险,而且更重要的是敌人就可以闯过这个卡子,从背后袭击我们正在追击逃敌的部队。不能和这家伙厮缠,应该赶快结束这场搏斗。可是,事情并不像他想象得那么简单。他的对手又肥又胖,比他高半个头,用黄绿色的眼球盯着他,火光中活像一只恶狼。他很想抓一块石头,或者一块冻土,来砸这个鬼子的脑袋,可是他什么也看不见。

他觉得力气渐渐地支持不住了。但他心里很明白:这是同美国侵略军的第一次交手,祖国人民和朝鲜人民都在望着我们，拼命也不能让敌人把机枪夺过去。他死命地抱住机枪同敌人厮打着。那鬼子却抽出左手，狠狠地一巴掌打过来，他把脑袋一闪，鬼子啪嚓打在枪托上。他趁鬼子一松劲，就势猛力一拉，这肥胖的家伙一个趔趄，跌倒在散兵坑里，四脚朝天地仰着，可是他一只手却紧紧地抓住机枪不放。赵顺山刚刚收脚站稳，正想抽出手来对付鬼子的时候，鬼子那只空手伸到腰上掏手枪了，他赶紧倒出一只手死死地按住鬼子掏枪的手，另一只手仍在紧紧地抓住机枪不放。他马上想到这样厮打下去，对手的力气大，自己是要吃亏的。果然，敌人狠命一摔，就挣脱了他按着的手，眼看敌人就要把手枪掏出来了。在危急中，他忽然发现他的对手正好倒在于世雄的身边，他心里一急就急促地喊道：

"于世雄！于世雄！快把手枪抢过来。"

事后想到这件事，赵顺山懊悔极了。他想："我永远不会原谅自己这次的错误。"在和敌人生死搏斗的关头，谁都恨不得多生一只手。当时于世雄正在同另一个敌人扭打得难解难分的时候，听到赵顺山这么一喊，毫不犹豫地从搏斗中抽出一只手来，打掉了赵顺山对手的手枪。赵顺山趁势一把将手枪抓在手里，并且立刻瞄准他当面敌人的脑袋。就在这一霎间，他觉得于世雄臂下微微闪了一下金属的反光，不由得一惊，急忙喊道：

"于世雄，当心敌人掏枪了！快……"

话未喊完，只听到身旁发出一种喑哑的枪声，坏啦！于世雄负伤了。

在极度的愤怒中，赵顺山举起了一把洋镐，把牙一咬，使出全身的力量照准他的对手的脑袋刨下去，这个鬼子被刨倒在地下。那个用手枪暗算于世雄的家伙，不得不松开了手，撒腿就跑。可是，赵顺山的动作更快，8寸长的洋镐已经又举了起来，敌人慌乱地用双手抱住脑袋，这也救不了自己。赵顺山手里的洋镐穿过敌人的手背，整个刨进脑袋里。第三个敌人死命地挣扎着要逃命，可是田有福拽住了他的衣服死不松手，赵顺山把这个敌人的脑袋也砸碎了。这场阻击战，四班毙伤美军60余人，炸毁装甲车1辆，缴获榴弹炮6门和汽车12辆。

三四八团这几位勇士痛打美军坦克和美国鬼子白刃格斗的场面，真是惊天动地、气壮山河！战后，副班长赵顺山荣记三大功，荣获师授予的"保国英雄"称号；战士范吉太荣记三大功，荣获军授予"爆破英雄"称号；战士于世雄、田有福荣记一大功，四班荣获师授予的"保国英雄班"称号。

其实，在云山战场的各个角落，我们军许多单位也都涌现出像这几位勇士一样的英雄壮举，可惜有的单位没有总结出来，更没有宣传开来。

坐着看别人打仗，这对于我们部队任何一级带兵打仗的指挥员来说近乎是一种痛苦的惩罚。那是一种什么样的滋味哟！

　　为了求得在明天拂晓前歼云山城里的敌人，聪明的汪洋师长一直把他的主力三四六团掌握在自己手里，在最关键时刻，用在刀刃上。

　　三四六团指挥所的电话铃响了，栾凤如拿起话筒听出是汪洋师长的声音，就问：

　　"师长，兄弟团的队伍到了没有？"

　　"三四七团、三四八团已经发起冲击了。你们要沉住气，部队要隐蔽好。最重要的是四连的行动不要过早，也不过晚。过早了，左右两翼的三四七团和三四八团还未打响，你们上去会影响他们的动作；过晚了，就不能策应他们……"汪洋在电话里耐心地解释着。

　　过了一会儿，二营营长洪长发和教导员孙发科走进团指挥所说：

　　"1号、2号，我们四连再不冲，俘虏就抓不到了！"

　　"同志，我们比你们还着急哩！没有师长的命令，谁也不能决定四连什么时候出发。"

　　到了晚上9点钟的样子，右翼进攻的三四七团和左翼进攻的三四八团，从枪炮声判断，他们各自打下了一个山头。团指挥所的电话铃响了，终于听到汪洋师长下达开始穿插的命令：

　　"现在，四连出动！"

　　当四连这个先锋连的战士们马上就要向两山夹峙的山沟开始运动时，吴宝光在电话中振奋而庄重地对王振斌说：

　　"要沉着，要肃静，完成任务的关键是不让敌人发现你们。祝你们成功！"

　　"团长，记住了。"

　　四连行进的那条狭长而险峻的山沟里，突然响起了机枪声，白晃晃的照明弹一个接着一个升起，照亮半空。

　　难道四连被敌人发现了？负责指挥二梯队从左右两翼中间打进云山城内的副团长李德功恨不得大声喊叫："四连快卧倒！等照明弹熄灭后再前进！"但他马上意识到自己这种焦虑是完全多余的。王振斌这个有着丰富战斗经验的连长，是会带领战士们利用一切机会隐蔽自己迅速前进的。

　　四连插到了敌人的纵深阵地，离云山街口只有四五百米了。可是，三排向敌人发起了几次冲锋，都被敌人的迫击炮阵地打过来的炮弹压住了。

　　全连的同志焦急地趴在河滩上，等待着再次向敌人发起冲击。

　　这时，连长王振斌小声地发出命令：

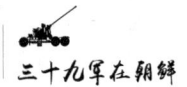

"叫一班长上来!"

一班长郑长官冒着密集的炮火,连滚带爬地到了连长指挥所。王振斌把他带到沙河边一道沟里。从这里可以清楚地看到左前方脚下不断闪动着粗大的火光。王振斌指着火光问道:

"看到没有?郑长官。"

"看到了,连长。"

"你带着你们一班,去干掉美国人这个迫击炮阵地。"

"是。"

"记住,要悄悄地接近敌人,不要让敌人发现你们。不准放枪,用刺刀拼掉它!"

"明白!"

郑长官回到班里,战士们都兴奋地围上来问着:

"班长,连里给咱们班啥任务?"

郑长官把连长交代的去干掉敌人炮兵阵地的任务一说,大家都压低嗓门叫起来:

"连首长看得起咱们班,咱们争取在出国头一仗中为祖国立功啊!"

郑长官把任务在全班分了一下工,交代了怎样摸上去。大家上好了刺刀,就出发了。炮弹在他们身边爆炸,闪闪的火光刺得眼睛直发花,机枪子弹嗖嗖地飞过头顶。

这个常胜连第一班的勇士们,把战斗小组分成三角队形,一个挨着一个,几乎人人都贴在地皮上向前爬行,连呼吸都在努力地控制住不出大声。

距离目标越来越近了,郑长官确信敌人在漆黑的夜晚看不见自己。他借着敌人炮弹出口的闪光,看见炮阵地上紧张地晃动着美国兵的身影。他悄悄地提醒大家:

"姿势再低一点!"

可是,不管战士们的动作怎样轻,地上的枯草还是发出唰唰的声响。

就在距离敌人迫击炮阵地只有20多米的时候,一个美国兵像条件反射似的惊叫了一声。趁着这一声尖叫,郑长官带着10个勇士冲进去了。

当他们突如其来地出现在敌人面前的时候,美国兵们竟然吓得惊呆了,直到两个正在往炮膛里装炮弹的炮手被刺倒以后,其他的美国兵见势不妙,惊喊起来,掉屁股就跑。

郑长官恨不得掏出手榴弹揍它个痛快,但马上想起了连长的话:"不准放枪!"他撵上两个鬼子,用冲锋枪同他们对打,可惜没有刺刀,他急忙喊道:

"马海龙,快上!"

马海龙是全班最剽悍的大个子,他端着刺刀赶了上来,一刺刀戳进了敌人的后心,转过身来又是一刺刀，刺倒了另一个敌人。

这时，王振斌命令战士们立刻从侧面袭击公路上的敌人。全连的机枪、冲锋枪、步枪一起开了火，挤在公路上的敌人乱了套。不到10分钟，就把这个敌人迫击炮阵地报销了，缴获了敌人8门迫击炮。

这一打，敌人的坦克出来了。李德功一看是4辆坦克并排开过来了。他再一看，四连的同志们打完了敌人迫击炮阵地，向着云山外围的最后一道防线——一座小桥攻来了。4辆坦克打了一阵子炮，又开回去了。四连就分两个排，一个排在右，另一个排在左，攻进了云山城。

这时，王振斌派通信员跑回来向李德功报告：

"3号，我们连已经打到云山城边了，全连伤亡十几人。"

"回去告诉你们连长，现在打进云山城开始用小喇叭，不用再回来报告了。"李德功说。

洪长发和孙发科这两个二营领导听了兴奋得站起来。

李德功做出手势，叫他们俩趴下，以免被敌人的炮火打伤。

"3号，我们发现了一大把电话线。"王振斌派人又来报告。李德功马上命令：

"你们赶快顺着电话线向里面摸，敌人指挥所就在里面。"

王振斌和副连长徐更南把电话线用手榴弹炸断，调出两个班摸进了一所学校，果然发现敌人指挥所里还亮着灯，指挥官正在慌乱地打电话："哈罗！"战士们一阵手榴弹把敌人指挥所给解决了。

这个先锋连的四班9个人，冲进云山街头时只剩下副班长赵子林和战士李连才、张景臣、陈国华4个人了。

云山城里的巷战打得非常激烈，街里像煮开了一锅粥，爆豆般的枪声、坦克和汽车隆隆声搅成了一片。赵子林他们凑在黑暗的房屋角落里忙着整理枪支子弹。李连才一会儿站起，一会儿又蹲下，他急着要去找敌人的指挥机构。赵子林也急着说：

"三排一定打到街里去了，我们赶快往街中心发展，配合他们搞掉敌人指挥所。"

他们分成两人一组，沿着街道两边低矮的房屋搜索前进。当他们进到狭窄的十字街口，听到坦克的轰隆声震得地面和房屋直打战。东边街尾一辆汽车的灯光闪了又闪，照得街上通亮。他们赶紧往街边一靠挡住身影往那儿一看，一辆巨大的坦克，简直像一座炮台似的堵住了狭窄的街道。它那翘起的炮口比周围的房子还高。坦克上面趴满了敌人，向着街道射击。

赵子林他们向坦克投手榴弹，用步枪对准坦克射击。坦克上面的步兵滚了下来，可

第一一五师三四三团二连六班战士在战前动员时宣读决心书

部队越过清川江,向南追击逃敌

医务人员在火线上抢救伤员

第三十九军在云山以北阻击南朝鲜军第一师五昼夜,配合了第四十军围歼温井南朝鲜军第六师

后勤人员克服敌机狂轰滥炸等困难,全力保障前线。图为炊事员正在做饭

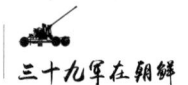

是却打不坏坦克。

坦克上的重机枪开火了，子弹打在他们眼前火花乱跳。赵子林想："这家伙是我们全连在这里战斗的一大障碍，必须找来爆破筒炸掉它！"他和张景臣冒着重机枪的扫射，爬过街对面，去跟李连才、陈国华联系。

这时，李连才的右腿负伤了。赵子林他们要把他抬到房后面隐蔽起来，等炸掉了坦克再送他到绑扎所去。可李连才硬撑着坐起来：

"我不去！我不能走还能开枪。你们快把敌人坦克炸掉吧！"

赵子林3个人硬是把他抬到房子后面，安顿在老百姓挖的防空洞里。转过身来，他们在一家小商店的房外找到了一排长。他正带着一班的同志们和敌人卡车上的美国兵互相对着射击，投手榴弹。赵子林刚想问他有没有爆破筒，只见坦克掉转机枪扫射过来，一班机枪射手又负伤了。一排长压低了嗓子说：

"赵子林，我们受这个家伙威胁太大了，不能占领有利地形。你赶快到后面找队伍，拿爆破筒来搞掉它！"

赵子林他们又绕过坦克，从密集的火网下爬到西边的一条街上，在那里遇到了刚刚打进来的六班。六班副说：

"我们只有两根爆破筒了，拿去吧！我们用轻机枪掩护你们。"

赵子林把两根爆破筒捆在一起，掂了掂，挺有分量。他很快回到了十字路口。敌人的坦克、汽车正在向南街上拐，挪动了100米又停下来了。一班和六班战士们马上跟上来缠住敌人打。赵子林、张景臣、陈国华3位勇士趁着双方正打得起劲时，猫着腰，沿着敌人的汽车跑步前进。跑过了七八辆卡车，离坦克只有20多米了，只听见卡车上的一个美国兵尖叫一声，接着就向他们投过手榴弹，枪弹也向他们飞来。他们利用房屋作掩护，由一家门口窜到另一家门口。敌人死盯着他们不放，追着他们甩手榴弹。他们钻进手榴弹爆炸的硝烟里，敌人手榴弹和机枪就跟着往硝烟里打，刚刚冲进紧靠坦克的那间房子里，就在这时，张景臣和陈国华都挂花了。赵子林要给他俩包扎伤口，他俩拉了拉赵子林的手说：

"副班长，快去炸坦克吧！"

"快去，我们在这里吸引敌人火力，掩护你！"

陈国华说完挣扎着爬到北边门口，张景臣也用一只好手托起了枪。赵子林此刻的心情很不平静，只说了一句话：

"好！我炸掉敌人坦克来看你们！"

只听见陈国华和张景臣已经开枪吸引敌人火力。赵子林拎起爆破筒，猛跑几步到了南边的门口，窜到了坦克跟前。

不料，敌人坦克慢慢地开动了，震得小小街道直发抖，那动静大得赵子林什么也听不见。糟糕！爆破筒没法往坦克正在滚动着的履带上插，这个庞然大物还想向部队压制。

火冒三丈的赵子林急火火地想："情愿让你压倒我，我也要把你炸掉！"他猛然纵身跑到了坦克前迎面站住了，把爆破筒放在坦克即将压过来的地上，一直等到它开到跟前了，他才猛一拉导火索，紧忙跳进街边的小房里，刚要蹲下隐蔽起来，只听见外面震天动地地响了，把小屋顶上的灰震得劈头盖脸地落下来，简直睁不开眼睛。他哪顾得这些，耳朵听着外面，等爆炸声一过，他飞快地跑出小房子一看，本连的同志们向着敌人的车队冲击了。

团主力一营、三营和团部过来了。敌人炮火向云山城里拼命地发射炮弹，三营几个干部商量：赶快疏散开来，一个连一个地方。孙发科见到团政治处主任茅霭亭，打着招呼：

"茅主任，你跟我们营吧。"

"部队进了城，我也要去看看。"

谁也没有想到，没过多久，一副担架把负重伤的茅霭亭抬下来了，这时天刚刚亮，孙发科见他脸黄黄的，一点血色也没有，便知道伤势不轻，只听茅霭亭有气无力地说：

"小科子，你要为我报仇呀！"

"茅主任，你放心，我一定给你报仇！"

他们两人1942年就在这个团，不知经历了多少战斗，谁知出国第一仗，29岁的茅霭亭生命就危在旦夕……

11月1日晚上，云山战斗的总攻开始后，伤员就陆陆续续地抬下来。

在一一六师休养所，把消毒布铺在老百姓房子的炕上，门和窗户都用雨布挡得严严实实的，开刀用的各种器械都用来苏药水泡着消毒。从火线上抬下来的大部分是重伤号，其中一个担架后面还跟着警卫员。医护人员问：

"这是谁？"

"我们首长是三四六团政治处主任茅霭亭。"

医生李昌汉过来了。他和茅霭亭都是江苏肖县人（今属安徽省），同在徐州中学念过书。李昌汉比他晚两年。李昌汉参军在师宣传队，茅霭亭是师部民运干事，两人很熟。

茅霭亭一见李昌汉来了，伸出手来握住李昌汉的手久久不放，几乎是在央求：

"好老乡呀！你无论如何也把我救活……"

"茅主任,我们是会用最好的药、尽最大的努力来抢救的。"

李昌汉叫人把担架抬进了临时手术室,马上输液、输血,可是输不进去。师卫生部副部长薛遥洲组成抢救小组,他亲自把静动脉切开也输不进去,血管都僵了。抢救一个小时,茅霭亭的心脏停止了跳动。

这时,李昌汉问那个警卫员:

"你们首长是怎样挂彩的?"

"美国飞机扔下的炸弹片打在他的左膀子上。"

"那时怎么没有用止血药?"

"只怪我不会。"说着,这个只有十七八岁的警卫员呜呜哭起来了。

夜幕降临了。志愿军配属一一六师的高射炮一团团长王士谦走进了师指挥所。汪洋师长说:"你们的任务:在三滩川西侧和公路边掩护师炮兵群和师指挥所。"站在一旁被临时指定为炮兵主任的杜博营长,一眼就认出了长着络腮胡子、个头不高的王士谦是1944年在延安炮校时的同学,两人惊喜地互相问候。然后,对地形比较熟悉的杜博,带着王士谦去看了地形。

第二天,天亮不久,先飞来一架红头侦察机,在3000米的高空打了几炮就飞走了,不过几分钟,传来了瞭望哨的报告:"×号,机群16架!"只见英勇的炮手们像飞一样跳进了工事,上了炮,炮的四脚跨开,稳扎在工事里,高昂着头,炮手们按照连长的命令,飞快地转动炮筒,一排排地指向敌机。

"4200……3600……2800……"避弹坑里的观测员高声喊着,炮上也这样回应着。

"放!"站在炮群中央的连长左手架着望远镜,右手指向天空下了命令。

"嗵嗵嗵!"炮弹飞上天空,在敌机群中炸成无数的白色烟团。敌机俯冲下来,霎时间,炸弹、炮弹、汽油弹、燃烧弹倾泻在高炮阵地上,泥沙、硝烟、尘土,吞没了阵地。

这是我们志愿军高炮部队第一次和美国军队进行的空战,结果击落敌机1架,击伤3架。高射炮一团伤亡100多人,许多炮被打坏了。

"师长,我们没有完成任务,由于对美国飞机估计不足,伤亡太大了,损失太大了。"王士谦惭愧地说。

"你们英勇顽强,打击了美国强盗的气焰,掩护了我们师的炮兵群和师指挥机关的安全,炮打坏再装备嘛,打仗哪有不伤亡的?"汪洋鼓励和安慰了他一番之后,便同他商量怎样向志司发报的问题。

志司复电指示,高射炮一团就地休整。后来这个高射炮团回国改装,一直到第五次战役再次入朝参战。

一一六师山炮营教导员李兆书带着一连配合三四八团作战。他们占领了阵地，正在做工事进行伪装，指挥所来了电话：敌人6辆坦克开过来，向这里进攻。

"轰！轰……"两门山炮向敌人坦克开炮了，打得前面的坦克不动了，后面的坦克绕过前面坦克还在开。又是一阵炮击，把敌人的坦克轰得不动了。

"我山炮一连打坏敌人坦克两辆！"山炮连向三四八团指挥所报告。这时，山上面的步兵鼓掌，有的喊口号：

"炮兵打得好！"

"把敌人铁王八打趴下了！"

可是，不一会儿敌人这几辆坦克又开动起来，掉转头向回开去，再也不敢来了。又过了一会儿，敌人开始报复了，来了一批又一批飞机，轮番轰炸，投汽油弹。

这时候，连长刘宪岐带着山炮一连早已转移了阵地。

全线的战斗激烈展开之后，11月2日，我军指挥所移驻朝阳洞。这是在山上的一个云母矿洞，四周的岩壁很酥，好像随时都要塌下来似的。3日，我们又在山下面找到另一个云母矿洞，这是一个很长的通道，中间有一处塌了顶，露出了青天，给洞里带来了一些光线。我们就在这里挂起了地图，装上了电话，紧张地工作起来。秘书科长也搬了进来，很是热闹。附近几家老百姓房屋被美国飞机炸毁，他们无家可归，也搬到洞里来住下了。

洞外，敌机非常活跃，从早到晚不断地轰炸扫射。

担负阻击和打援任务的一一五师的指挥所，传来了关于三四三团在龙头洞和三四五团在诸仁桥的战况报告。

一一五师的作战会议开完后，其他团都是团长、政委骑着两匹马赶回本团，只有三四三团团长王扶之骑着一匹马飞快地往回赶，因为政委王国英有病还未入朝。当夜，王扶之把团司令部侦察股股长薛强叫来说：

"今晚，你带一个侦察排到龙头洞的公路上去侦察敌情，发现情况马上向我报告。"

薛强说了一声"知道了"，便带着侦察参谋徐鹤林和一个侦察排战士出发了。他们一到公路，就听见从宁边方向开来汽车和坦克的马达声。薛强命令大家：

"隐蔽起来，监视敌人，不准开枪。"

徐鹤林跳到公路一座小桥下面，掏出了笔和纸，敌人从他头顶开过去一辆汽车，他就画一道杠，开过去一辆坦克，他就画一个三角，开过去一门大炮，他就画一个圆圈……他听见敌人说话的声音，虽然听不懂，但他听出不是伪军而是美军。

第二天——11月1日,王扶之和副团长朱互宁、参谋长汪明德、政治处主任陈砚田正在明堂洞一所学校里,召集连以上指挥员开会部署作战问题。王扶之对大家说:

"我们团的战斗任务很明确:一个是堵,堵击向云山增援的敌人;另一个是截——截住从云山逃跑的敌人。我们军向云山发起总攻的时间是今晚黄昏时分……"

会议开到一半的时候,薛强派回来的侦察员跑进会场,把一张纸条递给了王扶之:

"团长:宁边的美军已经到了龙头洞以南十几公里的地方,正在继续向北运动。薛强。"

敌人已经出动了!王扶之立刻中断了会议,发出了命令:

"同志们!按照原定计划,部队马上出发!"

正在山沟里隐蔽待命的全团部队,按照三营前卫、一营本队、二营后卫的序列,开始了紧急行动。王扶之的团指挥所紧紧跟在最前面的九连后面。当他们进至离龙头洞还有几公里的地方,敌人的化学迫击炮进行了拦阻射击。

"快!跑步前进!"从前卫到后卫,行军队伍里都在传达团指挥所的命令。

跑在最前面的九连,在龙头洞东北的185.8高地山下和敌遭遇了。敌人也是一个连,正在抢占这个高地。情况紧张得让人喘不过气来。

现在,敌人由南坡抢占主峰,九连从北坡抢占主峰。

谁先抢占这个高地,谁就控制了有利地形,谁就能把部队展开组织战斗,谁就能居高临下把对方压在山下。

此刻,王扶之他们在焦急地等待着这个结果。

"报告团长,九连比敌人先到山顶几分钟。"吕庆祥在电话里报告。

王扶之把大腿一拍:"太好了!九连无愧是红军连队。"他说完,也跟着上了山顶,看见了连长吕庆祥和指导员王珏,表扬了他们。

"团长来了!团长来了!"战士们一个传一个。

"你们一定要守住阵地,我们后面的部队会支援你们的。"王扶之对连里的几个干部说完就用望远镜观察,看见敌人戴着钢盔密密麻麻地向山上冲来,九连一个反击就把敌人打下山去了。敌人退到了公路边上的一个小路口。

王扶之回到了团指挥所,全团就在山地里展开了。敌人被挤到了平地里去。这个善用头脑的优秀指挥员,为了策应一营和九连防御的侧翼,就把三营放在龙头洞西南的高山一线,正好在龙城洞西北这个高地上,也正好是敌人的侧翼。也就是说,一旦敌人攻得厉害的时候,三营就从敌人后屁股上截它一下,就减轻了正面的压力。二营呢?他放在云山这个方向上作为团的二梯队,不到万不得已的时候,他是不会动用的,因为他担心敌人从云山溃退下来之后，他手里一个机动部队也没有。

全团展开以后，到了黄昏的时候，王扶之在山上看到敌人有两个连队，一个在龙头洞平地学校那一带展开，另一个就在靠近三营那个山的边沿上。晚上，他打电话给一营营长：

"戴树德，今晚你们营向敌人出击一下。你拿哪个连？"

"当然拿一连。团长，你看怎么样？"

"我也是这样想的，不谋而合嘛！告诉一连的同志们，团党委相信他们能够打好出国第一仗。"

"一连的同志们听到了会很高兴的。"戴树德回答。

一年前，广西南宁解放后，一连奉命追击逃跑的国民党六十三师一八七团。连长有病没上来，指导员金作善带领全连同志执行这个战斗任务。当时的天气很怪，一路上大雨刚停，又出了火热的太阳：同志们跑在路上嗓子冒烟，呼吸困难。金作善叫大家全部轻装，把背包留下来，由文化教员统一看管。敌人被他们追屁了，一路上纷纷缴枪投降说："你们快追吧，我们的团长还在前面。"这一天，一连硬是追垮了敌人一个团。

夜里10点钟，一连由明意里向龙城洞出发了。陈文林命令全连成战斗队形前进，他率领二排由公路正面直逼龙城洞，孙殿生率领一排由龙城洞南侧向小学校方向迂回，杨国财率领三排沿公路北侧向龙城洞逼近。

10点40分，陈文林带的二排刚刚进至距离龙城洞东只有500米的小桥附近，便和敌人一个班接触上了。陈文林喊道：

"机枪射手赶快占领有利地形，掩护全排。"

战士们冲了上去，把这个班的敌人打垮了。敌人退到公路北面，战士们跟踪追击。

不料，遭到敌人另一个排的火力拦阻，二排被阻在公路南侧与敌人对峙起来。

杨国财这时带着的三排从公路北侧迂回到敌人的侧翼，各种武器一齐开火，二排也乘机发起了冲击。在两个排的夹击下，消灭30多个敌人，残敌逃回了龙城洞。

在小学校附近，孙殿生带着的一排发现校内有敌人据守，他马上命令：

"机枪班就地掩护！"

三班的战士们在学校西侧占领了有利地形，阻击村内增援的敌人。一班和二班的战士们从院墙东南突破了。小学校的敌人顽固地依托院墙，向外猛烈地射击。我军勇士们冒着枪林弹雨，在机枪班的火力掩护下，迅速接近了院墙。他们以步枪、冲锋枪、手榴弹向敌人猛烈攻击，打得敌人机枪射手扔下机枪只顾逃命。全排的同志乘势蹬墙跳进院

内，和敌人展开了白刃格斗，把敌人一个排收拾了。剩下的敌人向林中溃逃，勇士们乘胜追击。

突然，龙城洞西侧有两个地堡射出闪着红光的子弹，孙殿生大喊：

"三班去把它搞掉，一班、二班继续向村内攻击。"

这时候，二排和三排已经推进到了龙城洞的东侧，敌人3个土木质火力点的机枪吐出了道道火舌，四班和五班的战士们在机枪班火力压制敌人火力发射点的情况下，一个个奋不顾身地冲上去，同时向敌人3个火力点扔手榴弹，一阵猛打将它炸毁，三排的同志们冲上去与敌人搏斗，又歼敌10余人。

村内残敌在3辆坦克引导下，一边向外射击，一边仓皇逃跑。

二排的战士们在追击，三排的战士在包围，孙殿生带着一排也赶到了。同志们看见他亲自端起了轻机枪，向逃敌狠狠地射击，连续击毙10多个美国兵。

就在敌人反击的时候，孙殿生这位在解放战争时期曾经荣立五大功的英雄人物，献出了他年轻的宝贵生命。

全连同志悲痛不已，发出了震天动地的怒吼声："狠狠地打击美国侵略军，为我们的副连长报仇！"

三排的同志们将敌人一辆吉普车堵住了，司机被打死，军官被活捉。

全连把敌人一个班占据的房子紧紧围住，敌人利用房角负隅顽抗，二班长一顿手榴弹打得美国兵乱成一团，最后被消灭掉。

三班长王保山带着打坦克小组的同志们，埋伏在公路南侧，当敌人第一辆坦克驶近时，爆破手张济州以低姿快速的动作上去了，将爆破筒放置履带上部，随着坦克的开动，爆破筒滚落在地上爆炸，没有炸坏坦克。战士刘东随之跳上了敌人的第二辆坦克，他举着手榴弹但不知从何处塞进坦克，爆破又没有成功。王保山急得眼睛直冒火，他亲自带两名战士，先投出两颗手榴弹，趁着手榴弹爆炸的烟雾，绕到敌人的第三辆坦克的侧后，将集束手榴弹插进履带中间，只听轰隆一声巨响，终于炸毁了敌人的坦克。

战斗到深夜12点钟，一连的勇士们完完整整地歼灭了美军骑一师第五联队（团）一个连。

这个辉煌的战果，从团报告到师，从师报告到军，又从军报告到志愿军总部。

一一五师《战斗》报记者梁致政和张玉珂，战前就随一连这个红军连队采访。战斗打响后，他们一直在阵地上，亲眼看着勇士们怎样一个连消灭敌人一个连的，也亲眼看着勇士们付出了极大的代价。当云山战斗结束后，师政治委员沈铁兵打电话说：

"你们暂时不要回来,好好搜集一连的英雄事迹,再回来向我们汇报。"

当梁致政、张玉珂写出三四三团一连的英雄事迹向师首长汇报后,沈铁兵听了感慨万分地说:"这是一件很了不起的英雄壮举,先在我们师《战斗》报上宣传,也要向全国宣传。"于是,才有了《人民文学》发表的长诗《坚守阵地——记龙城洞战斗的6个共产党员》。

战斗一开始,副连长孙殿生带着三班这个尖刀班,向龙头洞村内敌人阵地猛插过去。敌人用火力猛烈地封锁着,东西两边敌人轻重机枪组织道道火网,战士们前进受阻了。孙殿生是一名有战斗经验的老兵,他看到只有猛不防地从左侧茅草房冲过去,占领敌人的机枪阵地,才有可能全部歼灭正街上的敌人。于是,他命令三班派两个人去执行这个任务。三班长叫了战士李富贵两人一道爬过去。刚进到茅草房背后,敌人发觉了,便在黑夜中射击起来。一颗子弹打在李富贵左胳膊上,鲜血顺着他手中的冲锋枪往下流。三班长说:

"李富贵,你下去吧!"

"班长,这怕啥?左胳膊断了还有右胳膊哩!"

说完,李富贵就冲过去了。他一直冲到敌人掩体前边,一梭子撂倒了3个美国兵,掩体中的另5个美国兵举起双手投降了。

村里的敌人开始溃退了。李富贵端着冲锋枪奔跑着追击着敌人。敌人逃过一座小桥,纷纷钻进了工事,用火力不停地封锁住了小桥,机枪和自动步枪疯狂地叫着。显然,敌人是想把一连阻止在小桥北边,战斗到天明,等援军一到再组织反攻。

李富贵的肺都要气炸了。他皱了一下眉头,计上心来,提着5颗手榴弹,走到三班长面前,从衣服口袋里拿出100万元东北币说:

"班长,这100万元是我出国以前存起来准备买一支好钢笔的,请你替我保存起来。如果我牺牲了,请党组织追认我为中国共产党党员。这些钱你给指导员,作为我的党费。不炸毁那个可恨的敌人工事,我绝不回来!"

三班长刚要拦住,他已经跳下河去。河水有一尺多深,上面结成半寸厚的冰。李富贵在水中走了几步,鞋子被冰碴刮掉了。他光着脚在河水里走。刚走到河中央,"叭!"敌人打过来的一颗子弹打在他的左肩上。一阵剧烈的疼痛,险些把他疼昏过去。他硬是用牙齿狠狠地咬着嘴唇,继续前进。

他忍受着两处伤口的疼痛和脚痛,一口气走到了小河对岸。他的嘴唇已经咬出血来了,眼中含着热泪。这热泪是难忍流出来的,而不是难过。因为他想到了年轻的人民共和国,

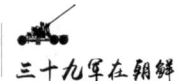

想到志愿军出国前的誓言。一种无形的力量使他战胜了恐惧，然后去战胜敌人。

现在，他必须把准备好的5颗手榴弹的导火索同一时间拉出来，又要同一时间从敌人工事枪眼塞进去，这样才可能避免敌人再把手榴弹扔出来。于是，他屏住了呼吸，把5颗手榴弹绑在一起，抽出导火索，用尽力气塞进了敌人的工事里。

一秒钟过去了，两秒钟过去了……怎么还没有响？他急得眼珠子都要跳出来了，挺着身子，竖起耳朵，等待着爆炸的巨响。

"轰！"这是一声震撼人心的巨响，连小桥都被震动得直摇晃。敌人工事被炸开了花，一个班的美国兵的血肉和泥土、石块、钢铁混在一起向四周飞溅着。

龙头洞村里的敌人一片慌乱、叫喊。一连的勇士们端着带雪亮刺刀的枪冲过小桥，向着李富贵开辟的道路前进，勇猛地追击着逃窜的美国兵。

李富贵站在小河里，胜利地笑了。他刚要抬脚往前迈步，立刻倒在水中。原来，他那双赤脚和冰结在一起了。他左胳膊和左肩上伤口的血流，已经染红了他的上身，嘴唇被他自己咬破也在流血，简直成了血人。

当他醒过来的时候，已躺在担架上，被战友们急匆匆地抬着送到团的包扎所去。

不一会儿，一连战士把美国俘虏押送到了团部，有白人也有黑人。有人数了数：28个。

王扶之、朱互宁他们第一次看见美国俘虏：一个个长得很年轻，黄头发，蓝眼珠，有的披着军毯，有的满身泥土，穿着都很单薄，显得都很狼狈，耷拉着脑袋，眼睛向四周乱瞅。看样子他们饿得很厉害，战士们端来了高粱米饭，俘虏们用手抓着吃……

"老陈，赶快审问一下，究竟是美军哪一部分的？"王扶之对政治处主任陈砚田说。

陈砚田正好组织了几个全团会英语对话的文化教员，准备抓了俘虏好当翻译。经过连夜审问，从这批俘虏口中得知：一连歼灭的是美骑兵第一师第五联队的一个连队。团指挥所向师指挥所作了报告，师指挥所又向我们军指挥所作了报告。

我叫左勇当即向志司发了电报。第二天，我就看到了志司发来的嘉奖电文：

我一个连歼美一个连传令嘉奖各军、师、炮司，并报军委、东司：

三十九军一一五师三四三团一连，1日在龙头洞（云山西南）歼灭美骑一师第五联队1个连。从此次作战中可以看出，我军指战员的战斗素养与作战精神比敌人强，我以1个连即能歼灭美军1个连。特此传令嘉奖，并号召志愿军全体同志，学习该连坚持勇敢作战的精神，歼灭更多的美国敌人。

志司2日18时

第三章
首战告捷

歼灭美军一个连队之后，王扶之命令部队撤回到龙头洞北边和龙城洞之间的这个地方，正好在公路两侧。他把一营的主力放在这里，三连前进到龙头洞以南1500米处的无名高地，作为一营的前沿阵地。部队拼命地连夜构筑工事，有的举着十字镐挖战壕，有的拿着圆锹修机枪掩体……指战员们谁都知道：天亮之后，敌人肯定会进行疯狂的报复，我们要做好打恶仗的准备。

果然，到了第二天（11月2日）早上七八点钟，敌人向三连阵地进攻了。战斗一打响，敌人又是飞机又是大炮又是坦克，三连的阵地上，硝烟弥漫，天昏地暗。王扶之举起望远镜什么也看不清，通往前沿阵地的电话线也被打断了……

突然，一个不愉快的消息传到了团指挥所："三连阵地失守了！"

三连的阵地为什么丢掉了？并非战士们不勇敢，而是个别干部思想上败下阵了。开始，一营副营长带着三连和敌人打了几个回合，在前沿阵地上坚守着。可是，当敌人一批又一批炮弹打过来，当敌机扔下的凝固汽油弹在阵地上到处燃烧，当敌人坦克沉重的履带声传来，这个副营长离开三连临阵脱逃了。三连的阵地也随之被敌人占领。他跑到哪里去了呢？后来，发现他跑到后面团里的收容所去了，在那里负责收容伤员的组织股长刘本忠看见了他。

"报告团长，一营教导员自伤下去了。"

"报告团长，一营营长轻伤下去了。"

不愉快的消息接二连三地传来了。敌人占领了三连的阵地后，就向一营主阵地进攻了。

天上，敌人的强击机和轰炸机从几架次到几十架次，疯狂地轮番轰炸和扫射。地下，敌人步兵在坦克的配合下，一次又一次猛烈地进攻。一营阵地上，原来一片茂密的树木，几小时后变成了一座光秃秃的山，许多大树被打得连根拔起，最后飞机把树枝全打光了。部队的伤亡是十分惊人的，也是空前的：一百五六十人的连队，只剩下几十人了……

过去打仗，从来没有遇到这么多的飞机，这么多的大炮，这么重大的伤亡。就在这样的严重关头，一营教导员一看部队打成这个样子，打得阵地也守不住了，他就掏出手枪把自己的手打伤，他说是负伤，下了阵地。一营营长在肋骨上有点轻伤，也下了火线……

就这样，一营没有指挥员了。最后二线阵地也被敌人突破。

作为一团之长的王扶之，当然十分恼火。但他仍然是十分沉着地指挥全团和美军作战，而且充满信心地非打败美国这支王牌军不可。他把那个叫薛强的侦察股长叫到团指挥所：

"现在，命令你代理一营营长，指挥全营继续战斗。"

"是，团长。"

"你给我把九二步兵炮连拉到路口上去打。"

"团长，敌人炮火打得正猛，拉不上去呀！"

"上不去一个连，拉上去一门炮也好。"

"团长，我马上执行！"薛强说完硬是把九二步兵炮连的几门炮全拉到凹口上去了。

只有这时候，王扶之才把不到万不得已时不用的二营拿上去，加强一营向敌人进行反击。结果把三连失去的阵地重新夺回来了。三营在反击过程中起了很大作用，七连在敌人的侧翼也就是三连原来那个前进阵地正好西面的一个山头，把敌人打下去了。敌人一看高山上到处都有我们的部队。最后两度失去的阵地经过反击又拿了回来。二营在反击中还捉了40多个美国俘虏。

然而，激战并没有停止，也没有间断。

虽然，在血与火、生与死的异国战场上出现了个别的动摇分子，但无损于我军的荣誉，我们绝大多数的指战员是英勇顽强，视死如归。二连的勇士们，轻伤员坚守战斗岗位，重伤员帮机枪射手压子弹。

在二营阵地上，敌人的飞机没有停止轰炸，敌人的大炮没有停止射击，敌人的步兵和坦克没有停止进攻。而且，敌人更加疯狂，敌机投下了越来越多的凝固汽油弹。

在简陋的团指挥所里，王扶之和副团长朱互宁都在用望远镜聚精会神地观察一营的主阵地。只见，敌人打过来的炮弹一排一排地爆炸，光秃秃的树木、石头、土块被炸得到处乱飞。8架美国飞机在空中轮番扫射、投弹，持续了很长时间，最后扔下来的凝固汽油弹，在已经燃烧着的山头上掀起了更凶猛的火焰，四处蔓延开来。整个阵地被大火吞没，整个阵地被浓烈的烟尘笼罩着……

"一营阵地上打得好惨啊！"指挥所里的警卫员和通信员小声地叨咕着。

敌人的大炮射击和飞机轰炸结束后，坦克开始出动了。坦克上的自动武器不停地扫射，接着，步兵紧紧地跟在坦克后面前进。敌人以为一营阵地被他们摧毁，大概没有人能够待住了。头戴钢盔、手持卡宾枪的美国士兵们，不再像以前那样，爬几步停下来观察一下，爬几步又停下来观察，而是脚步不停地往山上冲。

可是，王扶之、朱互宁从望远镜里清清楚楚地看见，当敌人进攻到离山头只有20米的时候，一营的干部和战士不知从哪儿跳出来，站在大火之中，用一切火器一齐向敌人猛烈射击，成批的手榴弹落在敌群中炸开了。被打死和打伤的美国兵，像一段段的木头滚到山下去了，没有被打着的敌人往回逃命，战士们用火力追击着……

王扶之和朱互宁一阵兴奋之后,纳闷起来:一营阵地上遭受到敌人如此严重的摧毁,为什么还有人能够坚持战斗?部队采取什么办法在大火中战斗?

在敌人停止进攻的间隙,王扶之叫朱互宁留在指挥所里,他自己带着警卫员到一营阵地去看个究竟。一路之上,他看见到处都是炮弹坑和翻起的新土,满地被炮弹打断的树干树枝还在燃烧着火苗。

代理营长薛强一见王扶之来到大火弥漫的阵地上,惊奇地迎上去说:

"团长,你怎么来了?"

"我来看看你们是怎样在大火中坚持战斗的?"王扶之说着在阵地上走了一遍。他发现整个山头挖出一条又一条的断火沟,把燃烧着的地方和工事隔开,火再大也蔓延不到工事。战士们一个个蹲在工事里,组成交叉火力的轻重机枪,安好了梭子;自动步枪和缴获敌人的卡宾枪,上了顶门火儿;手榴弹揭开了盖……王扶之看见一个排长领着一些战士还在继续挖断火沟,便问薛强:

"挖断火沟是谁的主意?"

"就是那个排长。"薛强说着,叫来了这个排长。王扶之紧紧地握着他的手说:

"你这是一大创造,也是一大贡献,解决了我们没有想到的大问题。太好了,应该立大功!"

此刻,王扶之望着这位排长和那一张张战士的面孔,虽然想不起或者记不住他们的名字,但那位排长和战士们坚毅镇静而又充满自信心的表情,深深地铭刻在他的心里。他回到团指挥所后,脑子里一直在思索着:祖国人民恐怕不会知道我们在这里是怎样以劣势装备同优势装备的美国侵略军进行殊死搏斗的吧?毛主席说过一句军事名言:战争中起决定作用的是人而不是武器。过去,在国内同日本侵略军、同国民党反动军队作战,无数次的战斗都证实了这一点,今天在朝鲜战场上同美国侵略军作战,不是同样证明了这一点吗?一看到我们这些有高度政治觉悟的战士,任何一个指挥员都会对战争的胜利充满信心。因为战争的胜利主要是依靠他们得来的啊!

在诸仁桥那边作战的三四五团作战股长王提向师指挥所报告:

"在我们面前的敌人不是伪军而是美军。"

"你们好好查一查。我们打的是伪一师,怎么是美国人呢?"

一一五师师长王良太指挥作战,一贯沉着冷静,他叫作战参谋李玉龙迅速查明下面反映的这个情况。

指挥三四五团夺占诸仁桥断敌退路的耍清川,也是刚当团长不久第一次组织指挥这

么大的战斗。他很想和指挥三四三团作战的王扶之在一起，在师里开作战会议时他对王扶之说过："请你指教。"可是，现在两个团分开了，三四三团打龙头洞，三四五团打诸仁桥。依靠团政治委员吧，李军也没有指挥过这么大的战斗。

11月1日凌晨，天还没有亮。耍清川、李军和副团长王天华带着3个营长和师配属的山炮连连长看地形，现场明确了任务。耍清川留在一营阵地上，李军、王天华回到团指挥所。到了下午向云山发起总攻前，他们接到了师里的通报：云山的敌人可能要撤退，你们团要特别注意这一情况。耍清川从一营阵地上用望远镜观察，看到103等那几个高地上敌人有动作：敌人上山又下山扛着什么东西……三连连长吴学远不止一次地跟屁股后面叨咕："团长，敌人要跑了，咱们动手吧！"

当我军提前发出向云山之敌发起总攻的信号，这个团吹起了嘹亮的冲锋号。

二营和三营并肩插向云山西南的诸仁桥，切断敌人的退路，把敌人紧紧地包围住，然后分割歼灭。

团指挥所上来后，三营接连攻打277.4高地歼灭了美军1个排，还抓到一个美国俘虏，很快就带到了团部。当时，团里没有英语翻译，李军政委是个高中学生，会说几句英语。他就审问起来："你是美国人吗？"

"Yes，yes."

"你们这支部队是什么单位？"

"美骑一师第八联队。"

"什么时候来到云山？"

"是今年才来的。"

这个美军俘虏走到李军跟前，左看右看说："你是英国人吧？"

"No，no！"李军摇着头说完，就把俘虏押走了。

耍清川在一旁只听懂了英语两个单词 Yes 和 No，其他的话是李军一句接着一句翻译给他听的。为什么这个美军俘虏说李军是英国人呢？这是因为李军的鼻子长得比较大的缘故。

一营营长刘古声跟在耍清川身后一个劲地请求：

"团长，让我们营也上吧！不然，就发不到洋财——抓俘虏了！"

耍清川开始没有吭声，后来，刘古声又请求了。李军说话了：

"老耍，让一营也一起上吧！"

耍清川这才同意。他指着诸仁桥那个方向对刘古声说：

"你们营从二营和三营的中间插进去,沿着云山西南那个滩川向诸仁桥插,插到那里同二营、三营会合。不过有一条:放你们出去后,你每隔1个小时要与团指挥所联系一次。"

夜风刮得呜呜直叫,天空漆黑漆黑的,周围真是伸手不见五指。

刘古声率领全营指战员一口气赶了15里路,一直插到了诸仁桥跟前的一个小山背后才停下来。敌人的榴弹炮对着他们出发的那个地方不停地轰击。黑色的地里炮弹出口的火光在闪亮着。

营里向三连交代了任务后,想打仗都想疯了的那个连长吴学远喊了一声二排长的名字:

"苏奎龙!你们排赶快从这座桥的右侧插过去,要往里猛插。敌人正在集结,准备逃路,打他个出其不意。"

营的冲锋号嘟嘟地叫起来,苏奎龙带着全排同志从桥的右侧插过桥以后,对着公路上敌人一辆又一辆汽车一边射击一边奔跑。

前面80米远的地方,有3个黑乎乎的帐篷,他们向帐篷冲去。半路上敌人有两挺机枪和其他火器拼命地向他们射击。子弹从每个人的身旁"咻溜""咻溜"地飞过去,封锁得十分严密。大家分散开来,迅速地在公路的稻田埂上卧倒,也用各种火器向敌人射击着。

苏奎龙决定叫机枪班掩护六班把敌人的帐篷拿下来。他的一双眼睛死死盯着敌人那可恨的火力点,瞅准稍一停顿,他大喊一声:

"机枪班掩护,五班冲上去!"

机枪班副班长高殿臣把机枪在稻田埂的另一头架好,狠狠地向帐篷里的敌人火力点开火了。郭德春和王永兴两人趴在高殿臣的两侧,一面用6个梭子轮番地给压着子弹,一面盯着敌人的火力点,看到哪边的火力猛就叫高殿臣打哪边。机枪在他的肩窝和手上猛烈震动,震起来的尘土和瓦斯烟混在一起,好几次蒙住了他的眼睛,他用棉衣袖口揩一揩眼睛,继续把一串串红色的火舌伸向敌人的火力点。

只1分多钟,六班冲上去了。在烧着的敌人帐篷外面,刺刀映着火焰闪光。战士们和美国兵脸对脸地拼刺刀。这是你死我活的较量,这是正义和邪恶的决斗。

排的主力前进了。就在这时,崔树林突然大喊起来:

"副班长,后面上来了!"

高殿臣赶忙回身掉过机枪,可是一个戴皮手套的美军已经抓住了他的枪身。原来,在他掉转枪身时,从前面又扑来了3个美国兵,前后夹击上来,情况万分紧急!他使劲

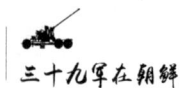

握住枪，冲着抓住他枪身的家伙前胸一扣扳机，这家伙就像门板一样倒在地上了。他把枪口摆动，又是十几发子弹射出去了，其他3个美国兵也倒下去。他对准后面一大堆敌人一阵咬牙切齿地扫射，二三十个美军被撂倒一半，剩下的顺着来的方向逃之夭夭……

"这是哪个连的？"身材高大的一营教导员嵇皓风风火火地赶到了这里，操起了他那大嗓门。战士们出国前就听了他的政治动员，便齐声回答：

"我们是三四五团一营三连二排的！"

"好样的！你们的出国第一仗打得真痛快呀！"说到这里，嵇皓又加上了一句：

"不要停下来，快去追着敌人打！"

黑夜里，耍清川和李军所在的团指挥所，带着一个化学迫击炮连向前转移。出人意料地和敌人插到一起了，他们上山，敌人下山。开始敌人没有察觉出来，因为这个炮连的兵都挑的是大个子。耍清川和身边的号兵刘明德发现，山坡上一群美国兵，一个个抱着枪坐在那里，他们数了数，共28个，耍清川就对号兵说：

"小刘，吹号调八连副连长带一个排上来！"

"是。"刘明德吹起调入的号音。

八连副连长朱转生带着一个排战士上来了。他一见到耍清川就问：

"团长，有什么任务吗？"

"你看，那是什么？快去把敌人的枪缴了！"耍清川指着28个尚未清醒过来的美国兵说。

不一会儿，耍清川发现山头上两个发亮的东西。他仔细看了看，是两个人抱着枪，枪上还有刺刀，枪后面有两个棍子在头靠头。他把刘明德叫到跟前，没等说话，刘明德举起一支枪说：

"团长，我找到一支美国卡宾枪。"

"小刘，你过来看看前面是什么东西？"

"那是两个美国兵。"

结果，耍清川这个团长和他的号兵也抓了两个美国俘虏。

耍清川又叫刘明德吹号与部队联系，一营和二营没有联系上，三营有了回音。从号声的方向和远近来分析，三营已经占领了324.2高地。过了一会儿，一营副教导员王凤听到号声跑来了。耍清川一看，他带来的是炊事班和担架队，于是又叫刘明德继续吹号。这一吹，作战参谋景楠带着团指挥所和化学迫击炮连来了，三营营长张善恩和教导员王少伯也来了。天已大亮，耍清川就在山头上部署开了，山下面就是敌人。正在这时，约有一个连美国兵从后面打上来了。指挥所的同志用驳壳枪、小手枪射击。敌人始终也没有上来，便退到下面川里去了。

三四五团一营的任务是插入诸仁桥边，控制要点，切断敌人退路。二连作为一梯队连，三排是突击排。排长任炳信带领全排战士于晚上9点钟勇猛地插到了诸仁桥边，发现美国兵隐蔽在几个方形的坑里，他们绕过敌人的坦克，一下子解决了3个方坑里的敌人。他们不恋战，一直往里插，插到了敌人炮兵阵地上，看见几门一〇五榴弹炮，堆放着数十发炮弹壳子，还立着几发未打出去的炮弹，人都跑得一个也不剩了。紧跟在任炳信身边的机枪手孙辅良说：

"排长，把炮炸掉吧！"

"没有炸药，用什么炸掉？"任炳信反问了一句。说完，他回头一看，四连连长周仕明带领他的连队也冲击到了这里。周仕明是他在警卫连时的老排长，他向周仕明简要地介绍了战场的情况就各自执行战斗任务去了。

三四五团二营营长徐维国向四连连长周仕明交代战斗任务说："你们连沿这条小河直插诸仁桥，有14公里距离，切断敌人退路，保证全团歼灭这个地域的敌人。你们四面受敌，沿途不要恋战，营部随你们后面跟进。"

"是！"周仕明说完就回到连队，向全连讲述了当年老连长姜勇年用大刀砍死3个日本鬼子的英雄事迹。他说："老一辈能打败日本鬼子，我们也能打败美国兵。"说着，他带着班以上战斗勇士看了地形，研究了穿插路线，规定了联络信号。

夜色中，腰间插着小红旗的周仕明率领这个主力连队沿着一条通往诸仁桥的小沙河，像离了弦的利箭一样神速前进。二排一梯队，一排二梯队，排预备队，进至诸仁下洞，南面小山梁上有敌人，绕不过去。周仕明叫副连长指挥火力掩护，命令二排长葛怀祥带领一梯队偷袭上去，打死打伤20多个敌人。这时，周仕明带领二梯队一排直接插过去，成了全连的前卫。当插到诸仁桥已经是午夜11点钟，周仕明指挥全连迅速占领周围的小高地。从山上往下望去，这是一座水泥桥，对面能过两辆汽车，桥头约有一个排敌人，但公路上几十辆汽车还开着灯，东面传来隆隆的坦克声响。他决定：光占领高地不行，必须攻下诸仁桥，才能保证歼灭敌人。他带领一排从正面攻，副连长带领二排从左侧插过去，形成钳形，全连的机枪、迫击炮、六〇炮集中起来对桥头敌人阵地猛烈轰击，终于把桥头拿了下来。

下半夜1点多钟，营里和六连上来了。全营向敌人发起攻击，把400多名美国兵压到一片开阔地里去了。

激战中，这个连队最大的功臣一排长管国仁，带领全排冲向公路，打掉敌人20多辆汽车。当他带着三班插入敌群与敌人白刃格斗时，敌人坦克上的机枪子弹射中了他，不幸光荣牺牲。

开阔地里的敌人坦克群，屁股对屁股，形成了环形的防御圈。天亮以后，上午9点钟，敌人多架次的飞机轮流对四连阵地进行轰炸和扫射，还扔下汽油弹。敌人步兵在炮火和坦克的掩护下，一次又一次地突围，均被四连勇士们打退了。

"坚决不让敌人从我们四连面前跑掉！"指导员的口号声响遍全连阵地。

三班长吕文志用刺刀一口气挑死3个美国兵，当他被敌人包围后，他冲到敌群中间拉响了手榴弹。排长葛怀祥在战斗中壮烈牺牲。五班长与敌人打在一起，临死前还咬着敌人的耳朵……

周仕明派通信员向营里报告战况后，重新调整了队伍：二排副王喜任排长，一班长代理排长指挥战斗……周仕明把重机枪和迫击炮都架在河堤上，从敌人死尸中收集枪支弹药，把敌人尸体堆在前面构筑工事。正当他举起手中的指挥旗指挥战斗的时候，敌人从被打坏的坦克旁偷偷地架起了轻机枪向他射击，身边的通信员刘万生手疾眼快，来不及叫一声"连长，快趴下"，便把周仕明扑倒在地，而自己却中弹身亡。

一辆美军重型坦克挡住了团唯一的红军连队七连的进攻道路，从坦克吐出来的火舌，把战士们压在一片开阔地上抬不起头来。

三营教导员王少伯在一片枪炮声中，提高了嗓门喊道："七连，快组织爆破坦克！"

七连一排副高丈元和二班最小的战士罗亮泗，此刻正趴在北侧交通沟外面一条小交通沟里面，两双明亮的眼睛死死地盯着趴在公路上像发了疯似的重型坦克。它拼命地往外又是甩手榴弹，又是机枪扫射。

"排副，你告诉我怎样才能干掉它？"罗亮泗望着高丈元说。

"一定要打在它的致命地方，它就老实了。"高丈元琢磨了一会儿才说。

"对！将爆破筒往坦克的轮子里送。"罗亮泗指着身边已经绑好的两根爆破筒说。

"小罗，现在就上，机枪掩护你。"

不等高丈元的话说完，罗亮泗抱着爆破筒弯着身子低姿冲了上去。

机枪班两挺机枪从两个角度掩护他开了火。

罗亮泗是个只有17岁的湖南战士，中等个头，身体很结实，也很灵活。在班里，他是个啥困难也难不住他的好战士。当然，美国人的坦克也同样难不了他。只见他抱着爆破筒跨过了公路，左脚向前迈一步，一哈腰，双手攥紧爆破筒，顺轮带对准坦克的前半截硬胶皮轮子底下。"这上面准是坦克的机器。"他相信了自己的判断，探身往里一送，使劲一拉火，他看见冒烟了，便回头转身就跑。

他的右脚刚跨过公路，还没有蹲下来，只听见"轰隆"一声比打雷还响，浓烟从坦克里面卷出来，坦克的机器炸坏了。接着，机枪和炮弹在坦克里面爆炸，火光直闪。

"轰！"坦克里汽油爆炸了，一股股绿黄色的烟冲出来，火苗子不停地往外蹿。坦克里一阵子乱叫的声音。不一会儿，3个美国兵跑出了坦克，眼看就要逃跑掉。

"站住，不准动！"副排长高丈元端着冲锋枪赶上去，大声吼道。3个美国兵还在缩头缩脑地跑着，身上的武器还没有丢掉。高丈元一抬冲锋枪"嗒嗒"，撂倒了一个家伙，那两个再也不敢跑了，站着直哆嗦，当了俘虏。

这时候，一排从北侧上来了。二排、三排、四排从南侧上来了。大伙围着被打坏了的坦克。坦克的火苗还在一阵一阵地往外蹿，硝烟不停地冒着。罗亮泗这个勇敢而又机智的小战士，炸毁了美军这辆重型坦克，只是右眼上边被铁皮擦破了一块，他站在自己亲手打坏的坦克面前，大伙看着他笑，他望着大家也乐呵呵地笑着。

一营三连深夜插到了诸仁桥，一下子把敌人拦住了。勇士们和美国兵拼起了刺刀。打坏敌人两辆坦克，抢占了桥头有利地形。二营四连赶到后不久，二营主力接着也到了。第二天天一亮，他们占领了有利地形，巩固了桥头阵地。二营6挺轻机枪、4挺重机枪全都架在山上，把向东逃跑的敌人，压缩到公路以西那个洼地里去了。

三营的步兵连都叫副营长陈兆炎带走了，这里就是营长张善恩带的一个机炮连在阵地上。

半夜里，枪炮声和手榴弹爆炸声响成一片。山沟里的一一五师指挥所作战参谋李玉龙用几部电话机几乎是同时在同各团通话：

"你们部队在什么位置上？"

"你再复说一遍！"李玉龙放大嗓门喊了起来。

忽然，陈兆炎进来了："报告师长，我是三四五团三营副营长陈兆炎。"

"你怎么来了，部队在哪里？"

"我和部队失去了联系。"

"陈兆炎，你这副营长是怎么当的？"王良太狠狠地批评了他一顿。

激战中，政委李军和副团长王天华负伤下去了，作战股长王提牺牲了。现在，一营和二营伤亡都很大。耍清川向师里报告后，沈铁兵告诉他：

"我叫颜文斌副师长带着混合营去支援你们，一定不能叫敌人从诸仁桥跑掉！"

混合营是什么意思？——五师出国前，把警卫营撤销了，由一个警卫连和两个工兵连组成了混合营。营长刘兆原来是三四五团二营副营长。

向云山发起总攻前，他曾带着一个工兵连来到诸仁桥准备炸桥，待了一宿，看敌人无动静，用步话机与师里作战科长杨琛联络，杨琛叫刘兆撤了回来。

诸仁桥的激战还在继续。一一五师王良太师长对政治部直工科科长陆效成说：

"三四五团打得勇猛，也打得很苦。我叫颜副师长带刘兆的混合营去支援，你去混合营动员一下。"

陆效成二话没说就站在混合营干部战士面前动员说：

"同志们！三四五团在诸仁桥打得很好，美骑一师第八联队被打垮了。但是，敌人还有一支部队在诸仁桥负隅顽抗。我们去支援三四五团最后把这股敌人消灭掉！这是出国第一仗，要打出志愿军的威风，向祖国人民报喜。"

颜文斌副师长带着刘兆的混合营来到了三四五团指挥所。耍清川团长、翟际福参谋长迎上去敬个军礼说："老团长来指挥，我们心里就有底了。"当即，他们就在一起研究准备晚上向敌人进攻。

这时，突然天空中出现一架美国飞机。大家抬头看，这架飞机像个大蜻蜓，绕着圈慢慢地往下落，耍清川边看边说：

"这是个什么家伙呀？"

"用迫击炮打吧！"颜文斌说。

"咱们的化学迫击炮射程没有那么远，打不着。"翟际福解释说。

"把部队收拢一下，我看今晚就准备打。现在，我们碰一碰，看怎么个打法？"颜文斌说。

夜幕终于来临了。颜文斌指挥三四五团 5 个连队加迫击炮连，在师混合营的配合下，从好几个方向向敌人发起了猛攻。一直打到 3 日上午，最后，敌人从诸仁桥东南方向跑了一些，剩下的敌人不得不投降了。至此，三四五团歼灭美骑一师第八团三营营长奥蒙德少校以下官兵 742 名，击毁坦克 14 辆、缴获汽车 75 辆、无后坐力炮 6 门以及其他炮 10 门、各种枪 180 支、电台 5 部和大量物资。诸仁桥方向的枪炮声停下来了，一一五师王良太师长高兴地向我报告："三四五团在师混合营、山炮营的支援下，终于消灭负隅顽抗的最后一股敌人。"

看！一一五师山炮营营长郭冷指挥他们的炮手们对准最后一些美军工事猛烈轰击，不一会儿，工事里摆动着白旗。师直工科长陆效成一看，马上组织直属队的战士们前去受降。

他对英语翻译杨亦雄说:"告诉他们,叫他们把武器放在地上,举起手来!"杨亦雄用英语说了一遍,这些美国俘虏一个个缴了枪举起双手说:"中国军队,OK!"一个脸上有雀斑戴着眼镜的矮个子俘虏说:"我们早该投降了,就是不懂中国话。"杨亦雄问道:"你们为什么早该投降?"矮个子俘虏说:"在我们美军中投降有几个条件:一是子弹打光了,二是没有饭吃了,三是通讯联络中断,四是被包围突围不出去了。我们完全符合这四个条件。"正说着,一个高个子美国兵要从我们战士手中夺回他们投降时缴的机枪,被几个战士按倒在地。

一一五师参谋长程国璠审问一美军少校时对他说:

"你觉得我们的打法怎么样?"

"你们人太多,我们无法对付。你们打近战、夜战,我们的坦克、大炮、飞机不能发挥威力。你们把我们层层包围,进行穿插分割,把指挥通讯组织破坏了,使我们无法进行指挥,一块一块被你们吃掉了。我参加过第二次世界大战,在欧洲战场上从没有碰到过这样的战法。我在美国西点军校也没有学过这种战法。"说着,他双手一摊说:"你们中国军队这种奇奇怪怪的战法,我们实在无法对付呀!"

战斗打响以后,美国人很骄傲,他们不是占领山头,而是在公路两边或者在山下面构筑一块又一块的方形工事。

一一五师指挥所跟在三四五团后面,这个团三营攻上去以后,师指挥所也跟上去了。那天晚上天特别黑,人与人站在对面都看不清楚。王良太师长、沈铁兵政委、颜文斌副师长、程国璠参谋长和尹培良主任都在指挥所。他们在黑夜里向山上走呀走呀,走到离敌人前沿只有几百米的地方,突然发现,有20多个美国兵抱着枪坐在那里。王良太带着警卫班去夺敌人的枪,没有夺下来。尹培良悄悄地对他的警卫员说:

"你快去告诉警卫连,叫他们赶快来抓俘虏。"

当警卫连上来之后,一下子抓了50多个美国兵。到了第二天晚上,尹培良回到指挥所一看,各团送上来的俘虏已经100多个了。这些放下武器的美国士兵一个个饿得直打手势要东西吃。当时,我们的粮食供应非常困难。三四四团拉了两汽车粮食,三四三团也拉了两汽车粮食,粮食上面用苞米秆伪装起来。美国飞机俯冲下来就把伪装冲跑了,粮食就暴露出来,结果全被打着了。美国俘虏们不但饥饿,由于穿的单薄,一个个冷得直打哆嗦。尹培良组织师政治部的同志们,烧咖啡、煮稀饭给俘虏吃。

我们的干部战士执行我军俘虏政策非常好。尹培良叫政治部保卫科负责押送俘虏,保卫科长吴刚三把这个任务交给了保卫干事裴九洲。裴九洲带领警卫战士在押送途中，给负伤的俘虏治疗。俘虏打着手势要水喝，裴九洲带头把自己的水壶拿给他们，俘虏们身上所带的美钞、照相机、打火机，还有裸体照片收集在一起，谁也不动。当有的战士对俘虏有打骂举动时，裴九洲严肃而又耐心地说："我们不能把仇恨发泄在放下武器的俘虏身上，不然，我们就会犯纪律的！"

云山战斗快要结束了。战斗报社总编辑赫忠安和张玉珂、彭明皋、张希政、刘仲明等记者以及文印员也到一个村庄去搜索敌人的散兵。他们看见一个美国兵在一间没有主人的老百姓房子里吃东西，他们很容易就把这个家伙抓住了，在这个美国俘虏身上发现了一种救命书，是用4种文字写的：

"希望你把我送到附近的美国兵营里，给你重赏！"

彭明皋还在战场上捡到美国士兵的家信，有的信纸上印着妻子接吻的口红，有的信封里夹着妻子的头发……

向云山之敌发起总攻的第三天，彭德怀、邓华、杜平发布了全歼窜入清川江以北之敌的动员令（1950年11月3日3时）。

各军政转各级政治机关并报总政：

在云山战斗中，敌美军被我俘虏

窜犯清川江以北之美李匪军，因连续遭我歼灭性的打击，已感到我军威力之强大与兵力十分雄厚，深恐遭受全部覆没的危险。据悉，目前西线战场之敌均全线龟缩或撤退模样。我各部队应立即采取一切办法，迅速抓住敌人，不让敌人逃脱我之铁拳打击，全部彻底歼灭敌人于我有利地区。为此：

1. 所有部队应不顾连续作战之疲劳，不怕供应不上之困难，轻装前进，大胆插入敌后，实行破坏交通，堵击截断敌人退路，抓住敌人然后分别包围歼灭。目前敌人正在做龟缩撤退准备，只要抓住与分割了敌人就能胜利，只要坚决执行上级命令，胜利就有保证。

2. 我各部队应学习三十九军一一五师三四三团一连仅以一连兵力即歼灭美军一个连，毙伤俘敌60余，并缴获重机枪迫击炮的勇敢坚决的战斗作风，应发扬一一九师、一二五师因粮食接济不上，每天只吃一顿稀饭，仍不叫苦，并能迅速准确完成任务之艰苦奋斗精神，动员全体指战员，为全部歼灭窜入清川江以北之敌而努力。

3. 各级政治机关，应派得力干部帮助后勤人员，协同友方当地政权同志，经过正式手续，实行就地借粮，以补充兵站供应不足。解决部队缺粮食困难，保证部队有饭吃有力量……

从11月1日起，一一七师张竭诚师长、李少元政委率领三四九团、三五〇团、三五一团分别从泥踏洞、柯树洞、马场洞向三巨里方向攻击前进。三四九团连日来都在与敌人战斗，加上他们在向三巨里进攻的同时，遭到敌人的突然进攻，虽然他们将敌人打退，但迟20分钟参加我们军统一发起的总攻。因此，团指挥所与部属的联络受到影响，未能及时掌握战场情况，致使各营一度各自为战，协调不利，行动缓慢，影响了战斗行动和战果。

三五〇团徒步强渡水没腰深的温井川河，向三巨里以西，云山以东攻击。赵先顺团长、王千祥政委指挥部队冲过了敌人炮火封锁线，翻越布满茂密丛林的千米高山，迅速投入了由东向西南猛攻云山的战斗，歼灭美骑一师一个黑人排。俘虏不愿跟着走，赵先顺和王千祥说："留下一班看守，部队继续前进！"副团长王秀法带领三营投入了战斗。九连二排随营主力利用夜暗插入敌后，至云山东北约8公里的三巨里，攻占一座山头，将两个班的李军击退，顺着电话线搜索前进，发现敌人一个炮兵连阵地。排长石学波指挥全排向敌人发起3次冲击，均未奏效。后来，他改变了战术，将一部分兵力在正面牵制住敌人，用另一部分兵力迂回到敌人侧后，这样，很快攻入了敌人这个炮兵阵地，搞掉了敌人的机枪火力点。石学波带领战士们充分发挥了近战和夜战的特长，与敌人短兵相接。一个高个子美国兵抱住了石学波，他猛地一侧身，一手扳住敌人，一手扳过冲锋枪口顶住敌人，枪声响过，那个大个子倒下去了。这个排共打死敌人30多个，俘虏39个，缴获汽车8辆、化学迫击炮4门。激战中，副排长陈振卿指挥战士们以一个枪榴弹对准敌人一辆吉普车射击，4个美国兵跳下车来，举起双手当了俘虏。战士孙海亮一只眼睛被打坏了，他仍然死死地抱着机枪向敌人扫射……石学波指挥全排占领了敌人炮兵阵地后，撤至路东小山坡上加修工事，埋设炸药包和爆破筒。敌人一个排沿公路进行反击，二排沉着应战，拉响炸药包和爆破筒，炸死炸伤10多个敌人。这时一营主力赶到，二排乘胜追击，歼灭残敌。这次战斗，三五〇团歼灭美骑一师八团一个迫击炮连共60余人，受到了我们军里的特别表扬。

第二天晚上，天空下起了大雨。三五〇团作为一一七师的前卫，冒着大雨日夜兼程追歼逃敌。经过两天两夜的长途奔袭，来到了博川以南的上扬五里地区，与美骑一师的部队进入同一地带。5日拂晓，他们发现敌人一个炮兵营。赵先顺团长、王千祥政委商量了一下，和王秀法副团长到山上一看，美军的汽车开着灯一辆接着一辆从东向西逃跑，马上决定趁敌南逃混乱之际迅速出击，命令一连先行攻击。一连的同志们勇猛出击，打得敌人措手不及，没有怎么抵抗就扔下12门大炮仓皇溃逃。三连三班在公路附近稻田里设下埋伏，将敌人一辆弹药车击毁。天亮以后，据守在大宁江北岸阵地的英二十七旅，以猛烈的火力对一连实施密集的射击，敌机10余架次轮番扫射轰炸，接着出动一个排至一个营的兵力进行3次反扑，致使一连伤亡甚大。不幸的是连长张文年和坚持在一连指挥战斗的一营营长徐春波英勇牺牲了。兄弟单位二连、三连和二营见此情形，均先后投入战斗，阻击敌人的反扑，全力解救被围的一连战友们。

1950年11月5日晚，我军首战云山胜利了。一组辉煌的数字，载入了我军光辉史册：

歼灭美骑一师第八团大部和美骑一师第五团，伪一师十二团、十五团各一部及美军两个炮兵营、1个坦克连大部，共毙俘敌2000多人（其中美军1800人），缴获飞机4架，击落飞机3架，击毁与缴获坦克28辆、汽车176辆、各种炮119门及大量枪支弹药和物资器材……

云山战斗刚刚结束，我和谭友林站在诸仁桥的一个山冈上，望着战场上美骑一师这支王牌部队丢弃在山野的尸体，枪支弹药。望着我军押着一队队俘虏走过来，我说：

"老谭，你看，刚入朝第一桌酒宴还怪丰盛的哟！"

"军长，你的肚子大，能吃能喝，有口头福嘛！"

"你的肚子也不小啊！"

说着，我们俩哈哈大笑起来。

事后，我才从有关方面了解到：美军第一骑兵师1921年成立于美国得克萨斯州，是美国最早的骑兵师。骑一师成立后，一直在美国本土担任警卫部队。1943年7月，骑一师进驻澳大利亚，参加对日太平洋战争。出国前，骑一师改为步兵师，但为了保持其传统，仍沿用骑兵师的番号。它没有一匹马，但在全师的汽车、坦克上印有马头标记。重机枪、无坐力炮都安装在吉普车上，每个官兵左臂上带有3支吗啡，负伤后自己注射止痛。在第二次世界大战中，骑一师先后参加过阿德米雷耳提群岛、雷伊泰—三马岛、吕宋岛等战役，共伤亡4000人。战后，骑一师在日本充当占领军。

骑一师自1943年出国后，一直侵驻远东、太平洋地区。美军吹嘘它为"美国在太平洋的拳头""麦克阿瑟将军的宠儿"。骑一师别名是"第一队"，以其在第二次世界大战中第一个进占马尼拉，第一个进驻东京，朝鲜战争中第一个侵占平壤等地而获名。

朝鲜战争爆发，骑一师作为首批美军地面部队从日本侵入朝鲜。1950年7月18日在东海岸浦项登陆，进入大田、大丘一线，妄图阻挡朝鲜人民军前进，但一经接战，即溃不成军，沿永同、金泉、倭馆节节败退。1950年9月，美军登陆仁川。10月，骑一师越过三八线，侵占平壤，并继续向鸭绿江进犯。

第一战役结束后的11月13日，志司通知我和徐斌洲政委参加志愿军第一次党委会议。黄昏我们乘一辆吉普车带着警卫员从军指挥所驻地龙水洞出发了。经过短短的几十里路程很快就到达了位于朝鲜北部的平安北道、坐落在两座大山一条深沟里的志愿军总部大榆洞。

吃晚饭的时候，我见到了三十八军、四十军、四十二军军长和政治委员们……我们跨过鸭绿江20多天以来，在第一次战役的枪林弹雨和硝烟中，不分昼夜地指挥作战，每个人脸上都黑了一些，眼睛都熬红了，人也瘦了许多。大家好不容易凑在一块，边吃边说，有说不完的问候、感受和话语……

饭后，我们一个个走进了彭德怀司令员的作战室。我仔细地端详了一下，这是大榆洞金矿一间三四十平方米的木板房子。墙上挂着巨幅作战地图。入朝作战初期，凡是志愿军较大的军事目标都遭到敌机的轰炸，这里有几十部电台，每天发出各种信号，同祖国的北京、沈阳、安东以及各野战军的军、师指挥机构保持不中断的联系。

作战室是南北正房,东面坐着彭德怀,西面坐着金日成、高岗,北面坐着邓华、洪学智、韩先楚、解方、杜平,我们几个军长和政委坐在南面。会议开始时,由邓华向金日成首相一一介绍着:

"这是三十八军军长梁兴初,政委刘西元。"

"这是三十九军军长吴信泉,政委徐斌洲。"

"这是四十军军长温玉成,政委袁升平。"

"这是四十二军军长吴瑞林,政委周彪。"

我们一个接着一个站起来向金日成首相敬礼,他同我们一一握手,问候。我是第一次见到金日成首相,望着这位朝鲜人民领袖那种坚毅和乐观的神情,我禁不住想起:在抗日战争时期,他曾在我国东北吉林、通化一带率领抗日联军一部同侵华日寇打过长期的游击战争。金日成的名字和杨靖宇、李兆麟的名字一样,我早已熟知。如今,见到了久仰的金日成将军,我听着他一口流利的东北话,顿时心中产生了一种亲切感。

这时候,彭德怀带着十分严肃的表情宣布:"现在开会喽!先由邓华同志讲讲一次战役的情况。"

只见邓华站起来,手中拿着几张纸,那是我们各军报上来的战况。他走到作战地图前面,指着地图讲道:"这次战役,是在朝鲜战局极端严重的情况下,我们仓促入朝投入战斗的。由于我们战略指挥正确,达到了战略战役上的突然性,加上战役指挥灵活,能够根据战场上发生的变化不断改变作战计划。同时,全体指战员发扬了英勇顽强的战斗作风与近战、夜战的特长,经过持续十二昼夜的英勇奋战,给伪六师以歼灭性的打击,重创了美军骑一师、伪一师和伪八师,取得了入朝作战的初胜。此战役共计歼敌1.58万多人;收复了清川江以北的全部地区和清川江以南的德川、宁远地区。更重要的是,我们取得了对美军作战的经验,对于以后的仗怎么打,我们心里有数了……"

彭德怀站了起来,我们都注视着他。他说:"我们志愿军出国第一仗,胜利了!毛主席接到我们的报告很是高兴。起初,我们还担心,在没有制空权的形势下,和美军伪军作战,我们要吃亏。现在看来,这个困难是可以克服的,我们有近战、夜战的法宝,没有飞机,缺少大炮、坦克,一样可以打仗,而且打了胜仗。看起来,美国军队没有什么了不起的,我们不只打了伪军,也打了美军骑一师嘛!三十九军包围了云山的美军骑一师第八团,使其大部被歼,击溃了增援云山的美骑一师第五团,打得好!"

"当时我和许多同志对高度现代化装备的美军为什么叫骑兵师疑惑不解。"解方插话说:"美军骑兵一师,是美国的王牌军,华盛顿开国时组建起来的。过去是骑兵,后来改成陆军了,但番号一直没变。部队虽然没有马了,但士兵的臂章上还留着一个马头符号。骑一师在美国军队中是有名的,从来没有吃过败仗。"

彭德怀接着说:"今天美国的王牌部队骑一师吃了败仗嘛,败在我们三十九军的手下了!四十军这仗打得很好,一一八师首战两水洞,吃掉了敌人一个加强营,打响了志愿军入朝作战的第一枪。毛主席考虑,把10月25日——就是一一八师打胜第一仗的日子,定为志愿军出国纪念日。这是一一八师和四十军的光荣!四十二军的一二四师和一二六师在东线打得很苦,立了功。他们激战12昼夜,阻击了敌人的进攻,完成了总部交给的牵制东线之敌的任务……"

彭总讲到这里,我发现他那一贯严肃的面孔显出十分生气的样子。突然,他把桌子一拍,声色俱厉地批评三十八军没有按时插到指定位置,伪军两个团本来已被我们截断退路,但一一三师只去了一个团,师主力则在二三十里以外的地方休息,影响了整个战局。他还批评了六十六军主力在龟城,没有抓住美二十四师放跑了敌人……这时,他遗憾地叹了一口长气说:"你们两个军呀,由于你们没有抓住战机,致使整个战役断敌退路的包围计划未达目的,使歼灭敌人两三个整师的战役计划未能完成。当然,这次战役打得不理想,我彭德怀也有责任,不能把责任完全推到你们身上。"

我听彭总这段话,深受感动和教育。我们首批入朝的这4个军,过去在国内作战,彭总没有指挥过,如今我们才真正体验到他带兵打仗的作风:功过分明,不讲情面,自己又勇于承担责任。我想到这里,邓华、洪学智、韩先楚这几位副司令员见彭总承担了责任,纷纷说:"我们也有责任,没有当好助手。好在以后还有仗打,这次大家认真总结经验,接受教训,下一次战役,打好就行了!"

彭总走到墙上挂着的大幅作战地图面前,指着红色箭头说:"第二次战役马上要开始了。我们决定采取诱敌深入关门打狗的办法,把敌人引到清川江以北的山地,引进我军的包围圈,然后穿插分割,运动歼敌。这个作战方案,毛主席已经批准。麦克阿瑟宣布:要在圣诞节前结束战斗,进攻到鸭绿江边。吹牛!我看他麦克阿瑟太乐观了吧。让我们看一看他的兵力部署吧:第一线敌人作战部队共5个军13个师3个旅和1个空降兵团,约21万人。在西线,美军第八集团军指挥美第一军、第九军和伪第二军共8个师、3个旅和1个空降兵团。进攻方向是一路在新义州方向,一路在熙川、江界方向。在东线,美军第十军和伪一军将由长津湖地区向江界实施突击,另一路沿东海岸向图们江推进。从整个态势看,麦克阿瑟还没有接受教训,仍然是沿交通线多路分兵冒进,东西两线分离,后方空虚,便于我军实施战役迂回,断敌退路,给予各个击破。具体作战部署,待我们

详细研究确定后再下达各军。"彭德怀看了看手表,接着说:"天不早了,大家还要赶回部队去。你们都是高级将领,回去以后,一定要精心策划,周密部署。指挥员多用一分心血,战士就少流一分鲜血……"

各个军长和政委听后直点头。会议结束时,我们向彭总和志司其他几位首长敬礼、握手,便各自回到本军去了。

云山这一仗,对西方的影响之大,远远超过了我们的预料。后来,我陆续获得了这样一些美高级将领、官员和舆论界对此事的反映。

美国记者罗素·斯泊乐在《韩战内幕》一书中写道:"迄今为止,美第一骑兵师已经历了朝鲜战争中最艰苦的战役,代价十分惨重。在攻克平壤后,麦克阿瑟将军曾视察了一个200人的分队。他要求3个月前参加过釜山战役的人出列,结果只有5人跨出了队列,并且其中3人曾负过伤。"

"1950年11月1日下午,第一骑兵师师长霍巴特·R·盖伊少将意识到第八团的处境危险。它侧翼的南朝鲜各师即南朝鲜的最精锐部队,正迅速崩溃,数千名惊恐万状的士兵在向南方逃窜,抛弃了大量的装备和辎重。在盟军进攻法国时,将军曾任巴顿将军的总参谋长,他从不习惯撤退的行动,进攻是他的一贯信念。此时,战事发生了急剧变化,他倍感无力应付局面,要求撤离云山,但遭到拒绝。这时,一切已经太晚了。向围困于云山的伙伴靠近的增援部队发现,敌军已在周围的小山上修筑了工事,并阻塞了通道,炮火和飞机都无法支援他们。到夜幕降临之时,第八团已陷入被优势敌军的三面包围之中。"

下面是这个美国记者叙述美国骑一师遭到我三十九军沉重打击的情景:1950年11月1日,在不明身份敌军的打击下,第一营的防线很快被瓦解。步枪班——认定不是北朝鲜人后——仓皇退向稻田里,司机和机械人员也急忙拿起卡宾枪,跳入战壕。21时,攻击者突破防线,这时美军的弹药已基本用完。一股股的敌军冲向云山城,并扑向稻田,切断了美军的退路。

美军被这锐利的攻势所震惊,他们从未经过这样的战斗。黑暗中,敌人像猫一样向他们扑来。他们利用夜幕的掩护,靠近阵地,以难以置信的速度,准确地插入防线的薄弱地带。这种战术的运用似乎是经过仔细推敲的。虽然他们也遭到了一些迎头的反击,但是,袭击者全然不顾伤亡,不断地冲上来。全部行动是由军号、哨音和偶尔的锣声指挥的。一位见识颇广的美国士兵似乎辨认出了这些可怕的声响,他惊恐万状地呼道:"上帝,这是一场中国式的葬礼!"

第二营随即也遭到攻击，幸存者潮水般逃向云山，其中混杂着数百名惊魂未定的南朝鲜人，他们向西溃逃，渡过了三潭江。第一营的败兵也加入了这伙人群。他们已精疲力尽，武器早已丢失。指挥官约翰·米利金少校来回奔跑，企图重新组织起防线，但是，包围圈进一步地缩小，子弹从四面八方射过来。月亮已经升起，一些熊熊燃烧的卡车和房屋将大地照得如同白昼。米利金命令未带武器的车辆开上南逃的道路，第一营和第二营的卡车队随即拉着一些火炮，越过稻田，从浅水处逃过河去，在他们后面跟着一群逃窜的败兵。

在云山南面的大道上，大约有100辆被丢弃的吉普车和卡车，并混杂着近10门炮。米利金少校等军官正在重新召集八团一营和二营的士兵，凌晨几个小时的混乱，已把他们分为几段。他们试图冲出中国军队的包围，向南部的安全地带突围，但是，在困境中侥幸生存下来的第三营官兵，已完全失去了突围的机会。

战后许多年后，我看到日本陆上自卫队干部学校编写的《作战理论入门》一书。书中引用了世界战史中的许多著名战例，但是引用中国人民志愿军入朝作战的战例，唯独只有《中共军队在朝鲜云山的包围战》，并配有战例图一幅。

中共军队在朝鲜云山的包围战
（1950年10月24日—11月6日）

中共第三十九军（基干力量3个师）受命"迅速挺进云山、熙川地区，与北朝鲜部队换班，阻击向鸭绿江推进的联合国军"的任务后，向云山、熙川地区集结。从10月24日开始，三十九军的先遣部队与担负"经云山向鸭绿江突进"任务的南朝鲜第一师进行战斗，出现拉锯状态。美八军军长沃克中将看到，10月28日位于南朝鲜第一师东面的南朝鲜第二军正面受压开始后退，因而南朝鲜第一师突出孤立，难以继续前进，便决定起用第一骑兵师作为第一梯队。29日第八骑兵团与正在同中共军队激战的南朝鲜第一师（第十一团、十二团）换班，占领了云山周围的半圆形阵地。中共第三十九军发现第八骑兵团和南朝鲜第十五步兵团脱离主力，企图以2个师的兵力将其歼灭。他们首先派出大约5个营的兵力在云山以南约9公里处构筑阻击阵地，用来阻击第一骑兵师的增援和切断第八骑兵团的退路。同时，在云山周围的森林里放起大火以防止主力的行动被美军空中侦察发现。这样，中共第三十九军到31日为止就从北、西、南三面包围了第八骑兵团，从北部正面包围了南朝鲜第十五步兵团。11月1日下午，中共军队首先向最脆弱的第十五步兵团发起进攻，22时将其消灭，接着切断了云山南部的三岔路。而第八骑兵团23时才收到师的撤退命令，午夜开始行动。一营和二营遗弃了大量的装备好容易突围出去，而第三营却突围失败，其主力被歼。

对中共军队来说，云山战役是与美军的初次交战，对美军的战术特点和作战能力还不十分了解，而且这支部队也缺乏山地作战经验。尽管如此，他们还是取得了圆满的成功。其主要原因是他们忠实地执行了毛泽东的十大军事原则，对孤立分散的美军集中了绝对优势的兵力进行包围，并积极勇敢地实施了夜间白刃战。

看了这本书，我的感触很深。我详细地看了两遍，进行了一番研究，这就使我产生了重新整理30多年前在朝鲜前线搞的那份《云山战斗·经验初步总结》。

三十九军的云山战斗，打出了国威，打出了军威，震惊了世界。日本的《作战理论入门》一书对云山战斗的评语，我认为是合乎实际情况的，也是正确的。三十九军就是根据毛泽东军事思想、十大军事原则，具体运用于云山战斗中，所以取得了战斗胜利。云山战斗的胜利，迫使敌军全面撤退到清川江南岸，打破了敌人所谓圣诞节之前结束朝鲜战争的美梦。另外，李奇微的《朝鲜战争》一书里写道："联合国军最高统帅麦克阿瑟规定：除李承晚军外，联军应位于二线，距中国边境40～60公里……可是当李承晚军节节败退之际，为了挽回失败的态势，这时麦克阿瑟和第八军军长沃克中将决心起用位于二线的王牌师——骑兵第一师。这个师是在美国独立战争时期建立起来的，并在独立战争时期是常胜师，二次世界大战中也号称常胜师。该师技术装备先进。然而，他们被小米加步枪、加点小炮装备的中国人民志愿军所打败。这是麦克阿瑟和沃克用兵不可预测的惨败。"

李奇微还写道："中国人对云山西面第八骑兵团第三营的进攻，也许达到了最令人震惊的突然性。""第八骑兵团在云山总共损失一半以上的建制兵力和很大一部分装备。"

美国总统杜鲁门的女儿在回忆录中也写道："在朝鲜开始发生了惊人事件，第八骑兵团几乎溃不成军。"

战争结束以后，朝鲜人民为了永远纪念云山战役的历史性胜利，为了永远铭记战斗中光荣牺牲的烈士们，朝鲜人民民主主义共和国在云山修建了志愿军烈士陵园和纪念亭，将云山以南的立石洞改名为"战胜里"，把云山以西的南山里改名为"激战里"，让子孙后代永世不忘中国人民志愿军在这场战争中的伟大功勋！

第四章

活捉黑人连

第二次战役是诱敌深入关门打狗——三四七团四连活捉美国一个黑人连,迫使美国把白人黑人分开编队改为混合编队

　　前线开始沉寂下来了。敌我双方都只有一些零星的侦察活动。但是，美国人显然是在做进攻的准备。敌机依然是那样的疯狂，在空中飞得很低，一旦发现哪怕是几个人的目标，也要轰炸扫射一阵子。

　　工兵同志们为我军指挥所筑起了一个比较宽敞的掩蔽部。我们在里面挂起了地图，架上了电话，铺上了稻草，便忙碌起来了。我们是世界上最能吃苦、最能克服困难的军队，因此也是最能打胜仗的军队。我们不但能看到而且能忍受今天的困难，我们还能看到明天的希望和胜利。我们坚定这样一条信念——在不久的将来，当美国人失去他们空中和炮火优势的时候，他们也将和国民党蒋介石军队一样，最后以失败而告终。

　　第一次战役结束以后，我军做了两件很有意义的事情：

　　第一件事情，11月10日，我们军部在泰川邵楷水洞，由我和徐斌洲政委共同主持了一次军常委扩大会议。我们在出国第一仗中，虽然打了胜仗，而且打败了美国王牌军骑一师，但是各级指挥员特别是团以上指挥员，总有一种打得不过瘾、不满足的思想情绪。所以我在会议开始的时候说："大家把心里话说出来，心里想什么就说什么。否则，我们的思想难以统一起来，就会影响下一步的仗很难打好。"我的话音刚落，大家就七嘴八舌地讲开了：终于讲出了打胜仗不过瘾、不满足的思想，概括为：没有像解放战争时期打国民党军队那样整团、整师地俘虏过来。

　　经过分析和讨论，会议认为：这正是我们军出国作战遇到的新情况、新问题。敌人变了——是现代化装备的美国军队；战场变了——人地生疏，语言不通；我们的思想也要变——不能像过去打国民党军队那样来打美国军队。这样，大家很快统一了思想认识。参加会议的同志都说，这次军常委扩大会议开得及时，开得好，给大家留下了很深很深的印象。至今，参加过这次会议的军政治部组织部长任茂如常常向人们诉说这件事情。

　　在这次会议上，还提出了树立四个思想和四个作风。四个思想是：抗美援朝救邻就是自救的思想；坚持斗争不胜利不回国的思想；艰苦为荣，坚决排除万难的思想；保持荣誉，争取更大胜利的思想。四个作风是：干部要积极负责、埋头苦干的作风；不怕困难想办法克服困难的作风；在上级意图下果断行事、主动工作的作风；工作统一布置，干部分头传达，就地检查，总结交流经验准确及时的作风。

第二件事情，11月20日，我军接到志司为诱敌深入我军主动向后转移的指示，同时接到叫我军释放俘虏的命令。军指挥所由龙水洞向后转移到了院丰里。当晚，我和徐斌洲政委召集了各师的领导同志到军里开会，在研究部队行动的同时，确定了各师释放受伤和有病的美军战俘。我在会上对大家说：

"现在，敌人还摸不清楚我们是不是主力部队。释放俘虏是有意图的。告诉他们回去说：我们向后转移了，志愿军的主力还未过江，给敌人造成一个假象，实际上我们是给敌人做了一个大口袋……"

"我们还可以向放回去的战俘这样说：志愿军没有弹药和粮食了，运输线被切断，准备回国了……让这些战俘回去告诉他们的上司，以此迷惑敌人。"徐斌洲补充说。

一一五师抓的俘虏较多，释放战俘由政治部主任尹培良和保卫科长张子修等同志负责。各师将首战云山的一批美军伤病战俘，经过教育和包扎治疗后，选择在阵地前的公路上释放。派俘虏回去通知美军：派人派车前来接运回去，我方不开枪，不打炮，保证他们的生命安全。

晚上，没有枪炮声，两军阵前的公路上安静下来了。我方人员将受伤、有病的战俘用担架抬到公路上，然后撤出公路。这时，许多被释放的俘虏，想起被俘期间受到我军人道主义的待遇，望着眼前被释放的情景，感动得掉下泪来，不停地向我们管理战俘的指战员招手，通过英语翻译说：

"我们永远不会忘记这个时刻！"

"我们今后再也不会打中国人了！"

"万分感谢你们，再会！"

不一会儿，美军的医务人员乘着卡车开到这里，把这些战俘接回去了。

后来任侵朝美军总司令的李奇微在他的回忆录《朝鲜战争》一书中写道："11月22日，中国释放了27人（注：其实我军3个师共释放100多名伤病战俘），其中大都是在云山附近被俘的。中国人释放俘虏的做法，与北朝鲜人对待俘虏的做法截然不同。有一次，中国人甚至将重伤员用担架放在公路上，而后撤走。在我方医护人员乘卡车到那里接送伤员时，他们没有向我们射击……"

11月24日，毛主席在给彭德怀司令员发来的电报中说："你们释放美俘的行动，已在国际上收到极好的效果。请准备于此次战役后，再释放一大批，例如三四百人……"

的确，这件事在国际舆论界引起了强烈反响。美联社的记者11月23日报道：被释放

的美军说：中国人民志愿军待他们很好。他们得到了中国士兵一样的口粮；志愿军用他们有限的设备治疗俘虏中的伤兵。"中国军人不搜美国俘虏的口袋，并且让他们留着自己的香烟、金表和其他私人的东西。"这些被释放的美军战俘关于我军宽待俘虏真相的反映，对宣传我军的政策、瓦解敌军的斗志，产生了积极的不可低估的作用。

果然敌人被迷惑了。我军向后转移和释放战俘的行动，使敌人产生了错误的判断：中国志愿军兵力"最多不超过六七万人"。于是，敌军开始了全力猛攻。到11月21日，西线敌人已经进到了"攻击开始线"。

有几天，天空下起雨来了。山谷里布满了浓重的云雾。这种天气限制了敌人飞机的活动。却便于我们对敌情的侦察活动。

我们和敌人形成了对峙状态。为了查明当面之敌，一一七师张竭诚师长命令三个团都派出小分队抓俘虏。11月18日，三五一团三营副营长孙崇新带领一支捕捉俘虏的小分队，来到了团指挥所。团长王德雨、政委彭仲韬、参谋长厉秉一看都是精明强干的勇士，非常高兴地说：

"你们的担子不轻啊！今晚能不能抓到俘虏就看你们的了。"

"团首长放心，抓不到俘虏不回来见你们！"孙崇新把每个人的心里话说了出来。

"好！你们先把行动路线研究清楚，然后吃饱饭，睡好觉，天黑以后出发。"

晚上，刮起了风，下起了雨。孙崇新带着勇士们一步一滑地爬过几座山，冲过好几道敌人封锁线，到达了距离龙山洞1里地的公路交叉口。这时，已是深夜1点。孙崇新命令大家分散在公路两旁埋伏起来，等候敌人。一直等了1个多钟头，还不见敌人过来。他想起了出发前向团长、政委下的保证："完不成任务不回来见团首长！"于是，他决定深入敌人的心脏部位去。

这支小分队到达龙山洞，天将发亮。李联络员是朝鲜族同志，他找到一位朝鲜老百姓才知道：周围都是敌人，前面一个山头上有4个敌人哨兵。孙崇新迅速决定兵分两路，派排长赵福钱等8人去山上摸哨。8名勇士搜索前进，快到山头时，战士李玉庭看到前面有一个敌人哨兵在树底下摆弄枪。他敏捷地绕到树后，用冲锋枪柄对准那个家伙的头猛击。班长居殿卿紧跟着猛扑上去，拦腰抱住了敌人，把他的卡宾枪抢了下来，又用毛巾堵住了他的嘴。

李联络员一看，这是个伪军，就问："美军在哪里？"这个伪军俘虏抬手指了指，示意都在里面。勇士们继续往里摸，战士郑仁川爬到了敌人的帐篷附近。一个夹着卡宾枪的肥大的美国兵正向他们迎头走来。郑仁川乘其不备，上去一把掐住了这个美国兵的脖子，两人就地扭成了一团。赵排长看见后，像虎一般猛扑上去，顺势骑在这个美国兵的脖子上把他捉住了。

战士于德水和大伙儿一起爬上山头后，机警地搜索每个房间。他忽然看见一只美国大皮靴露在草棚子外面，他夹起大皮靴就往外拖，一拖就拖出了10多米。战士杨少宽一个猛扑，两个人把这个睡觉的美国兵死死地按倒在地……

这一切，都是在风雨中进行的，敌人听不见什么声响。

团指挥所里，王德雨、彭仲韬、厉秉他们一夜未睡。听着外面的风声和雨声，他们心里比较焦急：这么大的风和雨，孙崇新他们不知完成任务没有？正想着，只听外面一声"报告"！孙崇新他们抓了两名美军俘虏和一名伪军俘虏回来了。审问结果：当面之敌是美二十五师。

王德雨和彭仲韬马上打电话向师里做了报告。张竭诚和李少元在电话上说：

"好呀！马上把俘虏送到师部来，我们叫英语翻译进一步审问。"

张竭诚向我作了报告后，对我军了解敌情进行第二次战役的作战部署起到了重要作用。我军通报表扬了这件事，给孙崇新等同志记功，还让孙崇新当上了光荣的归国代表。祖国慰问团的演员还把这件事编成曲艺节目，在整个志愿军阵地上巡回演出。

我从有关资料上了解到：美军第二十五步兵师是1941年10月1日，为了适应对日作战的需要在夏威夷建立的。它与二十四师是姊妹师，是美军现役步兵师中建军历史最短的两个师之一。它的前身是夏威夷师的第二十二旅（辖三十五团、二十七团），该师成立后，一直在远东、太平洋地区活动，从未到过美国本土。

朝鲜战争爆发后，美二十五师（当时辖二十四、二十七、三十五步兵团）于1950年7月18日在釜山登陆，随即参加了釜山防御战役，被称为在朝鲜"最优良的战争机器"。这个师被标榜为"热带闪电师"，要求部队保持发扬这种勇猛突击的战斗作风。二十四团别号为"金龙团"，标榜这个团在八国联军侵略我国时首先进攻北京。至今，他们的团徽上还画有一条金龙……

我按照彭总关于第二次战役的作战意图，对我三十九军作了这样的部署：整个部队奉命向后转移，撤至泰川以东，云山、妙香山以北地区组织防御。泰川至云山一线为一一五师，云山至妙香山一线为一一七师，一一六师为第二梯队。

"军长，我们为啥向后撤呢？"有的同志问我。

"有什么想不通的呢？"我反问道。

"按理说，我们应该一步步向南前进，可现在向北撤了这么远，不知为了啥？"

"我问你：我们战胜敌人最好的办法是什么？"

"当然是进攻。"

"还有呢？"

"还有……"

我看他说不上来，就对他说：

"最好的办法，就是消灭敌人的有生力量。第一次战役，我们虽然取得了重大胜利，但还没有把敌人打痛。现在第二次战役彭总的战略方针是诱敌深入，关门打狗。向后撤有两种含义：一是示弱于敌，二是诱敌深入。彭总认为，第一次战役虽然取得了重大胜利，但歼敌只有13000多人，敌人的主力损失不大，我们尚未打痛敌人。同时，敌人对我志愿军出兵朝鲜的实力估计不足，仍然以为我们是象征性出兵。我们这么一撤，就造成了敌人的错觉，更加使他们相信我们兵力不足，才向后撤了。在这种错误的判断下，敌人一定会向我们进攻的。因此，彭总把整个志愿军的防线向北移动，要求我们各军按入朝前安东会议确定的作战部署，把部队撤到泰川、云山、妙香山、姚德以北地区组织防御，把敌人放进来，构成关门打狗之势。"

这次战役开始前，我吸取第一次战役部队多遭敌人炮火和敌机轰炸的教训，命令各师部队进入防御地区后，充分利用防御区域山多林密的自然条件，在山棱线上，只挖射击掩体；在山的反斜面上，只挖防炮洞，不挖堑壕。当敌人进攻前实施空袭和炮火准备时，我们派战士在单人掩体值班监视敌人，大部队在防炮洞里隐蔽起来。当敌人炮火转移、步兵发起冲击时，我们在防炮洞待机的干部战士便迅速出来占领单人掩体去打击敌人。这样，既可防，又可攻。敌人打我们打不着；敌人来了，我们可以出击。

11月25日，第二次战役开始了。黄昏时分，我按照志司的歼敌部署的调整，命令三个师由泰川地区东进云山、石仓洞、鹰峰洞一线，接替四十军一一九师防务，将防御正面向东扩大。具体部署如下：

一一五师进占至云山东南山洞、上九洞、贵祥洞地区；

一一六师进占云山以北利洞、鹰峰洞地区；

一一七师进占云山西龙兴洞地区；

3个师分别阻击龙山洞、宁边、球场方向进犯之敌。

25日拂晓前，一一五师的三四五团赶到上九洞，接替四十军的防务，四十军有个侦察排在那里等着。

当晚，耍清川带领3个营长还有作战股长、侦察股长出发了。可是到了那里没有看

第四章 活捉黑人连

到四十军的人。三四三团团长王扶之也来到这里接替四十军的防务，也没有看到四十军的人。耍清川他们听朝鲜老乡说，村子西头有敌人。他们去一看，果然发现美军二十五师二十四团先头部队占领了上九洞以西的222.3高地，正在向东北方向继续推进。这时，天已经亮了，二营还没有按时到达预定位置。耍清川看到一营教导员王飞带着部队上来了，马上把正在开进途中的一营调到二营阵地上，对一营营长刘兆说：

"你们赶快抢占233.5高地一带阵地，把敌人阻止在上九洞以南，为后续部队的展开争取时间。"

刘兆说了声"是"，马上组织各个连边跑步，边动员，边下达战斗任务。一、二、三连分别抢占了233.5高地、233.8高地、下九洞东侧高地和周围各个要点。一连指导员王绍彬指挥二排冒着敌人的火力拦阻，抢占山头，没有工事，把机枪架起来就打，把进至山腰的一个排敌人打垮。整个上午，敌人在15架飞机、8辆坦克的掩护下，从两个排到两个连连续向一连阵地进攻6次。二排的机枪射手们一会儿在这儿打，一会儿又在那里打，打退了敌人6次进攻。战斗到11时，阵地上只剩下指导员和3名战士。子弹只有24发了，王绍彬鼓励大家，上好刺刀，和敌人白刃格斗。当再次进攻的敌人接近一连阵地时，机枪班长陈永贵端起机枪一阵猛烈扫射，将敌人一名指挥官击毙。

激战到下午两点钟，敌人又用十几辆坦克两个连的兵力绕到一连后面的二连阵地进行攻击。这时候，团指挥所还没有到，二营和三营也没有到。耍清川对刘兆说：

"军、师指挥所都在我们后面，如果阵地守不住，后果不堪设想。"

"团长，你放心，我们坚决守住阵地。你回去看看团指挥所来了没有？"

耍清川没有离开前沿阵地，他来到三连阵地上。只见敌人18辆坦克在飞机的配合下，掩护两个步兵连又开始进攻。他对三连连长吴学友吆喝：

"你给我用四〇火箭打敌人坦克！"

"是。团长，保证把它打趴下。"

三连的反坦克小组占领了公路涵洞两侧的有利地形。吴学友一声令下，四〇火箭筒一颗颗炮弹飞向敌人坦克群里，击中了两辆坦克，其他坦克退回去了。

当敌人一个连快要占领公路北面原来一营阵地的时候，已经赶来的三营七连二排长姜向春指挥全排向敌人反击。二营赶来后，配合七连把敌人反击了下去……就这样，三四五团打了一天，毙伤敌人180多名，俘敌14名。

可是，当耍清川晚上赶到师指挥所去开会，王良太师长发了脾气：

"你这个耍清川，一天也找不到你，怎么回事？"

指战员"一把炒面一把雪",始终保持旺盛的战斗精神

大批俘虏被押下战场

我军在构筑工事

1950年12月7日,中朝两国官兵在大同江边胜利会师

"师长,我们团战斗了一天,一营伤亡很大。军部、师部就在我们团后面,我们要丢了阵地,你不杀我的头呀……"耍清川越说越感到委屈。

在上九洞一条公路边的小草棚里,王良太召集了3个团长部署战斗,他指着敌人占领的地方说:

"美国人的坦克一辆接着一辆正对着我们,你们3个团重叠起来,顺着公路向上九洞进攻……"

"我不同意这样打。这样打,我们必然伤亡大,顶多把敌人赶跑。"三四三团团长王扶之说。

"你说怎么打?"王良太问道。

"起码要有一个团迂回到敌人的侧面,正面也要有一个团。三四五团打了一天伤亡大,就作为二梯队吧!我们三四三团和三四四团,哪个团打正面,哪个团迂回,师长你决定吧!"王扶之一口气说了这么多。

最后,王良太采纳了王扶之的建议。

11月26日黄昏,王良太叫号兵用号把三四四团团长徐鹏从山上调到山下师指挥所。王良太指着山上一堆火说:

"徐鹏,你看到了吗?"

"师长,我看到了。什么任务?"

"你带领部队从那堆火的左侧迂回过去,插到上九洞,夜里12点钟打响,抓200个俘虏,懂吗?"王良太在地图上寻找着。

"师长,你说的那地方叫垌洞。"徐鹏从地图上找到了他带领部队所要去的地方。

"对!就在垌洞这个地方把部队展开,不要让美国人跑掉。"王良太嘱咐道。

徐鹏回到团里,和政委姜石修研究一下,副团长孟宪连带着二营走在前面,徐鹏带着三营走在中间。行进途中,他们带着部队沿着山的脊梁走,弯弯曲曲,一边走一边交代任务。全团没有一个向导,就凭着指北针和地图,走一段就用手电筒照照地图看看。就这样第二天零时30分,在垌洞这个地方开设了团指挥所。团、营指挥员围在一起,徐鹏和姜石修商量了一下后就在摊开的地图上用手电筒照着对大家说:

"上草洞南侧1公里处有个隘口,我们要抢行占领这个隘口,切断敌人的退路;否则,就会打个击溃仗。"

"我带二营去堵住这个隘口。"副团长孟宪连说完,就率领二营开始迂回,登山越岭,爬陡坡,穿密林,进至南山洞以西。前卫分队报告:

"副团长,敌人炮兵正在南逃。"

"不用管它,告诉部队迅速占领隘口,一定要把敌人的退路切断。"孟宪连判断:上九洞之敌已发觉我们的进攻企图才开始南逃。这个判断是正确的,暂置敌炮兵而不顾直插上草洞南侧的隘口也是正确的。采取地图和指北针相结合的办法,沿着山梁走。他把三营营长、一营营长和炮兵连长召集在一起,边走边布置战斗:

"上九洞往前走公路有个隘口,这个隘口非守住不可,守不住,敌人就会从隘口跑掉!"

果然,二营经过这罗汉峰插到垌洞后就和敌人打响了。徐鹏命令三营从上九洞打下去:八连在右翼,七连在左翼,九连和机炮连穿过上九洞的公路,占领了两侧的山头。八连首先消灭了敌人一个班,连续打下3个高地,在公路上遭到敌人阻击。就在这时,一个叫刘连的战士,抱着炸药包把一辆坦克炸毁了。突然,一辆开路的坦克,前面像推土机一样的推土开路,用猛烈的火力封锁着公路。另一个叫王文显的战士,用爆破筒把这辆开路的坦克炸毁了。坦克起火,把里面的坦克乘员全都烧死了。

徐鹏来到了三营,他看到七连在机炮连的火力掩护下,向敌人展开了勇猛的冲击,敌人4辆坦克屁股对屁股围了一圈,组成一个环形阵地,便大声喊道:

"七连长,赶快组织火力向坦克开火,掩护爆破手打坦克!"

三营营长程德昌也来到了七连,他看到连长周柳春正在组织战士用炸药炸坦克,没有成功,就对指导员钟晋臣说:"你带一个排用爆破筒打坦克。"钟晋臣带着三排上去了,把4根爆破筒交给战士孙魁山说:"一根不行用两根,两根不行用3根,一定要把领头的坦克干掉!"孙魁山把几根爆破筒捆在一起说:"指导员,你放心吧!我准把坦克打趴下起不来!"这时,副连长张光臣也在组织战士打坦克,他命令战士们把手榴弹捆在一起去炸坦克,不但没有成功,坦克上的机枪射击起来,张光臣牺牲了。只见孙魁山抱着捆好的爆破筒上去了,他勇敢而沉着地把第一辆坦克的履带炸断了。敌人其他3辆坦克掉头逃跑。七连指战员们把一个排的美国兵全部歼灭了。

七连逼近上九洞村庄的时候,100多个敌人正向西南逃路,正好机炮连和九连已经穿过公路来到了公路两侧,他们用火力阻击逃敌。敌人慌乱又往北面跑,七连乘胜追击,把敌人全部歼灭。这时,八连从右翼也插到了公路上,一部分敌人在我们这两个连夹击下向南向北逃跑,最后不得不举手投降。

已经是第二天凌晨了,美二十五师二十四团1个营兵力乘10辆汽车从隘口向南逃去,被我把守在隘口的二营堵住了。天亮前,又有40多个敌人从龟南洞向隘口方向逃跑,被我五连堵住……

天亮了，飞机来得特别早，一架F84俯冲下来，部队在公路两侧山上隐蔽下来。三营在上九洞的山上，二营在罗汉峰，一营在洞的隘口全都隐蔽下来。敌人已跑散，钻进山林里去了。

这时徐鹏告诉团里会英语的文化教员在俘虏中找出一个白人，叫他去向跑散了的敌人喊话，但他一喊话，黑人士兵就向他开枪。文化教员便这样喊话：

"美国士兵们！不论白人还是黑人，只要放下武器中国人民志愿军一律优待俘虏。我们不搞种族歧视。"

那个白人士兵也跟着喊起话来了。

结果，从敌人阵地上走过来一群又一群的举手投降的俘虏。徐鹏拿着照相机给他们照了相。

部队搜山时，看到三四三团沿着公路打了过来，被三四三团打垮的一群又一群的敌人向西南隘口方向跑去，正好被三四四团九连和机炮连拦住了。徐鹏对三营长程德昌说："你叫副营长带七连冲过去，把这部分敌人堵住。不让敌人跑掉！"

没有想到，这个副营长怕飞机，只是向敌人开火，不敢组织部队向敌人出击，以致贻误了战机，眼看着这部分敌人从隘口跑掉了。后来才知道，跑掉的敌人正是被三四七团四连活捉的黑人连。

正在徐鹏命令一营长贾庭玉打坦克、追歼敌人的时候，王良太师长和沈铁兵政委沿着公路来了。

"报告师长，政委，这一仗抓了180个俘虏，还差20个。"

"徐鹏，你们抓了这么多美国俘虏，不算少呀！"王良太和沈铁兵握着徐鹏的手说。

一批美国俘虏被带到了团部。他们每个人脖子上都挂着一个牌子，上面有部队番号、职务、姓名；几乎都是美军二十五师团的波多黎各人。

到了第二天——11月26日，我志愿军已在德川、宁远地区打开了战役的缺口。志司鉴于战场情况发生了重大变化，为迅速扩大战果，防敌逃脱，在当天下午3时，电令各军立即包围歼灭当面之敌一部，并命令我军作局部反击，求得歼敌一部，牵制美二十五师东援，保障志愿军主力在球场、德川地区歼灭更多的敌人。

我按照志司的命令迅速调整了3个师的部署：一一五师主力由石仓洞、下九洞公路两侧向上九洞攻击，并以一个团向上九洞西罗汉峰攻击，保障师左翼安全；一一六师主力由栖风洞、石阳里向上九洞西南之上草洞、柴山洞攻击，与一一五师会攻上元洞，并以一个团由云山、上九洞实施正面攻击；一一七师主力经诸仁下洞、桂林洞向东攻击，切断敌南逃退路并向立石佯攻，保障一一六师侧后安全。同时，以部分兵力占领五峰山，阻止敌人南逃北援。

26日这天晚上，一一六师分三路向上草洞、柴山洞一带攻击前进。

三四六团渡过冰封的九龙江和敌人打响了。一营进至上草洞以北一个小村庄，朝鲜老乡说：这里也叫上草洞。有的指挥员误认为"上草洞无敌人"，把正与敌人战斗的一、三两个连队撤走。一连副连长刘玉元说："我们正打在劲头上，为啥撤走？"结果失去了战机。三营过江后，团长吴宝光、政委栾凤如发现情况不妙，可是一营已经走远了。他们马上命令三营按原部署攻击，命令二营执行原来一营的任务。

遗憾的是时间已经到了凌晨4点半钟，天一亮就攻击不成了。团指挥所只好让部队在上草洞以西地区集结，随即命令六连监视上草洞的敌人。六连只派一个班在公路右边400米的山头占领阵地监视敌人。团里发现后又命令二营副营长去六连亲自指挥，但是这个副营长到了五连就不前去了，眼看着上草洞的上千名美军从公路上向南逃跑，也不组织五连追击。最后，未能将公路切断，致使敌人跑掉了。

一一六师休养所医生李昌汉和张恒久在上草洞收治伤员。他们带着卫生班和护理班满山遍野寻找伤员，没有担架，只有两台拖斗车，他们就用人拉。

这天，他们处置完一天的伤员，太阳快落山了。放哨的护理员喊：

"李医生，外面发现两个美国兵？"

李昌汉去拿枪，正好张恒久来了。他俩跑出去打了几枪，只见30米以外有两个美国黑人士兵。他俩跑过去，说了两句刚学会的英语："缴枪不杀！宽待俘虏！"这两个黑人马上就跪下去，双手举起了枪。

一一六师山炮营驻在云山以北的间洞，白天，杜博营长叫一连配属三四八团，叫二连配属三四六团，就剩下三连没任务，连长黄云腾心里很恼火。天黑了，忽然一个骑兵通信员骑马跑来报告："黄连长，营长叫你去接受任务，他在大桥边等着。"黄云腾高兴地跑去见营长。杜博对他说：

"你们连配属三四七团，马上出发。"

"在哪里？"

"部队已经下去20多里路了，你们赶快追上去吧！"

黄云腾和指导员商量：分两个梯队走小路，连长带着指挥排在前面走，指导员带着炮排在后面走。他们拼命地往前赶，当赶到三四七团团部时，黄云腾看见李刚团长和任奇智政委正在用手电筒照着地图在研究战斗部署。他敬个礼，说了声："报告！"

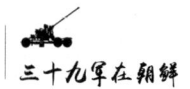

"山炮连来了,好呀!"李刚表示欢迎说。

"团长、政委,我们就占领前面的山上怎么样?"黄云腾站在团长、政委身后看地图;他看到一个山头就指着地图请示道。

"做好工事,注意隐蔽,炮兵的马多,不要暴露目标让敌人飞机打掉了。"李刚和任奇智同时这样说。

汪洋师长给三四八团的任务是把道路截断,不让敌人跑掉!

团长高克带着部队出发了。二营四连到达上草洞指定位置,已是后半夜了。他们来不及做工事,利用自然沟,占领了110高地附近的公路两侧。

天亮以后,美军二十五师二十四团的一个排向四连进行试探性进攻,被打了回去。敌人第二次来了3辆坦克掩护一个步兵连进攻。四连的爆破组长陈彦昌和他的组员们,有的扛起炸药包,有的抱起爆破筒,勇敢地上去打敌人的坦克,一下子就把先头那辆坦克打掉了。四连趁敌人混乱之际,从公路两侧向敌人猛烈射击……

战斗持续到午后,越来越残酷了。敌机扔下的汽油燃烧弹使漫山起了火,敌人的炮火把大树连根拔掉。四连伤亡过半了。战士们子弹、手榴弹打光了,就去从敌人尸体上搜集弹药。一班机枪手姜凤生和副班长连人带枪被泥土埋了起来。他们扒开泥土,机枪进了泥土打不响了。他们脱下衣服擦枪,才排除了故障。

"连长,敌人坦克向连部冲来了!"连部通信员石春木报告着。

"快去叫连里爆破组打坦克。"

"来不及了,让我去打吧!"石春木这个苏北参军的老战士,说完便抱着炸药包冲上去了,炸毁了敌人一辆坦克。接着,他又用冲锋枪向敌群扫射。子弹打光了,他端起刺刀和敌人进行肉搏。他一人共打死20多个敌人,最后中弹壮烈牺牲。

11月25日,美军二十五师二十四团进至云山东南的上九洞、杏亭洞、上草洞地区。三四七团二营营长李玉恒向团指挥所报告:

"敌人一个连已经渡过了九龙江,向我们进攻。我营开始没有打,把敌人放进来看看后面还有什么部队,我们把山爪子都占领了,敌人企图突围出去。战斗打响后,我们把这股敌人压在凹地树林里……"

"哪个连在前面打?"李刚问道。

"四连。"

"告诉四连的同志们,一定要把敌人这个连歼灭掉,决不让敌人突围出去!"

"是!"

李玉恒说完,便把电话打到了四连阵地上。

天还没亮,5时许。四连的行军队伍踏上了大莱洞以西的公路上,前卫排的战士跑来向连里报告:

"连长,在九龙江渡口发现美军一个连,自搭独立桥准备过江南逃。"

原来,作为三四七团二营的前卫四连夜涉九龙后,美军二十五师二十四团的先头部队已进至上九洞北山。一营发现敌人要过江,当即以火力拦阻。四连二排是连的前卫,五班是排的前卫。这时,五班在连主阵地右前方的一个独立房屋放了警戒哨,观察敌人的动静。

连长张振东接到报告后,立即和指导员周凤鸣、副连长石万海在一起研究:这一仗怎么打?他们从地图上看到,这里地形复杂,树木很多,是个裤衩山,我们在右边上,敌人在左边山岔上。敌我之间的距离只有200～300米。

四连的火力拦阻,把两个美国兵打落水里,其余的掉头就往山上跑。接着,敌人以一个排的兵力,向四连一排阵地进行了反扑。三班的战士们等到敌人进到40米的地方,突然全班一齐开火,一下子就把敌人打下去了。

敌人第二次反冲击,兵力有六七十人,队形很乱,分两路又冲上来了。一排依托阵地,再次打退了敌人的反扑。

山炮连长黄云腾指挥炮手向敌人打了几炮,打得又准又狠。

这时,连指挥所和三排夺占了当面的长形高地。副连长石万海指挥二排,从右侧山腰迂回到敌人侧后占领了有利地形。与此同时,五连也迂回到四连的三排东侧。这样,敌人就在四连的重重包围之中,全部龟缩在一片凹地树林里。

张振东、石万海和周凤鸣从望远镜里看到,敌人几乎全是美国黑人,已经惊慌失措和混乱动摇起来了。但是看不清敌人究竟有多少兵力。

张振东和石万海布置全连从各个方面监视美军这个黑人连的动向。

周凤鸣组织全连会英语的同志开始向美军这个黑人连喊话。

忽然,两个黑人士兵举着一面白旗走出了凹地。

四连战士们吵嚷着:

"看!敌人打白旗了。"

"看!敌人投降了。"

可是,当四连一个叫董有和的班长站起来走向前去的时候,敌人突然开火了。董有和当场牺牲,另几名战士负了伤。原来,敌人举起白旗的同时,又以一个排兵力隐蔽地

向四连一排阵地左翼接近。战士们愤怒地骂道：

"敌人假投降！"

"敌人真狡猾！"

四连指战员眼看着自己的战友被敌人欺骗而伤亡，一个个气愤极了。于是，机枪子弹射向了敌人，手榴弹投向了敌人。

一营也向敌人发出了侧射火力。

依然被围困在凹地里的黑人连开始骚动起来了。死的死，伤的伤，喊的喊，叫的叫，乱成了一团……

四连马上把这一情况向营里报告了，营里向团里报告了，团里向师里报告了。

代理营长的团作战股长管世勋来了（营长负伤下去了）。

团里的英语翻译、文化教员谢本治来了。

师里的敌工科长邵亚修也来了。

侦察股长刘凯跑去向炮口都对准黑人连的山炮连长黄云腾说："不要打炮了，现在我们正在向敌人喊话，争取黑人连投降。"

当军事指挥员和政工干部们在一起商量了一阵子之后，于是，一场瓦解敌军的强大政治攻势展开了。

"美国黑人弟兄们！我们知道你们是被迫参加侵朝战争的，你们只要放下武器，我们保证你们的生命安全！"

"黑人连的士兵们！你们不要继续为华尔街老板们卖命当炮灰了，赶快投降吧！"

"被压迫的黑人弟兄们！你们在美国社会中是受种族歧视的，在美国军队中你们仍然受种族歧视。我们中国人民志愿军的俘虏政策，对待白人和黑人俘虏同等待遇……"

"黑人连的官兵们：缴枪不杀，优待俘虏，这是我们人民军队一贯的政策。你们赶快投降，我们热烈欢迎，受伤的我们治疗，而且保证你们有饭吃，有衣穿……"

这时，黑人群中走出一个高个子，举起一张白纸走过来了。白纸上画着脸上涂得黑黑的美国士兵，举起双手投降的姿势，还写着全连的人数。此人就是黑人连长斯坦莱。

指挥员们通过英文翻译，同这个投降的黑人连长展开了下列对话：

"你们有多少人？"

"全连148人。"

"你们部队的番号是什么？"

"美国步兵第二十五师黑人步兵第二十四团C连。"

第四章
活捉黑人连

"C连是什么意思？"

"C连是第三连。"

"刚才为什么假投降？"

"黑人弟兄们不愿打了，但是还有白人反对投降。现在全连没有饭吃，又被你们包围，只好放下武器了。"

"那好，你向你的黑人弟兄喊话吧！"

这个黑人连长用英语连续不断地，反反复复地喊道：

"弟兄们！都过来吧！中国军队不杀俘虏，只要放下武器，保证每个人的生命安全。"

"弟兄们！都过来吧！中国军队不虐待俘虏，给饭吃，给衣穿，受了伤还给治疗。"

"弟兄们！不要再犹豫了，我都过来了，你们还不过来吗？"

看来，除了我们的指战员向敌人战场喊话外，还利用俘虏喊话，就会取得更好的效果。

黑人连长的喊话，在黑人士兵中间引起了更大的骚动。不一会儿，从山坳里走出来一群群放下武器举起双手的俘虏。他们一个个身材高大，全身上下只有露出的牙齿是白色的。有的披着军毯，有的拄着单拐，有的没戴帽子。其中几个当官的白人，一直低着头走路，好像怕人认出他们是反对投降的罪魁祸首似的……

这么多美国俘虏，如果敌人飞机来了，就会挨打。黑人连连长斯坦莱向押送俘虏人员问道：

"把我们安置在哪里？"

侦察股长刘凯请示了团长李刚，决定用白棉花在黑锅灰上摆出战俘营3个英文单词的第一个字母，美国飞机来了一批又一批，始终没有扔下一颗炸弹。

守着电话机一直和师里保持联系的团政委任奇智和政治处主任李敏组织政工干部向俘虏们分发宣传品，不仅让这些美国兵懂得我军的俘虏政策，也要让他们从战俘营回国去宣传我军的俘虏政策。许多黑人俘虏伸出手要饭吃，要水喝，要烟抽……任奇智发现黑人连的3个排长都是白人，吃饭时他们再也不敢像过去那样，等他们白人吃完了再让黑人吃。

李刚团长告诉司令部："赶快报告师部，同时请他们派人接收这批黑人俘虏。今晚，我们团还要赶到宁边以南执行新的任务。"

团文工队员们整队出发的时候，看见这批黑人俘虏正被战士们押送下来。金振武、王堂英等好奇地向英语翻译谢本治打听这，打听那……他们哪能放过这个难得的题材呢！

黑人俘虏坐在被战士们看守的朝鲜小屋里，谢本治和其他懂英语的文化教员正在进

行俘虏登记。

"姓名？"

"阿爱考乌斯·杜尔夫。"

"职务？"

"副连长。"

……

这天早晨，军政治部的秘书科长林念溪和一位王科长去看这些"黑美"（战士们管他们叫"黑美"）。一推门进去，发现这些美国黑人俘虏没有一点惊惶之色，有的在吃爆米花，有的在闭目养神。忽然一个俘虏伸手向林念溪他俩要什么，经过谢本治翻译才知道要香烟抽。王科长拿出了身上带的一包大生产香烟，结果，俘虏中伸出了很多只手。王科长的这包香烟很快就被这些美国俘虏要光了。

黑人俘虏开始活跃起来，林念溪他俩通过翻译问道：

"你们为什么要到朝鲜来打仗？"

这个问题一提出来，马上引起了各种各样的回答：

"我是为赚点钱养家口而来的。"有不少俘虏这样说。一个美军士兵的家信写着："你寄来的70块钱收到了，我已经用它还了妹妹和我们的债，贝贝（小孩）也买了新衣服……"

"我是来朝鲜旅行的。"

"我是看了募兵广告'军队中没有种族歧视'而来当兵的。"许多黑人青年放弃了本来的职业，登记入伍。但是，当他们进了训练营以后，马上就感觉到完全不是那么回事，编入军队以后，更明白了完全是上当受骗。

这个黑人连的军曹克里斯梯诉说着他亲身感受：

"在美国军队里，白人和黑人有着明显的界线。白人处处讨厌我们黑人，遇到补给困难时，挨饿的是黑人，什么都先发给白人。许多白人能去的地方，黑人不能去。我们黑人不能和白人在同一张桌子上吃饭，不能在同一营房里住宿，不能在一起参加看电影等娱乐活动。驻扎的时候，好的房子都是白人占据，修桥补路等繁重的活儿则由我们黑人去干。打仗的时候，一定叫我们黑人去担任危险任务，他们白人在比较安全的地方抽烟、喝酒、发议论，我们搞不好还要受他们的责骂和侮辱。美国军队的当局纵容和鼓励白人官兵对我们黑人的种种歧视行为，我算是看得透透的了。"

在黑人连当伍长的詹姆士沉痛地说：

第四章
活捉黑人连

"在美国军队里,我们黑人士兵和白人士兵穿着同样的制服,拿着同样的薪金;这样使人看起来好像黑人和白人受着同样的待遇,实际上不是这么回事。一个能力强的黑人往往比一个能力弱的白人地位低,而且黑人的晋升比白人困难百倍。不少像我这样的黑人当伍长,原因是伍长这份差事危险而辛苦,当局就是要黑人去为他们卖命。白人侮辱我们黑人,我们所能做到的只有忍耐。黑人不能与白人并排走路,不然就会碰钉子。黑人和白人争吵起来,不管黑人有多少理,官司是永远打不过白人的……"

林念溪他俩又问这些黑人俘虏:"你们投降之前常常谈论最多的是什么?什么事情对你们最有兴趣?"

这个问题一提出来,许多黑人俘虏马上给出了一个共同的答案。他们毫不思索地说:"我们谈得最多的是回家,我们想得最多的也是回家,不管是谁,只要一谈起回家,大家就不约而同地凑到一起了。回家,是我们最盼望的一件大事了,再也没有比回家更吸引我们的事情了……"

当谈到这次集体投降的感想时,他们说:"你们志愿军的炮火太猛了,我们只好贴着地皮爬行,想找一个方向突围。但是,我们不管爬到哪里,都有你们的部队。我们看到本连的伤兵大声地呻吟,每个人都恐惧到了极点……"

一个叫福开森的黑人士兵站起来说:

"就在这时候我们想起了你们放回去的骑兵第一师的兄弟们,他们说:中国人不杀俘虏,受了伤给医治,衣裳破烂了给发棉衣,保证吃饱饭、睡好觉。你们这样宽待战俘,使我们看到了光明和希望,所以你们一喊话,我们就这样……"说着,他把两手举过头顶,做着要跪倒的姿势,幽默地继续说:"我们就是这样走到你们这一边来了。"

这些在美国侵略军中饱受欺凌和压迫的黑人战俘们,对于我们宽待俘虏,一个个感动得不得了。黑人连里黑人职务最高的那个副连长阿爱考乌斯·杜尔夫说了这样一段话:

"你们中国人民志愿军对我们黑人连投降后的宽待,是非一般言语所能表达出来的。许许多多的事实感动和教育了我们,使我们真正相信你们的一切都是对的。"

另一个叫息底利克的黑人士兵感触很深地说:

"我亲眼看见了中国军队真正的宽待俘虏,不打人,不虐待,给饭吃,受了伤还给医治,中国人民志愿军真好呀!"

美军黑人连向我们投降的战果报告到李刚团长那里。他说:"美国军队里,白人压迫着黑人,白人和黑人之间矛盾很深。现在,黑人连队整连向我们投降,说明美军在起实质的变化……"

美军黑人连向我们投降的战果报告到汪洋师长那里。他说:"这是我们在第二次战役中最大的战果,从表面上是歼灭敌人一个连的战果,但这是继首战云山打败美骑一师后又一次震动了美国白宫,它远远超过了一场战斗胜利的意义、价值和国际影响。"

"军长,一一六师三四七团四连活捉一个美军黑人连。"有人向我报告。

"是什么番号?"我问道。

"美步兵二十五师二十四团C连,完完整整一个连。"对方回答。

"噢!这很有意义。在朝鲜战场上,美军一个建制连全部投降,恐怕是第一次,也许是唯一的一次,马上向志司发报。"我这样说。

发生在第二次战役中美军一个黑人连集体向我军投降这一历史事件,成为美国人在侵略战争中的又一奇耻大辱,毫无疑问又一次震动了美国军队的统帅部,是对他们的种族歧视一个沉重的打击,迫使他们不得不改变了部队编制。

拆散了黑人单独编队,实行白人和黑人混编。这一建议是美军第二十五步兵师师长威廉·基恩少将提议,与陆军助理参谋长泰勒商议,经国防部长马歇尔上将批准的。1951年3月中旬拟制改编计划,6月上旬批准,7月实行黑白混合编制。从此,解散了二十四团,另将十四团补入该师建制。

敌人的炮弹打到了三四九团指挥所,全团都在公路上。薛复礼团长和康应中政委正在拿着地图看。这时,副师长韩曙来了,他说:

"现在,整个战役开始反击了,你们团在左,三五一团在右。"

于是,一一七师这两个团分两路向龙头洞方向追击有计划撤退的美军二十五师三十五团。

三四九团三营跟敌人在龙头洞东南216高地以北打响了。前卫七连采取正面牵制、两翼迂回的攻击战术,一举拿下了路东的无名高地。战士王后山隐蔽接近公路沟口的美国坦克,连续炸毁了两辆。

在团指挥所里,薛复礼和康应中商量后决定:把一营和警卫连也拿上去,从侧后出击,配合三营吃掉这股敌人。参谋长孙明前去指挥。天很黑,人与人走个对面都看不清楚。他带着一营和警卫连插到侧后,却没有发现敌人。他们带着向导顺小路前进,叫二连先上去,随后,叫一连从二连右翼插上去,采取两路夹击,三连作预备队,警卫连放在216高地与山下村庄之间,保障一营攻击部队的安全。二连副连长戈曾祥带着一排不怕伤亡,连续作战,把216高地南侧的两个山头攻下来了。当电话线接通时,孙明向团指挥所报告了战斗的进展,这时有一股敌人被我友邻部队打垮退下来了。孙明和营长黄达宣、教导员张国贤研究：叫警卫连和三连去截住这股退下来的敌人。连长胡成龙带着一排冲上去了，敌我双方都是自动火器，半个小时就把敌人打垮了，一排长光荣牺牲。敌人大部分是黑人，个子大，腿也长，头发卷毛。警卫战士们一阵冲锋枪、手榴弹冲到敌人跟前，和这些黑人拼刺刀、摔起跤来。薛复礼跑到阵地上一看，警卫连已经打过去了。五六十具黑人尸体趴在猪圈里，倒在墙头上，剩下的跑掉了。他赞叹警卫连的同志打得英勇顽强，是好样的！

三营进到216高地东侧，七连向北山之敌发起攻击，夺占山头后，敌人坦克火力异常猛烈，部队前进受阻。受了重伤的连长郝安平，忍痛组织火力切断敌人步兵和坦克的联系，最后壮烈牺牲。一班机枪手王文东双手端起机枪向敌人扫射，毙敌数人后也壮烈牺牲。这时，打坦克的战士白万年趁敌坦克转弯减速时，把爆破筒插进履带。炸坏了坦克后，他又飞身跃上坦克把手榴弹投进坦克炮塔，才把坦克打瘫痪了……

王德雨团长和彭仲韬政委率领的三五一团翻山越岭，连夜奔袭。12月28日凌晨，走在最前面的四连，一直冲到了龙头洞西南方向。忽闻东北方向枪声大作，他们便又掉头东折，占领了龙头洞南公路两侧的无名高地。

"连长！山下公路上发现敌人20多辆汽车和不少美国兵。"

连长和指导员立即指挥战士们进行强袭，缴获了22辆汽车和4门无后坐力炮。

天亮了，他们听到正南方向有敌人坦克出动的马达声。连长和指导员判断可能是增援的敌人。他们命令各排迅速抢占了路东的高地，命令三排副排长说：

"你马上带领打坦克小组到高地西侧道路桥下潜伏，准备打坦克！"

只见一辆重型坦克沿着公路由南向北驶来，在桥东20多米处停了下来，准备开炮射击。四连的打坦克小组突然从桥下跳了出来。战士王兴国快速奔跑，从侧后接近坦克，把爆破筒置于坦克左侧后部，一拉火爆炸了，但只把坦克炸熄了火。副排长大声地喊道：

"王兴国，炸坦克的履带！"

"是。副排长，知道了。"

被炸伤的坦克重新发动起来，沿着原地往南驶回。王兴国抱着爆破筒向坦克追去，追上坦克，将爆破筒横着插进履带，可是爆破筒随着坦克的走动滑落下来了。王兴国从战友手中接过捆绑好的4根爆破筒，顺着路东干沟继续向坦克追去。在公路拐弯处，他利用坦克死角，机智地将爆破筒顺着置于左侧履带上，拉火引爆，终于把敌人这辆重型坦克的履带炸断了。王兴国这个勇敢的战士，跳上坦克，把两颗手榴弹从炮塔口扔了进去，把敌人坦克乘员也报销了。

一一七师进至云山以西龙兴洞东西之线后,张竭诚师长命令三五〇团配合友军对明堂洞、五峰山之敌实施正面钳制。赵先顺团长命令二营副营长刘进芝和侦察参谋朱九忠带领捕俘小分队到五峰山地区,捕捉俘虏,查明敌情。

刘进芝和朱九忠以六连为主挑选了29名精明强干的干部战士,组成捕俘组。11月25日半夜,他们在同当地朝鲜游击队取得联系后,在游击队员引导下,悄悄地进至明堂洞东南的无名高地北侧雨裂沟东侧占领有利地形,监视五峰山之敌。第一组由高地东北侧,第二组上半组由高地西南侧同时向敌人接近捕捉俘虏;第二组下半组插向高地东南,断敌退路,阻敌增援。

只见第一组的同志们搭起了人梯,一个接着一个地登上了雨裂沟的上头。一排副排长带着一名老战士匍匐前进时,摸到了敌人哨兵背后几公尺的地方,突然跃起,用枪托将其打昏。另一名战士上去用毛巾将这个家伙的嘴堵得严严实实。与此同时,其他同志手举用松树枝做的伪装伞,分两路继续向南搜索前进,途中遇上敌人一名换哨的哨兵。大家立刻停止了脚步,用伪装伞遮住自己身体,将这个哨兵绊倒活捉。

这时候,散兵坑里睡在鸭绒袋里的敌人惊醒过来了。负责率领第一捕俘小组的副连长果断地指挥全组人员扑向西侧散兵坑,又活捉了两名敌人。东侧散兵坑跳出一个敌人,慌忙取枪,企图顽抗。战士李德胜一步跨过去将其枪踢掉,按倒在地。敌人发觉警戒哨被搞掉后,以两个排的兵力进行反扑。刘进芝叫第一组和游击队员押着俘虏沿着两侧雨裂沟迅速撤离。他留下来指挥第二组和机枪组,以火力交替掩护大家转移,安全地回到了自己的阵地。

这次捕俘的战果:俘获美军6人、伪军1人。从这些俘虏口中得知:美军第二十五师正在准备向南撤退。敌情查明以后,三五〇团突然袭击了明堂洞,消灭美二十五师近百人。

黑夜里,赵先顺在团指挥所接到二营报告:博川以北的大桥附近,发现美军的坦克和汽车,灯光一大片,射出无数道明亮的光柱。他马上对王秀法副团长说:

"老王,赶快派人前去侦察一下。"

不多久,派出去的侦察班回来报告:这是敌人的支援分队。

"打它个措手不及!"赵先顺和王秀法研究怎样袭击这股敌人的方案。

结果,一连和三连强袭这股敌人,抓了20多个俘虏,两个连也有伤亡。

11月28日,彭总批示:把毛泽东主席发来的"庆祝你们歼灭伪二军团主力的大胜利"的电报转发全军,以鼓舞士气:

彭、邓、朴、洪，并告高、贺、宋、陶：

    1.庆祝你们歼灭伪二军团主力的大胜利。2.目前任务是集中我四十二军、三十八军、四十军、三十九军歼灭美骑一师、第二师、第二十五师等三个师的主力。只要这三个师的主力歼灭了，整个局势就很有利了。3.美骑一师（两个团）正向德川、顺川、武川之间调动，目的在巩固成川、顺川地区阻我南进。我四十二军应独立担任歼灭该敌。4.美九军团指挥之第二师、第二十五师，在球场、院里、军隅里、价川一带，我三十八军、四十军、三十九军应担任歼灭该敌。这是很重要的一仗，望令各军努力执行之。

毛泽东　11月28日5时半

这天下午，彭德怀、邓华、洪学智又致电西线各军："我军应根据毛主席的电令，截断敌退路，分割包围，各个歼灭西线美4个师及英第二十七旅之任务……此役于朝鲜战局关系甚大，望克服一切困难，以巨大代价换取之。"

到了11月28日中午时分，我们接到了彭德怀司令员亲拟的命令：

    三十九军协同六十六军围攻宁边之敌，得手后在军隅里附近渡河沿铁路向安州方向攻击前进。

军指挥所里马上繁忙起来，我们用几部电话、电台几乎是同时在询问各师各团进展到什么位置，以及取得的初步战果。

一个小时之后，我向各师下达了追歼宁边附近之敌的战斗部署：

    1.一一五师今日黄昏自现地出发向凤德洞下洞、凤德洞上洞攻击前进。如凤德洞上洞有敌则围歼之，得手后，继续南进，务求明日拂晓前进至东外城洞，以一部向球场方向警戒并以一个团控制凤舞洞以西高地，切断宁边通军隅里的公路。

    2.一一六师今晚黄昏自立石出发经龟项洞下洞向宁边攻击前进，务求于明日拂晓前进至宁边以北龙浦洞一线山地。

    3.一一七师今晚向八里攻击前进，务求于明日拂晓前进至西外城洞、药山

南章台一线高地,并派一部切断南外城洞通安州公路。

4. 如宁边及附近无敌,一一七师应派一部向宁边以南龙渊洞、文峰洞一带追击;一一六师应以一部向武站、自作站追击;一一五师应以一部向院里方向追击。

5. 各师接此命令后,应立即派侦察队由各自前进道路,先行查明。

6. 部队开进时,各师师团干部应有一人随前卫团、营前进,以便及时处理情况。

7. 各部在追击中,遇敌即机断专行,坚决予以包围歼灭之。

当晚,3个师从不同方向按照部署向宁边攻击前进。

一一七师三四九团的前卫二连进占宁边以南的一个小高地后,和企图沿路南逃的美军第二步兵师的部队发生了激烈战斗。

二连十八勇士在一排长赵宝安指挥下,誓与阵地共存亡。敌人用飞机、大炮和坦克轮番轰炸攻击,眼看敌人突入了阵地,机枪射手杨玉鼎抱起机枪,向爬上阵地的美国兵一阵猛扫,敌人死伤一片。敌人的火力也很猛,杨玉鼎身上中了敌人6颗子弹,仍然趴在阵地上向敌人射击,直到牺牲他还保持着射击的姿势。

三五〇团的前卫七连经细深站追至三浦里地域时,看到军隅里的敌人在飞机和大炮的掩护下逃路。连长命令三排长带着全排战士追击敌人。跑在最前面的排长颜怀有迎头拦住8个敌人,他用枪托打死一个,其余7人举手投降。全排机智巧妙地躲过敌机的轰炸和射击,紧紧咬住逃敌不放,最后在军隅里附近一片稻田地将敌人歼灭,毙敌26人、俘敌24人,他们仅牺牲1人伤4人。很快,我们就从收音机里听到了祖国中央人民广播电台关于这次以小的代价换取大的胜利的报道。

三四九团到了军隅里,薛复礼团长接到师指挥所电话:

"敌人有一个营在你们南面,离你们只有几里地,你们赶快去把它干掉!"

薛复礼一看,天还没有黑。他想:不能等到晚上,部队马上出发。他部署得好好的:二营前卫,一营本队,三营后卫,炮兵随后跟上,团指挥所就在一梯队后面。哪知道,由于没有明确各营出发的时间,3个营都立即出发了。二营在铁道南面山脚下绕来绕去,耽误了时间没有到。一营和三营都同一时间到达了张安车站集中,结果,敌人先后来了8架飞机,轰炸扫射,扔汽油燃烧弹。部队遭到十分严重的伤亡,是一次极为惨痛的血的教训。

第四章
活捉黑人连

敌机空袭过后，师里来了一个参谋说："薛团长、康政委，那里没有敌人，你们不要去了……"

11月28日天黑下来了，三五一团听到东面方向传来枪声。一营和敌人打得很凶，抓获了20多个伪军。团里把二营调上来，继续前进，发现公路上敌人的汽车。还听见汽车上有人说话。团长王德雨和政委彭仲韬把四连连长王长德和指导员找来交代任务说：

"前面看来是美军，也就是个把连，你们是一梯队，把它干掉！"

"首长放心吧！我们不把敌人干掉不回来见首长。"王长德和冯指导员把棉衣一脱，转身就带着连队冲上去了。

连长带二排插至北端从公路两侧对敌人进行主要攻击，指导员带着三排抢占路东要点拦截逃窜之敌，副连长带一排迂回到敌人车队南端，断敌退路。这样一打，敌人以汽车为依托节节抵抗，10余辆汽车燃起了大火，车上车下趴满了被打死的美国兵……

12月1日，三五〇团沿着公路向军隅里前进。攻打军隅里之敌时，赵先顺团长、王千祥政委、王秀法副团长在一起组织战斗：前面摆两个营：一营沿公路向军隅里中心打，二营占领山头沿铁路边往南打。一营发起攻击，顺利地歼灭了敌人一个多连。王秀法副团长跟着二营在平川地带发现敌人的炮兵阵地，展开了两个连就把这个美军榴弹炮营搞掉了，缴获了12门榴弹炮。他们继续沿公路南进，打了一些小仗。天亮后，他们一看公路上都是敌人的汽车、坦克、大炮，敌人的飞机来了就轰炸扫射。三营上来了，用一个连搜山，生俘一名叫亨尔利的美军中校军官——美二师九团一营营长。

七连在军隅里抓了25名美国俘虏，除了一名上尉连长是白人外，其余都是黑人。这个白人俘虏故意把金壳手表扔在地上，战士们捡到后交给了排长，排长又交给了指导员刘学友。刘学友把俘虏集中起来，叫会英语的文化教员问道：

"这是谁的手表？"

没有一个人回答。黑人俘虏们的眼睛都望着那个白人俘虏，可是他不敢回答。

刘学友又叫文化教员向俘虏宣传我军的俘虏政策。文化教员用英语宣传了我军不搜俘虏腰包、保护俘虏个人财产等政策后，那个白人俘虏才承认这块手表是他不怀好意扔的。刘学友当即把手表交给了他。

这些俘虏中有个黑人士兵会说日语，用日语说："籽（水）！"刘学友过去在大连生活过，会一些日语，他听懂了就叫战士们拿水给这个俘虏喝，他感动得直作揖。

我们的干部战士对待这些俘虏不打不骂，干部战士吃什么就给他们吃什么。俘虏们亲身体验到这一切都是真的。当美国飞机前来轰炸扫射的时候，那个白人俘虏和这些黑人俘虏都一致抬头用英语骂道："混蛋！混蛋！"刘学友问文化教员："他们讲的是什么？"

"他们在骂自己国家的飞机是混蛋！"文化教员翻译说。

到12月6日第二次战役结束时，我们军共歼敌1854名，其中俘敌813名，缴获各种炮52门、枪600余支，击毁与缴获坦克19辆、汽车105辆，击落敌机1架。战场上刚刚寂静下来，三四九团集训营二连指导员王福家带领全连接受了押送俘虏的任务。这200多名俘虏中有美国人、英国人，也有土耳其人、南朝鲜人，大部分是部队搜山抓到的。一一七师政治部派保卫干事陆驰来到这个连一同前往志司战俘营办理移交手续。

在通往新义州和鸭绿江的一条公路上，战士们端着枪押送着长长的俘虏队伍。敌人的飞机不时地出现在天空，俘虏中的一些胸前挂着十字架的牧师做着祷告，最后还是摆开了布板，飞机既不投弹轰炸，又不俯冲扫射。战士们看了这一切之后纷纷地议论起来：

"美国佬比谁都怕飞机啊！"沿途走了两天两夜，吃饭的时候，白人俘虏和黑人俘虏吵起架来了。王福家带着英语翻译去一看，原来，白人俘虏不让黑人俘虏和他们一起吃饭，要等他们吃够了再让黑人俘虏吃他们剩下的饭。王福家当即制止白人俘虏这种种族歧视的行为，为黑人俘虏撑了腰。饭不够就让炊事班再做，一定让俘虏们不分白人黑人都吃饱。有两个美国俘虏受了伤，能走不能跑。跟不上队伍，王福家就让另几个俘虏架着这两个伤兵走。美国俘虏们身上带着投降书，不时拿出来同英语翻译说着什么……

一路之上，这个连队碰见了六十军的部队，走了个对面：

"同志们，你们是哪个部队？"

"我们是三十九军的。"

"嗬！你们老大哥部队抓了这么多美军和伪军俘虏呀！"

"看，还有英国人、法国人和土耳其人哩！"

"快到临津江了。赶快走吧！去晚了抓不到俘虏了……"

第二次战役结束了。一天，一一七师不知是谁从祖国带回来一张《人民日报》。大家围过来打开一看，嗬！这上面刊登着三五〇团政治委员王千祥的一篇文章《跨过鸭绿江痛打美国野心狼》。当时，祖国的记者、作家还没有来到朝鲜前线。王千祥这篇文章可以说是志愿军第一篇朝鲜战地通讯。

王千祥在亲身经历了出国第一仗首战云山打败美国王牌军的英勇战斗之后，心中产生了一种强烈的自豪感。一把炒面一把雪的艰苦生活和战士们英勇杀敌的牺牲精神，时时刻刻都在激励着他。他感到非写出来不可，如果不写出来，就对不起那些浴血奋战的干部战士们。

下面就是《人民日报》发表的全文：

当我们这支由中国人民志愿军组成的部队跨过鸭绿江，踏进朝鲜民主主义人民共和国土地的时候，鸭绿江的流水激荡着我们每个人的心。13年前，日寇大举进攻我们的祖国时，我们曾高唱着："鸭绿江流水在怒吼，骑上了我们的战马，保卫中华！"我们曾响亮地喊过："打到鸭绿江边！"今天，当美国侵略者侵略我们的邻邦，威胁着我们祖国的时候，我们怀着激愤和仇恨跨过鸭绿江，踏上了抗美援朝保家卫国的征途。

朝鲜是十分美丽可爱的：连绵起伏的山冈，密密丛丛的松树林，坐落在山脚边的稀疏的茅草屋，和平地生活着热情而朴实的朝鲜人民。美国侵略者在这美丽的土地上燃起了侵略的大火。它烧毁了无数的和平村庄，但也更加深了朝鲜人民对侵略者的仇恨，激发了朝鲜人民卫国保家的热情。就在敌机盘旋下，朝鲜农民镇静地赶着大车运送军粮。大三峰洞，全村人民不顾敌机的扫射，赶着为军队推米。在朔州、在馆洞，当地的军民在黄昏凛冽的北风中，举行盛大的集会欢迎中国人民志愿军。他们高兴得跳起来欢呼："毛泽东万岁！"在加德里，一位老太太把我们的战士带到菜窖旁，拿出很多白菜和萝卜，指指肚子，摸摸嘴，要战士们拿去吃。战士们笑着摇摇手谢绝了。最后，她回到屋子里拿出一把烟叶来，战士们还是婉谢了。战士们衷心地感谢朝鲜人民的盛情，但是我军严格地执行不拿朝鲜人民一针一线的纪律。我们载负着祖国人民对美帝的仇恨和对朝鲜人民的热爱交集的感情，背起枪，挺起胸，朝着美国侵略军的进攻矛头英勇前进。

敌机的空袭是频繁的，但我军对付空袭的办法却更为高强。各种巧妙的防空洞创造出来了。班的防空洞中可以开班务会，小组的防空洞可以开漫谈会。每个战士还挖了可供休息、睡觉的单人防空洞。在敌机的轰炸扫射下，我军仍旧是若无其事地在工事中订战斗计划、漫谈和学习。

第一仗，打的是机械化的美国骑兵第一师。据说"骑兵第一师"的番号是从华盛顿时代保存下来的，因为有"赫赫战功"，所以一直保留"骑兵"的称号，实际上现在已经是机械化的装备，并没有马。而且，这个骑兵第一师早已从反侵略的革命军队变为反革命的侵略军队。我们的战士提出了"打好第一仗"的口号。在战斗前，某连抢着要求担任第一梯队的任务，在他们的指导员到营部去要求任务后，全连战士都脱掉棉裤，做好准备，以便轻装突击。可是偏偏他们被派作预备队。连长和指导员又跑到团指挥所去，急得跺脚、叹气，无论如何要求担任第一梯队的任务。团长发出了命令："执行命令，没有第二句话！"他们才噘着嘴回去了。

战斗开始了。战士们一个个像猛虎般地战斗着。排长石学波指挥一排，打垮了敌人一个炮兵连。一个高个子美国兵拖住石学波，摔起跤来。石学波一侧身，一手抱住敌人，一手扳过冲锋枪口挡住敌人，枪声中，大个子倒下了。他这一排一共打死敌人30多个，俘虏9个，缴获汽车8辆，化学迫击炮4门。副排长陈振卿指挥战士们以一个手榴弹对准敌人一辆吉普车打去，4个敌人跳下来，都当了俘虏。战士孙海亮一只眼睛打坏了，他仍旧抱住机枪扫射敌人。

我们的生活是艰苦的。我们连续的行军作战，睡不上觉，吃整粒苞米。有时一天、两天连这些也吃不上。我们在翻越龙兴洞大山时，山高路狭，又是漆黑的雨夜，爬了一夜的山，淋了一夜雨。到了拂晓，大家仍然是精神抖擞，向敌人展开了勇猛的追击战。我们的口号是："没有不能克服的困难，没有不可战胜的敌人！"我们终于克服了困难，战胜了敌人。我们打败了美国侵略军的精锐部队骑兵第一师，消灭了它3个营，其中一个营长被我们俘虏了。

美国兵当了俘虏，两腿总在发抖，时常举起双手。我们和他们讲话，他们就急急忙忙地把手举起来。直到他们发现我们并没有如麦克阿瑟所宣传的要杀他们的头，而且是宽待他们时，他们才平静下来。

第五章

目标——平壤

一一六师在美军侵占平壤47天后,一举收复了这个朝鲜民主主义人民共和国临时首都——毛泽东主席亲笔为新华社撰写向全世界发布的新闻,金日成首相向全国军民发布号召书

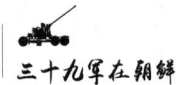

1950年12月4日13时,毛主席给志愿军司令员彭德怀发出关于攻占平壤的电报:

1. 平壤敌似正准备撤退。

2. 请派出几个有力侦察队附电台迫近镇南浦、平壤、三登之线进行威力侦察,观察情况并增加敌人恐慌,该敌现在极为恐慌。

3. 请指定人民军一个3000至5000人的师及党政人员位于接近平壤地点准备于查明敌人确已撤退时进平壤维持秩序。

4. 我志愿军休息5天后如平壤敌未退则准备先打平壤附近之敌,然后包围平壤研究攻城办法,如平壤敌已退则向三八线攻进。

毛泽东12月4日13时

当日晚10时之后,毛主席又给志司电示:

大体上可以确定平壤敌人正在撤退,其主力似已撤到平壤至三八线之间,其后卫似尚在平壤以北及东北地区。你们应于明5日派一个师或一个师的主力向平壤前进相机占领平壤。

毛泽东12月4日23时

12月4日黄昏前,我们军指挥所正准备动身向前面移动的时候,我接到了志司发来彭总的指示。让我三十九军一一六师向平壤以北的舍人场方向前进,相机占领平壤。我和政委徐斌洲、副军长谭友林、副政委李雪三、参谋长沈启贤以及作教科长左勇等同志,马上把收拾好的地图重新打开,大家围在一起,你一句我一句地研究着。最后,由我口述,左勇记录,向军的预备队一一六师发报:

令你师迅速从西线沿公路南下,经安州、文德、肃川、平原、右安进占

第五章
目标——平壤

平壤。

于是，在通往平壤的条条道路上出现了我军神出鬼没的侦察队和快速前进的先遣分队。

一一六师侦察科长项三杭带领师侦察队100多名战士，在一条公路两旁的山沟里，悄悄地向着一个多月前被美国侵略军占领的平壤快速地前进着。一路上，他们看到的完全是一幅美军败退留下来的狼狈景象：被打坏的坦克歪倒在路边沟里，汽车还在燃烧着，一捆一捆、各式各样、各种颜色的美国电话线到处都是。从平壤逃出来的一些居民被飞机打伤打死在稻田里。有一位年轻的母亲已被炸死，背上背着的孩子还在哭叫。侦察员们一边快步走着一边抬头望望还在天空盘旋的敌机，骂了一句："畜生，我们是不会放过你们的！"

寒风刮着地面上的积雪，卷起一股股白烟，树梢和电线发出呜呜的叫声。敌机一批又一批不间断地出现在天空，发现地面哪怕只有一个人或一头牲口，也马上擦着树梢俯冲下来轰炸和扫射。

此刻，隐蔽在山沟里暂停前进的项三杭焦急起来：总是这样走走停停，什么时候才能到平壤？忽然，他的眼睛一亮，看见公路两旁的稻田地里，摆放着一捆一捆稻草垛。他马上叫侦察兵们每人抱着一捆稻草，就在稻田里前进。敌机来了，马上蹲下来，把稻草举过头顶。飞机走了，再抱着稻草继续前进。这个办法很管用，既不让敌机发现，又加快了前进的速度。

"科长，前面的村庄在冒烟。"侦察员们跑来报告。

"你们去一个班前去侦察一下。"项三杭向侦察队长发出了命令。

侦察员们跑回来报告：驻扎在这个村庄的美军吃了早饭向南撤走了。

"科长，发现从南边过来的老百姓。"

"叫联络员前去询问。"

联络员回来报告：这是从肃川过来的老百姓，他们说肃川的敌人已于今晨南撤。

现在，项三杭在行进中用报话机向师指挥所报告：

"5号（参谋长），5号，我是三杭，我是三杭。从肃川来的老百姓说，敌人已于4日晨向南撤退，我们正在向着平壤急进！"

一一六师将这一情报向我军和志司发报后，我在率领军指挥所向南前进途中，于4日16时就看到了志司发给军委、志司并各军的电报：

"据一一六师4日14时报，肃川来的老百姓说，肃川敌今日晨已南撤，我侦察部队

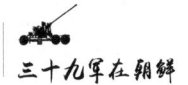

正向肃川前进查明中。"

到了6日，我们军指挥所在岘里时，我收到了一一六师汪洋师长、石瑛政委、张峰副师长、薛剑强参谋长共同签署的电报：

志司军司：

  我侦察部队已于10时进平壤，敌主力4日即撤退，零星人员亦于昨日撤完。敌机正炸平壤。我已派一个营去平壤维持秩序，了解情况，现正调查渡口准备渡江。望速示行动任务。

汪、石、张、薛12月6日14时

12月6日黎明，敌人已从平壤撤走，志愿军还没有进城。朝鲜劳动党青年党员朴润出城带侦察队进平壤。

平壤的大同江桥已经被炸，顼三杭带领侦察队员们从桥上刚刚燃烧过的焦木上一个接着一个地爬了过去。大家你看我，我看你，个个脸上、身上、手上都黑乎乎的，简直成了"黑人"。每个人都发出了胜利的笑声。

在另一个方向通往平壤的道路上，三四六团参谋长周登科奉命带领在首战云山中那个胆大如天、心细如发、捣毁美军指挥机构的常胜连（四连）和团里的侦察排，紧追溃逃的敌人，向着平壤前进。他们人与人之间距离10米，规定了联络信号。在他们的后面是团的主力，连与连之间距离100米，车、马留下来，全部轻装前进。敌人在撤退的道路两旁和山头、村庄、树林，用凝固汽油弹燃起了熊熊烈火。一路上，到处都是敌人扔下来的坦克、汽车、汽油桶、罐头、电线……

夜晚，大雪下了一夜，到处白茫茫一片。寒风中，这支先遣队悄悄地急速前进，指战员们的睫毛、鼻孔和头发结成了冰霜。周登科不时地看看手表，虽然队伍在用急行军的速度向前迈进，他总嫌走得不快，师长汪洋的嘱咐还言犹在耳："你们要紧紧地缠着敌人，不给敌人以喘息的机会。不要恋战，遇到小股敌人歼灭之，遇到敌人大部队堵住它，最后相机占领平壤……"

敌人的夜航机在他们头顶上嗡嗡叫，投下一串串照明弹，把这硝烟弥漫的大地照得如同白天一样，但是并未发现沿着公路两旁人与人拉开距离前进的队伍。

"参谋长，前面发现敌人哨兵！"侦察股长报告。

"想办法捉个俘虏！"周登科下了命令。

侦察排长派一个小组火力监视，另一个小组侧面摸上去，一下子就把一个看守坦克正打着瞌睡的美国哨兵捉住了。谁都不会英语，只有连队的文书会几句，周登科就叫他当翻译审问：

"你们是美军哪一部分的？"

"骑一师。"

"有多少部队多少人？"

"一个团的兵力。"

"什么时候来的？什么时候走的？"

"昨天上午来的，今天上午走的。"

天亮以后，飞来了大批敌机掩护他们的地面部队撤退。

12月6日下午，一一六师这支先遣队进入平壤。留在平壤市内的居民、华侨举着小纸旗夹道欢迎志愿军，许多人用汉语高呼：

"热烈欢迎中国人民志愿军收复平壤！"

"中国人民志愿军万岁！"

"毛泽东主席万岁！"

"金日成首相万岁！"

就在一一六师收复平壤的前一天——1950年12月5日凌晨1时，在祖国首都的中南海丰泽园，毛泽东主席为新华通讯社起草了《朝鲜人民军和我志愿军正向平壤进攻》的新闻，批示中央人民政府新闻总署署长胡乔木："此件请即刻广播，并于5日见报。"当天，《人民日报》在头版头条位置发表了这条新闻。

敌人在仓促而狼狈地从平壤撤退的同时，强迫大批平壤市民南撤。若干年以后，我在《朝鲜战争》一书中看到了这样一段真实的记载：

当时，在平壤以南250公里的地段内，南下的难民队伍踏上了无着落的流浪之途，致使严冬腊月有许多衣不遮体的同胞被冻死饿死。这种催人泪下的惨状，在同胞相残的战争中尤其令人刻骨铭心！

我看到志司于12月6日17时发出的通报：

各军、炮司、工指、九兵团并报军委、东司：

我一一六师1个营12时进入平壤，5日敌已全部撤走。

这个营就是三四六团副团长李德功带领的第一营。李德功至今还保存着当年的几篇日记。他在12月5日的日记中写道：

  向朝鲜人民的首都——平壤前进！

接到师里通知：1.平壤以北发现还有敌人；2.令我团立即由现地出发，向平壤攻击逼近。在前进中尽量选择敌人侧后攻击。团里确定我带一营从正面追击前进。团主力由两侧攻击前进。两个梯队在前进时能求得战术上的密切配合。

中午12时，部队前进中遇到敌人多架次飞机投弹扫射，阻扰我们部队前进。为了迅速逼近敌人，我们决定分散沿山川道路前进。但是，兵力过小又怕遇到兵力较大的敌人难以对付，因此，只有加强联络，互相配合。

12月5日早晨，三四六团指战员冒着严寒急行军。当行至朝鲜的中平里时，团部接到师里发来的电报：

  平壤及其以北仍有敌人，命令你团立即由现地出发，向平壤攻击前进……

命令立刻迅速地传到了各营。大家盼望已久的愿望——收复朝鲜人民的临时首都平壤，眼看就要实现了。似乎每个指战员都在想着：能够参加收复平壤的战斗，在历史上是极其光荣的一页。于是，一营营长刘俊生、教导员徐以贞带着连队战士的请战书来到团指挥所请战：

"团长、政委，把第一梯队的任务给我们吧！"

吴宝光和栾凤如拿着那么多请战书正在翻着看，二营营长洪长发、教导员孙发科也走了进来请战：

"团长、政委，把第一梯队的任务给我们二营吧！"

吴宝光和栾凤如还来不及答话，三营营长叶永章、教导员也来请战了。

吴宝光向大家传达师里电报全文，作了这样的部署：一营为第一梯队，二、三营为第二梯队，如遇敌情，二营在一营左侧并肩前进，由副团长李德功带领。第一梯队营从正面沿着通往平壤的公路攻击前进。

李德功带领一营指战员出发了。他和侦察股长韩纪喜走在队伍最后。忽然，他们发现远远地走来一个人，近了，一看是一位50多岁的刚从平壤来的职员。李德功和韩纪喜问道：

"同志,平壤还有美军和伪军吗?"

"我来时,看见美国人慌慌张张地向火车站搬运东西。美军已向大同江南撤退,市内还有很少的伪军。"

"你是怎么出来的?"

"我是从平壤东北角逃出来的。"

"敌人还抓人吗?"

"前几天敌人还在平壤市内杀死一批无辜老百姓。"

"你从平壤来的路上遇到美军和伪军了吗?"

"没有看见美军,只在离平壤10多里的一个山头上看见伪军。"

李德功用报话机向团指挥所报告后,吴宝光团长指示:"立即将这一情况向师里发报。"电报内容大致如下:

> 据从平壤逃出来的人讲,平壤市内虽尚有美军和伪军,但美军大都已撤向大同江以南,我团拟迅速向平壤攻击前进,有何指示望告。

几小时以后,汪洋师长派出一名骑兵通信员飞快地赶上部队,送来一封信:

> 军据志司指示,鉴于美伪军已向大同江以南撤退,望一一六师相机夺取平壤。师命令你团立即向平壤攻击前进。注意:1.组织好对空防御;2.到达平壤后组织好各种火力,迅速占领市区,向大同江方向派出警戒并向师报告;3.保护好首都的各种重要建筑设施。

李德功看完这封信后就指挥部队前进了。敌人几十架飞机在上空扫射,部队前进受阻后,他为减少伤亡,同时又不贻误战机,决定以连为单位沿公路两侧起伏地,利用山地及比较隐蔽的地形,采取跃进方式前进。

李德功在12月6日的日记中写道:

> 今天,我们胜利地收复了朝鲜民主主义人民共和国的临时首都——平壤。

进入平壤之前,敌人为了阻止我军进攻,除了空袭之外,还在通往平壤的道路两旁

最先与美军交锋 1950年11月1日至5日，志愿军第三十九军首战云山，歼灭美军骑兵第一师1800余人，取得自1900年八国联军入侵北京以来，中美两国军队首次交锋的胜利

一个连最先歼灭美军一个连 1950年11月1日，在云山战斗中，志愿军第三十九军一一五师三四三团一连于龙头洞歼灭美军骑兵第一师五团一个连。中国人民志愿军司令部通令嘉奖

最先击毁和缴获美军坦克、飞机 1950年11月2日，在云山战斗中，志愿军第三十九军击毁、缴获美军坦克28辆，击落美军飞机3架，缴获1架炮兵校射机和3架轻型运输机

最先迫使美军成建制投降 1950年11月27日,志愿军第三十九军一一六师三四七团在云山郡东南上九洞战斗中,迫使美军第二十五师二十四团三连(工兵连)连长斯特莱率115名黑人士兵投降。这是朝鲜战场上美军唯一一次成建制投降

最先攻入平壤 1950年12月6日,志愿军第三十九军一一六师三四六团和三四八团,分别从东北和东面率先攻入平壤市,收复朝鲜民主主义人民共和国首都

最先攻入汉城 在第三次战役中,志愿军乘胜追击,迫使敌人放弃汉城南逃。1951年1月4日,第一一六师三四八团和三四六团分别从东北和东面攻入汉城,占领了南朝鲜总统府

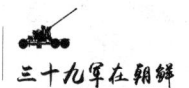

点燃了火堆，并以空、炮结合的火力封锁我们前进的道路。敌人这一切手段，都未能阻止我们勇敢前进，也可以说敌人这一切都无济于事。在我们向平壤逼近时，敌人实施轰炸与炮击，部队沿着通往平壤的公路两侧勇猛迅速地向市区搜索前进。当我们进入市区后，敌人已将其主力撤至大同江南岸去了。我团二营在火力掩护下向大同江桥攻击。原计划保住江桥不被敌人破坏，但是，当我们一进入市区，便听见巨大的爆炸声响，我马上意识到敌人在炸江桥。我们赶到江边，看见江桥被炸坏了一部分，硝烟还未散去。我们看见敌人丢弃的军用装备物资和牛奶、饼干、罐头、蔬菜到处都是。

敌机在平壤上空盘旋，大炮在大同江以南向平壤轰击。三四六团主力部队的勇士们进入了平壤市区，一营直接冲进市区中心，二营从顺北大道冲到火车站，三营占领大同江桥头堡……这时，指挥员们的手表指在10时30分。

当我们的指战员们进入平壤的街道时，看到的是一种令人悲愤的情景：朝鲜人民用血汗筑成的建筑物几乎没有一处完好存在。著名的金日成大学，美丽的歌舞剧院，雄伟的人民议会大厦和文化宫，还有大同江桥、水电厂、列车、仓库，都被美国飞机炸坏……

但是劫后余生的平壤市民，在美军侵占自己国家的首都47天之后，终于盼来了中国人民志愿军这支神话般的军队。人们看到的是身着平平常常、武器装备并不精良的中国士兵，但他们英勇善战，不怕流血牺牲，赶走了美国强盗。手持欢迎小旗、毛泽东画像、金日成画像的男女老幼，欢呼着口号，跳起了热情奔放的朝鲜舞蹈，万分喜悦地庆祝这个具有历史意义的伟大胜利。

平壤为朝鲜民主主义人民共和国临时首都，人口40余万。市区南为大同江，往西南约100公里处镇南浦即可入海，有铁路及公路贯通全国，是朝鲜政治、经济、交通、文化的中心。平壤是朝鲜最古老的城市之一：高句丽王朝即以此为首都。16世纪末叶，日本丰臣秀吉率军侵略朝鲜，曾在这里被朝鲜人民击败。

1945年8月15日，日本宣布无条件投降。同时，朝鲜即为苏军解放，朝鲜人民建设起新平壤。战争之前平壤一所大学也没有，解放后，陆续建立了金日成大学、平壤工业大学、平壤医科大学、平壤师范大学等高等学府。朝鲜最大的医院中央人民医院也是解放后所新建。所有的名胜古迹，解放后都成为劳动人民游览休息的场所。美丽的牡丹峰顶已建起公园、剧场、舞厅、餐厅。朝鲜尊敬而又亲切地称平壤是"民主之京"。

1950年6月25日，美帝国主义指使李承晚匪帮发动了朝鲜战争，扬言在3天之内占领平壤。在这一计划被朝鲜人民军粉碎之后，美国侵略者的飞机即对平壤市不断进行狂轰滥炸。许多文化建筑与和平居民的房舍因而被夷为废墟。同年10月20日，美国侵略军6万余人在付出重大的代价后，侵占了平壤。美国侵略军在占领平壤后，即开始进行血腥的大屠杀。据朝鲜外务相朴宪永于11月26日致联合国大会和安理会的抗议电所公布的材料，美、李匪帮在占领平壤期间，枪杀朝鲜爱国人士共达7000余人；美国军队在平壤还逮捕了1000多名妇女，对她们施以酷刑，强奸她们，然后把她们杀掉。但是，平壤的人民没有屈服，他们勇敢地向美国侵略军进行斗争。美国的国际新闻社平壤11月18日电承认：美军占领下的平壤，"枪击战成了司空见惯的事情"。

我志愿军进入平壤后，为了维护城市秩序和市民的安全，立即进行严密的警戒，并告示全市居民保护公共财产，不得随意搬动和破坏，特别是对牡丹峰等建筑物，我们还派部队专门保护。我们这样做，受到了平壤人民的拥护和爱戴。

第二天，一一六师主力进入平壤。副师长张峰、团长吴宝光带领三四六团指挥所进入平壤市区；师政治部副主任陈绍昆、团长高克带领三四八团指挥所也进入平壤市区。他们在牡丹峰会师了。

他们立即派出警戒分队，在市区各条大街小巷维持社会秩序。令三四六团占领飞机场，看守机场堆积如山的各种军用物资。令三四八团前往火车站，看守那里美军装运完毕尚未开动的列车以及车站上堆放的各种物资……

三四六团进城前，组织部队学习志愿军总部发布的《入城规定》和军、师有关入城的指示。部队进入平壤后，团党委在政委栾凤如主持下，就部队入城后专门召开会议，具体落实上级的指示。

全团主要任务是维持市内治安。三营负责大同江以北市区警戒，维持秩序，保护重要目标的安全。二营负责在大同江南侧地域看守缴获的物资。一营三连负责大同江桥的警戒。

敌人撤出平壤时，将城内粮食洗劫一空，水管也被炸坏了。市民们无粮无水，生活困难。二营四连的同志们把自己身上带的粮食让给群众，还把缴获的罐头送到老百姓家里。男女老幼眼含热泪感谢志愿军，连老太太都向战士们深深地一鞠躬，道一声："可妈斯米达！"一对姓李的老两口，和女儿一起为四连指战员又歌又舞，李老汉说："我们一家人有好几天没吃饱饭了，你们中国军队不但解放了我们的平壤，还给我们送来了救命粮食啊！"团卫生队在后勤处长王守康带领下，还为平壤市群众看病送药，医治被炸伤的大人、小孩子100多人。市民奔走相告："天下哪有这样好的军队呀！"

这一天，朝鲜民主主义人民共和国首相府宴请率领一一六师收复平壤的副师长张峰、政治部副主任陈绍昆。

在首相府的平房里,张峰和陈绍昆见到了副首相兼外相朴宪永、内务相朴一禹和人民军第一军团长李权武。他们热情地握手,互相问候。首先,朴宪永用中国话说:

"你们辛苦了!我代表金日成首相、劳动党中央、共和国政府,感谢志愿军收复了平壤,祝贺你们的胜利!"

当即决定:将缴获的堆积如山的食品、罐头由一一六师部队食用。后来,一一六师送给朝鲜人民军第一军团55箱,分给一〇二师70箱,自己只动用了其中一部分,其余的全都交给平壤市政府,分配给市民们。

说完,大家就在一起像久别重逢的老战友一样,叙起旧来了。朴一禹若有所思地说:

"我在你们中国山西省当过县委书记,那还是你们抗日战争时期吧!"

"那时候你们三十九军有不少朝鲜同志吧?金雄同志(人民军某军团长)就是其中之一。"朴宪永补充道。

"对!他那时在新四军三师八旅二十二团当参谋长,中国名字叫王信虎……"张峰回忆说。

"我们现在的军长吴信泉就是那时的八旅政治委员,他对金雄同志有着良好的印象。"陈绍昆补充说。

接着,张峰、陈绍昆就和李权武谈起了把平壤的防务交给人民军第一军团的事情。

12月6日,一一六师进占平壤后,毛泽东主席高兴地又为新华通讯社撰写了《收复平壤》的新闻:

(新华社6日电)本社记者从朝鲜前线报道:朝鲜人民军和我国人民志愿军本日解放平壤,美国和其他国家的侵略军以及李承晚伪军残部,向平壤以南溃退。朝鲜人民军和人民志愿军的正规部队于12月6日下午2时进入平壤城。

这则新闻立刻向全世界广播,并于12月7日登载于全国各个报纸上。当初,并不知道这两篇新闻是毛泽东主席亲笔撰写的。现在,我重读当时《人民日报》发表的这两篇新闻,心中依然充满了巨大的喜悦和自豪。

张峰和陈绍昆住在牡丹峰下面的一个院子里,这里的人越来越多,工作越来越繁忙。有人对张峰开玩笑说:"张副师长,你在这里简直成了卫戍区司令了!"

这一天,张峰把李德功找去交代说:

"现在,交给你一个新的任务:朝鲜人民军一位朴上校,在大同江北桥头你们团三连驻地的一间大房子同你见面，商量保卫大桥的事宜。"

"副师长有什么指示？"

"你是全权代表嘛！"

"是！"

李德功到了那里，同朴上校一见面就互相敬了一个军礼，亲切地握手和问候。朴上校说：

"我们感谢中国人民志愿军收复我国首都平壤，赶走了美国人。这是具有重大历史意义的事件，将永远记在朝鲜人民心中。"

"朝鲜人民的苦难就是我们的苦难。我们根据毛泽东主席和彭德怀司令员的指示收复了平壤，感到无上光荣。这是我们应尽的国际主义义务。"李德功说完这番话后，便提出了如何保卫大同江桥的问题，他说："我军由于语言不通，对朝鲜地理环境不够了解，为了更好地保卫大桥的安全，请人民军参加保卫大桥更有利，希望我们能够协同完成任务。"

经过协商，人民军负责在桥上过往车辆和行人的纠察，志愿军主要任务是保卫大桥的安全，对破坏桥梁的行为，将采取果断的行动。保卫大桥的志愿军有了新的任务，大桥则由人民军负责警戒。

位于平壤市中心的大同江的岸边，站着许多市民在观看志愿军抢修被美国飞机炸坏的两个桥孔。只见，李德功指挥本团的指战员们，用两艘驳船只用几个小时就修复了。围观的群众议论起来：

"志愿军真了不起，不但能打仗，还会架桥。"

"志愿军架桥，又快又好！"

在志愿军总部，彭德怀司令员对杜平主任说：

"一一六师进占平壤，军事上比较顺利。政治工作方面碰到什么新的问题没有？可派个工作组去，多方面搜集反映，发个通报。"

杜平遵照彭总的指示，立即派工作组来到了平壤。张峰和陈绍昆接见了工作组的同志们，向他们介绍了一一六师进占平壤后部队严格执行城市政策、对敌警戒、看管飞机场、火车站、大同江桥、仓库物资以及宣传群众、维持治安情况。

陈绍昆派师政治部敌工科长邵亚修，向工作组的同志们作了具体的汇报。汇报中谈到了下列问题：

——一一六师入城后，三四六团派一营刘俊生营长、徐以贞教导员率领一连和二连，还有配属的师侦察队，沿着平壤至黄州的公路，尾追南逃的敌人。尔后，在城南郊区一带，构筑工事，组织对空防御火力，派出警戒分队，保证了市区的安全。

——部队在清查和看管敌人遗弃的大批军用物资的过程中，没有发生群众哄抢现象，部队也没有私自动用现象。

——各级政工人员在街道上召开小型军民座谈会、联欢会，居民们向志愿军官兵们控诉着美军侵略朝鲜的滔天罪行，美军占领平壤前，出动大批飞机狂轰滥炸，许多现代化建筑、居民房舍夷为废墟。美军从1950年10月20日占领平壤后，进行了血腥的大屠杀。

——全师各部队严格执行群众纪律，做了大量的群众工作。语言不通，他们带着联络员宣传群众。有的部队召开街道居民座谈会，有的部队一家一户挨门走访，宣传志愿军的三大纪律八项注意，许多市民听了感到十分新鲜。指战员们不分干部战士为市民抢修水管、修理电线、挑满水缸、扫院子……三四六团七连指导员赵金明带领全连同志，在主要街道清理垃圾，还为牡丹峰剧院修复被炸坏的门窗。敌人逃走前大肆欺骗宣传什么"中国蛮子兵来了，见女人就强奸，杀人抢东西……"现在，群众亲眼看见的中国人民志愿军不打人，不骂人，还帮助老百姓干这干那。一位姓朴的老太太带着姑娘给七连送水，嘴里还说："你们中国冬木（同志）太好了！"

听着，听着，工作组的同志们很受感动，很受教育。他们第一次和邵亚修这位"老敌工"见面，就感到他是位忠诚老实、积极能干的好干部。

1950年12月26日，我看到志愿军政治部发出了《政工通报第1号》，表扬了一一六师认真执行入城规定和做好群众工作的事迹，全师指战员受到很大的鼓舞。

我是12月14日夜晚率领军指挥所经过平壤的。吉普车在到处都有炸弹坑的公路上奔驰，敌机照例投下照明弹挂在夜空。

"军长，前面就是平壤！"坐在后座的军参谋长沈启贤告诉我。

"知道了。"我把头伸出车窗外看，巨大的建筑物的黑影出现在我的面前。我望着耸立在牡丹峰上高达70余尺的解放塔——这是朝鲜人民为了纪念伟大的"八一五"解放日，纪念苏联军队把他们从日本帝国主义的压迫下解放出来，使朝鲜获得自由和独立而建立的。美国空中强盗对这个和平之塔进行过无数次的疯狂轰炸，至今塔的周围还弹痕累累。然而，这座塔依然雄伟地屹立在牡丹峰上，日日夜夜俯视着大同江水从平壤中间流过，沿江建有斯大林大街、城市西北的商业区、大同江左岸的工厂和医院。虽然到处断墙残壁、伤痕累累，甚至一片废墟。但是，美国飞机再怎样狂轰滥炸，也炸不倒真理与和平。

平壤是一个大城市，大部分是古式的瓦房，夹杂着一部分方块式的日本房子。木桥一座已被敌人破坏，临时搭起便桥，我们乘车从便桥过到江东，到人民军四十七师二团三营去找向导。敌机仍然不断地在平壤上空盘旋轰炸扫射，城内已有5处被炸起火。

人民军这个营部住在警备司令部的大楼下面。楼顶挂着朝鲜民主主义人民共和国的国旗。因遭敌机袭击，楼顶上正在着火，燃烧着的房子天花板的石灰被震落下来，而这个营部就在这座楼的一间房子里，点着油灯，紧张地打电话、办公，很多人民军军官和士兵出出进进……他们常在敌机盘旋轰炸的夜晚，打开灯驾驶汽车。

人民军四十七师二团一营教导员在过去的解放战争中是一一六师的战士。他的中国话说得很好。他告诉我：人民军现在已建立了政治工作制度，设党委、支部……

我们的汽车经过人民军的哨位，哨位盘问时只要回答一声"急文滚"（志愿军），哨兵一挥手，车子就开过去了，他还会说一句："再见！"

乘车渡过大同江，感谢一一六师工兵连为我们事先在江中测好道路，设置了标记，还派标兵站在江水中指路。汽车在江水中好像汽船一样，浪花四溅……

途中下大雪，因吉普车上的挡风板已放下，疾风席卷着雪花扑面而来，连眼睛也睁不开了。司机看不清道路，只好把灯打开，飞驰一般到达了目的地。

三四六团的管理员、司务长们到老百姓家里去借粮食、打欠条。一营有个司务长借粮借到金日成首相的故居去了。

那天，这个司务长带着战士来到一个山沟里的一家院子，发现有草包装的大米堆放在那里，就招呼：

"牙包（老乡），有人在家吗？"

没想到从屋子里走出来一位人民军中校，他问道：

"志愿军冬木，有什么事吗？"

"我们是来借粮的。"

"这里的粮食……"

这件事反映到团里。政治处主任是两天前收复平壤时担任团的前卫二营教导员孙发科，来到了这里，那个人民军中校向他讲了真实情况："这里是金日成首相的故居，他的叔叔、婶婶住在这里。我是负责照顾这两位老人生活的，这院子里堆放的大米是两位老人的口粮……"

说到这里，一位长得很富态、穿着朝鲜妇女衣裙的阿妈妮从屋里出来了。不用介绍，孙发科一看就知道这就是金日成首相的婶婶，便向她致以歉意。她很和气地说：

"没什么，没什么！志愿军冬木支援我们朝鲜人民打击美国侵略军，现在粮食运输不上来，我们应该帮助你们解决困难……"

"不用麻烦了，不用麻烦了。"

孙发科说完带着司务长和战士就告别了金日成首相的婶婶和人民军中校。

收复平壤的第五天——12月11日，平壤各界人民隆重举行了庆祝平壤解放大会。会议在金日成广场及其他9个区同时分别举行。朝鲜民主主义人民共和国内阁副首相金策发表了演说。一一六师派代表参加庆祝大会。

庆祝大会一致通过了给斯大林、毛泽东和金日成的致敬电。给毛泽东主席的致敬电写道：

> 中国人民的伟大领袖毛泽东主席：由于朝鲜人民军和中国人民志愿军的英勇战斗，平壤终于从敌人的侵占下重获解放。今天平壤市民的庆祝解放大会向您致以崇高的感谢和荣誉。在过去的一个半月中，我们呻吟在凶恶敌人的铁蹄下，现在又在共和国的旗帜下重度幸福的生活了。美帝国主义强盗破坏蹂躏了我们具有五千年悠久历史的文化，残暴地破坏和掠夺我们用血汗筑成的工厂、企业、学校、医院、住宅，对我们的父母、兄弟姐妹和孩子们进行屠杀或奸淫。我们一定要报仇，把敌人完全消灭。我们朝鲜人民在保卫祖国的独立、自由和荣誉的正义斗争中，得到了以苏联为首的有中华人民共和国参加的全世界和平民主阵营的支援。我们充满着必胜的信心。我们深信胜利必定属于朝鲜人民和全世界爱好和平的人民。亲爱的毛泽东主席：我们将坚决而积极地进行支援向前进攻的人民军和中国人民志愿军的工作。我们深信朝、中两国人民永久的友谊将更加巩固。在此，我们敬祝您——中国人民的伟大领袖万寿无疆！

1950年12月6日14时，第一一六师三四八团攻入平壤市区

第六章

跨过三八线

我军突破三八线，一一六师主攻，突破口选在临津江凹向敌人江湾，千军万马，在敌人眼皮下潜伏一昼夜，炮兵实施300～700米的抵近射击——邓华、陈赓、洪学智、韩先楚听了张峰副师长汇报称之为"三险三奇"，刘伯承元帅在解放军最高学府给打了满分

　　第二次战役刚刚结束,志愿军副司令员兼副政治委员邓华召集西线作战的各军军长在三十八军开会。我乘吉普车赶到那里,走进会议室一看,这是一个天然的山洞。见到三十八军军长梁兴初,我第一句话就是祝贺他们三所里一仗打得好,彭德怀司令员在签发志司和志政给他们的嘉奖电令上,在中国人民志愿军万岁后加上一句:"三十八军万岁!"我说:

　　"老梁,祝贺你们当了万岁军啊!"

　　"实在不敢当,不敢当。你们军在云山打败了美国王牌军骑一师,今天又收复了平壤……"梁兴初和政治委员刘西元、副军长江拥辉握着我的手说。

　　会议开得十分热烈,虽然是短短一天时间。邓华副司令员简要而明确地总结了第二次战役的整个进程和各军在西线作战所发挥的作用。他强调指出:我们在战役中,充分利用和扩大敌人的错觉,诱敌于我们熟悉的地区,实施战役迂回,切断敌人退路,这对于完成此次战役,转变整个朝鲜战局的任务,是极为重要的。他表扬了三十八军在执行穿插迂回和堵击敌人南逃北援三所里一仗中打得漂亮……会议确定在平壤以南地区部队休整三至五天,补充人员、给养、弹药。

　　吃饭的时候,好家伙,三十八军把缴获的饼干、糖果、火腿、牛肉、蔬菜等各种食品和叫威士忌的酒,清一色的美国货,摆满了饭桌。我们几个军的领导同志在一起庆祝胜利饱餐了一顿,有的同志诙谐地说:

　　"第一次品尝了这么丰盛的美国东西,还真得感谢联合国军总司令麦克阿瑟哩!"

　　后来,我才知道,开始,志愿军首长彭德怀、洪学智、解方等考虑:部队经过两次战役,战斗减员和非战斗减员几万人,急需休整、补充。敌人每天出动近千架次飞机对三八线以北的志愿军供应线轮番轰炸,大部车辆被炸,粮、弹、被服靠夜间突击抢运,不能按时供应。现在战场情况发生变化,敌人已由进攻转入防御。我们的战略战术也必须转变。要由运动战转为阵地攻坚战,我们必须做好充分的准备。因此,我们在三八线以北数十公里停止进行休整,让敌人先占领三八线。我们明春再战,歼灭敌人的主力。彭总把对形势的估计及我军下步行动的意见,用电报报告了毛泽东主席。

就在毛主席收到彭德怀的电报的前一天，印度驻华大使会见我国外交部副部长章汉夫说："如果中国宣布不越过三八线的话，则将得到印度等十三国的欢迎和道义上的支持。"

周恩来总理对此一针见血地指出：

"美军既然已经越过了三八线，因此，三八线已被麦克阿瑟破坏不复存在了。"

几天后，毛主席给彭德怀发出了回电：

12月8日18时电悉。

一、目前美英各国正要求我军停止于三八线以北，以利其整军再战。因此，我军必须越过三八线。如到三八线以北即停止，将给政治上带来很大的不利。

二、此次南进，希望在开城南北地区，即离汉城不远的一带地区，寻机歼灭几部敌人。然后看情况，如果敌人以很大力量固守汉城，则我军主力可以退至开城一线及其以北地区休整，准备攻击汉城的条件，而以几个师迫近汉江南北岸活动，支援人民军越过汉江歼击伪军。如果敌人放弃汉城，则我西线6个军在平壤、汉城间休整一个时期，再继续战斗。

三、明年1月中旬补充一大批新兵极其重要，请联系准备，请考虑是否有必要和可能。从前线各军（东西线共9个军）抽派干部至沈阳加强接兵的工作。宋时轮部目前也须补兵一部，恢复元气，是否可能，请告。

四、空军掩护铁道运输正在筹备有实现可能，但最后确定时间待商办。

毛泽东
1950年12月13日

彭德怀收到毛主席的回电后，立即召集志司其他首长紧急讨论：从军事上讲，志愿军入朝才一个多月，已连续打了两个战役。西线6个军已相当疲劳；东线第9兵团人员、弹药、粮食得不到及时补充。但是，从政治上讲，我们停止在三八线以北，正合美、英的意图，他们正想利用三八线阻止我军前进，以利其下一步行动。从军事上考虑马上打不好，从政治上考虑马上打好，二者距离很大。入朝作战以来，彭德怀还不曾遇到政治与军事尖锐对立的矛盾。经过彻夜反复研究，彭德怀决定发动第三次战役，打过三八线去。

12月15日深夜，我们军指挥所在转移到祥原地区时接到彭德怀的电报：

各军首长并宋陶报军委东司：

一、敌情详见15日17时半及15日16时通报。

二、为粉碎敌企图以三八线为界，重整残部再战之阴谋，奉毛主席命令，决心继续向三八线以南前进，求得在汉城、原州、平昌线以北地区歼灭美、伪军一部。第一步以市边里、涟川为目标攻击前进，如市边里无敌改歼涟川之敌。预定部署如下：

1. 志愿军各部进至8日13时电令集结位置后，休息两天筹补粮秣，弄清情况继续前进。三十八军经栗里、遂安、新溪向市边里、涟川攻击前进；三十九军经陵里、南川店、汉浦里向两合洞、渭川里、九华里、涟川以南攻击前进；四十军尾三十九军后进至南川店、平山一带机动；四十二军经谷山、伊川向铁原攻击前进；五十军经黄州、沙里院、青头里向金川开城攻击前进。另以有力支队经延安、开城搜索前进。六十六军以一个师向之山攻击前进。得手后待九兵团或人民军第三军团到达以后归还建制。军主力经马转里、法洞里、佳丽州里向平康、金化攻击前进，为求得形成包围与不过早吓退敌人，三十八军应比三十九军、四十二军推迟一天出发。

2. 人民军第二军团进至荣州及其南北地区；第一军团进至原州及其以南地区破坏汉城至大邱、大日交通并消灭薄弱孤立之敌，断敌退路，宣传胜利消息，反美伪军抓兵抢粮。第七军团主力集结于沙里院地区，以一部担任镇南浦及平壤市区警备待第四军团到达接管后归还建制，以一部进州、津一带肃清沿海残余敌伪。担任沿海侦察警戒。

3. 各部应派先遣队侦察预定进军道路，扫清地雷，修补桥梁，掌握敌情，筹措粮草并将情况随时电告我们。

三、各军立即接此预定部署方案进行具体准备工作。

彭邓杜洪韩解
1950年12月15日22时

我和政治委员徐斌洲、副军长谭友林、副政委李雪三、参谋长沈启贤研究后，告诉一一六师师长汪洋，命令三四八团提前两天，由平壤出发到九化里以南地区，执行突破临津江前的战斗侦察任务。汪洋叫师参谋长薛剑强跟随这个团，还给团里加强了一个山炮连。

薛剑强一到三四八团，就对高克团长说："军、师要求你们团行动迅速但要隐蔽，查明敌情但不要吃亏。从现在起，你们一个团单独执行任务，离开军、师主力，一定要注意防止敌人袭击"。说完，就和高克、政委王竞、副团长周问樵、参谋长刘德义摊开作战地图，在一起研究如何完成这次战斗侦察任务。

他们到达临津江之前的那天，一到驻地，全团白天封锁消息，整个宿营地带不准任何人出入，到了晚上再继续前进。他们这样做是十分必要的，因为如果敌人运用航空侦察或地面侦察手段，一旦发现了他们，就会直接影响执行这次战斗侦察任务的完成。

三四八团到达临津江北岸的高浪铺里时。高克团长命令三营抓俘虏。营长胡友发带领七连去抓，联络员从驻地群众了解到：江那边是李承晚的部队。胡友发派一个排长带一个班接近了敌人住的村庄。正好下半夜敌人都在屋子里休息，哨兵正要解大便，两个战士扑上去把这个家伙抓住了。天快亮了，他们押着俘虏回来，敌人的炮打得很凶，有两名战士负了伤。胡友发向高克报告：

"我们抓到一个伪军的哨兵。"

"快把俘虏押到团部来，我们来审问。"高克说。

通过侦察和俘虏的提供，得知敌人的布防情况：

当面之敌为伪一师，其十一团和十二团部署于临津江南岸第一线，十五团为预备队，配置于积城地区，在美军炮兵加强下，利用三八线现设阵地和临津江天然屏障，筑成纵深9公里的三道防御阵地，主要阵地前设有二至三道铁丝网和布雷区……

12月20日，一一六师主力经过急行军来到临津江北岸的店村、楼岱（师指）、石隅里冷井（三四六团）、内洞冷井（三四七团）地区集结。汪洋师长、石瑛政委听取了薛剑强师参谋长和高克团长关于先遣团行动的情况汇报：

三四八团配属师侦察队、师山炮营一连、师工兵连，由平壤市郊出发急奔三八线。走到沙里院以东公路上的鱼渊里时，发现撤退的美二十五师后尾部队在飞机掩护下乘汽车南逃，侦察队不敢恋战，全队做好战斗准备，在公路边一个小丘陵地上展开战斗队形，距离公路上的敌人不到300米，互相都能看到，美军以为一一六师侦察队是南朝鲜部队，没有联络就顺公路向南开去了。经过7天行军，三四八团到达临津江北岸9华里以南的青连里、下高密地区，立即开展了6个连的兵力，进行战斗侦察，驱逐了伪一师十一团、十二团战斗警戒，控制了北岸的制高点。他们先后打退了敌人派到江北搜索队的8次战斗侦察，俘敌5人，经过审问基本上了解到伪一师各团的部署、战斗编成和阵地火力配

备等情况。

汪洋、石瑛命令各步兵团和师山炮营,在江北岸设立4个观察所,展开对敌人的观察,要求日夜不间断地观察,随时将观察的情况登记上报师司令部。

一一六师山炮营在随师主力向三八线开进的途中,出现了这样一种情况:他们于12月17日夜间翻山赶路,行进到瑞兴时,天已大亮。瑞兴是坐落在东西平川公路的所在地,东边有一座完整的人民军营房,镇上的居民房子十分密集,四面无山也无村。杜博营长和李兆书教导员商量起来:这下可坏了,怎么办?向前赶到山区,天亮了来不及;往回走入山林也不行了。这么多炮,这么多马匹,如果敌机发现,那将是不可想象的损失啊!他俩果断地决定:住在这个镇子上,命令各连分散隐蔽在老百姓家里,将炮车、马匹隐蔽在一所小学校里。动员朝鲜老乡们仍同往常一样,该起火做饭的起火做饭,该上街挑水的上街挑水,该做什么就做什么。全营除放好警戒外,其他任何人不准外出上街,挑水做饭人员一律反穿棉衣,和老乡一样是白色衣服,同时,郡政府动员群众配合我们进行伪装……

刚刚隐蔽完毕,美国飞机来了,在上空转了几圈没有发现什么又飞去了。这一个白天,对杜博、李兆书他们来说,真是度日如年啊!黄昏时分,全营集合出发的时候,干部战士互相庆幸这个提心吊胆的一天终于过去了。朝鲜男女老少也都高兴地欢送这支志愿军炮兵开进三八线,去打美国鬼子和李承晚伪军。

12月23日,我军部几辆吉普车和一辆中卡经过几天行军于晚上8点到达紫霞里。不料,军指挥所第三次遭到美国飞机的袭击。

4架野马式敌机出现在我们驻地上空,盘旋了一会儿俯冲下来扫射,把我军的几位领导同志住的房子和特务班住的房子都打了很多洞。当时,我们都在房子里,凭经验听飞机的声音,知道要扫射投弹,就往外面跑。徐斌洲政委动作慢没有跑出去,刚到门口敌机就俯冲下来扫射了,他为了不暴露目标,就在门边坐下来,子弹嗖嗖地在他脚下跳来跳去,把他戴的那副近视眼镜震落了下来。房子里的地图全被打坏了,小凳子被打穿了几个洞,李雪三副政委的水壶被打坏了,电话机也被穿了两个洞……如果敌机早10分钟扫射,我们坐在地图旁研究突破临津江部署的几位军级指挥员都有生命危险啊!

真是幸运得很,警卫班住的房子也被敌机扫射,打了好多洞。战士们都在屋子里睡觉,但没有一个伤亡。

1950年12月25日夜。在三八线以北8公里的石里——军部所在地。我和徐斌洲、谭友林、李雪三、沈启贤等几位军里领导同志忙着开会的事情。参加军党委会的3个师长和政委，王良太、沈铁兵、汪洋、石瑛、张竭诚、李少元风尘仆仆地从他们的师部驻地赶到了这里。他们一走进来，屋子里就热闹多了，大家互相询问着，交谈着。

我首先传达了毛泽东主席于12月4日、6日和13日关于"向三八线进击"的电报精神，宣读了彭德怀、洪学智、解方关于突破三八线之部署的电文（1950年12月22日12时）：

韩并三十九军、三十八军、四十军并报军委、东司（转东后）：

甲、敌情见"综合第二号"及附图（另送各军）。

乙、决以歼灭临津江东岸迄北汉江西岸地区之第一线布防之伪一师、伪六师、伪二师及伪五师一部为目的的进攻部署如下：

1. 四十二军、六十六军为左纵队由吴、周统一指挥，以5个师兵力担任攻歼东起马坪（春川西北40里）西至永平（不含）地区之伪二师及伪五师一部，应置主力于永平迄龙沼洞地区，首先集中绝对优势火力兵力，消灭伪二师一两个团，得手后再向东逐次歼击。另以六十六军之一个师由华川渡北汉江向春川以北地区之敌积极动作，钳制该敌配合主力作战，该师并与杨口麟蹄之人民军密切联系策应第二、第五两军团南进。左纵队攻击得手后应以加平龙上里清平里为目的扩张战果，切断春川汉城交通。

2. 三十八军、三十九军、四十军、五十军为右纵队（附炮一师及炮二十九团）由韩副司令员统一指挥，担任攻歼东起永平（含）西至高浪浦里地区之敌伪六师、伪一师，但应首先集中3个主力军歼灭伪六师再歼伪一师，得手后应以抱川、纸喜里、龟岸里为目标扩张战果。具体由韩部署之，攻击开始时并应注意以有力一部隔断美伪军联系和阻击增援。

3. 人民军第五军团及第二军团一部由杨口麟蹄阴阳里、富坪里东西线之伪一、二军团接合部攻击，得手后相机向洪川攻进。

4. 人民军一军团一部位于海州警戒，主力由开城地区向汶山之敌进行宽正面佯攻穿插该敌配合作战。

丙、三八——南北地区，山脉连绵，河流纵横，敌依山川及残有既成堡垒纵深布防。我组织攻击时，应特别注意以下几点：

1. 在攻击区域内，应集中绝对兵力火力向预定攻击线猛烈突破缺口，达到分割包围各个歼灭之目的。为此，必须保持纵深连续发展的优裕力量。

2. 必须使用炮兵于预定突破口及有主力掩护渡河等战斗，要工兵及二梯队步兵以大力帮助炮兵修理架桥构筑工事进入阵地以及组织对空射击掩护之。

3. 要组织指挥员侦察及特种兵侦察查明进攻目标工事状况及前进道路上河流桥梁情况,要尽可能争取架桥避免徒涉以保持战斗力。

4. 要以大力组织防空主要是伪装疏散荫蔽挖掩体,但同时必须组织火力对空射击。

我军原来想以一一六师和一一七师并肩突破,各配属一个炮兵团。在大家热烈的讨论中,年轻的汪洋师长却提出了由他们一一六师一个师担负主攻突破任务。他还具体地提出了以三四六团和三四七团并肩在土井南至新岱南1.5公里的地段上为突破口,三四八团为师的预备队。

"汪洋,你把你的理由摆出来,叫我们听听行不行!"我和大家都这样说。

于是,汪洋滔滔不绝地一口气摆出了四条理由:

第一,我们首先到达临津江北岸,已经过5天对敌情和江面的地形了解,掌握了大量的情况。

第二,把两个炮兵团都配属给我们师,便于协同动作,有利于顺利地打开突破口。

第三,伪一师在第一战役中是我们师的手下败将,其中十二团和十五团大部被歼,我们熟悉敌人的战术。

第四,现在,全师部队求战情绪空前高涨,纷纷提出打头阵突破临津江的要求,有把握完成这一艰巨任务……

大家听了汪洋摆出的这四条理由,都满意地点着头。我和其他军领导交换意见,决定由一一六师担任主攻任务,一一七师作为第二梯队,在湘水里侧岩里方向执行穿插任务;一一五师为军的预备队。

一夜的会议结束了。汪洋和石瑛肩负着单独突破临津江的重任,带着喜悦的心情乘车返回了一一六师。庞大、复杂而艰巨的准备工作,便在这个师全面展开了。

三十九军关于突破临津江及以后行动部署的报告(1950年12月27日20时30分):

韩并报彭、洪、解:

1. 根据韩25日11时电令,我军预定部署如下:因我当面之敌为伪一师之两个团,决定第一步先歼灭该敌,第二步再进入打援位置。为此决以一一六师两个团在土井、新岱并肩突破临津江。首先占领192高地与147.7高地,务于第二日拂晓前占领于义同东西山地，第二晚攻至皆木洞、上声洞、法院里、隐谷里地区，同时第一晚另以一个营过江后向西攻占舟月里，迅速迎接一一五师一个团在远堂里过江，该团在过江后迅速经斗只里向西攻击，歼灭高浪浦以南河套之敌，迎接五十军在该处过江。一一五师主力随一一六师跟进视情况投入战斗。一一七师在一一六师左翼团突破后该团右翼插进，打开走廊，第一步进占雪马里、沙器幕，第二步进至侧岩里、湘水里以北地区，主力以对付由议政府北援之敌，以一个团由神岩时向东北攻击，配合四十军歼灭东豆川以西之伪六师。

2. 估计我军第一晚能前进15华里，只能展开5个团兵力，五十军如尾我军前进，则第三晚上才能过江。为此，建议该军主力集结于高浪浦西北以一个主力师进至防筑洞、茅石洞（高浪浦南河西）以西地区，积极组织攻击准备明吸引敌人，并组织一个炮兵营在我发起攻击时，积极以火力封锁讷老里、价石里、全波里及公路两侧，使高浪浦南河套敌不得南进，使汶山敌不得北援。当我一一五师之一个团进至高浪浦以南，敌人增援时，该军在防筑洞之师后续部队乘机过江（该段临津江5天前已结冰现在加厚）配合一一五师之团歼灭该敌。然后，全军进至汶山东北地区，阻击汶山之敌北援或东援。以上可否请示。

吴徐谭李沈
27日20时30分

徐斌洲政治委员和李雪三副政治委员在军党委会上研究作战方案的时候，对我说："突破临津江中的政治工作威力，必须要表现在战斗中。"

我非常同意他们的说法，也支持他们这样做。

那些天，他们组织军政治部的组织部长任茂如、宣传部长陈洁等同志起草了一份《为突破临津江告全军指战员》。我看了以后很满意。它用简短、明确、有力的语言，阐明了突破临津江的意义，胜利的条件和作战的要求，提出了个人、集体记功、授予荣誉称号的条件；勉励共产党员、共青团员和所有战斗英雄、功臣模范在战斗中发挥骨干带头作用。

这份告全军指战员书发到连队，在我军各部队的阵地上、战壕中、掩蔽部里迅速地传开了。当天，深受鼓舞的指战员们写下的请战书、决心书、入党入团申请书，好似纷纷扬扬的雪花飞到了军、师、团各级政治机关。

此外，我们军还向部队发出了《严格遵守群众纪律爱护朝鲜人民和爱护朝鲜一草一木》

的通知。

人们第一次见到在我们三十九军同级干部中唯一的抗日战争初期参加革命的知识分子汪洋师长，都产生这样的印象：年轻，英俊，聪明，精干，是一个文武双全的优秀军事指挥员。汪洋把位于100高地的一一六师指挥所安排好了之后，站在山的突出部位，转动着炮对镜向临津江对岸观察：临津江位于汉城北面75公里处，是汉江的支流。它发源于朝鲜境内的马息岭山脉的头流山，西南流经汶山西侧，于韩国境内注入汉江河口，全长254公里，流域面积8118平方公里，航程121公里。临津江宽达百余米，两岸蜿蜒着起伏的高山，它穿过三八线缓缓折向西南，中游一段横泻在三八线上，而这段江面正是我们要突破的地方。

敌人为了阻止我们过江，阵地前沿横置屋顶形铁丝网，江边和道口埋设地雷，树枝上还挂着一串串拉雷，在陡壁悬崖的山峦上还构筑大大小小的地堡。敌机不停地在江北上空巡逻，寒风呼啸，大雪纷飞。所有这些，都给我们部队渡江作战带来自然的和人为的障碍和困难。

此刻，汪洋心里很不平静。因为那里正是三四六团和三四七团并肩突破的正面，敌人吹嘘的固若金汤的堪萨斯防线前沿。他看到了江那边向南约四五华里就是192高地和147高地。这两个高地像两把巨大的铁锁，牢牢地卡住了通往敌人纵深的一条公路。

侦察科长继续讲着："据三四七团侦察队向师报告，昨天晚上，他们派了3个侦察员，偷渡了临津江，在返回时被敌人发觉，遭到机关枪和自动枪的射击。侦察员们既不能前进，又不能后退，都把自己的整个身子没在江水里，冻得腿肚子都抽筋了。他们已经侦察了几个晚上，伤亡4人。"

"好样的，侦察员个个都是好样的。你告诉各团，这几天一定要给侦察员们多吃点带营养的东西，保证他们白天睡好觉。"汪洋嘱咐了几句后，急切地问道：

"他们侦察到什么情况？"

"新岱渡江点左面200米处已经封冻，新岱对面水深1.2米，流速较急。"

"土井那里的情况怎样？"

"土井渡江点已封冻，冰上步兵可以通过，炮车还不能过，因冰太薄。"

我知道：摆在我们部队面前的困难是十分严重的。一一六师突破临津江的左翼团三四六团的突击地带江水湍急，部队必须在敌人火力下忍受严寒，冒着生命危险，蹚过宽达200米的冰块撞击的江面，突破敌人的前沿防线。

副师长张峰来到了三四六团，和团长吴宝光、副团长李德功一起，连续几个晚上都蹲在临津江边，派侦察员去探冰。有的侦察员带一根木杆子，爬到江中间把那里封冻的冰砸开一个洞，去探冰结的厚度；有的侦察员巧妙地迷惑住敌人，在江面上敲下了一块厚厚的冰然后扛了回来，团、营、连干部把这块冰当作宝贝一样，反复地研究它，终于探清了江水深度、冰层厚度；部队从哪里过江，在何处攀登悬崖；每挺机枪封锁敌人哪一个枪眼；第一门火炮打掉敌人哪个地堡……

一一六师突破临津江的左翼团三四七团团长李刚是一位年轻而颇有才能的军事指挥员，人称"小说团长"（因写过小说出版而得名）。

那天早上8点钟，临津江对岸的敌人，按照他们规定的时间向高浪浦里开炮刚刚停止。李刚带着侦察股长刘凯和几个昨夜在江边活动的侦察员，沿着雪地向江边行进。他们穿着白色的伪装衣，当敌机飞过，他们也未停止行进。在炮兵观察所，李刚从炮对镜里看见一层一层的小山峦，往前是被烧毁的新岱村庄，往西是午戌滩，再往西去便是沙尾川，这是翼团攻击几百米正面的江北地带，再向前去就是宽阔的弯弯曲曲的临津江，过江后是悬崖，这就是敌人防线的前沿，通过前沿便是丘陵地带。他想：如果没有战争的话，村庄一定冒着早晨的炊烟，孩子们在江面上滑着冰，玩着雪球，可是现在却像无人区一样，房子被炮弹打着火了，没有人烟了，到处都是黑色的弹坑。

"敬礼！"炮兵参谋曹鸿如出现在李刚身旁，他拿着几份用各种颜色标好的图样，是准备向李刚团长汇报的。

刘凯展开了一份五万分之一的军用地图。李刚对他说：

"你先报告一下江水和江北一带情况。"

"是这样，团长。土井渡江点已封冻，冰上可容步兵通行，炮车还不能过，因冰太薄。"

"你再讲讲新岱和沙尾川的情况。"

"新岱渡江点左面200米处已封冻，新岱对面水深1.2米，流速比较急……"

"水深1.2米确实吗？"李刚打断了刘凯的话问道。

"确实。"刘凯接着说，"昨晚3个侦察员偷偷地渡过去一次，在退回时被敌人发觉，还射击了一阵子。他指着站在一旁的3个侦察员，其中有一个姓陈，他们以侦察员证实某件事情的眼睛向李刚望了一望。刘凯最后说："江北岸敌人布有地雷，还比较多，3个晚上的活动，侦察员伤亡4人。"

"你讲吧！"李刚对曹鸿如说。

"根据最近的观察，敌人还在加修工事。已经发现南岸下坡有一道铁刺网，铁刺网外10米处，可能埋有地雷，已发现有4个暗火点，以及江岸上比较明显的火力点。"曹鸿如说着指给李刚看岸上的阿特密村庄，然后画了一个圈，表示村庄的周围。他把一份写生图展开来说："这一带疑点很多，图上画着问号的是尚未证实的零星火力点，画有句号的是已证实的火力点。"

"阿特密东南方150米处已证实是敌人的一个山炮连阵地。"正在转动着测远机的观测手补充了一句。

"曹参谋，你继续说。"李刚眼睛望着写生图说。

"敌人最近在沙尾川活动很积极。"曹鸿如指向西方："整天挖着什么，已挖成的有3道战壕。"

李刚把炮对镜的镜头转向了那个方向，看见蠢笨的敌人用麻袋堆起的工事，士兵们正在从卡车上卸着什么东西。

当汪洋师长向我汇报李刚谈的这些情况后，我想：是的，沙尾川是敌人很注意的一个突出的江湾地带。据说，朝鲜人民军反击时，坦克是从这里突破的。这个江湾是包括在三四七团攻击的正面。新岱是凹向敌人的一个湾子。登陆后的就是陡崖，只有两条道可通往村庄，是敌人不注意的地方。按战术原则说，应该从突出的沙尾川攻击，但在没有坦克掩护的条件下，从新岱攻击是有利的。

我对汪洋、李刚这些师团指挥员说：你们想想吧，江对岸是敌人守着的防线，地雷区，水深没腰的临津江。登岸后是陡崖，又是地雷，铁刺网，地堡构成的火墙。阿特密村庄，丘陵地带的火力点，高山上的纵深防线……而我们的步兵要从这些火网里打开一个缺口钻进去，而后要撕开个口子。怎样打开这个缺口，又怎样钻进去撕开这个口子呢？

李刚和汪洋一样，是头脑清醒、善于思考问题的军事指挥员。当时，他命令道：

"曹参谋，你们今晚搬两门迫击炮，在沙尾川做好阵地，明天敌人仍这样活动，就命令射击。"

"就在今晚吗？"

"是的，就在今晚。但你必须明确告诉炮手们：不要多打炮弹，不要完全限制了敌人的活动。你懂得我们的意思吗？"

李刚发现曹鸿如的脸上出现了疑问的神色，于是加重语气说：

"曹参谋，你不懂吗？就是用炮弹告诉敌人：我们准备从沙尾川攻击！也是这样告诉他们：你们好好地在那里挖吧！志愿军的炮弹是允许你们在那儿做工事的。"

曹鸿如会意地笑了："团长，我懂了，我会这样做的。"

"这里依然要保持肃静，白天不许人活动。你们继续工作，没有弄清的、新发现的，统统记录下来，明天送一份报告到团司令部去。"然后，他又对侦察股长说：

"刘凯，你们今晚必须将江北岸的地雷区确实查清，准备配属两个工兵排在两个晚上把对岸的地雷全部搞掉！"

"是，团长。"刘凯兴奋起来了。

暗淡的月光下，身着白色伪装的工兵战士们分布在宽阔的江边。他们没有地雷探测器，也没有地雷搜索针。每个人手里拿着有弹性的木杆，发现地雷立即卧倒，然后顺着铜丝去寻找地雷的位置。找到地雷的战士就蹲下来，起地雷了。他们嘴里叼着针和细铁丝，把地雷发火杆周围的铜丝剪断，缠着保险针，然后再把雷管轻轻地、慢慢地取出来，最后用小镐把地雷起出来……

这一切，都是在我们用机枪掩护之下进行的。

李刚带着警卫员向江边走去。江边上，工兵正在分组起雷。当他们发现有人过来，便作出不要过来的手势。李刚他们就停在那里看着工兵战士们熟练的动作。他们顺着一个什么东西慢慢地爬过去，好像没有找着的样子，又顺着什么东西向另一个地方爬去，停下来，在一个什么东西上绕着圈，不一会儿，有人拿着什么东西走上了山坡……

山坡那里堆了不少起出来的地雷，有一个战士在那里看管。

第二天，汪洋他们到芦谷里勘察地形，黄昏时分，三四六团警戒分队四连与伪军十二团搜索队发生了战斗。敌搜索队长带领 17 个队员，化装成朝鲜老百姓，拂晓前偷偷摸摸地渡江，到三四六团集结地区侦察。他们沿着小公路到斗日场、石墙地区，下午 4 时太阳快要落山时又返回石湖过江地点。四连指战员发现敌人后，当即以火力封锁了江边，两个排从两翼包围了敌人，击毙敌搜索队长等 7 人，俘虏 3 人，其余人员拼命向渡江点跑去。这些家伙到了江边，江南岸的敌人以为是志愿军小分队过江，就用机枪猛烈地射击，封锁了渡江点。挨打的敌人大喊大叫，骂他们自己人打自己人……这场小小的战斗，从敌搜索队长身上搜出了一份侦察计划图。汪洋他们看到：图上标明系伪十二团搜索队与十一团伪六师的分界线。从而了解到石湖、土井地段的江面结冰，人员能够通过的重要情况。汪洋叫作战科长马上向我们军和韩先楚指挥所报告：修正敌情通报中伪一师从临津江口到马浦里的宽大防系正面，其右翼还有美二十五师在汶山及以西地区。

突破口究竟选在哪里？这个问题，几天来一直在汪洋这个很有战术思想的师长的头脑里萦绕着，终于在第三天得出了答案。这天，他带着两个并肩突破的团长吴宝光和李刚在芦谷里西山 100 高地上勘察。这是个地图上没有注明标高的山头，距离江边 800 米，有一条人民军修的堑壕。他们开始观察起来：沙尾川向东是戍戍滩，再往南是新岱、土井。

据派出的侦察员回来报告：这一带非常险要，多是断崖，要爬上去十分困难。向南四五华里就是147高地和192高地。

汪洋先指着戌滩浦至新岱间的江湾处说："三四七团的突破口就选在这里！"他然后又指着石湖以西土井的江湾处说："三四六团就从这里突破！"

大家顺着他手指的地方望去，从地形上看，江湾处均呈凹字形，口子向着敌人方向，这里的水流较缓，江面冰层冻得较厚，徒步过江有利。敌人在江湾的两侧配置交叉火力，估计我们不会从这里突破。

"正因为敌人对这里有所疏忽，我们就要出敌不意，攻其不备，出奇制胜。"汪洋对大家说。

"这里受敌人交叉火力封锁，我们用炮火坚决压制嘛！"张峰补充道。

后来，我们军里几个领导同志又对这个突破口进行了反复勘察和讨论。谭友林副军长提出了一些疑点，我说：

"突破口为什么选在这里？正如孙子兵法所说：凡是打仗，都是用正兵迎战，以奇兵取胜。善于出奇兵的，像天地那样无边无际，像江河那样源源不断。善于指挥打仗的人，造成的气势是险峻的，行动的节奏是短促的……"

"老吴讲得很有道理。过去，我们打国民党军队就是出奇制胜的，今天我们同美国军队、南朝鲜军队作战，也要出奇制胜嘛！"徐斌洲政委说。

接着，我又讲述了天时、地利、人和三者关系。这样，我们军党委几个同志对突破口选在这个江湾的深水处达成了共识。

李刚带着警卫员向担任渡江尖刀连的五连走去。走在铺满积雪的山沟，冷风吹得他的眼睛流泪。他到了五连，连部在一片树林里，靠树立放着一块木板，木板上钉着一份攻击要图，旁边一个大沙盘。沙盘上摆着绿色的带子是临津江，火柴盒是房子，红色线是公路，纸烟盒糊成的圆圆的东西是地堡，地雷铜丝是铁丝网，染成黑色的苞米是敌人埋设的地雷。另外，旁边放着一小碗黄豆，就是要冲锋的战士，还有红纸剪成的箭头，蓝色的防导圈……

连长见李刚来了，中断对战士们的讲解，向李刚报告：

"团长，我们连正在召开作战会议。"

"好！你继续讲吧，我来听听你们的意见。"

连长指着木板上的攻击图继续讲着。李刚看了看战士们脸上和往常一样，只有战斗前所特有的那种兴奋而紧张的表情。等连长讲完，李刚问一排长：

"你说,一排长。你看到攻击讯号以后怎么办?"

"我命令排雷组迅速过江,排除对岸的地雷。爆破组接着去爆破敌人的铁丝网。万一失利,我便命令预备组去继续完成任务。"一排长的眼睛一直瞅着沙盘上的绿色带子。

"我补充。"一个战斗小组长抢着说:"我们第一组迅速渡江,排除对岸的地雷,这点我同意。但后边的爆破组,尤其是冲锋枪手必须与我们有个距离。我们使用拉雷杆如果出了岔子,我便带着两个组员蹚过地雷区,要伤亡就是我们3个人。这样,就给爆破组打开一条通路。"

为了使大家进一步认识渡江的困难,李刚又提出一个问题让大家争论:"你们现在渡江时已伤亡了两个人,刚登岸就遭敌人三方面的反击,显然你们力量薄弱了。怎么办?是退下来吗?"

"我讲。"三班一个战斗小组长说:"绝对不能退下来,要以所有的力量进行反冲锋。"

"我讲。"五班副班长说:"退是不能退的,应该赶快要后续部队跟上来。"

"当然后续部队有人指挥,他不是看着你一个班在那里作战。或许在渡江的时候,他们就会抢到你的前边去。但此刻问的是你。"李刚说着看见五班副班长的脸红了,别人不同意他的意见。

"我来讲。"副连长刘宝玉说,"我说应该迅速抢占前边的土坎,机关枪架到这里来。命令战士卧倒射击。机关枪扫射主要的一路,求得在这里打下立足点。哪怕我们剩下一个人,也要巩固住已得到的阵地……"

李刚看大家讨论得很热烈,他听到大家的发言只有一个中心——打过江去,只能向前,不能后退!

当汪洋师长和石瑛政委向我报告在这次战役中临时指定杜博为师炮兵主任的时候,我便想起了炮兵的问题。

西线突破临津江作战的3个主力军三十八军、三十九军和四十军,和在国内解放战争时期打锦州、打沈阳、打天津一样,我们3个军又是并肩发起进攻,各配属志愿军两个炮兵团。配属我们三十九军的是炮兵第二十六团(榴弹炮、野炮)和第四十五团。这两个炮兵团当时还在平康、江东地区集结。志司命令他们:务必于本月29日夜赶到临津江北岸第一一六师集结地区参加战斗。朝鲜的冬季,气温达到零下20摄氏度,风雪交加,道路被大雪封闭,公路桥梁早已被美军飞机炸毁。骡马炮兵行军比步兵艰苦困难,只能在夜间爬山赶路,天亮前就要做好隐蔽和伪装。

一一六师在接受突破临津江的主攻任务后,从电报上得知了配属的炮兵不能及早赶

来进行进攻准备。汪洋师长和石瑛政委叫杜博带领的山炮营为配属的两个炮兵团预先做好射击阵地和射击计划。杜博成了一个大忙人，他指定炮兵参谋徐惠民和陈振民带领山炮营指挥排在选择的阵地上，将两个炮兵团和各炮兵连的阵地标定好，对营、连观察所也作了标记。他指挥两个步兵团派出的部队为两个炮兵团修造了两条进出道路，指挥师警卫连在100高地上修建了两个炮兵指挥所。他组织司令部肖参谋、山炮营测图员谢涛在现地绘出了一一六师进攻正面、纵深的全景图，组织山炮营做出了全师炮兵的射击计划表和概略射击诸元，把伪一师防御阵地从西向东、由临津东到192高地和147高地一线逐一进行了编号，作为步、炮协同动作的统一目标……

炮兵二十六团和炮兵四十五团派出的先遣指挥人员一到达，马上由杜博在现地介绍了敌我情况，迅速到预定阵地上进行具体计划的制订。接着，这两个炮兵团经过3个夜间的急行军，到达了一一六师进攻出发阵地西北的禹勤里、间村、梧村、东中里，他们看到一一六师为他们做了上述进攻前的大量准备工作，非常高兴，甄秉信团长和杨文溪副参谋长握着杜博的手说：

"感谢一一六师老大哥部队为我们做了这么多工作。"

"不用谢，我们是老战友嘛！"杜博连连摆着手说。

"杜博同志，你就大胆地指挥吧！我们一定执行师的火力计划和协同动作，保证完成任务。"蒋有全和甄秉信两位炮兵团长都这样说。原来，这两位炮兵团长是杜博在延安炮校第六队学习时的队长。

为了更有效地摧毁敌人炮兵火力点和地堡工事，火炮必须配置在离江对岸很近的高地上，便于直接瞄准，实施300～700米的近射击。但怎样才能在夜间把大炮拉上山而不让敌人发觉呢？杜博组织由三四七团和三四六团派出的一个连队，专为炮兵修了两条3.5公里的道路，这两条道路由平地通向高山。接着，在远离炮兵预设阵地几百米以外，组织人打枪、打炮，吸引敌人的注意力，而且盖住了吆喝声和马蹄声。当炮车接近阵地时，把骡马卸下来，改为人拉肩扛。硬是把一门又一门大炮推上了高山，进入炮位。

在一一六师全师转入地下隐蔽的前夜，我和徐斌洲政委、谭友林副军长、李雪三副政委、沈启贤参谋长以及左勇作战科长分乘两辆吉普车，从军指挥所所在地石隅里山沟向临津江北岸驶去。我们沿着一条小公路向前行进，小车司机只敢打开小灯，经过斗日场、要玉洞开进了芦谷里西北的一个山沟，车停了下来。我们由一名参谋带路走进了一一六师前指100高地北山沟的3间草房子。房子里连桌子、凳子也没有，地上铺着一层厚厚的稻草。稻草上面展开一大张十万分之一的一一六师突破临津江的作战地图……

汪洋师长、石瑛政委他们已经坐在稻草地上在等我们。我们这些人一到，他们站起来。大家互相握手、问好，屋子里立刻热闹起来了。

汪洋一只手拿着蜡烛，一只手指着地图上的各种标记，详细地向我们汇报全师突破临津江的战斗准备。

石瑛汇报了部队经过政治动员后空前高昂的求战情绪。我们便提出了一个又一个问题：

"突破口上哪几个连队当尖刀？"

汪洋在地图上指着临津江北岸的新岱至土井间的5公里地段说：

"全师两个突破口由4个尖刀连担任，这4个连都是全师很有名、战斗力很强的连队。他们是三四六团的先锋连和常胜连、三四七团的钢铁连、步兵第五连。"

"好！这4个英雄连队在一条战线上并肩突破，在我军历史上是头一次。真可谓各显神通、看谁最强的群英会。谁最先突破，谁就能获得'突破临津江英雄连'的光荣称号嘛！"我高兴地说。

"这4个连队的战斗情绪都很高涨，互相挑战，尤其是向钢铁连挑战。"石瑛补充说。

"全师进入进攻出发阵地的准备工作如何？"

"我们在宽2公里纵深2.5公里的正面，在距敌人150～2500米的进攻出发阵地上，利用小丘陵山包、小灌木林、4条小河沟渠和无数雨裂沟构筑了可容纳7个步兵营的316个简易掩蔽部，18个团、营指挥所可容纳200～300多名指挥机关人员，3000多米的堑壕和交通壕（壕的侧壁每一米挖一个防炮洞），50个弹药器材储备室，30多个掘开式的炮兵发射阵地，50多个带有掩盖的炮兵发射阵地。还有若干个伤员掩蔽部可容纳400～500人。"汪洋回答说。

"渡江作战准备得怎么样？"

"这些天，部队上上下下开展了提困难、想办法的活动，搞得热火朝天。全师准备和自制了大量的渡江应用器材。第一梯队团自制了攀登陡壁用的梯子24个，每个5～10米。陡涉分队每人用雨布缝制了防水袜子一双，每人打草鞋一至两双、鞋码子一副，以便走冰和踏雪防滑，增加行进速度。此外，还准备了大批门板和稻糠，以填补敌炮火破坏的江面冰层和防滑用……"石瑛回答说。

"武器准备和弹药准备怎样？"

"师后勤筹措了20万斤粮秣，除平时食用外，保障战斗时每人带了3天干粮和1天粮食。军械部门为野炮、指挥炮补充了1.5个基数的炮弹（每个基数30发），山炮、步兵炮、迫击炮补齐两个基数的弹药（每个基数30发），轻重机枪补齐1.5～2个基数（重机枪每个基数2500发子弹，轻机枪每个基数6500发子弹），冲锋枪1.5个基数（每个基数150发子弹），步枪1个基数（100发子弹），手榴弹每人3～5枚。后勤医院补齐了大批急救药品和器材，担架队修制了大量的担架和简易担架……"汪洋回答说。

"炮火准备和步枪协同搞得怎样？"

"师、团炮兵群的115门火炮分布是这样：三四七团炮兵群（第一线炮兵）：炮兵二十六团二营（野炮）、师山炮营三连、九二步兵炮连、化学迫击炮连，编成直接瞄准射击群，共27门炮。三四六团炮兵群（第一线炮兵）：炮兵四十五团一营（野炮）、师山炮营一连、九二步兵炮连、化学迫击炮连，编成直接瞄准射击群，共23门炮。师炮兵群（第二线炮兵）：炮二十六团二营（野炮）、炮四十五团二、三营，师山炮营美式山炮连组成。实施全师进攻正面、纵深支援，压制敌人炮兵……"杜博回答说。

我指着地图上标向东豆川的红色箭头，对汪洋、石瑛他们说：

"我们军全线突破后，必须进行不断分割、穿插，才能消灭敌人的有生力量。第二梯队一一七师担任了这个任务，三五〇团就跟在你们左翼三四六团后面过江。"

我们这一连串的问话，汪洋和石瑛他们对答如流，都讲得有根有据。看来，一一六师突破前的一切工作准备得相当周密、细致。战争是一件极其复杂而精细的工作，它包括众多的人，各种技术准备，它还包括气象和地形，战争又是一部庞大而复杂的机器，它从始至终都在按照科学的原理，经过人的操作和要求不停顿地运转着。作为指挥员特别是高级指挥员，必须掌握多种门类的科学，特别是军事科学，经过精确计算和巧妙运用，才能赢得战争的胜利。

"杜博同志，你陪同军里沈参谋长到100高地，汇报情况吧！"汪洋这样说。

"好！请沈参谋长走吧。"杜博说。

沈启贤、杜博，还有军作战科的刘奇炎参谋他们一同爬上了100高地。杜博指着黑压压的江南岸敌人阵地说：

"这是南朝鲜军十一团、十二团阵地的结合部。"

说完，杜博详细地介绍了敌人阵地编成和火力配合，以及28日上午新增加到三四七团突破口上的五七防坦克炮连……

只见，敌人阵地上闪闪发出火光，成为明显的方位物。杜博继续说：

"协助右翼进攻的三四七团指挥是师参谋长薛剑强，他主张把所有的火炮编上号码，同时也把敌人以明火力点和暗火力点以及所有的射击目标都编上号码，炮火准备时挨号进行射击，以保证彻底摧毁敌人的火力。"

沈启贤听了这些汇报和介绍，非常高兴地说：

"杜博同志，你很了解敌情，讲得很细。我都清楚了，我们一同下山去吧。"

他们回到山下的草屋里，沈启贤坐在我身旁，小声地向我讲述他看到的敌人阵地情形。这时，一一六师的同志们对我们说：

"拂晓前，敌人的榴弹炮又要封锁公路交叉口、山口了。军首长快回去吧！"

我们临上车时，我紧紧地握着汪洋和石瑛的手说：

"你们师这次单独突破，又是白天隐蔽了一整天，一定要搞好伪装，搞好炮火急袭和协同，到时候一鼓作气地打过江去，打垮伪一师！"

"军长，你就放心吧！"汪洋和石瑛一直送我们坐上吉普车，一再这样说。

离突破临津江的总攻时间只有两天了。

这天下午1点钟左右，突然从斗日场方向传来敌机投弹、扫射的声音，在那条山沟里一闪一闪的火光里升起一股股黑烟。我立刻意识到出了事情，就对左勇说：

"左勇，赶快问问一一六师，他们那里什么地方被空袭了？"

左勇把电话摇到了一一六师作战室：

"喂！刚才敌机轰炸，你们哪个单位被炸？"

"现在还不清楚，待了解确定后再向军里报告。"

过了不久，我才得到不愿意得到的报告：配属一一六师的炮兵第二十六团由于急于向临津江赶路，部队十分疲劳，拂晓前没有加强伪装，干部检查不严，被敌机轰炸。这个团的第三营11门日式榴弹炮只剩下1门可以使用……真糟糕！大战之前，竟然出现了这样一件叫人伤脑筋的事故。

原来，汪洋师长正和步兵团长和炮兵团长在100高地上组织步炮协同的时候，突然从汉城方向飞来12架美国B-24型轰炸机，经过他们的头顶，在斗日场间村的东西山沟的上空盘旋了一周，就传来了轰炸和扫射的声音。敌机轰炸和扫射了1个小时才飞走。大家这时候非常紧张，都担心自己的炮兵阵地被炸。汪洋问炮兵第四十五团副团长杜恒荣：

"是不是你们团的火炮被轰？"

"不是。我团的位置在石墙山沟里，方向不对。"

"甄团长，会不会是你们团呢？"汪洋又问炮兵第二十六团的甄团长。

"不会吧？我们的炮已经隐蔽在山沟里了。"

杜博在一旁说了一句：

"甄团长，看来敌机轰炸位置好像就在你们团的待蔽地区。"

指挥所开始沉默起来。大家都在等待着一个最好不是自己阵地被炸的消息。可是，恰恰相反，电话里传来的正是杜博分析的那样的报告：炮兵二十六团被炸，第三营损失10门日式榴弹炮，只剩下1门炮了，其余不能参加战斗了。

从师长、政委到每一个参谋人员谁也不说一句话。但是，谁都在想着一个可怕的问题：压制马智里敌人炮兵的这个我方炮兵二十六团第三营，在还没有向敌人开炮之前就被打掉了，关键时刻计划眼看要落空。

"怎么办？大家想想办法。"汪洋着急地向在场的人提出了问题。

"我看启用山炮营美式山炮连担任压制敌炮的任务，剩下来的那门榴弹炮把全营的炮弹都发射出去。"杜博这样提议。

我又接到一一六师的报告，炮兵第二十六团和第四十五团又接连被敌机轰炸，加上他们开进路上火炮也有损坏。于是，我们不得不向韩副司令员和志司报告火炮受损情况并建议攻击时间延迟半小时。

这是我们军甚至全军战史上从来没有过的事情。

1950年12月30日夜间，一一六师所有部队包括配属的炮兵，整整地忙了一夜。7个步兵营、6个山炮营和野炮营、8个团属炮兵连计7500人、155门火炮和500匹骡马，一夜之间全部转入地下。第二天拂晓前，各团司令部的参谋人员进行了检查，密密层层的交通壕已全部用冰块和积雪伪装，连阵地上的电话线都伪装起来了，炮车进入阵地的车辙也用雪掩埋起来了。

从现在起，我在军指挥所里时时刻刻都在思考着这样一个问题：

在这横宽1500米、纵深2500米的攻击发出阵地上，摆上这么多兵力和武器装备，必须熬过31日这个白天，绝对不能暴露一人一马、一枪一炮，绝对不能让敌人发现或察觉，这的确是很不容易的，也是极其令人担心的。我打电话给一一六师汪洋师长：

"谁要暴露目标，不论干部战士一律执行战场最高纪律。这是死命令，务必要每个人都知道。"

"请军长放心，为了胜利，我们全师指战员必须忍耐一切，坚决执行地面上不露一人一物的命令。"汪洋一字一句地说着，这既是他这个师长的保证，又是全师同志的保证。

我之所以这样严厉命令部队，是因为一旦被敌人发现，不仅部队会遭到不可挽回的损失，还会使整个战役计划被破坏。

接着，军指挥所不断接到一一六师的报告：

三四七团为了不让地面上的寂静引起敌人的怀疑，他们早已布置好的那两挺机枪，时而单调地弹着钢琴，一切好像都和往常一样。

到了30日夜24时，全师进入各自的进攻出发阵地。

一一六师全部人马车炮转入地下后，虽然部队各方面都隐蔽得很好，但我的精神仍然非常紧张，心里总感觉一种极大的不安。每当临津江南岸的敌人来回走动对北岸进行瞭望和观察的时候，每当敌人的飞机绕着临津江低飞盘旋的时候，我的心就更加不安起来，总是叫作战科长左勇或者党委秘书孙祥华打电话询问部队的隐蔽情况。我不断地亲自给各师打电话说：

"天气的确很冷，任何人不准爬出来乱跳乱动，为了突破，为了胜利，再大的困难，我们也必须忍耐，忍耐，再忍耐……"

早晨8时左右，在三四七团阵地的上空，出现了一架敌人的炮兵侦察机。这种飞机形状像个大蜻蜓，肚子和两翼都很长。它飞得很慢，可以直角拐弯。它发出一种低哑而细长的怪声，虽然不投弹扫射，但战士们很讨厌它，给它起了外号叫"小寡妇"。

"小寡妇"在天空飞行了20多分钟，忽东忽西，但总不离开三四七团阵地的上空。这个情况反映到军指挥所，我马上打电话告诉一一六师师长：

"汪洋，你问问李刚从这里攻击吗？还有，敌人的指挥官识破了我们的突破计划吗？"

"如果真是这样，那就再糟糕也没有了。不过，老吴，我看不会是这样的。"徐斌洲在一旁插言道。

这天中午时分，警卫员从外面跑进军指挥所的掩蔽部，兴奋地向我报告：

"军长，下雪了。"

我披上白布伪装走出去一看，一场大雪纷纷扬扬。我举望远镜观察前方，只见白色茫茫的大地，好似沉睡，我抑制不住内心的高兴，大声喊道：

"老谭，你快出来看看，好一场大雪，真乃天助我也。"

谭友林走出来，和我并肩站在一起仰望着天空。飘落而下的雪花，落在我们的脸上立刻融化了。他笑着对我说：

"军长，你这着棋不错呀，够美国人喝一壶的。"

"这桌好酒菜，是你和我共同请的客嘛！"

"军长，你看。大雪把所有的阵地披上了新伪装。"谭友林指着一一六师潜伏的阵地。

我们谈了一会儿，便回到掩蔽部。我拿起电话询问各师特别是一一六师的准备情

第一一六师三四八团一营坚守十昼夜后，实施反冲击

1950年12月12日至24日，我军昼伏夜行，进入临津江北岸阵地

第一一六师官兵在阵地上风餐露宿

官兵跨过三八线向南追击

况。"军长,一切都准备好了,你有什么指示?"汪洋在电话上说。

"这场大雪对我们极为有利。大雪过后气温必定下降,告诉部队注意防冻,尤其是4个尖刀连,不准冻坏一个人。"我向汪洋讲完了,又把一一五师和一一七师的电话也接通了。我向王良太和张竭诚这两个师长也这样嘱咐着。

打完了电话,我对谭友林副军长说:

"老谭,你和徐政委在这里坐镇,我到一一六师去。"

"军长,还是我去吧!你和徐政委在军里坐镇,听我这一回。"

"好。就听你的,随时联系。"

谭友林带着警卫员就到已经全部转入地下的一一六师去了。

我十分关注一一五师三四四团在高浪浦里掩护一一六师部队。这一天,从拂晓开始,敌人向他们阵地上打过来一批又一批的炮弹,特别是三四四团六连在九野山上,为了吸引敌人,必须在那里挨一天的炮弹。他们为了全局的胜利,作出了局部的牺牲,这种精神十分可贵。

这一天,我给一一五师王良太师长打电话说:

"敌人已经中了我们的计!你们继续牵制住敌人。在一一六师发起进攻之前,不要使敌人有丝毫察觉。"

"军长放心,我已告诉三四四团的同志们,伤亡再大也是值得的。"王良太这样回答着。

公元1950年12月31日,是20世纪上半叶的最后一天。1951年元旦,是我们入朝作战的第一个新年。凡是亲身经历了这一天突破三八线前前后后的人,都永远不会忘记这振奋人心的日子。

当时针指向16时20分的时候,指挥所所有的人都忙碌起来了。我和3个师的师长对表,电话铃声不停顿地响着,无线电细长的无线杆颤动着。观察员的眼睛眨都不眨地望着漆黑的夜空……

在这段时间里,我们这些高级指挥员是比一般人更受着时间的折磨。一个团长的脑子里装着数千人的生命,一个师长的脑子里装着1万多人的生命,而我的脑子里则是几万人的生命。当然,还有祖国人民和朝鲜人民的期望,亚洲和世界的和平。

"几点几分了?"

"16点30分。"

本来,我和政委徐斌洲两个人戴的是最准确的名牌表。可这时候,我们两人不是他就是我,总怕自己的表突然停摆了,或者有点不相信自己的眼睛和耳朵,只有问一问对方,再看看自己的表，心里才踏实。

正当祖国人民欢度1950年除夕和1951年元旦之际，我们的大炮在朝鲜三八线上怒吼了！隆隆的炮声犹如平地一声惊雷，炸开了夜空长久的寂静，震开了人们渴望的心。

隆隆的炮声向全世界宣告：中国人民志愿军和朝鲜人民军并肩突破三八线了！

一一六师配属的志愿军两个炮兵团和师属炮兵发射的炮弹，在临津江的上空形成无数的火舌，飞向江南岸的敌人地堡、火力点和防坦克炮这些目标。沙石、砖瓦、木料、土块被掀起抛向高空，白色、黄色、黑色的烟柱在突破口上空升起，闪出一片片耀眼的光亮。

10分钟，我们的炮兵把第一批目标大部摧毁，敌人4门五七战防炮被打成废品，炮身倾斜，炮架躺在地上。

从16时50分开始，我们的直瞄炮打击第二批目标，与此同时，团迫击炮弹密集地在三四六团和三四七团两个团突破口袋形地段上爆炸，在敌人地雷区、铁丝网中开出长40米、宽6～10米的两条步兵冲击通路。

迫击炮打中了地雷，夜空中升起一个个圆圆的黑圈。师炮兵群开始对马智地区敌人阵地进行压制射击，对192高地和147高地进行第一次集中射击。

炮火准备进行到17时整，在20分钟的破坏射击中，摧毁了敌人地堡、火力点40余个，歼灭美军一个黑人防坦克炮兵连，炮弹命中率80%……

17时整，100高地上发出3发照明弹，3分钟的急袭射击开始了，全师所有炮兵对准左翼和右翼两个团的突破口集中射击。巨大的烟柱上升30米高，爆炸声分不出个来，也分不清是哪种炮弹的声音。

大家从望远镜里看到，江南岸的敌人阵地里，所有的人员和火器全被我们的炮弹压制住了。敌人一声不吭，一枪一炮也打不出来了……

17时3分，100高地发出5发照明弹，同时两挺重机枪连续向空中发射出200发红色的曳光弹。

这是步兵开始冲击的双重信号！

在土井和新岱两个突破地段上，左翼三四六团和右翼三四七团两个突击营4个尖刀连同时吹起了急促又响亮的冲锋号。

在担任主攻任务的一一六师指挥所里，汪洋师长、石瑛政委已经几夜没有睡好觉了。刚才，汪洋接到张峰副师长从左翼突破口的三四六团指挥所里打来的电话：

"师长，炮兵这次就像在国内打义县、打锦州那样，打得又狠又准，给步兵开辟了

冲击的通路。"

"好呀！现在离步兵冲击时间只有3分钟了，你们做好准备！"汪洋说。

汪洋又把电话打到了从右翼爆破的三四七团指挥所，一听是李刚团长熟悉的声音，就问：

"你们团突破口的通路开辟了没有？"

"步兵战士都在为炮兵打得准叫好，我团突破口上的敌人工事大部被摧毁，我已命一线部队向江边运动……"李刚说。

在左翼，三四六团常胜连三班扫雷组长张财书带着他的组员们，每个人扛着1丈多长的扫雷杆子，顺着交通沟迅猛地往前奔跑。

突击队的同志们早就憋不住劲了，一边整理着装具和武器，一边眺望着对岸的火光。他们一见扫雷组上来了，都嚷着：

"快躲开道，开路先锋来了！"

大家伙纷纷给扫雷组让开道。一个胖乎乎的战士拍着张财书的肩膀说：

"伙计，扫得干干净净的，江那边我们全包啦！"

张财书他们哪顾得回答，一口气跳下了山坡，江对岸的敌人机枪子弹，密密麻麻地朝他们迎头射来。他们几乎是从红的绿的曳光弹的缝里穿过七八十米的开阔地，跑到洼地上伏下身来。最前面的张财书定下神，探出头向前望去，沙滩上一片白雪茫茫，没有一个脚印，这就是敌人的雷区了。要是以前，这样一大片地雷，早在一两天以前就干掉了它。可是今天不行，今天的情况不允许预先干掉。因为，那样做就会暴露整个作战意图，破坏了部队渡江战斗的计划，让狡猾的敌人跑掉。

现在，张财书伏在这里，趁着我们炮火急袭的时候，要在短短的20分钟内把地雷拉响，给突击队扫清障碍，开辟前进的道路，保障部队冲过江去歼灭敌人。他深深懂得担负这个任务非常艰巨，十分危险，但是为了整个战役的胜利，就是受伤甚至牺牲，也是很值得的。

在张财书仔细观察着雷区的时候，赵振海和金玉山拖着扫雷杆，呼哧呼哧地跟上来了。张财书对着他俩的耳朵大声说：

"我先上去。要是我挂花了，你们继续完成任务！"

"班长，你……"

"听命令，好好隐蔽！"

张财书说完，拖着扫雷杆向前爬去。敌人可能发觉我们了，轻重机枪子弹密集地噗噗地落在他的身前身后。他按照预先观察好的目标,沉着地爬到一个小凹地前面,把勾雷杆伸出去,对准那根接连地雷的钢丝,猛一扭,前边立刻闪起几团火光,一群地雷爆炸了,顿时,沙石滚滚,气浪把他掀起老高,硝烟味呛得他喘不过气来。

他紧闭住双眼和嘴,屏住气。等到烟雾一散时,他拿起杆子一看,糟糕!勾雷杆子炸成了两截子。没有它怎么能继续完成任务呢?

他赶紧趁着爆炸的余烟,飞快地跑回了洼地。更糟糕的事情出现在眼前:赵振海正在那里抱着金玉山呼唤他的名字。

"赵振海!金玉山怎么了?"

"班长,他被敌人的机枪子弹打牺牲了。"

张财书来不及再说什么,抄起另一根扫雷杆子就往回跑,到了第二个雷群地点,他匍匐着靠近它。随着杆子前头的铁钩触动,一串一串地雷又跟着猛吼起来了。这回他不等它爆炸完,紧接着扑向第三个雷群。

没有想到,当他爬到沙滩时,第二根杆子又被炸断。他又气又急,刚要转回身再返回洼地,赵振海上来了。敌人机枪的曳光弹围着赵振海乱转,他迅速地靠近了张财书,把又一根勾雷杆递过去说:

"班长,这是最后一根了,你要当心啊!"

"赵振海,你快隐蔽!"

张财书接过杆子小心翼翼地向前伸去,心里不住地默念着:

"我的宝贝杆子啊!现在就靠你完成任务了!"

轰!轰!轰!轰!张财书接连触响了两串地雷,这次爆炸得这么近,几乎就在他身旁,黄色夹着黑色的烟雾遮住了天。他觉得像陷进了地底下一样,一会儿又像腾在空中,被暴怒的火药掀起的黑土地,像倒塌了墙一般朝他身上挤压下来。他拼命地挣扎着,但右手和左腿已经使不上劲了,脑袋涨得无边的大,嗓子眼里直冒火。

他意识到自己挂了花,但他还记着勾雷杆,便伸出左手去摸寻着,等到拿到手里一看,身上顿时冒出了冷汗——坏了,跟上两次一样,只剩下不到1尺长的木棍了。他一急,不知从哪儿来的那股子力气,掀掉了身上压着的土块,向前爬行了几步,大声喊道:

"赵振海!你在哪儿?赵振海……"

没有人回答。

他用尽全身力气爬着寻找赵振海,他不愿看到的情景出现:在一堆被火药烧焦的黑土下面,赵振海这位英雄的战友,只露着一个头。他伏在那里一动也不动,像一个忠实的哨兵盖着伪装，聚精会神地监视着敌人。

现在3个人的任务完全靠张财书一个人来完成了。

我们的大炮更加猛烈地射向敌阵地，张财书听声音知道这是最后一次急袭了。在炮火的闪光下，他看见靠近江边的最后一串地雷群，像蜘蛛网似的用钢丝连着，像狼眼一样隐隐闪光，只要拉响这一群地雷，通过江边的冲锋道路就完全打开了。

可是，他现在已经没有武器了。他知道此刻后面整个冲击部队的同志们多少双眼睛都在眼巴巴地瞅着自己啊！他掂了掂手里那只剩下一尺来长的木棍，眼睛瞪着那闪亮的钢丝，用尽全身力气，狠狠地朝着它把木棍子打过去。棍子荡起一道尘土，钢丝仍在那里闪亮，好像一根毒针刺进了他的眼睛。

他回头一看，8颗红色信号弹和两排红色曳光弹交叉飞上天空。重机枪一齐咆哮起来。他想："同志们在枪林弹雨中开始冲锋了，而我还没有完成任务。那一根可恶的闪光的钢丝，就是它，不但把我拴在这里，一会儿，它还要夺去我多少战友的生命。部队停在江边，过不了江，整个突破三八线的战斗胜利要受到影响，我这个共产党员是怎么当的？"

"同志们，冲啊！"喊声越来越近，好像一股气浪把张财书从地上推起来。"拉掉它！拉掉它！"这个念头在他脑海里火光似的一闪，他猛地向前滚了几滚，用全身力量扑到那钢丝跟前，好像扼住了敌人的喉管那样狠狠地抓住了它，只听见轰轰一声巨响，他立刻被抛到半空中，接着他便什么也不知道了……

当时，同志们都以为被我军授予"扫雷英雄"称号的张财书已经牺牲了。后来发现他静静地躺在祖国的一家医院的病床上。

英雄张财书的勇敢从何而来？一次，他放哨见公路上被美国飞机打死了一对朝鲜夫妇和两岁小女孩，他一阵心酸，从尸体上拾起一条手巾掖在腰里。从此，他只要一见到这条手巾，就想起千千万万受苦受难的朝鲜人民。从他那英勇顽强的性格和伟大的英雄行动上，充分显示了他是一位具有高度政治觉悟和崇高思想的人民战士。

四连三排是三四六团左路突击排，在通过敌人地雷群的过程中，战士们实现了战前所下的保证："保持常胜连荣誉，负伤也要爬过临津江，战死也要在192高地！"排长被地雷炸伤不下火线，坚持指挥。八班战士张双带伤用机枪掩护战友们冲锋。九班长褚光荣孤胆作战一人冲上山头打掉了敌人地堡……

从西路土井子突破的三四六团常胜连，有一个战士叫沈中学，在许多次战斗中都表现得非常勇敢和顽强。当连队接受了在突破临津江中为我军打开一条道路掩护全军顺利前进的光荣任务后，班长问他：

"小沈，你的决心怎样，已经下好了吧？"

"早就下好了。只要我不牺牲，剩下一条胳膊一条腿，我也要打到192高地上去。"沈中学坚决地说。

战斗开始就打得非常激烈，全连的同志们都勇气百倍，谁也不愿落在后面，前面的倒下去了，后面的就跟上去，轻伤的不下火线，重伤的也爬着向前。沈中学冲过突破口时，看见连长徐庚南和副连长熊昌美已经负伤躺在雪地里，仍然在向全连战士招呼着：

"冲啊！不要叫敌人跑掉呀！"

"同志们！立功的时候到了，勇敢地向192高地冲啊！"

奔跑中的沈中学手提一根爆破筒，望了望连长和副连长，脚步迈得更快了。此刻，他已把自己的生命置之度外，向着敌人的地堡冲去。谁知刚冲到江上，迎面就飞来一颗炮弹，轰隆一声响，他的头部便挂了花，不由自主地倒在冰上，但没有失去知觉。

"你怎么样了？小沈。"班长连忙问道。

"不要紧，我能坚持。班长，你放心好了，我一定要打到192高地上去。"沈中学一骨碌从冰上爬了起来。

当他匍匐前进到敌人一个地堡跟前，刚要抱着爆破筒上去的时候，敌人慌乱地从地堡向后逃跑了。这时，他已经忘记了自己的伤痛，捡起地上敌人扔掉的一挺轻机枪，跟着敌人屁股后面追上去。过了一个山头又一个山头，到了最高的一个山头时，他又见到了班长和班里的战友们。大家看到他都很奇怪：沈中学明明负了伤，怎么又跟了上来呢？有的同志问他，他没有正面回答，而是反问道：

"这是什么山？"

"192高地到了！我们胜利了！"

沈中学一听，向这个制高点周围看了看，心里得到了最大的欣慰。可是，随之而来的却是一阵伤口的剧烈疼痛，便昏倒在地。当他苏醒过来后，在他流血的路上，大部队的千军万马浩浩荡荡地追击着南逃的敌军……

"同志们，冲啊！前面就是192高地，我们要争取立功去见毛主席！"

三四六团一个连的战士们本来累得没有劲了，听指挥员这样一喊，一点也不觉得累了。一股劲跑到了192高地的山下。

敌人还在山上顽抗，一连同志们正从正面往上攻，连的突击队从后面攻。山上一阵激烈的枪声、爆炸声后，敌人垮了。司号员李铁成跟在连长后面冲上山头，敌人正拼命地往山下逃。连长喊道：

"司号员，快打信号弹！"

"是。"李铁成掏出信号枪，朝天一指，一发红色的信号弹从枪口出去了，鲜红的火球飞得很高很亮。他跳起来高兴地叫喊：

"同志们！我们占领192高地啦！"

接着，两发信号弹又从他手里飞上了天空。他从怀里掏出热乎乎的号嘴——这是规定的临时联络音响，鼓足了劲，朝着营指挥所的方向吹了一阵占领阵地的号音。当他把营里答号声向连长报告后，连长立即命令：

"同志们！追啊！"

李铁成背着心爱的军号，紧跟在连长的后面，随着全连的队伍向逃跑的敌人追击。

向192高地冲击的左翼突击团三四六团的勇士们，冲过了江面，一丈多高的冰崖像一堵城墙似的横在了他们的面前。

另一个连虽然准备了两个梯子，可哪够用呢？于是，他们就搭起人梯来。战士卿显敏抱着机枪第一个踏着同志们的肩头爬上去，立刻把机枪一架就猛扫起来，掩护全排都上来以后，才继续向前追去。

在一个小山跟前，他们消灭了敌人3个火力点。冲过这个小山，早就看熟了的192高地出现在眼前，这个山头在这一带最为突出。山上敌人的机枪疯狂地扫射着，阻挡了正面攻击的部队。卿显敏对班长说：

"班长，我看在敌人火力点后面安上咱们的火力点，管保叫它完蛋！"

"我也这样想，你去吧！"

卿显敏带弹药手向右侧插去，爬到后山腰。他指着一闪一闪的火光对弹药手说：

"看到了没有？咱们干掉它！"卿显敏把机枪架好，瞄得准准的。突然猛烈地扫了一梭子，敌人的3个火力点再也不叫唤了。

紧接着，山下部队喊起了冲杀声。卿显敏掉转枪口，射击着那些跳出工事的敌人。

卿显敏望着红色信号弹在高地上升起来了，他想爬起来跑上山头，可是，不知怎么搞的，身上一点力气也没有了，一步也不能走了。他低头一看，自己的一双脚都光着，血不停地向下流。原来，他不知什么时候已负伤了。

在一一六师从右翼突破的三四七团指挥所里，震耳欲聋的轰鸣，谁说话的声音也听不清了，无线电话员们急促的呼叫声也被炮声淹没了。李刚团长把通往师部的电话机交给任奇智政委，从指挥所跑到上边观察所去了。他命令参谋人员：

"告诉配属炮兵14号、15号、17号、18号，敌人地堡还未命中，迅速修正弹着，继续射击！再告诉步兵炮：2号、4号、6号、7号敌人火力点也未命中，迅速修正弹着，继续射击！"

在极短的时间里，我们的炮兵又猛烈地射击了。跑出掩体的步兵战士们，大声喊道：

"好！我们的炮兵打得好！"

在右翼，隐蔽于离江岸100米山沟里的三四七团五连，每个人都眼巴巴地盼望太阳快落山。

冲锋信号还未发出，他们已经到了沙滩上，刚到水边，左后方天空射出一串红色曳光弹。在激烈的重机枪声中，又吹起一阵急骤而清亮的号声，只听见江岸上一片呐喊声。指导员王长珍站在江边高声喊道：

"五连的同志们冲啊！立功的机会到了！"

二排副排长王殿学带着战士们踏碎薄冰拼命地向前奔去。副连长胡德银带着两挺机枪、一个火箭筒跟随尖刀排向对岸逼近。他们向前走，水深了，袜子进了水，高个子水深没到腰，小个子水没到了胸膛，带着冰碴子的冷水浸透了棉衣，冰冷的江水降低不了勇士的热血。王殿学在前头兴奋地说："水冷水深挡不住咱们的前进，同志们，冲呀！"共青团员曹洪斌说："刀山火海我们也要冲啊！"以英雄党金和命名的尖刀班全体勇士说："水冷水深算啥，赶快占领敌人阵地！"这一句句豪言壮语震荡在临津江江面上。手冻僵了，衣服湿透了，从没腰深的冰水中爬上溜滑的冰，冻不结实的冰破了，人就会掉进水里。炮排的田庆云、王殿奎的炮身炮架从上掉到底，他们蹲下身去提了几次才提上来。王殿学回头一看，江面上有数不清的战友在向对岸冲去。

"咻！"一颗炮弹落在王殿学身旁，激起的高大水柱像高山上的瀑布似的，劈头盖脸地泼来，他连着呛了几口水，两腿发软，身体开始摇晃起来。六班长郭文魁赶来扶住了他：

"副排长，你怎么啦？"

"不要紧，快过江！"王殿学加快了步伐说。

眼前，突然从水里钻出一个人来，王殿学一看是战士范和奇。他想，这是个南方战士，平时最怕冷，现在和我们一道强渡这布满冰块的江河，一定够呛。他为什么钻到冰水里去？难道是负了伤吗？

"小范，你怎么啦？"

"真倒霉！机枪管掉在水里了。"说着，范和奇又捏着鼻子钻进水里，不一会儿他

高兴地举着机枪管从水里冒了出来。

"副排长！副排长！"背后传来急促的声音，王殿学一回头，只见曹洪斌正被一块大冰排撞得歪歪跌跌，眼看就要被盖在冰排下边了。王殿学使劲用手划水，抢过去把冰排推开，拉着曹洪斌一块继续向对岸奔去。

"到岸了！"在他们面前出现了一片雪白的江岸，郭文魁首先大声地喊了起来。大家一看都在想着：只要我们踏上坚实的地面，胜利就是我们的了。王殿学拖着两条沉重的腿费了好大的劲才爬上岸，郭文魁和曹洪斌也紧跟着上来了。

这时，五连的左面响起了急促的号声和指挥联络用的小喇叭声，这是七连登岸了。紧接着他们的机枪也吼叫开来了。王殿学立刻向火光闪闪的江岸冲过去。不好！郭文魁踏上了地雷，负了伤，王殿学为了带领战士们冲上对岸去消灭敌人，不能替亲爱的战友包扎，只能从兜里掏出湿淋淋的急救包交给郭文魁，转身带着曹洪斌直奔敌人第18号地堡而去。敌人在疯狂地向他们射击，他将准备好的手榴弹对准地堡的射孔扔过去，敌人机枪哑巴了。

火光中，王殿学看到自己身后上来人了，后续部队上来得这么快吗？他仔细一看，原来是郭文魁正拖着负伤的腿爬上江岸。他知道：这是六连班长战前的誓言，现在实现了。于是，他掏出小喇叭呜呜地吹起来了——向上级报告：五连已经胜利地占领了敌人滩头阵地。一排长丁留君为了拉人三次又掉下水去。"我们已占领了敌人滩头阵地，同志们，快爬上来！"这喊声响成一片。

江岸没有什么敌人了，司号员邓铁有已跑上高坡吹起了占领阵地号音，只听到前小庄里乱哄哄的，"前面有敌人！"连长韩成保跑到突破口，看到三排跟上来了，就大声命令："二排已进去，三排快向右打！"三排长带着九班副，还有九班长孙连仲扛着轻机枪爬上突破口连打了两个地堡，带着全排向南面山头追去。

一排和四排跟着都进了突破口，全连的同志们过江后，很多人失去联络，但是哪里有枪声，他们就奔向哪里去战斗。这样猛追了3里路，到达了第一个过江占领的山头阵地——147高地。很短时间，全连都到了。整理好组织，脱去水袜子，又继续向马智里前进。棉衣冻得硬邦邦的，皮棉鞋里成了冰疙瘩，同志们把这些都忘记了，只听到低声愉快地说："别让敌人跑了！赶快追呀！"吴天贡轻伤还高兴地说："干呀！我负了伤也要消灭敌人。"八班长向他说："你轻伤不下火线，我给你请功！"

到了马智里，追上了敌人。前面敌人靠着大山公路掩护后退，六连由后侧攻上去，敌人的炮火疯狂打来，五连由左侧投入了战斗。正面是开阔地，敌人右侧山顶上一挺重机枪对我们威胁太大，连长命令二排长带领六班插上去。在山坡上，机枪冻得子弹打不响了。弹药手黄治安用手把子弹握暖，机枪手樊光其挎着机枪向山头插去，敌人的机枪不响了。一排在右，三排在左，迅速地插过去，三排八班在前向敌人的工事冲去，在距敌30多米的地方，八班长沈奎武挂彩了，但他喊道："冲呀！八班的同志们，我挂彩没关系，这是立功的时候了。"八班副史殿有手榴弹扔上去了，敌人还打机枪，一排长丁留君带领了5个战士一连打两个山头，敌人在高山上向他射击，"赶快从右侧冲上去！"刘静明、马永思已冲到敌人面前，刘静明一个手榴弹扔过去，在敌人工事里响了，几个敌人撒腿就跑。战士们紧追上去，有的敌人一看跑不了，把枪一扔，举起双手当了俘虏。

在一一六师从左翼突破的三四六团指挥所里，张峰副师长正在回答汪洋师长的问话。

"一切都准备好了，就等你的命令了。"

"炮兵已经准备就绪，你们准备观察。"汪洋这样通知。

就在张峰和吴宝光团长、栾凤如政委带着参谋人员跑出掩蔽部的同时，我们的炮兵开炮了，掩蔽部有节奏地剧烈地跳动起来。炮弹在他们头顶飞过去，发出狂风般的呼啸声。人们清楚地看见，对岸敌人阵地上立刻腾起一片耀眼的火光和浓烈的烟雾。

吴宝光在观察所里一边观察一边报告：

"地雷打炸了！"

"突破口火力点摧毁了，一个，两个，三个……"

在左翼，当炮兵一开始射击的时候，三四六团先锋连战士们就从防空洞里跑出来，兴奋而又紧张地飞跑着。副连长刘玉元一看敌人被我们炮火压倒，大声命令："尖刀班开始冲锋！"

接到冲锋的命令，尖刀班长韦吉先，一马当先带领着义县英雄班（五班）9个年轻汉子端着明晃晃的刺刀从冰上飞跑过去，冲上江岸。刘玉元带着连的主力紧跟在尖刀班后面也登岸了。一上江岸，我们的轻重机枪，紧跟在尖刀班的后面一边跑一边打，江岸的敌人毛了，扔下了一切东西撒腿就跑。

冲到第一个小山头，发现工事里有敌人半个班。韦吉元扔过去一颗手榴弹，打了一梭子冲锋枪，敌人转身就跑，五班上去就跟踪追击。

"唰唰唰"，天空出现了3颗照明弹，这是炮火加快射击的时候。但是，尖刀排占领第二个山头的信号已经发出了，刘玉元用无线电话向团营指挥所报告："我们已经插过了公路，准备向192高地发展！"

这时，一排从右侧插下了公路，四班迅速向192高地发展。刚一接近山头，敌人两门六〇炮、一挺重机枪向他们迎头打来。二排长单体康拿了火箭筒，命令射击手孟惠度摧毁敌人的地堡，一炮打过去，地堡被摧毁了，打死打伤了五六个敌人，趴在交通沟里的敌人扔下两门六〇炮和一挺重机枪，转身逃跑了。

一排插过公路以后，占领了一个小山头，一班继续向前面的山头发展，山头上有敌人一个排，凭着工事在顽抗。一班接连打了5次反击，个和敌人拼开了手榴弹。一排长李昌义，一面命令六〇炮手王巩臣向山头射击，一面叫一班插下去由左翼迂回上去。结果，咚咚咚5发炮弹全打到敌人窝里去了。等一班冲上山头，那里只剩下几具死尸。刚把队伍拉下来，后面敌人3辆小汽车上来了。一班一阵机枪手榴弹，3辆小汽车全翻到公路下面去了。

部队整理了一下，就向马智里打过去。翻过了一个山头又一个山头。战士们反击着山头的敌人，一个冲锋接着一个冲锋，敌人溃败了。很快我们就打过马智里，继续向前挺进。一连五班是三四六团突破临津江右路的尖刀班，冲锋信号发出4分钟占领对岸敌人滩头阵地。战士吴银宝在突破后见右侧有些地堡，自动用手榴弹将地堡炸掉。打下192高地后，因三排发展不力，五班从右侧迂回，班长指挥灵活，火力密切协同，用手榴弹连续打下7个地堡，使三排迅速发展，全班无一掉队，仅轻伤一人。

指导员杨春用自己的行动实现了他在全连同志面前许下的诺言。他在攻打192高地前面的碉堡时负伤了，他没有吭声，在向马智里的纵深发展中，他又负了3处伤，3块弹片没有取出来，他仍坚持不下火线，一直到第二天晚上才下去。

一班战斗组长吴振玉在192高地前面，带领全组打退敌人一个排的5次反冲锋。

战士王明和在打退敌人5次反冲锋中，脚被炸掉半个。排长李昌玉叫他下去，他说："排长，我是跟你从国内来抗美援朝的，我还得跟着你走！"

二排长单体康负伤了，他对尖刀班长韦吉先说："你们一定冲上192高地，不要为我们连丢脸！"韦吉先回答："排长，你放心吧！"

二排副王友才和韩魁两个人在192高地前面，向敌人的3个碉堡进攻。子弹、手榴弹都打光了，用石头向敌人的碉堡冲击。

七班长李家浦在突破口打一个山头时两只脚摔肿了，他一走一瘸地跟着部队打出去十几里，打退了敌人3次反击。

七班战士秦学明一进突破口就负了伤，他一直打到五间里，打出去30多里路，任务完成之后，他瘫在地上就起不来了。

一班长夏景峰负伤之后，排长叫他下火线。他说："我任务还没有完成，功还未立上，不能下火线。"他扛着3个爆破筒,一直打到了马智里。

元旦早晨,三四六团八连进至直川里宿营,被打垮的40多名伪军经过这里,插向公路向南逃跑。八连发现后,以迅速的动作插到敌后断敌后路,激战1个小时,把这股敌人大部消灭,还捉住5名俘虏。五班长罗志文只身一人搜索山头,毙敌数人。机枪手高富一人与敌5人交手,将敌打死,自己只负了轻伤。

在右翼,全国战斗英雄王凤江带着尖刀排冲在三四七团钢铁连的最前面。三班战士陈始云首先跳进江里。江边的水面结成了厚厚的冰,战士们跳上去就奔跑起来。有的人跑得太猛滑倒了,爬起来再跑。有的人跑完了冰面,跳进了冰水里。敌人的炮弹落在冰面上,把冰打得粉碎,升起一个又一个水柱。勇士们冒着敌人的炮火,忍受着冰水刺骨,朝着江对岸争先恐后地奔跑着。江面很宽,水有深有浅。开始,水袜子还可能保护腿不受水的浸湿,随着水逐渐深了,水袜子灌进了水。每个人都感到脚下愈来愈沉重,下身冻得几乎失去了知觉。

机枪射手李会随着全班冲过洼地,冲过沙滩,"扑通"一声跳进江里。这时,我们的炮火向敌人的纵深延伸了。对岸敌人的机枪嗒嗒地叫起来,红色曳光弹交织成火网,往他们头上盖过来。李会望了望对岸,心想要在平地,早就冲到敌人跟前,可现在是江心,水流很急,水底的石头又滑,脚不听使唤。他越跑越慢了。他两条腿冻得像铁棍一样,开始还能一步紧跟一步地小跑,以后水越蹚越深了,淹到了胸部,就跑不起来了。他向前迈一步,人就会向上浮一下,更糟糕的是水面上漂着许多冰块,撞击着他,阻挡着他。眼看战友们正向突破口冲去,敌人的火力正向着冲锋的战友猛烈射击。他迅速地把机枪架在一个大冰块上,开始往冰块上爬。他一看,10多个战友和自己一样,都在往冰上爬,右边是四排的六〇炮手余光臣,左边是小卫生员,小卫生员身边是杨鹤林。大家都是上半截身子在冰上,下半截身子在水里。小卫生员爬上大半截身子,手一软又滑下去了,水就淹到他的下巴,快爬上冰块的杨鹤林也叫他带下了水。李会很想去拉小卫生员一把,可自己也没爬上冰块。突然,大冰块咔嚓裂开了,十几个人同时翻在水里。

正在这时,突破口上出现敌人一挺重机枪火力点,有的同志挂彩了。李会决心消灭这个火力点,否则,同志们难以冲上岸去。他连忙把机枪架在另一块冰上,可是,冰块直晃荡,水的浮力把他抬起来,瞄不准,也站不稳。他决定爬在冰块上射击,一按冰块,它就半边沉下去,真急死人了。

轰!敌人一发炮弹落在离李会几米的冰水上爆炸了。炮弹激起了一个很高的水柱,水落进了他的喉咙里,使他呛了一口水,耳朵嗡嗡直响,什么也听不见了,他挣扎着站稳身子。不好！机枪掉进冰水里了。他立刻钻进水里去摸机枪，冰冷的水，顺着他脖子灌进后脊梁，全身像针扎一样难受，一直扎透了骨头缝，摸了机枪，两手已冻得不能动弹了。敌人的重机枪还在疯狂地射击，曳光子弹贴着水面飞。他看见了英雄排长王凤江冲在最前面，举着手像是在招呼着自己，但听不见声音。李会举着机枪，终于在离敌人不到100米的地方找到了一大块冰排，把机枪架在上面，瞄准敌人那挺可恶的重机枪，一勾扳机，嗒嗒嗒，该死的地堡哑巴了。紧接着，副排长带着突击组冲了上去，手榴弹嗖嗖地扔进了敌地堡。

胸部露在水面的王凤江，什么障碍都阻挡不了他的前进。他一只手举着缴获美国兵的卡宾枪，另一只手随时随地扶起跌倒在水里的战士。他不时喊出最有力量、最鼓舞人的口号：

"同志们！快过呀！上岸就是胜利！"

"同志们！加油呀，争取前三名上岸立大功！"

南岸的江边结着厚厚的冰。战士们手脚冻得几乎失去知觉。有的人爬上去了又滑下来了，有的人上去一只脚没有力气把另一只脚翻上去。四班长郑义康在水里一边蹬一边鼓动着大家："同志们快过呀！立功的机会到了。"二排副徐玉贵、文书刘从州，他们自己爬上去，马上又把上不去冰的同志拉上来，三班战士杨玉连爬了三次也没爬上去，廖忠国当时身子往冰上一躺，滚上了冰，回手才把杨玉连拉上去，出水以后大家衣服都冻硬了，但谁也没有想这些，都一股劲地冲向突破口去了。

王凤江本来可以抢在最前面，第一个爬上去，争上打进突破口的头一功。可是，当他看见那些几次爬也爬不上去的战士，便停了下来，一个一个地把战士们硬是拉了上来，他才迈开沉重的双腿，向突破口继续冲去。结果，他成了第五名。

第一名是王凤江的得力助手副排长薛乃成。这个又高又大的山东大汉爬上冰来。越过了前面一片开阔的沙滩，来到了立着的悬崖陡壁。他向后来的战友们一招手：

"同志们！跟我来！"

突破口上敌人的机枪正从地堡里向外吐着红色的火舌。薛乃成和战士们趴了下来，从他们身后响起了猛烈的机枪射击声，这是李会和李家福的机枪上来掩护了。薛乃成带着大家冲了上去，突然，他发觉在自己身边有向敌人的地堡用冲锋枪射击的声音。他顾不得扭头看，便问：

"谁？"

"邢玉成。"

一排副辛永臣发现突破口下边有个地堡，他端着冲锋枪上去，打了一梭子子弹，结果了敌人的命，接着，辛永臣从小道往上冲，三排长和三排副从沟里并肩向前搜索，王凤江紧紧跟在旁边，3名英雄一阵风似的冲到了突破口上边，敌人顽固地抵抗，被英雄们一阵手榴弹炸毁了两个地堡。

钢铁连的同志们一个个都冲上来了，都一齐打进突破口。一排发现了敌人逃跑，马上追上去，三排顺着左翼打下去，几分钟的时间完全巩固了突破口。英雄们的身体都发抖了，衣服比干巴牛皮还要硬，比冰块挨在身上还要凉，但他们并未停止战斗，又继续去追击敌人。一气打到了四方山，最后赶到马智里和团主力会合了。

郑起趴在沙滩上，他的任务：部队占领了突破口便放信号枪和吹号向后面报告。现在，正是他放信号枪和吹号的时候。他赶忙举起拿着信号枪的手，对着灰色的天空放了一枪。只见一颗红色弹丸直升天空。当他再取身上的信号弹时，信号弹已经冻在衣服上，取不下来，他把信号枪放下来，举起军号，嘴唇麻木了，他用双手捂着嘴唇，不一会儿，便吹响号音。连长飞跑过来，对他说：

"郑起，你快到各排传达我的命令：向纵深发展不要走错了路。"

"是！向纵深发展不要走错了路。"郑起背着军号向各排跑去。

这时，钢铁连各排各班正在那一带民房搜索敌人。敌人刚刚从这些民房逃跑，郑起看见屋里桌上还摆着美国罐头、朝鲜咸菜、啤酒、刀子、叉子……

郑起把连长的命令向正在的逐屋搜索敌人的各排传达了。他看见了三排九班的李家富和他的助手李树枝。他俩正在卧倒向一段开阔的阻止我们部队前进的敌人射击。敌人远后方的炮兵发射过来的炮弹落在他俩身旁爆炸着。一颗炮弹落下来，李家富听声不妙，便急速地叫道：

"李树枝，趴紧点！"

李家富没有听见回答，继续射击着。子弹打完了，他叫李树枝换子弹夹，连叫两声还是没回答，知道自己的伙伴牺牲了。他换过弹夹，更猛烈地射击着，直到敌人没有回枪，后面的同志们赶上来了……

担任穿插任务的一一七师三五〇团副团长王秀法带着两个参谋一直在三四六团指挥所，随时听从一一六师张峰副师长的指挥。这个团几天几夜构筑工事。突破之前也和一一六师的部队一样，全团转入地下，在临津江北岸隐蔽了一天一夜。

当一一六师全线发起总攻击，三四六团第一梯队连刚刚突破，王秀法率领三五〇团第一梯队营就跟着前进了。到了江边，部队从冰上奔跑过去，八连已经登上对岸，七连

还在江中心。指导员刘学友跟在三排后面,不断地呼喊着:"同志们,快跑!"突然,敌人的炮弹打过来,落在队伍中间。跟在七连后面的赵先顺团长和王千祥政委问道:"刘学友,怎么样?伤亡大不大?"刘学友回答:"两个排就伤亡30多人。"突破口窄小,部队拥挤着争先恐后地通过突破口,赵先顺和王千祥在一起商量后果断地发出命令:

"八连从突破口左侧再开一个口子!"

尖刀八连的同志们用炸药炸开了敌人设置的铁丝网,迅速地又打开了一条通路。全团便从这个突破口向敌人纵深穿插,直插到东豆川。

穿插途中首先经过南朝鲜民国军一师的设防地域,敌人成梯次配置,纵深约有15公里,均系连绵山地,两侧山峰多在200米以上,重要地段筑有坚固的工事设防。王秀法副团长紧紧跟在尖刀连后面指挥,全团在漆黑的夜里疾驰猛进。在通过敌人第一道防线时,很快就打退了敌人一个排的阻击。当部队进到敌人第二道防线时,遇到敌人大约一个加强连的抵抗。王秀法对八连连长吴银付说:

"八连展开,驱逐敌人,不要恋战,能歼灭多少算多少。"

"是!保证把这股敌人干掉!"吴银付说完就指挥全连沿公路两侧山坡攻击。团和营的迫击炮、六〇炮和重机枪火力掩护八连,七连和九连也参加了战斗。敌人分几路正在逃窜,这3个连队勇猛地插入敌人队形之中,趁黑夜不易辨认的机会,四处喊话,瓦解敌人,逃敌乱作一团,数十人举手投降。这一仗,歼敌百余人。因八连展开过大不能立即收拢部队,王秀法命令九连改为尖刀连,叫八连迅速收拢,然后跟上,保证穿插速度。

这时,韩曙、赵先顺、王千祥告诉王秀法说:"老王,再遇到这种情况,首先行进间开火,对敌能驱逐就驱逐,驱逐不了,再展开兵力。"

九连在295.4高地西北1公里处遇到敌人两个排的阻击,他们以一部兵力正面牵制敌人,以一个排迅速而又隐蔽地从两翼迂回冲上山顶,将敌人大部歼灭。余敌仓皇沿路南逃,九连乘胜追击前进。当尖刀排又遇到小股阻敌时,王秀法命令九连不要展开主力,只以一个排向敌人展开攻击,一举击溃守敌一个排,夺下山口,马不停蹄,边打边追。当他们再次遇到敌人一个排兵力阻击时,排长石学波指挥战士们连续作战,在连里的火力掩护下,一鼓作气将敌人打垮了。

此后,这个团又以八连为前卫,迅速向雪马岭搜索前进。深夜里,他们遇到敌人一个连的兵力依托公路两侧3个高地的阻击,因两侧高地离公路近,对八连威胁很大。为了避免与敌人纠缠,王秀法命令连的一个排偷袭西侧山头,出敌不意地将敌人地堡炸掉,歼敌两个班,缴获重机枪2挺。

1月1日凌晨2时许，三五〇团穿插到雪马岭时，遭到伪十五团炮火和重机枪的射击。王秀法看到敌人汽车灯光，判断这是敌人重要阵地。兵力较大，他把三营全部展开，正面、左翼、右翼各一个连进行钳形攻击。八连从正面攻击，七连从349.7高地左侧迂回，经过一番激战，一举夺下神岸里北山，很快把敌人驱逐一部分，缴获敌人一个炮兵连，俘敌数十名。这一仗打完，三营迅速收拢跟上，一营变成前卫，遇到小股敌人卷击而过。

跟在王秀法身边的侦察股长谷应魁带着侦察排和一部电台，每穿插到一个地方，每打一次战斗，就把电台架起来摇马达，向师指挥所报告进展情况。

全团按时进入指定地域，在东豆川以南，铁道以西的湘水里、仙岸里地区，切断了伪一师和伪六师的联系，堵截了伪六师的逃路。三营进占仙岩里，居高临下控制住铁（原）汉（城）铁路和公路的要隘，向南警戒。一营进占上牌里、中牌里一线向北向东警戒。二营殿后于笠、湘水里地区相机策应，保障团侧后安全。全团呈倒三角形配置，团指挥所在三角的核心地带闲山里指挥战斗。

韩曙副师长、赵先顺团长、王千祥政委、王秀法副团长把地图打开，研究了对北堵击敌人对南又防敌增援的部署：一营在北面堵击逃敌，三营在南面又堵逃敌又防援敌，二营是预备队。一营的位置都是山地，高地离公路较远，公路两侧是宽阔的平原，在公路上伸出三连，营主力控制后边的山地。

王秀法回到团指挥所，正和赵先顺、王千祥谈着，敌人就来了。王秀法忙往一营阵地上跑，他发现敌人汽车20辆左右还开着灯，5辆坦克，步兵数百人，从东豆川向南逃跑。他还未跑到地方，战斗就打响了。公路上的三连堵住敌人就打，打了几个反复，营属各种火力支援三连，由于距离公路太远，不能有效地杀伤敌人。赵先顺和王秀法立即指挥三营迅速抢占287.5高地，截住敌人的退路。但是，敌人一部先于七连抢夺了这个高地。七连在营的火力支援下，向高地之敌发起猛烈进攻，冲上高地与敌人展开了激烈的战斗。敌人未战几时就撤离了高地向东逃窜。如果友军这时按预定方案占领路东的松内里，就能形成合围包抄将这股敌人吃掉，可是友军没有赶到，致使敌人纷纷从公路以东的山地逃掉了。

这时候天已经亮了。王秀法向韩曙副师长报告以上情况后，当即命令二营向逃敌追去。

到了中午，三营向团指挥所报告：又有500余名伪军从东豆川向南逃窜。团长赵先顺命令三营追歼这股敌人。七连和八连急速向东猛插，将逃敌迎头拦截，俘虏了大部敌人。直到黄昏，三五〇团才与友军在长林会师。至此，全团已经全都跨过公路以东，占领了纸杏里、松内里、凤阳里和长林这些地区，以连为单位搜山，捕捉逃散在山地的残敌。

三五〇团作为一一七师的前卫,在这次突破临津江的纵深战斗中,一夜穿插30公里,沿途打垮敌人的5次阻击,歼敌800余人,其中俘敌500余人。韩曙、赵先顺、王千祥、王秀法这些师、团指挥员和一批营、连指挥员,指挥及时果断坚决。使用兵力灵活机动,采取各种打法:遇到强敌则展开有效兵力多路攻击,遇到弱敌则以前卫连(排)卷击而过,既能消灭阻击之敌,又不影响穿插速度。全团指战员士气高涨,作战英勇。九连连长姚书桃负伤后,副连长周广金、一排长石学波自动按次序代理指挥战斗。一班机枪手韩玉生在仙岩里战斗中,端起机枪向山上敌人猛打猛冲,将敌人赶下山后又与敌人肉搏,用枪托打死1人活捉4人,团批准他为模范共青团员。八连三排长余玉文带领11名战士占领山头,掩护主力顺利通过。战士王调达负伤不下火线,直到流尽最后一滴血……

战后,三五〇团受到志司表扬,我军授予这个团八连和九连"开路先锋"锦旗各一面。

三四七团的先头部队,发展到临津江以南25公里远的马智里,又打了一仗。战斗结束,天已大亮,一天两夜,没吃没喝,没有休息,又经过了这样激烈、这样艰苦的战斗,人人的脸上都变色了。天亮以后,等敌人的飞机出动,部队已进入了纵深地带。团指挥所里的李刚、任奇智等,坐在山头上的一片小树林里,想睡一会儿,冻得也睡不着。政治处主任李清江忽然问道:

"今天几号?"

"元旦你都忘了?"任奇智说。

"警卫员,快把收音机拿来,打开听一听!"李长江喊道。

警卫员把收音机打开了,问这些团首长:

"对哪里?"

"对准北京!"

大家一听对北京,谁也没有睡意了,眼光都集中到收音机上面来,仿佛从收音机上能看到祖国的什么似的。收音机里声音开始是嘈杂的,听不大清楚,随后就传出了秧歌舞的锣鼓声。这时候,大家谁也不说一句话,都在静静地听着。

"今天的北京一定很热闹。"李刚颇有感慨地笑了一笑。

"是啊!今天一定很热闹。"任奇智说。

"我们在这里战斗的胜利消息,一传到祖国,秧歌舞一定会扭得更欢啊!"李刚说。

大家只是笑了一笑,没有再说什么,因为都实在太疲乏了。只能这么一说,来表达自己内心无限的欢欣了。

此刻,我在军指挥所里,也同样看到了上面这番情景,感受到大家的这种心情。

第六章
跨过三八线

在高浪浦里积极佯攻的一一五师，出色地完成了掩护一一六师突破临津江的光荣任务之后，王良太师长和沈铁兵政委率领全师从右翼实施突破。三四四团二营五连担任尖刀连，从新岱渡口跑步通过 500 米的临津江冰面，一举攻占了丹月里南侧敌人的薄弱阵地。全团随即沿着五连开辟的道路向斗只里、康安洞疾进，既保障了我们军右翼的安全，又完成了接应五十军渡江的任务。接着，三四三团和三四五团跟随三四四团过江，追击向南狼狈逃窜的伪一师十一团之敌。

部队突破了临津江，我军指挥所也要随部队往前移动。我派左勇先行侦察过江的路线，他回来向我报告：

"军长，汽车不能过江。"

"为什么汽车过不去？"

"江上的桥梁被敌人破坏了。"

我们乘车到了江边就改为徒步了。我们由土井在冰上越过了临津江。我抬头望去，江对岸非常险要，陡崖峭壁有好几丈高，敌人沿岸筑有地堡和交通沟，已被我强大的炮火击毁。岸上，只有 2 丈多宽的一个陡坡缺口可以上去，那上面被敌人泼了水，冻成光滑的斜面。我军英雄部队就是以 13 分钟的速度从这里突破进去占领敌人滩头阵地的。

一一七师卫生部长高均带着师后勤二梯队过江后，由于看不见路标迷失了方向，正好碰上了我军指挥所。我喊了他一声：

"高均，你们走错路了！"

"军长，我们迷了路。"

"你赶快往回走，见路往南，随你们师走的路前进！"

"是！谢谢军长。"

天刚亮，我和徐斌洲政委带着警卫员和组织科长楚农田、左勇、孙祥华等同志过了江后，正走在厚厚的白雪地上。突然，同我军指挥所拥挤在一起的一一五师指挥所的政治部主任尹培良，见我身上没有披上白色伪装，他吃惊地喊叫起来。

"哎呀！这怎么行？"

说着他就跑了过来，把自己身上的白布伪装披到了我的身上。

我看见战士们穿着长筒水袜子。因为江水较深，蹚进水里，里面都灌满了水。每个战士两条腿都感觉沉甸甸的，重得了不得。上岸的时候，谁都顾不得脱掉这双像水桶似的袜子，只想着冲向敌人，战士们就是拖着这样重的两条腿同敌人进行殊死的战斗。

最叫人感动的是那些过江时负伤的战士们。他们虽然跟上了冲击的队伍，却是在雪

地里一步一步地向着共同的目标192高地和147高地爬行。实在爬不动了，他们拉响沿途残存的地雷，给第二梯队的战友们开路……

干部战士从临津江涉水过来，登上南岸后，身上的棉衣棉裤结成了冰，硬邦邦的，像穿着铁甲似的，奔跑起来身上背着的枪杆和铁锹碰在冰上，发出互相撞击的响声。当他们到达192和147这两个高地的山腰，连气都喘不过来了。在一些弹坑跟前，发现躺着不少我们的伤员，其中有的伤员完全昏迷过去了。有的是重彩号，向山上爬，手指插在泥地里，抓着烧焦的土地，一寸一寸地挪动着沉重的身体，老远就能听见他们压制着呻吟喘气声音。这情景感动了很多人，有的同志把昏迷的伤员背在身上，伤员苏醒过来就问：

"同志，这是不是192高地（或147高地）的山顶？"

"是的。"

"同志，敌人被消灭了吧？"

"是的。"

实际上，还没有到达山顶，激战还正在进行。这些同志是第一次和战友撒谎。否则，这些伤员还要继续爬行……

举世瞩目的朝鲜三八线被我们突破了！我军一一六师和一一七师受到志司的表扬：

（彭台来）特表扬一一六师此次战役克服困难

九兵团、军、前勤、工指、炮八师并报军委、志司：

　　我三十九军一一六师此次战役前克服各种困难，做好充分的攻击准备工作，严密地组织对敌阵地侦察，故攻击顺利，仅10分钟即将敌防线突破，使该军后续部队顺利投入战斗。该师在突破敌阵地后，迅猛地向敌纵深攻击，击破敌人的抵抗，并于4日16时进占汉城，迅速地占领了汉江南岸滩头阵地，并及时地报告了敌情及汉江情况。这种认真负责、英勇果敢的积极的战斗作风，值得全军学习。特通令表扬。

志司、志政1951年1月6日

（彭台来）通令表扬一一七师

九兵团、军、前勤、工指、炮八师并报军委、东司：

我三十九军一一七师在31日晚突破临津江防线沿途击破敌五次有组织的抵抗，迅速而有组织地向敌纵深穿插，于1日9时攻达东豆川南、仙岸里、湘水里之线。堵住了东豆川敌退路，对动摇敌东豆川及其以北防御有重要作用，并获得显著战果。此种勇猛积极的战斗作风及坚决执行命令，听指挥，深值全军学习。特此通令表扬。

志司、志政1951年1月6日

张峰从来没有像现在这样辉煌过和光彩过。突破三八线和解放汉城以后，谁去在志愿军和人民军高级干部联席会上介绍经验？本来应由汪洋师长去，因为我要带汪洋和其他师长、团长参加后来没有成功的东北军区诸兵种集训，这个重担就落到了张峰这个副师长的身上。

在汉城，汪洋、陈绍昆、杜博和张昌翼几个人连夜赶写出一份一一六师突破临津江战的经验总结，交给张峰带到大会上去汇报。

1951年1月25日，中国人民志愿军和朝鲜人民军高级干部联席会议，在朝鲜君子里志愿军总部矿洞里举行。张峰从来没有亲临这么大的场面，也没有见过这么多中朝两国军队的高级将领。他对参加会议的谭友林副军长说：

"这么多大官我怕讲不好。"

"不要怕，没关系。"

张峰坐在会场最后一排，一会儿跑去尿泡尿，一会儿又跑去尿泡尿，确实紧张，心里怦怦乱跳。

主持会议的是九兵团司令员宋时轮，当他宣布：现在由三十九军一一六师副师长张峰介绍经验时，会场上人们的目光都一起投向了走上台的张峰。他个子不高，穿一身人民军战士棉军装，瘦瘦的，20多岁，体重不超过50公斤。

张峰走上了讲台。他的眼光往台下一扫，发现坐在最前排的有彭德怀、金日成、高岗、金斗奉等，第二排是邓华、洪学智、韩先楚、陈赓等，第三排是各兵团司令员和各军军长、政委。一开始，张峰真的有点蒙，连口袋里的讲稿也忘记拿出来了。但他凭着自己参与组织指挥的全过程，就开始从头到尾详详细细地讲开了。讲着，讲着，他看了看台下的

首长们,都注意地听他讲,没有人交头接耳,也没有人来回走动。这样,他讲得更来劲,越讲情绪越高,越讲越吸引人听。

讲到中间,他猛然想起来,口袋里还有材料——就是汪洋、杜博、张昌翼他们忙了一天一夜写出的那份讲稿。他的手插进口袋,一下子拿出来。他看了看宋时轮,宋时轮用手势告诉他:"继续讲,继续讲。"现在,张峰手里有材料,心里更有数了。他讲得更有条理了,讲的内容更丰富了,怎样勘察地形?怎样探测冰的厚度?炮兵怎样到前线?每一门炮都打什么目标?每挺机枪都打哪个地堡的枪眼?怎样发扬军事民主……具体人、具体事,讲得有血有肉,有声有色。台下坐着的中朝高级将领们边听边点头,听得津津有味。

可是,当张峰讲到他带领三四六团打到离汉城不远处,跟师里联系不上,跟军里联系也要不到,跟志愿军总部联系更要不到。电台发报发不出去,也收不到外面的电报。这时候,彭德怀望着他问了一句:

"联络不上,怎么搞的?"

张峰吓了一跳,他没有思想准备,更没有想到彭总冷丁这一句话是问他的。但他还是回答上来了:

"这里的山太高,还有个矿区,电波传不出去,电波也传不过来。"

当张峰讲到突破前发扬军事民主,干部战士提出来,冬天过临津江身上要擦油,外面穿靴套,各单位去买猪,杀猪炼油,用雨布做数百个靴套,高岗听了感到惊奇,便问道:

"你们买猪炼油干什么?"

"临津江结冰了,部队要蹚过200米的冰水,为了不使冰水渗进汗毛孔,防止冻坏腿脚,我们发动群众提困难,想办法,用雨布改做防水袜,雨布不够,就用凡士林涂在腿上,哪来那么多凡士林,只好买猪炼油来代替……"张峰一口气讲了这么多,台下的首长们听了都直点头赞许。

本来规定一个人讲50分钟,张峰讲呀讲呀,他心想:"你叫我下去我就下,不叫我下去我就讲。"就这样,他竟然大大超过了50分钟。他手拿着稿子从台上走下来,想不到陈赓走上前去说:

"张峰,我看看你的讲话稿。"说完,他一伸手就把张峰手中的材料拿过去了。

当天晚上,吃过晚饭,张峰又被叫到邓华住的屋子里。他一走进去,看见洪学智和韩先楚还有陈赓、宋时轮也在那里。韩先楚指着张峰高兴地说:

"你就是打义县时的那个小团长?好呀!有股虎劲,很精干嘛!"

洪学智副司令员问道:

"张峰，抗日战争打淮阴城时，你是十三团的突破营营长，是吗？"

"是。"张峰暗暗地佩服洪学智的记忆力。

邓华副司令员叫张峰坐下来，慢慢地问道：

"张峰，你今年多大了？"

"28岁。"

"哪里人？"

"安徽阜阳人。"

韩先楚插话说："阜阳就在六安北边，我在你的家乡打过仗哩！"

说话间，一张作战地图铺在桌子上。首长们都围过来看地图。大家指着一一六师的突破口说：

"这个点选的是个险点，也是个奇点。这里地形险要，防御薄弱；敌人疏忽，出其不意，才能制伏嘛！"

这几位志愿军副司令员和兵团司令员感兴趣的第二个问题是：当张峰详细地讲述把50门直接瞄准炮推到距离敌人江边的前沿300～1100米实施抵近射击后，他们说："这是第二险，也是第二奇。"

首长们概括的第三险和第三奇，就是在横宽1500米、纵深2500米的攻击出发阵地上，全师人员、车辆、火炮、骡马全部转入地下，潜伏一昼夜。他们中有的说："这才真是千钧一发呀！"有的说："只有隐蔽战役企图，才能实现战斗的突然性嘛！"

小屋子里，张峰见这些高级将领对这三险三奇如此饶有兴趣，又都是那么和蔼可亲可敬，就毫无拘束地讲述了许多生动感人的细节。有问有答，有说有笑，气氛十分热烈活跃。

打了那么多仗的张峰，该有多少难忘的事情啊！这一夜，他住在志愿军总部的掩蔽部里，兴奋得难以入睡，想得很多很远……

1955年秋在全军的最高军事学府——南京军事学院，战役系的将校级的学员正在学习和研究典型战例，学员有我们三十九军的师、团领导干部。在讨论一一六师突破三八线、强渡临津江的模范战例时，对突破口的选择问题，争论得非常热烈，摆出了各种不同意见。院长刘伯承元帅听取了大家的讨论情况，作了精辟的分析。最后他说：

"三十九军这个突破口选得好，选得正确。应该打个满分嘛！"

后来，总参谋部和军事学院出版了《第一一六师高浪浦里东南地区进攻战斗总结》，作为师进攻的典型战例供院校和部队学习研究。

第七章

局部牺牲

在突破三八线的战役中,为了掩护,一一六师在临津江敌人对岸潜伏一昼夜——我赋予了三四四团以佯攻吸引敌人的注意力,甚至准备吃亏"挨打"的光荣任务

第二次战役我军占领平壤后,我叫一一六师派三四八团作为军的先遣团,向临津江前进,查明敌人的江防情形。高克团长带领全团指战员完成了这个任务后,又在高浪浦里进行了十昼夜的防御。为了掩护师主力在江的北岸潜伏下来不被江南岸的敌人发现,他们暴露自己,把敌人天空的航空兵和地面的炮兵的火力吸引过来,一营打得最苦的时候,二营营长王林,三营营长王南松在后面着急了,一个劲地要求:

"团长,快把一营换下来吧!不然够呛!"

"别看一营现在艰苦,过了江你们两个营可能比一营还要苦一些……"

突破临津江的前几天(大约是1950年12月27日),我打电话给一一五师师长王良太:

"老王吗?战役企图,牵制迷惑敌人,创造战斗的突然性,保证军主力突破任务的顺利进行,你们要作出局部的牺牲来换取全局的胜利。"

"军长,什么任务吧?"

"你派三四四团把一一六师的三四八团换下来,掩护一一六师做好突破前的准备。"

"是!马上向三四四团传达你的命令。"

王良太打电话找三四四团团长徐鹏:"军长交代你团一个艰巨的任务,三四八团已在高浪浦里守备了10余天,还担任师的二梯队。现在由你们团去接替他们的任务,这个担子不轻啊!今晚,高克团长在阵地上等你,你去和他接防。"

"师长,我们团长保证完成好这次光荣的战斗任务。"徐鹏在电话里代表全团指战员表了决心。

徐鹏和高克在高浪浦里的一个山头上正在交接阵地。忽然,敌机来了。他俩就钻进了一个防炮洞里。

我对这两个团长是很熟悉的,那还是40年代在苏北新四军三师的时候,我在新四军八旅任政治委员时,他俩就是我的部下。

如今,他俩又在临津江北岸朝鲜人民军原先在三八线上构筑的堑壕里会面了。

"有香烟吗?"高克问道。

"让我找找看。"徐鹏说着,两只手就在上衣4个口袋摸呀摸呀,摸出了半支烟卷。

他俩背着敌人方向坐在洞子里,用手捂着把烟点着之后,又用手捂着,你吸一口,我吸一口……

那时候,我军马上就要突破三八线了,上上下下谁都忙得不亦乐乎,尤其像徐鹏和高克这样的团长,忙得一天一夜只能睡两三个小时,所以人人都感到太疲乏了。在这种情况下,他们两人轮流吸着烟,也觉得"过瘾""解乏"。

敌机走了。高克和徐鹏从防炮洞里走出来,沿战壕一边走一边看地形和研究敌情:"我们团离开军、师主力,到达临津江那天,白天封锁消息,宿营地不准人员出进,晚上再继续前进。为此,担心敌人运用航空兵侦察和地面侦察的手段,发现我们的意图。接近临津江后,我们在高浪浦里及其江东 40 公里的地方,派出几个小分队,有侦察排还抽了几个连组成的加强排,分几路捉到了些俘虏,对敌人江防情况做了调查。敌人在江北岸除了少数警戒部队外,没有大部队……"高克详细地介绍着。

"你们团在这里兵力如何部署?"徐鹏想要知道更多的情况。

"我们作为师的第二梯队,考虑在这里积极防御,使用部队太多,突破后力量就不足了。当时确定拿一营展开防御。一连在江边占领两个点,二连在山上控制两个点。正面宽一点,空隙大一点。敌人利用我们的空隙白天打过来,一般都在上午 10 时左右,一直搞到下午,我们晚上组织反击。敌人兵力小,以一营自己为主反击,二营和三营也抽出兵力反击……"

交换完阵地后,徐鹏叫号长把各营的营长调上来看地形。他把一营摆在岘摧一线,把二营摆在板浮里以南的 112 高地一线,把三营摆在三浦里一线,团指挥所设在三伏洞。他对大家说:

"大家都看到了,这块阵地三四八团已守了十昼夜,今天我们接替过来了。上级把我们放在这里,是对我们的最大信任。我们一个团掩护一一六师一个师突破前的一切战斗准备,这是何等光荣的事情!再过几天就要突破了,这是关键的几天啊!我们的任务是不怕挨打,拼命地暴露自己,把敌人所有的航空兵、炮兵火力全部吸引到我们阵地上。我们现在站着的地方,是弯向我方的阵地,我们所做的一切就是要使敌人发生错觉。认为我们要从这里突破……"

在团指挥所里,徐鹏和姜石修在兵力部署上反反复复地研究着:不惜伤亡,积极佯动以吸引敌人火力和注意力,决定把二营放在前面,伤亡再大了也就是二营这个部队,其他的营不放上去打,因为师里给他们的是双重任务,一方面掩护一一六师突破临津江,另一方面自己也要突破临津江,过了江还要向议政府打下去。如果把团主力全部消耗在这里,那怎么能够完成下一阶段的战斗任务呢?

开始,徐鹏把六连放在远堂里以南的87高地上,到了突破前的最后一天下午1点钟,江南岸的敌人向二营进攻了,大约一个连兵力被二营打下去了。后来,徐鹏又叫六连移动到高浪浦里这边一个叫九野山的阵地上。他亲自来到这个阵地看了地形,六连的连长张忠芳和排长们都站在他周围。他叫警卫员摊开了作战地图。大家都看得清清楚楚:九野山是临津江北岸三面环水的一块突出部位,弯向敌人最近的山头,加上这里处于通向马智里的一条公路上,所以对隔江对峙的伪一师十一团的威胁特别大。

徐鹏是个勇敢而又沉着的优秀指挥员。此刻他坚毅地对大家说:

"你们站着的这里,就是九野山。这是一个更容易触动敌人神经的地方。明天,敌人一定会拼命争夺这座山头。我们绝对不能让敌人占领。同志们!是绝对不能!"

"团长,放心吧!"张忠芳和他的下属们异口同声地回答,在战场这就足够了。

徐鹏知道他所熟悉的这些初级指挥员,在接受任何艰难而危险的任务时,只要说出"放心吧"这3个字,就证明他们确实是有把握的。当他听出这3个字说得那么干脆,那么果断,证明从现在起,他们已经把自己和全连战士紧密地同"九野山"联结起来了。

1950年12月30日深夜,临津江岸的气候急骤下降到零下20多摄氏度。张忠芳和他的伙伴白义指导员放下了棉帽的耳朵,带领全连指战员顶着刺骨的寒风一口气登上了九野山。夜空落下来的是雪加雨,每个人身上全湿了,棉衣里面是汗水浸湿的,棉衣外面是雪和雨,冻得像披上了铁甲,行动起来哗哗直响,四肢打弯非常困难,鞋子冻成了冰疙瘩,走起路来直打滑。每个人嘴里呼出来的热气,在眉毛上、帽子上、胡子上、领口上结成了层白色的冰霜,简直一个个都成了不用化装的"圣诞老人"。战士们上到九野山一看,一个个都伸了伸舌头:乖乖!这里的地势真险要,到处都是坚硬的石头,满山光秃秃的,草木皆无,根本就无法构筑工事。只听到张忠芳连长说:

"同志们!我们利用这里的天然地势作阵地,依托悬崖峭壁和敌人战斗。"

按照现场勘察地形所区分的任务,三排扼守阵地的主峰,九班防守在正面,并向东北侧山坡派出3人前哨组,七班防守左右侧前沿,八班防守主峰;一排坚守在主峰北侧高地,阻止从北侧进攻之敌;二排为预备队,同连指挥所配置在主峰西侧高地。本连两门六〇炮配置在一排和三排阵地之间,营加强的两挺重机枪配置在连指挥所附近,封锁主峰西南侧交通要道,保障排侧翼的安全。

政治动员和一切战斗部署都在天亮以前进行完毕。时间太仓促,情况紧急。但是白义这个有实战经验的基层政工干部,还是在连队进入阵地后走遍了各个班和各个战斗小组。他告诉每个战士：

"同志们！如今我们接受的战斗任务就是挨打。现在，一一六师全师的步兵和炮兵已经全部开进临津江的北岸的进攻出发阵地隐蔽和伪装起来。我们要把敌人的火力吸引过来，掩护一一六师成功地突破临津江，以局部的牺牲换取全局的胜利，这是光荣的挨打！"

"指导员，我们明白了。放心吧！我们一定完成这次光荣的战斗任务！"

白义听着各排正副排长、各班正副班长到每一个战士所发出这些有力的誓言，心里感动极了，有了这些可爱的干部和战士，我们还有什么困难不能克服，还有什么敌人不能战胜呢！

天亮了，敌人的进攻开始。敌人的重炮猛烈轰击，飞机的轰炸扫射，延续了很久之后，步兵开始冲锋了。大约一个连的兵力分三路向三排阵地包抄上来。这些伪军爬几步停下来观察一下，再爬几步又观察一下。

我们的战士以岩石做掩体，手榴弹揭开了盖，轻重机枪安好了梭子，卡宾枪和自动步枪也子弹上膛。等到敌人爬到 30 米的距离，六连的各种火器突然一齐开了火，打得敌人留下一具具尸体，狼狈地往回退下去了。

这时候，团指挥所和六连阵地的电话接通了。徐鹏在电话中关切地问道：

"张忠芳，敌人开始进攻了吗？"

"是的，团长。敌人一个连进攻，让我们一顿猛揍，给打回去了。"

"伤亡怎么样？"

"现在看来伤亡还不大。"

"这仅仅是开始。准备对付敌人更多更大的进攻。为了全局胜利作出牺牲是光荣的！这一点一定向全连同志讲清楚。"

"团长，我知道……"

电话线被敌人的炮弹打断了。张忠芳回头一看，敌人又进攻了，还是一个连兵力，仍然向三排阵地冲锋。

在打垮敌人这次进攻中，当敌人扑向前哨组时，激战中这里只剩下九班战士赵永山一个人了。一个伪军向他扑来，他用手榴弹把这个家伙的脑袋砸开了花。另一个伪军从后面上来把他抱住了，他就和敌人扭打在一起。敌人的机枪朝他开火，却把和他抱在一起的那个伪军先打死，他也光荣地献出了自己的生命。

当副指导员孟庆喜、文书高德山他们打扫战场时，亲眼看见赵永山牺牲时还骑在敌人身上，嘴里咬着敌人的耳朵……面对着这震撼人心的英雄壮举，孟庆喜、高德山他们深深地感动了。他们为失去这位朝夕相处的优秀战友而悲痛，更为拥有这位以英雄气概压倒敌人的伟大战友而骄傲。他们怀着无比激动和崇敬的心情，脱下了自己的军帽，向赵永山烈士致敬——亲爱的战友，你的英雄行为，我们永远不会忘记！

敌人的3次冲锋虽然被打退了。但是六连伤亡非常严重。

利用敌人进攻的间隙，党支部委员会在阵地上召开了。支部书记白义指导员、副书记张忠芳连长望着大家一张张严肃的面孔，几乎异口同声地问三排的支部委员：

"三排还有多少人？"

"伤亡超过全排人数的一半。"

"同志们！为了掩护军主力在突破前不被敌人发现，我们还要准备付出更大的代价。我们要向赵永山同志学习。各个班排都要宣扬赵永山的英雄事迹……"白义作了深入的动员。

"从现在起，二排的同志们随时准备支援三排的战斗……"张忠芳调整了部署说。

1950年除夕，三四六团一、二营和三四七团二、三营，在敌人炮火严密封锁下，并肩强渡临津江

就在这个党的会议上，白义代表全连指战员向上级党委写出一封保证书：

……不让兄弟连队来换我们下去，坚决站在九野山这个楔在敌人眼中的钉子阵地上，吸引敌人火力和注意力，继续战斗到最后，直到圆满地完成上级交给我们的战斗任务！

会后，三排的同志们冒着敌人的炮火，在敌人尸体中收集弹药，准备迎接敌人的进攻。

16时30分，敌人炮火急袭的炮弹打在六连阵地的岩石上，弹片和碎石飞溅，烟尘笼罩着整个山头，硝烟的气味布满在空气中，呛得人嗓子难受，眼睛难睁。

徐鹏团长和姜石修政委在位于三伏洞村的团指挥所里，用望远镜可以看到六连阵地遭敌人炮火轰击、敌机轰炸扫射，并投下凝固汽油弹的燃烧……他俩和全团指战员一样心里非常焦急和十分难受。当时，除了团本身火器和配属的少量炮火可以支援六连外，我们军、师共有6个山炮营、野炮营和8个团属炮兵连共近百门火炮，也只好眼巴巴地看着六连在九野山上挨敌炮轰击和敌机轰炸。为了绝对隐蔽战役企图，无法给予支援。我们军、师、团当时均未装备高射火器，部队只能用轻重机枪对付低空飞行的敌机。

敌人的第四次进攻，兵力增加到两个连。一群一群的伪军士兵战战兢兢地往山上爬着。他们的指挥官在后面举着手枪连推带搡，呜呀呀喊叫着……

三排的勇士们根本没有工事隐蔽，一个个依托岩石，孤胆战斗。七班长脸和脚上都挂了彩，一直坚持指挥全班战斗。当副排长负重伤以后，他挺身而出，高喊：

"同志们，由我代理排长指挥！"

就在这时，几个伪军冲上了七班阵地，七班战士、共产党员杜守山一面呼喊着："共产党员要与阵地共存亡，为朝鲜人民报仇，为毛主席争光！"一面迅猛地扑向一个伪军。在厮打中，他夺过敌人一颗手榴弹，将这个伪军脑袋砸碎，然后毅然地扑向更多的伪军，拉响了手榴弹与几个敌人同归于尽了。

战友们被杜守山的英雄壮举振奋了。九班战士王长友依托着岩石，沉着地向敌人射击，一连击毙了10余名冲上来的敌人。这时候，三排阵地上只剩下5个人了。当敌人突破了九班的阵地，机枪组在敌人的炮火下，跳出了工事，展开了勇猛的出击，恢复了前沿阵地，把敌人赶下了山。

这个连队的文书高德山，带领担架队员在战场上抢救伤员的过程中，许许多多战友负伤后的崇高表现，使他感动不已，甚至许多年后他依然记忆犹新。

他最先看到的是大家都叫他"小鬼"的湖南战士黄忠，他是全连年纪最小的一个。敌人的炮弹炸断了他的大腿，躺在血泊里，高德山叫卫生员给他包扎，正要背他上担架，他却推开了担架队员的手说：

"不要管我，只要还有一口气，我就要战斗到底！"高德山望着黄忠腿上的鲜血从纱布里渗出来，脸色发白，说话很吃力，知道他正忍受着伤痛的折磨，便和担架队员硬是把黄忠抬到了担架上。

糟糕！他们顺背山坡往下抬的路上，敌人的炮火把两个担架队员打伤了，高德山的腰部和手上也有轻伤。躺在担架上的黄忠对高德山说出了最后一句话："你们快去抢救比我需要的战友们，我不行了！"话音刚落就闭上了双眼。高德山悲愤地呼喊着："小黄，小黄……"

带领战士们坚守在九野山主峰最前沿的九班班长曹恩昌，激战中被敌人枪弹打穿了胸膛，肺部严重受伤，血沫顺着伤口往外冒。高德山弯下腰动员他：

"快下阵地去，你的伤太重了！"

"我首先是党员，然后是班长，阵地需要我，我不能离开阵地。"高德山轻轻地抱住他，感动得热泪直流。多么想为他分担一些痛苦啊！经过不断的动员，终于说服了他，把他抬到三营救护所，但后来在往后方转送的途中，这个硬汉子光荣牺牲了。

漆黑的夜里，没有月光，高德山带着担架队的队员们在打扫战场，寻找阵地上的其他伤员和牺牲的烈士。他们沿着工事发现七班的赵凤久烈士，高德山交代几个担架队员抬下去，自己到别的地方再去寻找。刚刚离开10多米远，突然一声巨响，他自言自语地说："不好！敌人散兵上来了。"这时传来了哭叫声。他跑过去一看，是几个担架队员受了伤。这是怎么回事？原来，赵凤久在牺牲前手指套着手榴弹拉火线圈，当时天黑没有人看见，抬担架的同志不知是怎样碰撞的，结果手榴弹爆炸，炸倒3个担架队员。

在六连付出如此巨大的牺牲之前，还发生了这样一件意料之外的事情：

三四四团刚刚把防务从三四八团接过来，迫切需要掌握第一手材料，团里命令一营派人摸到江对岸去勘察地形和侦察敌人的情况，一营长贾庭玉叫副营长孙崇镖带几名战斗骨干去执行这个任务。

夜里，孙崇镖他们偷渡到江对岸去，看看江上能不能走人，侦察敌人布防的情况。天还没亮，当他们完成任务往回返的时候，三四八团的警戒部队的哨兵发现了他们，以为是伪军从江对岸摸了过来，便把枪口对准他们问道：

"口令？"

孙崇镖这个愣头愣脑的指挥员，走的时候太粗心了，没有记口令，就没有回答上来，如果这时候停下来说明情况就好了。可是他也气粗，没当一回事，心想："我是三四四

第七章
局部牺牲

团一营副营长,如今带着小分队完成了侦察任务,口令没有记住,那算什么!"他没有回答口令照样向前走,他却忽略了,现在是正处在敌我双方对峙的非常时期,天黑看不清是谁,哨兵便开了枪,孙崇镖当场倒下牺牲了。其他几名战斗骨干一看自己的副营长被打倒了,就吵开了:

"我们是一一五师三四四团一营的,你们是哪部分的?"

"你们怎么把我们的副营长打死了?"

这件事很快反映到双方的团部,天亮后,双方都派人作了调查。两个团的领导见面后表示互相谅解。

对于一一六师的汪洋师长和石瑛政委来说,这一天是他们比谁都难熬的一天——1950年12月31日。从早到晚,他俩的听觉和视觉比任何时候都敏感,从天上到地下,任何一种声音和任何一个变化,都会触动他俩浮想联翩。

三四四团接替三四八团防务后,在高浪浦里东北山与江对岸的伪一师十一团激战的枪炮声不停地传来,引起了他俩特别关心和重视。然而,这一天新岱南侧三面环水的九野山上的枪炮声异常激烈,使他俩仿佛亲眼看见了三四四团的同志们怎样拼命地暴露自己,把敌人的航空兵和炮兵的火力吸引到自己的阵地上,为的是掩护一一六师这一天待蔽在进攻出发阵地上不让敌人发现。枪炮声越是激烈,他俩感到三四四团作出的牺牲越大。三四四团这个在我们军比较年轻的团队,在他俩的心目中越来越感到可亲可爱,越来越值得学习。

当第三次战役在解放汉城后结束时,汪洋和石瑛写了一封信派人送到了三四四团徐鹏和姜石修手里:

徐团长、姜政委:

  你们和全团同志们受苦了!在这里,我们代表全师指战员向你们致以深深的谢意和亲切的慰问。

  在这次突破临津江的战斗中,你们光荣地担负起掩护我师进行突破前一切准备的战斗任务,暴露自己,把敌人的火力吸引到你们的阵地上,作出了很大的牺牲,换取了全局的胜利。你们这种精神是十分崇高和可贵的,也是非常值得我们全师部队学习的。

  你们在战斗中表现出来的英雄气概,创造出来的英雄事迹以及涌现出来的英雄人物,是十分感动人和教育人的。我们已经向军里为你们请功!

　　此致

　　　革命的敬礼

一一六师师长汪洋　政委石瑛
1951年1月于朝鲜前线

　　汪洋和石瑛还盖了自己的印章。徐鹏和姜石修把这封信向全团指战员传达后，大家受到了很大的鼓舞，都异口同声高兴地说：

　　"一一六师突破临津江的胜利也记上我们团的功劳啊！"

　　第三次战役结束时，三四四团出色地完成了掩护一一六师突破临津江的任务，受到我们军里的表扬。六连受到军通令嘉奖，三排荣获师授予的"九野山守备英雄排"的光荣称号，集体记二等功，还获得祖国人民赴朝慰问团赠送的"再接再厉"锦旗一面。

　　这个在历史上荣誉并不比其他连队多的六连，却在朝鲜战争结束以后的许多年代里，一直保持了历史荣誉，发扬了优良传统，涌现了许多先进人物。

第八章

号声退强敌

三四七团"钢铁连"和英军激战釜谷里,干部全部伤亡时司号员郑起指挥全连仅剩下的10余人继续战斗——他机智地吹响军号吓退敌军,荣获二级英雄称号,列席全国政协会议,受到毛主席的接见

三十九军在朝鲜

1951年新年前夕,志愿军在朝鲜东起东海岸西至临津江400余里的战线上,突破了敌人吹嘘的所谓固若金汤的"38度防线",打得敌人士气瓦解。1月2日,敌人慑于被歼,开始全线溃退。按照作战规定,我们军和友军各1个师分头进至东豆川车站会合。这是个铁路、公路交会之地,位于伪六师背后。两师会合即可切断伪六师的后路,达到全歼之目的。一一七师突破临津江,沿公路穿插到达东豆川,该师三四九团和三五〇团俘虏伪军多人,三五〇团还越过公路向东追击逃敌。但友军1个师却未按时到达东豆川车站,因而未能对敌构成完全包围,致使伪六师一部从东南方向跑掉。

第二天,在投入纵深战斗中,我命令一一六师用主力攻打釜谷里,一一五师也向釜谷里挺进。当晚,参谋人员向我报告:我们军指挥所跑到这两个师的前面去了。我心里暗暗地责备这两个师的指挥员不该沿途恋战,被山上小股敌人缠住了。结果,釜谷里战斗本来应该也可以在上半夜打响,因为一一五师没有赶到,一一六师三四七团下半夜才打响。

最初,一一六师政治委员石瑛给我打电话:三四七团在釜谷里抓了好几百名俘虏,关在一所学校里。我还真高兴了一阵子。只过了几个小时,石瑛又打电话来报告说:"三四七团在釜谷里那边吃了亏!"

后来,我才知道战斗的情形是这样的:

三四七团在头晚上10时才接到师的命令,任务是在拂晓前占领三岔公路上的釜谷里,切断议政府通往汉城的公路。全团分四路纵队以强行军的速度前进,传达"迅速前进"的骑兵,一个接着一个。有的战士跑得昏过去了,别的同志架着走,较重伤员躺在公路一旁,等待后面来收容。部队通过了一座积满深雪的大山,原地休息,战士们靠路两旁躺在雪地上,一面疲乏地整理自己的装具,一面顺手抓起身边的雪吃着。

团指挥所找到路旁一座无窗、无门的空房子,警卫兵用大衣堵住门,点燃一支蜡烛,参谋长王如庸打开地图,昏暗的灯光一闪一闪的。大家从地图上看到:釜谷里是离汉城30公里的一个村镇,往东北是议政府,向南去便是汉城。这里有一所学校,两边是民房,靠山头是一条未修成的铁路路基,一座洋灰桥,周围的山不太高。

第八章
号声退强敌

各营的营长、教导员先后到达，房子里显得更小了。团长李刚把敌情、地形讲了一下，就开始部署战斗：

"首先强占这座洋灰桥！战斗必须从这里开始。"他用红铅笔在地图上那座桥上画了一个圆形的圈说，"而后分两路会攻学校。"铅笔从这个圆形小圈上分出两个红色箭头，一个是沿公路的东侧攻击学校的东北角，一个是绕过一个小弯到学校的西南方向。他继续说："必须把敌人卡在这里，使师主力能投入战斗！"他望着大家。大家领会了明天将是一场苦而激烈的恶仗！

"这是一次严峻的战斗，公路上是能被我们切断的，但须付出一定的代价——懂了吗？"李刚不等大家回答，又加上一句话：

"记住——现在，时间比生命还要宝贵！"

营级指挥员回去后，部队又开始前进了。各级指挥员一边走，一边给部队下达命令，交代任务。

1951年1月3日黎明前，三四七团前进到釜谷上里时，发现灯光，听见汽车马达声。副团长屈太仁带着团的前卫，派人询问当地老百姓，说这里敌军约有一个联队，他们却误认为是一个连队。团里几个领导在一起分析情况，决定："一定要抓住这股敌人！绝不能让他们跑掉！"李刚对一营指挥员说："二连先插进去！"副教导员高粱盖是抗日战争中的老侦察员，带着二连扑向了敌人。不一会儿，通信员跑到团指挥所报告：

"首长，3号脚崴了不能走路。"

"我去！"参谋长王如庸说着就要上去。

"通信股长，叫通信排派人跟着5号去。"李刚说。

站在一旁的三营营长肖德久挽起了袖子说：

"5号，我跟你去！"

"你去干什么？你不要离开这里。"王如庸坚决不让肖德久跟着自己去。

王如庸带着七连这个在解放战争中打出来的"钢铁连"上去了。在公路的一座小桥附近追上一营的部队。这里有敌人布的蛇形铁丝网，部队从公路下趴在稻田地里。一营副营长傅学君带着三连向敌人扑去，把敌人堵在一所学校里。激战中，他发现敌人不是一个连队，而是一个联队——这是英二十九旅皇家来复枪团，素有"绿老虎团"之称。

傅学君立即从阵地上撤下来向团指挥所跑去。通过一段非常暴露地段时，敌人火力点发现了奔跑中的他，向他发射了一梭子子弹，他的胳膊负伤了。他跑到一间小房子里，包扎了伤口后出来继续跑。敌人火力点又打过一梭子，他的腿负伤了。他跑到公路桥的

下面,又包扎一番,出来又跑,敌人的子弹第三次打在他的脚指头上。他全身上下都是血,终于跑到指挥所见到了李刚和政委任奇智,报告了这一重要敌情。

王如庸来到山上指挥战斗。敌人的炮火正向这边打得紧。我军战功最多的十大功臣之一的七连副连长王凤江一见参谋长上来,大声喊道:

"5号,5号,你怎么跑到这里来,赶快下去,赶快下去!"

"我不能下去!下去观察不到敌人的情况,怎么指挥?"王如庸说什么也不下去。

"小鬼,你这个警卫员怎么当的?首长跑到这个地方,你也不管?"王凤江转向警卫员发了火。

正当王如庸和王凤江两人争执不休的时候,敌人一发炮弹打过来,夜间看去就是一团火,两人都倒下去了。

不知过了多久,王如庸苏醒过来了。他感到身上有一个人压着他,很沉很沉,睁开眼睛一看是王凤江。王凤江的鲜血流在王如庸脸上和身上,王如庸大声呼唤:

"王凤江!王凤江!"

没有回音,王凤江头部中了炮弹片,光荣牺牲了。

王凤江从一位东北翻身农民成为我军战斗英雄中突出的模范人物。1948年秋季,在攻打义县吴家小庙的战斗中,全连7个干部6个牺牲,1人重伤。共产党员、班长王凤江挺身而出,高喊:

"同志们,现在大家听我指挥,我是共产党员,我不怕死!坚持到最后就是胜利!"

打到最后,全连只剩下17个人了,消灭敌400多名,这一仗,王凤江光荣地立了三等功。

现在,他牺牲了!团文工队分队金振武带着几个文工队员打扫战场,发现王凤江留下的遗物中有两样东西特别令人感动:一件是两支用旧零件凑在一起的笔帽、笔身各异的自来水笔;另一个是干粮袋子里只剩下几粒板栗。金振武找了一条布,在上面写着"全国战斗英雄王凤江,往后方转运……"

当王凤江牺牲的消息从团里传到师里再传到军里的时候,三四七团的团长、政委,一一六师的师长、政委和我们军的领导同志们,无不为失去这样一位优秀的基层指挥员、闻名全军的英雄人物而感到悲痛和惋惜啊!

在这初次和英二十九旅"绿老虎团"交手的战斗中,我们还失去一位优秀的师级指挥员——一一六师的参谋长薛剑强。他牺牲在三四七团三营指挥所的位置上。

突破临津江后,他是主动跟随三四七团攻打釜谷里的。那天早晨,他通过报话机找师长汪洋讲话。山炮营营长杜博接过话筒,只听:

第八章
号声退强敌

"1号！1号！我是薛剑强。"

"我是杜博，薛参谋长，我听到了，你说吧！"

"三四七团冲进了釜谷里街里，抓了300多个俘虏，是英二十九旅的，都在那个小学校里憋着哩！三四八团部队赶快上来，往这边发展战果吧！三四六团怎么样？"

"三四六团已经进至议政府街内抓住敌人一个排，20多个俘虏。"

"你赶快给1号报告一下。"

"行！行！"

杜博向汪洋作了报告后，等到上午11时不见三四七团再报告战况。这时候，汪洋、石瑛就着急了：三四七团打得怎样？用报话机联络不上，电话也打不通，闹腾半个小时电台也不通。汪洋对石瑛说："坏了！准是出了什么事？是不是敌人反击了呢？"到了下午3点多钟，通过我们军电台接到三四七团发给师的电报：那里伤亡很大。汪洋和师政治部主任陈绍昆加上杜博一起赶到三四七团阵地上去了。刚到阵地就看到担架抬着薛剑强从阵地上下来了。汪洋迎上去呼唤："老薛！老薛！怎么样？"

没有回答，只见薛剑强的警卫员哭了。

薛剑强的牺牲，使全师上下为之沉痛。传到我们军里，我的心情非常沉重——失去了我们军文化水平比较高的优秀的师级军事指挥员，太可惜了！太可惜了！

薛剑强烈士系江苏省涟水县人，1940年参加革命，牺牲时年仅28岁。我们在烈士遗物中发现，他从跨过鸭绿江起写下了4万字的入朝作战日记。

然而值得欣慰的是，在打开通向汉城大门——釜谷里的这一仗中，打出了一个新成长起来的非常引人注目的战斗英雄郑起。

釜谷里是个洼地，三面是山，南面山高，东面山低。东南距离汉城仅28公里，可控制其西侧由议政府至陵洞的铁路和通往汉城的一条公路。英二十九旅皇家来复枪团占据釜谷里一线有利地形，企图迟滞我军行动，掩护其主力南逃。

李刚指挥前卫一营二连和三连插进釜谷里，占领了小学校和附近几处较小的制高点，消灭了敌人一个步兵连及一部分辎重车辆，抓了几百名英军俘虏，关在小学校里。可是天亮的时候，敌人天上飞机来轰炸扫射，地下敌人开来坦克反击了。二连和三连的伤亡很大，显然是突击力量不够用了。

李刚下了决心："七连上来！钢铁连跑步上来！"口令一个一个向全团传过去了。

队伍里，马上响起了一片紧张而神速的唰唰声。七连连长厉凤堂带着闻名全军的钢铁英雄连上来了。李刚指着公路边的一片房屋命令道：

"你们连从这里一直往里打,看见前面公路旁边那片房子了吗?"

"看到了。团长你说吧!"

"那是一座学校,你们的任务是占领这个学校,而且把学校周围的高地控制起来,卡住公路,不让里边的敌人汽车开走!"

"团长,你放心,保证完成任务!"

厉凤堂和指导员张鼎商量了一下,就带领全连顺利地占领了学校。他们从院墙上顺着公路望去,嘿!黑压压的一大片全是敌人汽车。厉凤堂用拳头捣了一下倒塌一块的院墙,"这回可抓住了,看你往哪里逃!"

他观察完周围的情况,召集各排排长说:"敌人没有汽车,是逃不出我们手掌的。汽车就是敌人的命根子,他们一定不肯撒手。天一亮,敌人一定要来抢汽车。我们要坚决卡住公路,堵住敌人!"他指着东北角上两个200多米高的山头,命令道:"三排控制第一个制高点,一排、四排守住第二个山头。"他又再三地交代说:

"只要我们守住这两个制高点,反扑的敌人就无法接近他们的汽车,敌人也别打算从这条公路上通过。同志们,这样,胜利就是我们的!"

说完,他亲自指挥着三排抢占了第一个制高点。刚到山头,敌人就开始向他们打炮。工事还没来得及做,敌人就攻上来了。厉凤堂沉着指挥部队和布置火力,一顿机枪和手榴弹把敌人打下去了。

敌人的炮火疯狂地向七连阵地轰击,顷刻间满山烟雾,对面看不见人。1尺多厚的积雪被炸成了泥水。在没有工事的困难情况下,七连指战员利用敌人打的炮弹坑作掩体,坚守在山头,打垮了敌人一次又一次的反扑。

天亮以后,几个运送弹药的战士一个也没过来,全部伤亡在敌人火力封锁线上。

连长厉凤堂不顾个人的安危,在最前沿来回奔跑着指挥战斗。共产党员、机枪射手杨鹤林眼看敌人的子弹就要打中连长,猛然上前把连长按倒,用自己的身体掩护。不料,一颗子弹打中了他的头部,他一句话也没有说出便牺牲了。

厉凤堂把救了自己命的这个战士抱在怀里,流着眼泪猛喊几声:

"杨鹤林,杨鹤林……"

然后,厉凤堂站起来喊道:

"同志们!为杨鹤林报仇!坚决把敌人打下去!"

突然,司号员郑起跑过来大声吼着:

"连长,快趴下!"

第八章
号声退强敌

七连的伤亡越来越严重，天亮之前，指导员张鼎和排长们相继光荣牺牲了。当敌人再一次冲上来时，突然七连的重机枪不响了。厉凤堂急忙跑过去，重机枪又吐出一串仇恨的子弹射向敌群。正当战斗异常激烈的时候，重机枪又不叫了。这时候，郑起跑过去一看，重机枪的机槽被打穿了，厉凤堂负了重伤，躺在机枪旁边，通信员正给他包扎。郑起对通信员说："你把连长背下去吧！"厉凤堂摇了摇头，两只眼睛紧紧地盯着郑起，嘴唇微微颤动起来，似乎要说什么，但又说不出话来。郑起马上明白了连长的意思，现在阵地上已没有一个指挥员，他怎能放心下去呢？

郑起把厉凤堂移到一棵被炮弹打断了的树下，握着厉凤堂的手，又难过又振奋地说：

"连长，你放心吧！阵地由我负责，只要我有一口气，也要守住阵地？"

厉凤堂听了点点头，吃力地把他压在身下的手枪掏出来交给郑起，想说什么还是没说出来。

郑起望着通信员背着连长下去了，他马上感到有点心慌：现在全连只剩下13个人了，我一个司号员能指挥这场战斗吗？

忽然间，郑起想起了老英雄王凤江——他在部队攻打义县吴家小庙的战斗中，就是在指挥员牺牲以后挺身而出指挥战斗的。再说，突破临津江前几天，郑起还和王凤江蹲在一个隐蔽洞里，请王凤江讲战斗故事哩！现在老英雄王凤江光荣牺牲了。一想起这些，郑起便增添了勇气和力量。

郑起睁大眼睛，扫视了一下周围说："同志们！听我的指挥，我们必须像连长在时一样，我们必须像老英雄王凤江在时一样，保持钢铁连队的英雄本色，守住阵地，打退敌人！"

共产党员、轻机枪射手李家福第一个用嘶哑的嗓门说："司号员，你指挥吧！我们一定坚守到天黑，为牺牲的同志们报仇！"

"司号员，你要我们向哪里打，我们就在哪里打！你要我们守在哪里，我们就在哪里守住！"其他的战士们纷纷这样说。

郑起望着十几张朝夕相处的面孔，都向他投以信任的眼光，心里感动极了。在短暂的战斗空隙里，他在一个没有掩盖的工事里，召集全连6个共产党员开战火中党的会议。他问道：

"你们还有多少人？"

"我们班负伤两人，牺牲1人。"

"我们班牺牲两人。"

"我们班牺牲1人,负伤1人。"

这些党员各自把班里伤亡情况讲了一遍。郑起思考一会儿说:

"我们的伤亡很大,能坚持战斗的人不断地在减少,而且现在和团主力的联系也中断了。我们面临的困难非常严重,但我们都是共产党员,连长、指导员还有老英雄王凤江已经作出榜样。我们要像他们那样坚守这块阵地,困难再严重,哪怕就是剩下一个共产党员,也必须坚守……"

"我们钢铁连没有过守不住的阵地!"

"在我们共产党员面前,没有克服不了的困难!"

郑起望着李家福、李会、丛秀清……这些共产党员都是参加过无数次战斗、经历过许多困难考验的。对于他们,郑起是非常信任和放心的。

郑起重新布置了兵力,把现有的人编成3个战斗小组:李家福带几名战士和一挺机枪是第一组;李会和丛秀清带几名战士和一挺机枪是第二组;其余的人加一挺重机枪是第三组。3个战斗小组分布成三角形。郑起在前面负责整个阵地的指挥。

"我们同意这样布置。但是,我们提个意见——郑起同志应该在后面指挥,不然太靠前了……"几个班都这样说。

"大家的意见很好。但是,我必须在那里。因为每次战斗,连长就是在那里指挥全连作战的。在前面指挥是危险。我宣布:如果我牺牲了,大家要服从李家福同志的指挥。"郑起越说越激动起来。

这时,敌人的迫击炮向这个高地猛烈地轰击。接着,连续几次发起了进攻,都被高地上的郑起他们这些勇士打退了。

激战中,李家福的机枪管被打坏了,他要到李会那个小组去取备用枪管——要通过敌人火力封锁的地带。郑起提醒他:

"留点神,快些回来。我们坚持下去,明天就进汉城了。"

打起仗来,指挥员最害怕也是最担心的有两条:一条是怕敌人抄后路,另一条是怕弹尽粮绝。

李家福走后,突然有的战士喊道:

"报告司号员,没有子弹了!"

郑起立刻清查现有武器弹药——太少了。他沿着堑壕边沿周围扫了一眼,发现防御阵地前沿有许多敌人尸体,心里暗自高兴起来:从敌人身上取子弹,这是现在唯一的办法。但是,距离有80米远,这里的每一寸土地都时刻受到敌人炮火的封锁。他正琢磨着怎么通过这危险的80米，李家福手上带点轻伤回来了。他熟练地把打坏的两挺机枪拼成一挺，打开油壶往机枪上涂上油，来回拉几下，然后举起说：

"司号员，你看，这不又是一挺好机枪吗？"

郑起把到敌人尸体中间去取子弹的想法告诉了李家福。李家福把装好的机枪往地上一放说：

"我去！"

"那里的地形我已看好，还是我去吧！"郑起拦阻李家福说。

郑起爬出了堑壕，迅速奔跑。由于他的出现，惹来了敌人机枪好一阵扫射。他赶紧蹲到了就近的一个炮弹坑里。子弹把弹坑边沿上的土石打得直冒火星和尘土。机智灵活的他拽断了一根树枝，挑起了自己的军帽。军帽一露出弹坑，敌人一阵密集的机枪射击，把帽子打得左右摇晃。他趁此机会一跃而起，敌人枪停了一会儿，他抓起帽子，勇猛地跑到了敌人的尸体堆里。这时，他才看了看帽子被子弹打得到处都是枪眼，便把这顶可以留作纪念的军帽塞进了口袋里，开始从一具又一具敌人尸体上搜集弹药，一下子把十几条子弹袋和一大堆手榴弹，缠到自己的脖子上和腰上。

当全身上下挂满弹药的郑起站到了大家面前的时候，李家福第一个迎了上去：

"司号员，你可把人急坏了。"

大家一看，郑起的棉衣被子弹擦破了好几处，棉花露在外面，都说：

"司号员，你的命真大呀！"

"一个人弄回这么多弹药，这回可够我们狠狠地打一阵子的啦！"

李家福的机枪是架在树桩上射击的。在他前面的战士王小林，探出身子来观察，不料被敌人打倒，牺牲了。但他牺牲以后仍然靠在一块石头上，弯着腰，伸着手站着，大草丛里露出上半身，一直到战斗结束时他这种姿势仍没有变。敌人以为这个暴露半截身子的人就是机枪射手。"嗒嗒嗒……"敌人向他射击，他的姿势也仍然不变，"嗒嗒嗒……"敌人又一梭子子弹向他射来，打得他直摇晃，他还是暴露着半截身站在那里。

王小林这个烈士，就这样掩护真正的机枪射手李家福，挡住了敌人无数的子弹。战斗一结束，李家福急忙跑过来一看，王小林身上到处是枪眼，中了敌人几百发子弹。李家福含着眼泪把他抱起来放在地上，对他说：

"王小林呀王小林，我这一辈子怎么也不会忘记你的！"

当然，王小林是不会听见的。李家福心里甚为难受，望着相处一两年的战友牺牲了，而且牺牲之后又为自己抵挡这么多敌人射击的子弹，心里该是怎样的一种滋味啊！

郑起把子弹袋和手榴弹分给大家时，发现又有4个同志不能再领弹药了，所以只分了13份。

刚分好弹药，敌人又发动进攻了。炮击延续了半个小时，漫天的烟雾、尘土，小山上什么也看不清了。树枝被炸得粉碎，弹坑一个挨着一个，从密集的无数弹着点来看，很难相信在这个小高地上还有生命存在。

是啊！不仅有生命存在，而且有坚强的战斗力——虽然只有13个人了。

这13个人在一个只有19岁的年轻战士指挥下，英勇顽强地打退了被英国皇家授予"绿老虎团"称号，兵力超过郑起他们十几倍的敌人的多次进攻。

现在，郑起他们又在迎接敌人一场新的进攻。13双眼睛死死地盯着停在公路上的敌人坦克群和坦克周围的步兵。成散兵队形的这些英国兵，一排一排地都弯着腰向小高地前进着。

"同志们！准备好机枪、手榴弹！"郑起下达了命令。李家福紧紧地手握机枪把，把枪托板贴在右肩上。

"把敌人放到50米以内再开火！"郑起又一次提醒了大家。

李家福屏住呼吸，准确地瞄着表尺的照准孔。突然，他的枪又吼叫起来，愤怒地吐出一串串火舌。另一挺重机枪也开始猛烈向敌人射击。13只手接连不断地把手榴弹投到敌人中间爆炸开来。

郑起用自动枪在这里射击了一阵子，又跑到另一个地方射击一阵子。他一边射击一边向大家鼓励着：

"同志们，狠狠地打呀！完成任务我们明天就进汉城啦！"

战友们受到了感染，战斗的热情更加高涨，胜利的信心更加坚强。可是，敌人的机枪一刻也不停地向小高地上射击，敌人手榴弹已经投到了堑壕里。

敌人的每一次进攻，都扔下数十具尸体败退下去了。郑起他们亲眼看见敌人用帆布把他们的伤兵拖着返回公路上去了。

阵地上出现暂时的寂静，郑起望着金光灿烂的夕阳，忽然一个感觉在心中升起：如果不是战争，这是一个多么好的夜晚啊！今夜，在遥远的祖国，人们该是怎样沉浸在欢庆新年之中。

不知不觉地从清晨打到中午，现在又接近黄昏了。阵地上只剩下了7个人。大家又渴又饿，弹药再一次严重短缺。郑起又向公路望去，只见敌人大队汽车还被他们牢牢地卡在那里。他估计敌人不会就此罢休，一定还会再进攻的。他想：这是战斗的关键，我们战斗了一整天，绝不能在这最后的一刻让敌人跑掉！就是拼刺刀，也要把敌人拼下去，想到这里，他大声向着剩下的6个战友说：

"同志们！子弹又快没有了，敌人再上来怎么办？"

"和敌人拼刺刀！"

"用枪托砸鬼子！"

"拼石头也要把阵地坚决守住！"

郑起听着身边最后这6位战友发出的钢铁誓言，既感动又激愤。他把自己剩下的干粮倒出来分给大家，虽然不多，总可以垫垫饥肠，提提精神，以便迎接更加残酷的恶战。

敌人最后一次进攻的人数，显然比以前哪一次都要多，是以6辆坦克领先的。郑起他们7个人对付敌人6辆坦克和成群结队的步兵，这样的战斗在历史上是罕见的。叫谁听了谁不为这7名勇士担心呢？

山下的坦克接连不断地向小高地上打着炮，那一排排步兵在昏暗的山坡向山上蠕动，摆开了决一死战的架势。

郑起看见李家福把机枪架在最险的位置上，弹药手史洪祥把最后的弹药装填好，杨占山等都把自己最后的手榴弹盖打开，摆放在堑壕的边沿上，每支自动步枪都露出了雪亮的刺刀……

眼睁睁地看着一顶顶钢盔晃动，敌人又上来了，离前沿越来越近了。突然，李家福托着机枪，枪口喷出一闪闪的蓝色火焰，机枪剧烈地跳动，他整个身子也在摇晃。杨占山挥动粗大的手把身边的手榴弹扔了出去……可是，不一会儿，轻重机枪都不叫了，郑起握着连长交给他的那支手枪，对大家说：

"同志们！现在，我们的弹药已经打光了，敌人又要冲上来了。这个阵地是多少同志牺牲流血才巩固住的，不能从我们手里丢掉，就是剩下一个人，还有一口气，也不能让敌人占领！"

敌人的手榴弹扔上来，勇士们不等它爆炸就再给扔回去。有的同志用石头向敌人砸去。有的同志端起刺刀，等待着敌人来，就白刃格斗……

这时候的郑起，多么希望找到一件迎战的武器。他的手摸到自己心爱的军号，郑起急中生智——这是他此时此刻唯一的武器了。他心想：我就是牺牲，也要让自己首长和战友们再听一听我的号声。

"嘀嘀嗒嘀嘀嘀……"郑起站在被打塌了的堑壕上，挺起胸膛，忍着疼痛，用尽力气，吹起了冲锋号。亮铮铮的军号上面的红绸子，随着晚风飘荡着，映红了他那坚毅刚强的

面孔。

嘹亮的号声在釜谷里这个盆地的上空震荡着，震荡着。就在这时，神奇的事情在这个战场上出现了：眼看就要爬上山顶的敌人，被这震撼人心的军号迷惑了、恐慌了、吓住了，停止了射击，停止了前进。急忙掉转头像没命似的直往山下跑。

郑起一连吹了3遍冲锋号，把敌人一直吹到山下去了。

他站在山头上往山下的公路望去，大群的敌人汽车仍然死死地被卡在那里。只有一辆汽车是空的，突出了火网，在前边奔驰，一群鬼子兵在后面狂叫着追赶……看样子，汽车司机怕当俘虏，只顾个人逃命，连坐车的人也不要了。

战斗的硝烟还未散去，一直关怀七连战斗的李刚和任奇智带着警卫员上来了。他们看到的是7个满脸尘土和硝烟，全身上下多处棉花露在外面的钢铁战士。

"谁在这里指挥战斗？"

郑起站了出来，向李刚和任奇智敬了个礼说：

"司号员郑起！"

"你们打得好呀！"

"你们出色地完成了党和人民交给你们的战斗任务！"

"我们要为你们请功！"

李刚和任奇智说着，和每一个战士激动地握手、拥抱。

是啊！钢铁英雄最后剩下的这7名勇士，坚守阵地一天一夜，卡住了公路，堵住了敌人，赢得了时间，使主力部队把这个英联邦二十九旅的"皇家来复枪团"和"皇家重坦克营"的各一部，消灭在通往汉城的公路上。

后来听汪洋、李刚讲起这场战斗的经过时，我们都为我军涌现了像郑起、李家福、李会、张吉山、史洪祥、丛秀清等这样的英雄战士而感到何等的骄傲啊！都为我们伟大的祖国拥有这样的优秀儿子而感到何等的自豪啊！

解放汉城后，郑起和李家福前往军部参加英雄模范座谈会。

我和徐斌洲都是第一次见到郑起。他的个子不算高大，长长的脸上还带着少年的稚气，一口黑龙江乡音。庄安之向我们介绍后，郑起站起来向我们敬了个礼，我握着他的手问道：

"你多大了？"

"今年19岁。"

"家里还有什么人？"

第八章
号声退强敌

"两岁父亲去世，3岁母亲改嫁，是外祖父和外祖母把我拉扯大的。要过饭，放过猪……"

"你是个苦孩子成长起来的英雄。"

开座谈会的时候，我们叫他跟着我们一起吃饭。很快，一一六师《战旗》报记者黄濬采访后，写出了郑起的英雄事迹，宣传队的同志们编出节目《号声》给部队演出。从此，郑起这个英雄人物最先在我们军的范围内宣传开了。他的这把吓破敌胆的军号连同被缴获的"绿老虎团"团旗，至今还陈列在中国人民革命军事博物馆里。郑起的军号依然那样锃亮，红绸子依然那样鲜艳……

到了1951年9月间，郑起带着介绍信到了祖国的沈阳，前往志愿军战斗英雄国庆观礼团报到处报到。和他一起去报到的还有军后勤一等功臣李志飞。

到北京，郑起看到中国人民抗美援朝总会副主席陈叔通，中华全国民主青年联合总会主席廖承志，各民主党派，各人民团体代表、人民解放军战斗英雄到京参加国庆观礼的代表，人民解放军陆、海、空部队代表与各界人士共3000多人，前来车站欢迎。杜平团长和郑起等战斗英雄被人们抬着拥着出了车站。

在前门外北京火车站广场上举行了盛大的欢迎大会。

志愿军战斗英雄国庆观礼代表团住在北京城西的畅观楼。这是当年慈禧太后去颐和园途中休息的行宫。总政治部副主任萧华来看望大家。那些天，座谈、参观、游览，日程安排得满满的。9月30日上午，代表们游览了万寿山，杜平团长宣布："今晚去怀仁堂参加毛主席举行的国庆宴会……"话音未落，98位男女战斗英雄高兴得鼓掌、欢呼、跳呀、蹦呀，许多人激动得流下了眼泪。

郑起手里捧着一份红色的请柬，望着请柬上印着"谨请光临——中央人民政府主席毛泽东"的字样，想起自己这个旧社会的苦孩子，做梦也想不到国家领袖毛主席下请柬请自己到规格最高的怀仁堂去赴宴，心里怎么能够平静下来呢？大家都到万寿山的排云殿去参观，划船到十七孔桥。郑起哪儿都不想去，却留在石舫上，心里老寻思着快点去见毛主席！他看看手表，怎么时间过得这么慢呢？是不是停了？不对，秒针明明在走着嘛！他把身子探出石舫的边沿，平静的水面映出他的身影。他发现自己的风纪扣没有扣好，白色的衬衣领子还有一点露在军服的外边，他赶快整理了一下。可不能军服不整齐去见毛主席呀！

等待和盼望的时刻终于来到了。郑起和大家一起坐车，穿过披上节日盛装的长安大街，来到了中南海的怀仁堂。走进宴会大厅，郑起第一次看见几百张桌子都坐满了人，这里

有党、政、群和工、农、商、学各方面的代表，还有各国驻华外交使节共 2000 多人，都在等候毛主席的到来。

"东方红，太阳升，中国出了个毛泽东……"晚上 7 时许，军乐队奏起人们最熟悉的乐曲。人们全站了起来，郑起真恨自己个子不高，踮起脚，仰着头，朝着聚光灯照亮的东边那个门望去，毛主席魁梧高大的身躯出现了，健步走来了。大家一齐鼓掌，掌声经久不息。郑起的心激动地跳着，怎么也抑制不住。他真感谢灯光设计师，使他清清楚楚地看到了毛主席。他还看到了朱德、刘少奇、周恩来、宋庆龄、董必武、陈叔通、李济深、沈钧儒、林伯渠、郭沫若、黄炎培、张澜、聂荣臻、罗荣桓、傅钟、萧华……

国庆宴会中，毛主席举杯向来宾祝贺；各界代表和外国来宾也都纷纷向毛主席敬酒。杜平代表志愿军战斗英雄国庆观礼代表团，斟上满满一杯酒，激动地来到毛主席面前说：

"代表彭德怀司令员，代表全体志愿军，敬祝毛主席节日愉快，身体健康！"

毛主席微笑着和杜平碰了杯说：

"祝贺你们的胜利，为彭德怀同志，为在朝鲜前线浴血奋战的志愿军全体将士干杯！"

回到饭店后，郑起兴奋得怎么也睡不着，和其他代表聚在一起热烈地谈论着。他说："我这个旧社会要饭的穷孩子，今天不但见到毛主席，还幸福地同毛主席和许多国家领导人坐在一起参加国宴，真是没有想到呀……"

第二天——国庆节。郑起和其他战斗英雄由杜平率领，站在天安门观礼台的第一排，整个天安门广场是一片人群的海洋，一片红旗的海洋。上午 10 时，毛泽东、刘少奇、朱德、宋庆龄、李济深、周恩来等相继登上检阅台。中央人民政府秘书长林伯渠宣布庆祝典礼开会，在雄壮的国歌声中，28 响礼炮齐鸣。

这一天，郑起在观礼台整整站了 7 个小时，一直被感情的浪涛包围着、冲击着……

这一次，杜平和郑起等 19 位战斗英雄非常荣幸地被选为列席代表，出席了中国人民政治协商会议第一届全国委员会第三次会议。

会议第一天，郑起最注意听的是毛主席致开幕词：

> 抗美援朝的伟大斗争现在还在继续进行，并且必须继续进行到美国政府愿意和平解决的时候为止……
>
> 为了继续坚持这个必要的正义的斗争，我们就需要继续加强抗美援朝的工作，需要增加生产，厉行节约，以支持中国人民志愿军。这是中国人民今天的中心任务，因此也就是我们这次会议的中心任务……

郑起和其他战斗英雄听到这里，拼命地鼓掌，掌声特别响亮。毛主席多么关怀志愿军啊！他们感到无上光荣，同时也深深感到肩负着伟大领袖和全国人民多么大的期望啊！

郑起列席参加政协会议，天天看到毛主席，但总没有机会和他老人家握手。正好会议闭幕那天下午举行宴会，出席会议的战斗英雄代表们选出年龄最小的郑起向毛主席敬酒。他高兴得跳起来双手一个劲地鼓掌，这次呀，一定要和毛主席握手，那该是一生中怎样的幸福啊！同时，他心里又感到特别紧张，见了毛主席说什么好呢？对！就说我代表19个列席会议的志愿军战斗英雄祝毛主席身体健康，敬毛主席一杯酒！他像演员记台词似的想着、记着、念着，很怕忘了，还自己嘱咐自己：别紧张，别到时候说不出来……毛主席坐在100号餐桌，郑起坐在66号餐桌，只隔一张桌子。

结果怎样呢？郑起端着一杯酒，向右边跨过一张桌就到了毛主席身边，只说了一句"敬毛主席一杯酒"，原来反复想着、记着、念着的话全忘光了。他敬完酒跑回来，才想起还没有和毛主席握手哩！他又跑过去，他想：我该说什么好呢？毛主席看他胸前戴有战斗英雄奖章和军功奖，微笑着问道：

"你是志愿军的代表吗？"

"是！从朝鲜前线回来的。"郑起立正站着，向毛主席敬礼。

毛主席伸出那宽大的手，这是为中国人民翻身求解放而指挥千军万马，推翻三座大山的手。郑起双手握着，一股从未有过的暖流涌遍全身。此刻，他觉得自己是世界上最幸福的人了。甚至后来，他回到部队向战友们诉说当时的情景时，这种幸福感依然存在。

第九章

解放汉城

美军、英军、伪军纷纷向南撤退,彭德怀下令:"三十九军主力向汉城进击!"——一一六师指战员说:"朝鲜的临时首都平壤我们收复了,朝鲜的正式首都汉城我们也要解放。"

位于君子里的志愿军总部里，彭德怀司令员正在和洪学智副司令员、解方参谋长研究着各部队追歼敌人的进展态势。忽然，志司收听到美军无线电话机里传出要撤离汉城的对话。一位参谋跑进了设在山脚下一间木板棚里的彭总指挥所，及时地把这一重要情况向彭德怀作了报告。彭德怀声色俱厉地说：

"三十九军主力向汉城进击！"

原来，自从志愿军和人民军并肩突破了三八线以后，汉城守敌终日惶恐不安。美军为了自己逃命，把英军第二十九旅皇家奥斯特来复枪团和皇家重坦克营放在议政府地区担任掩护。他们没有想到，我三十九军一一六师在回龙寺与美二十四师二十一团遭遇，歼灭其一部之后，又在议政府以西釜谷里歼灭了英二十九旅来复枪团的两个连。而兄弟部队又在高阳地区——议波政府到汉城的公路上，全歼了皇家重坦克营……要求撤退的告急电报不断地从各个防御地段飞到美军第八集团军司令李奇微的指挥所。

李奇微在与美军的两个军长、南朝鲜陆军参谋长和美军驻南朝鲜军事顾问团团长研究之后，认为"如果敌军一面对我实施正面进攻，一面对我敞开的东部侧翼（这里的李伪军队已仓皇逃走）实施深远包围，就会使我全军处于危险的境地。找不到充分的依据证明部队能够守住各自的阵地，即使下达死命令他们也未必能坚守得住"。于是，1月3日，李奇微告诉美国驻南朝鲜大使莫西奥，要他通知李承晚总统："我们要再次撤离汉城，由前进阵地实施的撤退行动即将开始。"李奇微还要求南朝鲜政府仍留在汉城的部分机构必须在下午3时以前撤离汉城；自下午3时起，汉江大桥和来往要道，除军队之外，民间车辆和行人一律禁止通行。如果难民不听阻止，直接开枪射击。

我三十九军突破临津江后在向纵深发展的过程中，军指挥所一天换一个地方。1951年1月2日，我们转移到元堂里宿营，天已大亮，村庄里挤满了部队，好久没有进房子。敌机来了，我们进了山沟里，山沟里隐蔽着许多马匹。我们选择了一条铺满积雪的雨裂沟，铺上松枝、雨布，披上大衣就工作起来了。电话线牵到这条山沟，已经同两个师通上了话。电台在山沟里也架起来了，收到和发出的电报不断增多……敌机在头顶上整整嗡嗡了一个白天。

第二天，我军指挥所找到了一个大的石洞作为掩蔽部。但这里离机要科太远，送一次电报要翻一座大山。秘书孙华祥想出一个办法：他在电话里讲，对方一个字一个字地记下来。这样比较方便，也比较迅速。黄昏时，我们指挥所继续南进，每个人都在棉鞋上绑上防滑的草绳。途中走错了路又转回来，以后又和一一五师的部队挤在一起，时而跑，时而走，走走停停，很多人因此掉了队……

1951年1月3日是我三十九军指挥所收发电报最多的一天。

这里，我把韩先楚副司令员关于突破敌防线之后各师向汉城猛追的部署，抄录如下：

一一三师、一一四师、一一六师、一一八师并三十八军、三十九军、五十军报志司：

我各部突破美二十四师水落山、道峰山之防线后，各部即向汉城猛追。一一三师向汉城东南，一一四师向汉城以东，一一八师向汉城东北，一一六师向汉城以北。五十军主力向汉城西及西南攻进时，求得在汉江以北会歼该敌。否则五十军视情况渡江追敌。三十九军留一个师暂负责城内维持秩序，其余各师迅速撤离汉城，以便仿照。

韩3日18时

第二天：1月4日1时，我们又收到志司关于相机攻击汉城的电令：

美军二十四师、二十五师、骑一师（八团除外）、伪一师均在汉城附近，3日23时，汉城广播还出现似无撤退模样。

你们向议政府以南高阳一带之敌围攻，务须机警灵活，如发现美军、伪军决心固守汉城时，即不应轻易将主力投入攻击，以免被动。

就在这一天——1951年1月4日，我三十九军在朝鲜战场上又参与执行了一项具有历史意义和国际影响的重要任务。

当我在电话里向一一六师汪洋师长、石瑛政委下达向汉城进军的命令以后，全师指战员发出了自豪而响亮的口号：

"朝鲜的临时首都平壤我们收复了，朝鲜的正式首都汉城我们也要解放！"

部队冒着零下20摄氏度的严寒，踏着满山遍野的积雪，披着战场上还未消散的硝烟，

第一一六师官兵在汉城市区搜索前进

中国人民志愿军与朝鲜人民军官兵在汉城国会大厦会师

第一一七师向鹤谷里之敌发起攻击

横城战役。一一七师从西线议政府出发,向东线横城以北的夏日、鹤谷里迂回穿插

向着世人关注的朝鲜首都汉城急速前进。

"离汉城还有多远?"行军行列里不时有人问着。

"走吧!反正越走越近了。"

"跟上!跟上!快进汉城啦!"

"不要掉队!掉了队就赶不上头班车进汉城啊!"行军行列里一个一个往下传。

有个战士脚上打泡了,走起路一扭一扭的。班长把他肩上的枪拿过来说:

"把枪给我。看你好像扭秧歌似的。"

"班长,别看我扭秧歌,我保证扭到汉城去!"

公路上和公路两边的山坡上、稻田地里,堆着炮弹壳、电话线和带着白色星徽的破

第九章
解放汉城

坦克，到处都是敌人丢下的罐头盒和刚刚烧尽了的火堆……

我军的部队在向汉城前进的公路上，常常和其他军的部队挤在一起，谁都想第一个进入汉城。彼此擦肩而过时，互相总是道一声："汉城见！"

我们的部队和朝鲜人民军并肩向汉城前进的时候，再不用生疏的对方语言打招呼，而是相互向前一挥手，或是摘下帽子举在手上说一声："汉城！"双方便同时流露出会心的笑容。

炮兵部队汽车牵引着火炮过来了。炮手拍着他们擦得亮晃晃的炮身说：

"老伙计！这回咱们要进朝鲜最大的都市汉城了！"

公路上，山野里，到处都有部队向着汉城追击敌人。融化的积雪上面又冻了一层冰，凛冽的寒风，吹透了战士们汗湿的棉衣，肚子饿了，来不及做饭，也无条件做饭，大家解开身上背的干粮袋，顺手抓起一把白雪，行进中啃一口干粮吃一口雪。每一个在这个进军行列里的人都会永远记住今天这个很有意义的日子，每一步的足迹都是极其艰苦的，然而又是极其光荣的；每一步的足迹都在走向汉城，通向胜利！

在向汉城进军的行列中，有一支庞大的担架队伍——一一六师卫生部部长薛遥洲率领的担架营，下属 5 个担架连，约有 1000 人。这天，他发现前边一个村庄里已没人家，却听见一个小孩的哭声。他叫通信员和联络员去看看。他们在路旁看见几个穿白衣服的朝鲜老人、妇女都已经死了，只有一个两三岁的女孩趴在死去的妈妈背上，便抱了回来。薛遥洲当即决定：

"带走吧！不然会冻死的。"

护理班长用自己的大衣把孩子包起来，继续行军。后来通过联络员翻译，把这个小女孩交给了地方。

像这件事一样，在第二次战役中，他们也在行军路上捡到了一个朝鲜小孩。担架队在一个村庄的路旁发现一个五六岁的女孩，抱到村庄里找哪一家不是人都死了就是房子都空了，只好抱在担架上用被子盖上，带回了卫生部。

"部长，你看怎么办？"

"留下来，放在拉药品的大车上吧！"

从此，这个小女孩就由卫生部带着，大家有什么好吃的都先给她吃，还做了小衣服给她穿，打扮得像个中国小女孩。就这样有一个多星期的光景，后来也交给了当地政府。

薛遥洲带领一一六师卫生部进了汉城，他专门到了汉城医学院看了一下，那里面许许多多的仪器、医疗设备都遭到了破坏，他感到太可惜了。他看到师里派来了部队在这

里看守,便对干部说:

"这么好的医疗设备,叫敌人破坏得这么严重!"

"部长,你放心吧!现在有我们看守,从现在起,再不能叫敌人破坏了。"

最先进入汉城的是我亲自派出深入敌后炸桥梁、打汽车、抓俘虏的军侦察队和一一七师侦察队。

军侦察队队长吴凤柱、指导员罗毅、副指导员史家桐带领侦察员们穿过汉城边上一个古树参天的大庙,神速地从东门进到汉城街上。他们看见了市民们有的正在布置"热烈庆祝汉城解放"横幅,有的正在把"热烈欢迎中国人民志愿军"的标语盖在敌人贴的"欢迎联合国军"的宣传品上。

吴凤柱打开报话机向我军指挥所报告:

"5号,5号,我们已进汉城,敌人正向南撤退。"

"马上过汉江,继续侦察前进!"沈启贤参谋长命令道。

于是,他们率领侦察队继续前进,过了汉江。

军指挥所接到报告后,我们立即向韩先楚指挥所和志司发了报:

韩:

军侦察队与一一七师侦察队于今12时进占汉城,我已令一一六师迅速入城抢占江桥维持秩序。

吴徐谭李沈

一一六师在向汉城前进的道路上,有两支先遣队,一支是由副团长周问樵率领的三四八团先遣队,另一支是由参谋长周登科率领的三四六团先遣队。

早在第二次战役时,在师的作战会上,师长汪洋提出:白天小部队能不能运动?周问樵说:"个把子连还是可以运动的。"汪洋当场拍板说:"周问樵,你带一个连队试一试。"于是,从第二战役进占平壤起,周问樵就一直带着一个连队加上侦察排,死死咬住南逃之敌。现在,他又带着这个连队和侦察排向汉城前进。

白天行动,人与人之间拉开了距离,特别注意了伪装,走山路,走小公路,敌机临空前就隐避起来。一路之上,虽然敌机俯冲轰炸和扫射,他们也没有伤亡。

我军越是逼近汉城,敌人越是恐慌。每走两三里路,敌人就在天空升起照明弹,把漆黑的夜照得像大白天一样。开始,部队以为敌人要向我们打炮了,其实,这是敌人在

第九章
解放汉城

阻止或迟滞我们前进的一种措施，敌人既没有向我们前进的部队打炮，又没有向我们前进的部队攻击。后来，我们的部队干脆就不理他们了，你照你的，我走我的。

周问樵带着先遣队进了汉城以后，他们几乎看不到一个朝鲜人，满街都是中国人，一问大部分是从山东过来的，还有大连人。他们用中国话向志愿军讲述他们是怎样亲眼看见美军和李伪军狼狈逃走的……

周问樵命令四连和侦察排在总统府执行警戒任务后，他带着电台人员和警卫员走进了李承晚公馆。他扫视了一下这里的富丽堂皇的客厅、书房、卧室、餐厅，到处都是绸缎、大窗帘、大小钢琴，还有李承晚的美国老婆的各式各样的数百套服装、数百双皮鞋……他马上向前进中的团指挥所发报：

"我已经进了汉城，现正在总统府和李承晚公馆……"

周问樵发完报看到洗漱室里有盆塘，便对警卫员说："烧水洗个澡。"说着，他站在火盆旁边脱衣服，火盆里的火还在燃烧着。他把衬衣拿在火盆上抖了一抖，衣服上的虱子掉在火盆里叭叭直响……

这时，报务员走进来报告："副团长，师长请你讲话。"周问樵拿起话筒，传来了汪洋那熟悉的声音：

"周问樵，你在哪里？"

"我在李承晚公馆。"

"你带着先遣队向水原前进，侦察情况，为你们团直插水原打前站。"

"是，我马上就走。"

周问樵又穿好衣服，澡也顾不得洗，带着侦察排和四连过了汉江，向水原前进了。

1951年1月4日这一天，张峰带领的三四六团和陈绍昆带领的三四八团，同五十军的部队、人民军第一军团的部队从不同方向并肩进了汉城。

说起来真是巧极了。一个月以前的1950年12月4日，率领一一六师进占朝鲜临时首都平壤的最高指挥员是张峰副师长；一个月以后的1951年1月4日，率领一一六师进占朝鲜正式首都汉城的最高指挥员又是张峰副师长。有的同志开玩笑对张峰说："朝鲜两个首都的警备司令都让你一个人当了！"

三四六团二营走在全团的最前面，经过整整一夜的急行军进了汉城，他们向总统府前进。忽然，教导员孙发科发现一座4层楼高的平台上还停着一架直升机，便招呼道：

"同志们！看到没有——敌人的直升机还未起飞哩！"

"嗬！看到了，看到了，是一架美国的。"

进了总统府,有人发现饭厅里餐桌上摆着饭菜,不知是谁说了一句:

"这是敌人狼狈撤退的见证!"

营长洪长发和孙发科率领的二营就在这里宿营。他们住的那家老百姓,有一个很标准的防空洞,是日本人留下来的一个永久性的制式防空洞。房东家摆设阔气,女主人留过日,是个地下劳动党党员,对志愿军非常热情,文化素质比较高,她用自来水笔写着中国字和孙发科交谈起来。

我在军指挥所里听广播:美军连汉城、仁川都守不住了,而美国之音却无耻地在那里叫喊什么"战略目的已经达到,使共军遭受重大伤亡"。这一口吻和过去国民党电台在匪军每次失败后的口吻如出一辙:"国军给予共军重大杀伤后转移。"

1月4日上午10点多钟,刘德义、胡有发用报话机向高克报告:他们进了汉城,敌人已经跑了。他们在华人街向老百姓作了调查。高克带着部队进了汉城,派出的侦察员到汉城侦察回来报告:"团长,汉江有的地方已经结冰,可以过人。"高克又亲自找到一个几代人住在汉城的华人了解情况,他说:"汉江南岸的敌人今天天亮前刚刚撤走了,那里现在没有敌人。"高克马上打电话向汪洋师长报告,汪洋说:

"高克,你带着团主力过江,留一个营在汉城,先到了的那个连主要任务是占领滩头阵地,掩护五十军过江,并择机进占水原。"

因为一营在突破临津江前的高浪浦里守备中伤亡大一些,高克就把一营留在汉城。把参谋长刘德义和政治处主任齐雷也留下来了。他和王竞、周问樵带着主力过了江,很快占领了汉城至水原之间的一片山区。没打什么仗,却缴获了敌人来不及开走的一列火车。有4个完整的车皮,上面装的是一个野战医院的全部装备,还有许多化学迫击炮弹、卡宾枪、各种子弹、大衣、床单、罐头、匙子、叉子……其他的车被炸坏了。高克报告军、师后,师里明确地告诉他团里缴获的东西分配办法。三四八团主力5日黄昏过汉江后,周问樵带领四连和侦察排没有停留,于6日上午进占了水原。至此,这个团顺利地完成了掩护友军过江的任务。

李承晚公馆的对面山上有钢筋水泥筑的防空洞,据说是日本人占领汉城期间的日本总督的永久性防空洞。太平洋战争爆发,美国飞机曾经轰炸过,也没有毁掉。

三四八团指挥所就设在这里,他们在防空洞里支起三张行军床,陈绍昆、高克、王竞就住在这里。电话刚刚安好,高克拿起话筒与各营通了话,他命令一营控制火车站,不经允许不得搬运任何物资,命令二营负责汉江大桥警戒。

第二天,1951年1月5日的《人民日报》一版头条位置发表了题为《朝中人民部队发起新攻势光复汉城向南疾进》的一条震惊世界的大号字新闻。

1951年1月5日,平壤市各界人民隆重举行庆祝汉城解放群众大会。大会通过了致毛泽东主席的感谢信:

中国人民的伟大领袖毛泽东主席:

今天,为了庆祝我们祖国的首都和文化中心——汉城,由于英勇的朝鲜人民军和中国人民志愿军的进攻而重获解放,聚集在平壤市举行庆祝大会的我们,谨向您致以崇高的感谢和荣誉。美国强盗妄图将我们的祖国变为殖民地,奴役我们民族,而侵占了我国首都汉城。这个时期,是我们民族遭到难以形容的不幸的侮辱的时期。敌人破坏和掠夺了我们人民用血汗建设起来的工厂、企业、学校、医院和住宅,使汉城的街道变成灰烬。不仅如此,他们更犯下了屠杀和凌辱我们无数兄弟姊妹的惨无人道的暴行。我们一定要报仇,一定要无情地歼灭敌人。

敬爱的毛泽东主席:我们朝鲜人民决心一致奋起保卫从敌人的侵占下获得解放的汉城,恢复被破坏的秩序,竭力展开支援朝鲜人民军和中国人民志愿军的工作。我们宣誓:一定要进一步加强和中国人民永恒的友谊。祝您——中国人民的领袖万寿无疆!

平壤市庆祝汉城解放
1951年1月5日

还是这一天,我从收音机里听到朝鲜人民军总司令金日成发布了这样一项命令:

为了纪念这次的胜利,我命令:今天——1月5日20时(平壤时间)在平壤与汉城两地以240门大炮鸣放24响,进行庆祝。

在争取我们祖国的自由与独立的战斗中牺牲的指挥员、战斗员与男女游击队员们永垂不朽!

红色电波把汉城解放的胜利消息传到了祖国各地,这个重大喜讯使人们沸腾起来,各地都以不同形式举行欢庆。

陈绍昆随着三四八团进入汉城后的那些日子,天天忙于组织部队严格贯彻落实志政颁发的《入汉城纪律守则》。经过彭德怀司令员审定和杜平主任签发的这个守则，其主要内容有：迅速肃清残敌，镇压公开反抗的反革命分子；维护城市治安，恢复革命秩序，严禁乱捉乱杀；保护工厂、商店、仓库、资财及一切公共建筑；保护学校、医院、文化机关、名胜古迹及一切公共场所；对守法的教堂、寺院、宗教团体一律不加干涉；不干涉守法的外侨，不侵入外国使馆，为防意外，对外国使馆可派部队加以看守；向市民宣传胜利，宣传防空、防特、防火，严格遵守群众纪律，不得随便进入民房；凡入城部队必须自带3至5天的粮食、蔬菜，严禁入城抢购物资，乱买东西；切实执行三大纪律八项注意，注意军容风纪及清洁卫生……此电报最后以联司首长彭德怀、金雄、朴一禹的名义批注："本入城守则，朝鲜人民军也应照此执行，不另发指示。"陈绍昆还深入基层和政工干部们一起，认真组织部队逐条对照检查，没有发现违反守则的现象。

　　汉城有一条华人街，满街都是中国人。整个汉城有二三百万人口，华人街有20多万人口。好多华人是从我国山东过来，也有从大连来的，他们世世代代居住在这条街上。这条街上的商店、饭馆和公寓都挂着小旗、红布，有的还挂起了中国旗。许多华人说："我们是中国人，中国军队来解放了我们，我们从来没有这么高兴过。"

　　三四八团三营住在华人街上的一所女子中学。开始敲哪家华人的门都不开门，后来华人看到志愿军的纪律严明便纷纷开了门，华人街后面有一座山，部队上去搜山时发现一个山洞里被美军杀害的20多名女学生。连队干部向营长胡友发报告后，胡友发又派人去看了。回来后，营里布置各连把这件事作为政治教育的活教材，控诉美国侵略军对朝鲜人民犯下的罪行。

　　那时，我们军的部队到汉城去买东西的人不少。特别是后勤部门的管理员、司务长。他们都自觉地严格执行志司规定的纪律，深受汉城人民的赞扬。

　　三五〇团一连来到汉城附近的一家镶牙店里，这是个很大的四合院，空无一人。店房店铺挂满了各种牙套串成的金牙、银牙。指挥员张跃东向全连宣布：我们坚决执行三大纪律八项注意，各班排一律住在后院，不动这家房东的一针一线。全连在这里住了一夜，只吃了缸里的咸菜。第二天走的时候，张跃东叫联络员郑之春用朝鲜文写了封信留在这里：

　　　　镶牙店老板：我们是中国人民志愿军的一个连队，在这里借住了一宿。这缸咸菜我们买了，付上朝鲜币300元请查收。

　　　　　　　　　　　　　　　　　　　　　中国人民志愿军某部一连1951年1月

第九章
解放汉城

镶牙店老板回来一看，那一串一串的金牙、银牙和店房店铺的各种东西，无一丢失，再看看这封短信，逢人便说起这段佳话。

一一七师三四九团政治处青年股长王众住在汉城南面一个小村庄的李老汉家里。这位70岁的老人留着很长的白胡子，写得一手漂亮的汉字。他看到志愿军为解救朝鲜人民英勇杀敌，爱护朝鲜的一山一水，不动群众一针一线，十分感动。他用毛笔同王众交谈起来，把他要说的话写在纸上。他写道："自古以来，中国军队来朝鲜共有3次，第一次和第二次是中国封建王朝时期，第三次就是中国人民志愿军抗美援朝。"他满怀激情地在一张白纸上继续写道：

"志愿军秋毫无犯，是天下最好的仁义之师！"

这件事给王众留下了不可磨灭的印象，使他更深刻地理解了毛泽东主席和彭德怀司令员为志愿军出国作战规定的群众纪律的正确和英明，也为祖国有这样一支人民子弟兵队伍而感到骄傲与自豪。后来，王众在给连队上政治课的时候，总也忘不了举出这个自己亲身经历的例子。

部队收复汉城不久，我接到志司电令：三十八军、三十九军、四十军等主力均位于汉江北岸休整3天。

到1月8日，志愿军已将敌人驱逐至北纬37度线附近的平泽、安城、堤川、三陟一线。就在这一天，彭德怀司令员毅然命令各军：停止追击！

有人提出：现在敌人望风而逃，大规模溃退，汉城也收复了，为什么停止追击？为什么不乘胜追击，一鼓作气地把美国鬼子从朝鲜半岛赶下大海去？

后来，我才知道，当时的苏联驻朝鲜大使拉佐瓦耶夫指名道姓地质问：哪有打了胜仗却不追击敌人的？哪有这样的司令？他坚持主张，继续追击，一直打到釜山，把敌人赶下海去。

彭总为什么在这个关键时刻发出停止追击的命令？我当时是这样理解的：当我军突破敌人在北纬38度线的防线后，敌人每天以30公里的速度撤退，退得那么快，退得那么远，整整一个纬度啊！彭总以敏锐的观察力，觉察到敌人放弃汉城、水原，诱我南下是一个圈套。敌人企图诱我南下到洛东江，而东线美军陆战一师、美三师、李伪首都一师等部队不用下军舰，就可以重演类似仁川登陆的故技，陷我志愿军于危险境地。彭总于1月7日召集志愿军其他首长讨论战役的进展情况时，突然在桌子上猛击一拳说：

"绝不上美国人的当！我们要当机立断，停止追击，结束第三次战役。"

彭总同时指出：志愿军的困难越来越多，气候奇寒，冻伤人员剧增；部队连续打了

三个战役，粮、弹、人员都急需补充；部队又很疲劳，需要整休恢复体力；加之后勤供应不上，部队已经无鞋穿……彭总还从军事指挥上认为：部队在汉城以南停止前进比较主动，因为这里地势北高南低，可以控制汉江，既可进又可防，对我们比较有利。彭总于1月10日会见金日成首相，朴宪永外相，以上述理由说服一些同志，取得了一致意见。

于是，中朝联合司令员兼政治委员彭德怀，命令人民军第一军团进入汉城，接替我们一一六师防务；命令五十军过汉江进占水原，接替我军三四八团防务，命令三十八军一个师过汉江进占水原，掩护部队休整。

我深切地体验到：第三次战役，突破临津江直捣汉城，表明了彭总高瞻远瞩，运筹有方。而当我们进占汉城、扼守水原之后，又命令我们停止追击，更显出了彭总战略指挥的正确和战术指挥的艺术。

我后来还知道：那个苏联大使把这件事反映到斯大林那里去了。彭德怀给毛主席发电报，毛主席把彭德怀的意见转给斯大林。斯大林很快回电表示：彭德怀将军的意见是正确的，率领中国志愿军以劣势装备打败了世界上最强大的美国军队，是当代天才的军事家。同时，斯大林批评那个苏联大使，不准他再乱发表意见，后来又把他调回国去了。

解放汉城以后，沈启贤参谋长调到志愿军空军和中朝空军联合指挥部去当参谋长。我真舍不得这个很有经验的参谋长啊！

关于沈启贤这次的调动，李雪三副政委问过他：

"老沈，你是怎么调到空军去的？"

"我听说，周恩来总理说过：中国人民解放军空军司令员刘亚楼点名要刘震当志愿军空军司令员，点名叫我去当参谋长。"

那是个白天，沈启贤乘吉普车从朝鲜前线赶回了祖国。刘震司令员开玩笑说：

"老沈，你这个将要指挥志愿军飞行员打击美国空中强盗的参谋长，竟敢白天坐车走，我看是钻了敌人的空子。"

第十章

奇兵穿插

一一七师横城大捷战果辉煌,创造了志愿军一个师歼敌最多、缴获最大的范例——中朝联军领导机关通令嘉奖

1951年的元旦,我们是在第三次战役突破临津江中度过的。1951年的春节,我们又是在第四次战役中度过的。

我刚从祖国赶回朝鲜前线军部驻地普光寺,正在军指挥所和政治委员徐斌洲、副军长谭友林、副政委李雪三、参谋长吴国璋研究第四次战役中我军的作战部署,忽听门外有个很熟悉的声音——"报告"!接着,就见也是从国内赶回前线的一一七师师长张竭诚走了进来。

"你们几位军首长都在这里呀?"

"噢!老张,你赶得好快呀!一路上辛苦啦!"我大步迎上去握住了他的手。

"军令如山,不敢耽误。"

我拉张竭诚坐下来,冲着大家说:

"美国人真会凑热闹,大年初一逼得我们上上下下调兵遣将。"说得大家哈哈大笑。

"是呀!军长也是早晨赶回来的吧?"张竭诚问我。

"是哟!老张,我们言归正传。"我说着从参谋人员手里拿过一份电报,边看边说,"志司的作战命令是昨天到的。第四次战役已经开始了。敌人从1月25日开始发动进攻,战斗正逐步在全线展开。前线的防御部队,正以机动防御牵制敌人的进攻,为我主力集结歼敌创造条件。"

我指着墙上的巨幅作战地图,继续说:

"志司决心选择敌人实力比较弱,又冒进突出的中线的右翼也就是横城地区的敌军,狠狠地敲他一下,争取消灭一个师。命令你们一一七师担负穿插迂回任务,配合正面反突击集团围歼敌人,要求你们在12日拂晓前穿插到位。"

我习惯地看了看自己的手表说:

"现在是6号上午。志司决定,你们师暂时配属四十二军指挥作战,你们的具体任务向他们军里请示。老张,这段时间作战中一定要听从四十二军的指挥哟!"

"军长,我知道了。"张竭诚点头说。

"这次穿插任务十分艰巨。远距离地插到敌人腹地,将要四面临敌,独立作战。因此,

第十章
奇兵穿插

你们必须对部队做好思想动员和充分的准备工作。"徐斌洲指着作战地图说。

"张师长，这次战役你们师还要发扬上次战役及时穿插到东豆川快速勇猛歼敌的战斗作风啊！"谭友林也补充说。

"为了抢时间，昨天晚上，你们师李少元政委、彭金高和韩曙两位副师长、吴书主任他们已带部队先出发了，预计今晚越过北汉江东进，你还得快马加鞭赶一程啊！"最后，吴国璋交代说。

"请军首长放心，我们师一定完成任务，坚决打个歼灭战！"张竭诚起身说。

"好！老张，我们等候你的胜利消息！"我和大家把张竭诚送到门口说。

当天晚上，张竭诚乘一辆吉普车赶部队去了。因为部队是徒步行军，为防空袭只能夜间行动，所以，他第二天一早就在汉江北岸赶上了部队。

"老张，刚才我们几个还在念着你，能不能今天赶来？说曹操，曹操就到。你是唱主角的，你来得正好！"李少元握着张竭诚的手甚为高兴。

这时，部队行军正在休息。他们几个师的领导干部在一起碰了碰头，决定由韩曙去四十二军军部汇报部队情况，受领具体任务。

白天，韩曙骑着他的老战马前往四十二军指挥所去接受任务。一路上，敌机在上空不停地盘旋，他的马是白色，必须随时随地注意隐蔽、防空，但又必须在指定的时间赶到。于是，他采取了逐段跃进的方式，和敌机耍起了捉迷藏，终于按时赶到了四十二军军部驻地。

在四十二军指挥所里，军长吴瑞林指着墙上的作战地图，以肯定的语气对韩曙说：

"你们师在战役发起后，由右翼直接插入横城以北的鹤谷里地区，切断伪八师和美二师九团的退路，阻击横城敌人向北增援，配合正面兵团，坚决歼灭这股敌人。"

韩曙此刻把自己的全部精神集中在吴瑞林军长所指向的地方。他看到地图上除了标出的几条公路的黑色曲线之外，就是用红蓝两色标示出的敌我当前的对峙线，在他们要经过的地方没有公路。吴瑞林似乎理会到韩曙专心注视着的地方，又接着说：

"穿插的道路是艰难的，仗也是个硬仗，任务繁重而光荣，相信你们这个师能圆满完成……"

"我代表张竭诚师长、李少元政委向四十二军党委和军首长保证：我们一一七师坚决完成这次战斗任务！"韩曙向吴瑞林说。

他在骑马回来的路上，脑子里一直在思索着："这次任务正和第三次战役也是我们这个师向东豆川以南穿插一样，我们要把这条红口袋嘴紧紧地扎住，绝不让敌人跑掉一个！"

当晚，在月光下，张竭诚、李少元和其他指挥员组织全师部队安全渡过了北汉江，冒着严寒经过连续两天夜行军，穿过黄龙山区，于2月10日黎明前抵近汉城以东50公里的龙头里山地前线。

龙头里是个公路枢纽，地理位置很重要，已被我志愿军占领。这里距敌人前沿丰水院约10公里，敌人为了破坏我兵力调动和后勤供给，在这里的公路设置了一道空中封锁线。敌机不分昼夜轰炸扫射。张竭诚看了看手表，果断地决定：纵然是上刀山下火海，全师也必须抓紧在天亮以前的有限时间里通过这道封锁线！

夜空布满了浓云，天似乎低矮了许多，空间变得更黑了。唰！唰！唰……急促的脚步声说明，部队正在神速地悄悄地通过这条封锁线。干部战士反穿着棉衣，头上戴着用枯草编成的防空帽，从驻地向开进的主干道上会集，前卫团的政治委员彭仲韬看见师指挥所距离本团太近了，就跑过去向张竭诚和李少元说：

"师指最好离我们团稍远一点，以防不测。"

"没关系，继续前进吧！"

当部队来到一个公路交叉点附近时，突然，前面传来了飞机声，张竭诚、李少元他们抬头望去，敌机已在前卫团的上空投下了一串串照明弹，部队立即就地卧倒。只见两架敌机发出刺耳尖啸声俯冲下来扫射和投弹。有一个弹着点离师指挥所很近，轰炸声震得耳朵嗡嗡响。不一会儿，半空的照明弹熄灭了，敌机也飞走了。张竭诚一边掸着身上的泥土和积雪，一边在想，敌人的指挥机构是不是发现了什么？他忽然听见警卫员在高声喊道："彭副师长负伤了！"

他和李少元跑过去一看，彭金高躺在雪地里。

"老彭，伤在哪儿？"

"打在左腿上。"

张竭诚吩咐人们赶快把彭金高抬下去治疗。之后，他想起出国第一仗中，他俩同坐一辆汽车，在向云山西北鹰峰洞开进时也曾遭到敌人伏击，彭金高也负伤了，回国治疗刚归队，现在又负伤。唉！美国人专找老彭的麻烦。

正在这时，师政治部主任吴书的警卫员也喊叫起来：

"吴主任挂花了！"

张竭诚吃惊地跑到跟前，只见倒在雪地里的吴书呻吟着，张竭诚一边叫卫生员包扎，一边俯下身子关切地问道：

"老吴，怎么样？"

"师长……"

打到抗美援朝战场最南端　1951年1月6日,在第三次战役向南追击逃敌时,志愿军第三十九军一一六师三四八团四连和团侦察排进至位于北纬37度线以北的水原。这是志愿军在抗美援朝战争中向南打得最远的地点。

一个师一次战斗俘敌最多　1951年2月13日,在第四次战役中,志愿军第三十九军一一七师穿插至横城地区,激战整日,歼敌3300余人,其中俘敌2500余人,创造了志愿军一个师一次战斗俘敌的最高纪录

最先创造坑道战范例　1952年6月12日至16日,在争夺190.8高地战斗中,志愿军第三十九军一一七师三五〇团一连六班及配属人员,坚守坑道五昼夜,粉碎了敌人的袭击与破坏,首创志愿军坑道战成功范例

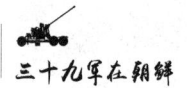

脸色苍白的吴书吃力地摆摆手，意思是不要管他，赶快带着部队冲过封锁线去执行战斗任务。

李少元和前卫三五一团政委彭仲韬也闻声相继赶来，看望吴书这位多年战斗在一起的老战友。这时，张竭诚已组织医务人员用担架抬着吴书冲出危险区，就近找了一家民房，用被子遮住窗户，点上灯，医生、卫生员查看伤势，进行抢救。弹片击中了胸膛和头部，他的伤势非常严重。大家看到他的脸色苍白，紧咬嘴唇，强忍疼痛。张竭诚、李少元叫政治部群工科长留下来，并派一个班保护。由于战况紧急，他们吩咐几句一定要尽最大努力进行抢救，便怀着十分沉重的心情告别吴书赶部队去了。

这天上午，一一七师正在龙兴里附近设置指挥所的时候，传来了吴书伤势过重抢救无效不幸牺牲的消息。张竭诚、李少元、韩曙都难过地流下了悲愤的眼泪。张竭诚"咚"的一拳狠狠打在墙上，呼喊了起来："可恨的美国佬，等着瞧吧！血债要用血来还，我们饶不了你们的！"

吴书不幸牺牲的消息，通过电波传到了我军指挥所。我和军里几位领导同志都深深地为失去一位优秀的师级政工干部而感到惋惜。

2月10日上午，一一七师党委扩大会议在驻地龙头里召开。先由从四十二军领受任务回来的韩曙传达上级关于敌我态势分析和赋予他们师的战斗任务。敌情——退守北纬37度线的美军和伪军，趁我主力休整之机，集中17个师、3个旅、1个空降团及美伪的几乎全部炮兵、坦克兵和航空兵，以西线为主要突击方向，发动了全面进攻。向我中线进攻之敌，主要是伪军第八师、美军第二师（附法国营、荷兰营）及美空降一八七团。志司决定在西线积极牵制敌人的主要进攻集团，而集中主要兵力向中线进攻之敌实施反突击，求得在运动中歼敌一部，乘胜向敌纵深发展，威胁西线敌主要集团的侧后，动摇其布势。我中线正面为四十二军、四十军，左翼为六十六军，右翼为三十九军。任务——上级命令一一七师于2月11日夜，从上物安里敌接合部之间隙进入战斗，沿药寺田、都仓村、琴垡里向横城西之夏日、鹤谷里实施穿插迂回，务于12日7时占领夏日、鹤谷里公路西侧有利地形，切断敌人退路，阻击将由横城出援之敌，配合我正面反突击集团歼灭伪八师及美二师一部。

韩曙讲到这里说："师长、政委，我已向四十二军代表你们表了态：坚决完成交给一一七师的战斗任务。"张竭诚和李少元同时说："老韩，你这个态表得好呀！说出了我们全师指战员们的心愿。"

会议经过一番认真的研究和讨论，最后由张竭诚集中大家的意见，下达了师的决心和部署：

决心——利用敌之间隙，乘夜暗出敌不意，实施大胆勇猛穿插，以师主力两个团攻占夏日、鹤谷里公路两侧有利地形。控制要点，断敌退路，务期必克，以一个团保障师侧翼安全和牵制横城、原州之敌。

部署——三五一团为前卫，负责击退沿途阻击之敌，攻占夏日公路两侧要点和下加云以北高地，协同六十六军形成战役对内合围正面；三四九团负责攻占鹤谷里公路西侧有利地形，协同三五一团切断敌人退路，并以一部兵力控制蟾江北岸之大谷、陵谷、303.2高地等要点，阻击由横城出援之敌；三五〇团担任打援并为师预备队，前出至才三里，监视和牵制横城、原州之敌，特别注意空降一八七团，保障师右翼安全，并准备支援师主力作战，留一个营在琴堡里占领阵地防敌南逃，同时保障师后勤的安全。

朝鲜的冬天，太阳落得早，才下午4点钟天就黑了。2月11日这天，部队白天睡足了觉，提早吃了晚饭，进行装备，带足子弹、药品和5天干粮。各级指挥员均提前一级编入序列，做到及时处置情况和下定决心。火器也提前配备，加强第一梯队的火力和突击力。全师上下均左臂系白毛巾，天刚黑下来就出发了，于16时40分前，来到穿插出发地——龙头里以东约3公里的儿柴里。

儿柴里是个不大的村庄，二三十户人家，坐落在一个小山坳里。白天，张竭诚带着作战科长廖振铎曾来到这里侦察过。一条乡村路从村旁掠过，绕过山冈，蜿蜒东去，道路2米来宽，凸凹不平，不能通过汽车，只能勉强走牛马车。昨天刚下了一场大雪，到处一片白茫茫。要不是朝鲜大轱辘牛车压出来的两道车辙，真叫人难以辨认哪儿是道路，哪儿是原野。进村前，群工科的同志先来这里找好了向导，是两位40多岁的朝鲜农民。他们对志愿军很热情，会说几句简单的汉话，不仅介绍了穿插路线的道路情况，还提供了横城、原州的敌情。这两个向导，一位领着前卫团，另一位安排在师指挥所。

穿插序列为三五一团（前卫）、师指挥所、三四九团、三五〇团、机关、后勤分队。

"嗡嗡嗡……"敌机在上空盘旋侦察。训练有素的部队，运动起来像猛虎，隐蔽起来似眠蝉。一片黑暗笼罩着儿柴里，整个村庄看不见一丝光亮，除了偶尔有几声狗叫之外，几乎听不到什么声音和动静。在这寂静的小小山坳周围，敌人做梦也没有想到，竟潜伏着7000多人的志愿军队伍，暗藏着一把插向他们心脏的尖刀。

远处的照明弹在闪亮，张竭诚借着光亮看了一下手表——差10分17点。四十二军要求他们：穿插出发与反突击总攻均于2月11日17时同时进行。现在，一切准备均已完毕。只等一声令下了。作为师长、政委的张竭诚和李少元，怀着比其他指战员更为激奋的心情，登上夜色中的山冈。

17时整,"隆!隆!隆!"隐隐约约地听到反突击集团的炮声。一排排炮弹闪电般地飞向敌人阵地。

张竭诚站在一个山冈上,发出了庄严的命令:

"前卫团出发!"

天刚黑,部队开进了。公路两旁的房子,昨天还是完整的,今天却被敌人飞机打着了火,火光冲天。从远处看好像部队是在火海中通过的。近处,可以听到女人和小孩的哭声。就是这火光,就是这哭声,给了每个人一种神奇的力量,燃烧的焦木气味中掺杂着一股火药味和凝固汽油弹味,浓烈地刺入人们的鼻孔。火光映着指战员们的身影在齐刷刷地向前移动。有的战士站住稍微张望了一下,马上又跑步跟了上去……

三五一团行进在山谷之中,两侧高山峭立,中间夹着一条崎岖的羊肠小道。午夜,北风开始呼啸起来,山道上的冰雪冻成了坚硬光滑的冰板,冰板上面又铺上一层积雪,更加溜滑难走,行列中不断有人跌倒。几乎人人全身都沾满了冰雪。

很久没有钉掌的驮马,简直成了"木马",它们的四条腿撑的像木棍似的,艰难地向前移动着。饲养员们好像京戏里的马童,叉开两腿,双手紧握着缰绳,随着马的摆动,做出各种紧张的姿势。

张竭诚指挥作战一贯指挥靠前,他的指挥所就在前卫团后面行动,半个小时后,这个师全部进入了穿插"走廊"。18时许,部队从没云里伪八师十六团阵地左翼边缘穿过,快到上物安里了,忽然,前面传来一阵稀疏的枪声,怎么回事?作战参谋向张竭诚报告:"师长,三五一团二营前卫连同敌人一个排遭遇,已将敌人歼灭,俘虏马上可以带到。"张竭诚听了立即命令三五一团:"不要恋战,不要受小的敌情干扰,不要因小失大,能歼就快歼,否则就驱逐,记住,现在争取时间为第一要义!"

张竭诚边走边审问带到师指挥所的俘虏。原来,敌人这个排是伪八师十六团的搜索排,这几天一直在上物安里一线巡逻。俘虏供称,这一带是他们的侧翼。又是两支部队的接合部,没有重兵设防。这与战前侦察了解的情况相同。

部队踏着半尺深的积雪,急速地向东穿插。在药寺田附近,前卫连又遇到敌一个连阻击,在师侦察队的协同下,歼其一部,驱其大部。

22时左右,部队通过都仓村时,张竭诚在一个牛棚里看了一下地图,发现从儿柴里算起,到这里已经前进25公里,将近走完预定行程的三分之二。他想:剩下的路程虽短,但艰难险阻更多,离敌人腹地越来越近,要打的仗就越多。他从地图上看出:山高路窄,道路越来越难行了。琴岱里以东,地形复杂,只有羊肠小道可以通行。还有一座高达700米的大山,被风雪缠裹着横在前面。

带路的向导也逐渐对这里的道路不熟悉了。现在又是夜行军,地貌、路标均看不清楚。难怪部队穿插的速度明显地降了下来。

他这样想着,心里担心起来:部队千万不要走错路!

担心的事情偏偏就发生了。

将近24时,师指挥所抵达琴岱里,准备稍事休息,碰碰情况,部署下一步行动。张竭诚正在和李少元、韩曙交谈着,只见廖振锋急匆匆地跑来:

"报告师长、政委,三五一团可能走错路了。"

"怎么搞的?"张竭诚有点发火了。

"在村子东头有两条路,一条向左,一条向右……"

"不用说了。走,看看去!"

张竭诚立即同指挥所的同志们迅速赶到了村头岔路口。他们从前卫部队留下来的足迹和设置的路标看出来,三五一团是向左边那条路走下去了。大家聚拢蹲成一圈,用大衣遮住手电筒的光亮,俯视在雪地上铺展开来的一张地图。大家一看,左边那条路是通往正北石子洞去的,再北进就要误入伪八师十六团防地上草院了;再看右边这条路才是向东,通往他们的目的地——鹤谷里。为慎重起见,他们又让留在指挥所的向导在现场仔细辨认了路径,最后才确认三五一团走错路是无疑了。

现在是如何走捷径赶到夏日?果然三五一团向师指挥所报告:他们已从北向东北翻山去夏日。琴岱里是这个师的展开地区,他们命令三四九团经昆矣洞插向鹤谷里。琴岱里的地理位置很重要,向北既可通伪八师十六团防地上草院,又可通美二师九团防地新村。据此判断,敌人在向横城方向突围失败的情况下,有可能丢弃辎重,选择这条路逃脱。于是,他们临时下决心,张竭诚讲:告诉三五〇团赵先顺和王千祥留一营于琴岱里占领有利地形,堵截落网之敌,而且协同保障师的侧翼和后勤的安全,以期一举两得之功。

张竭诚、李少元调整完部署后,已过午夜。这时,从东线指挥部传来消息:我反击集团已从正面突入敌人战斗队形,已歼敌一部,迫使敌人从丰水院、鹰峰里等地向横城方向逃退。

形势越来越紧迫了!敌人仰仗机械化向后跑会是很快的。我们的部队能不能用两条腿跑过敌人的"机械化",按时到达穿插终点,截住敌人,是这次行动成败的关键,关系到第四次战役的全局啊!

师侦察连趁着夜色由琴岱里出发,在崎岖不平的山道上搜索前进。都到下半夜了,但是他们前面却没有任何敌情。

在即将接触敌人的时候却找不到敌人,这是侦察兵最头疼的事情。他们每个人几乎都在这样想:在这个时候,如果能抓住"舌头"审问一下,那是再好没有了。可是周围是一片黑乎乎的山林,寂静无声,往哪里去找呢?

就在这时,侦察员特有的精细帮了他们的忙。尖兵组的战士忽然在山顶上发现一条美式军用电话线。这条电话线隐伏在乱草丛中,却没有躲过我们侦察兵鹰一样的眼睛。

"副师长来了!"侦察员们小声地向师侦察科长报告。只见韩曙带着警卫员赶来,急切地问道:

"发现了什么情况?"

"发现美军的电话线,估计前面有敌人。"侦察科长回答道。

侦察排长吴永章带着侦察员们刚到山下,进至昆矣洞时听到前面传来了隐隐约约的说话声。他们绕过一所孤独的房子,接近了一个山沟的出口,从这里再往里望去,是一片房舍稀稀落落的村落。在一所房屋附近,有一堆黑影在乱哄哄地谈笑着。

"是不是敌人?"吴永章压低嗓门儿问身边的联络员。

"是敌人。"联络员侧耳仔细听听,低声回答:"好像是美国人。"

吴永章指挥侦察员们向敌人突然发起袭击,活捉了30多名美军黑人士兵和伪军。所有的俘虏押送下来,联络员立即审问,于是把情况弄清楚了:这是美二师九团的一个黑人排,是配合伪八师的后方部队担任警戒的。他们完全没有想到,我军会突然出现在他们的后方,这说明一一七师已经插到了敌人的心脏部位。

被侦察连冲散的敌人都蒙头转向地躲藏在屋子里、茅厕和附近的山沟里,三五成群的敌人被在师指挥所后面跟进的三四九团二营战士们搜了出来。在俘虏群里,还有几个朝鲜的青年妇女脚上连鞋也没有穿。战士们把她们和俘虏分开时,她们每个人就像见了亲人似的恸哭着。在不少李伪军的士兵身上都带着一个红布袋,这是新抓来的炮灰标记。

三四九团由琴岱里展开,全团上上下下士气大振。他们沿山间小路,成一路纵队快速东进,于12月1日抵达了昆矣洞,而后插向鹤谷里。

但是,从昆矣洞到鹤谷里,有一座约800米高的大山挡住了去路。薛复礼找来了向导问道:

"有没有山路能插过去?"

"插是能插过去,就是山路很难走呀!"

第十章
奇兵穿插

薛复礼摊开了军用地图和康应中商量:"昆矣洞在西麓,鹤谷里在东麓,如果沿盘山道绕行,路虽好走,但要多花时间,且遇敌阻击要多。老康,你看呢?"

"兵贵神速嘛!时间在这里比什么都重要,我们宁肯多吃点苦,受点累,取捷径,抄近道,翻过这座山。"康应中说着,激动起来了。

这是一座800多米高的大山,遍山覆盖着冰雪。远远望去,白花花的像座名副其实的冰山。白天,山的阳坡积雪融化,一到夜间便冻成了一层薄冰,后面的部队仰头望去:只见正在爬山的先头部队像蚂蚁似的在雪白的山坡上蠕动。再往上看,山峰插入茫茫的白云间。扛重机枪的战士们,在山下把枪卸开,轮流扛着,低头弯腰,一步一步往上爬。山又陡,路又窄,山崖小道上冻得溜滑溜滑,刚一迈脚,就"哧溜"一下子滑倒了。爬起来好不容易登上一节,一失脚又从上面滚下来,摔得浑身骨节生疼。轻机枪手们也很吃力,他们一个人在前面拉着枪管,一个人在后面推着枪把,艰难地前进着。步枪手们索性把枪背在背上,腾出双手来一个拉一个地向上攀登。上面的人一摔跟头,往往把跟在下面的人也滑下很远去。不管谁跌倒了,都马上爬起来继续攀着树藤或石块往上爬,没有一个停下来休息的。

刚刚爬到半山腰,浑身已经一点力气也没有了,指战员们一个个张着大口呼呼地喘着粗气。

忽然,从前面传来一句句洪亮的声音:

"同志们,加油啊!翻过大山就是鹤谷里!"

"同志们,再加一把劲!爬到山顶就是胜利!"

"同志们,我们现在是在和敌人抢时间,绝不让敌人跑掉!"

大家朝着这些声音望去,只见前面山道旁的岩石上并肩站着薛复礼和康应中,正在向陆续通过这里的指战员们热情地打招呼。部队中有人议论起来:

"是团长和政委!"

"团长、政委什么时候赶到我们前面去了?"

一听到鹤谷里这个名字,一听到团首长激昂的号召:"和敌人抢时间!"每个人的疲乏立刻消失了,心里激动而兴奋,只觉得浑身充满了力量,脚下的步伐加快了。

正当部队奋力攀登高山、前卫二营将要通过昆矣洞东山的时候,突然,主峰北侧500米处的山头上出现了敌情——敌人一个警戒连进行阻击,为保障二营迅速插到鹤谷里,薛复礼命令侦察股长:

"萧林同志,你带着三营八连向敌人隐蔽接近,驱逐或歼灭。"

"是!保证完成任务。"

萧林立即指挥素以勇猛善战著称的八连勇士们,向敌人猛扑过去,一阵激战之后,毙俘敌人116名(美军10人)。不幸的是萧林这位年轻的优秀指挥员在指挥战斗中英勇牺牲。大家都为之悲痛和惋惜。

当部队爬上山顶,天已经大亮了。初升的太阳照着山上的积雪,闪着一片耀眼的金光。一夜行军后的疲劳,刚才攀登高山的辛苦都已被兴奋的心情代替了。

"往后传!原地休息。"部队停下来后,才知道这是团首长的命令。尽管敌机在上空嗡嗡地盘旋着,但是谁也没有理睬它。每个人从身上解下来干粮袋,倒出炒面拌着雪吃起来,虽然干粮粗糙得很,但是在一夜爬山劳累之后现在真是越吃越香。战士哪里肯休息,他们一面吃着,一面擦拭着枪上的冰雪。因为,他们站在山顶俯瞰,山脚下是一条大公路,鹤谷里紧靠在公路边,我们的先头部队已经胜利地下到山底——凭着两条腿硬是跑赢了美国人的10辆大卡车,战斗已经迫在眉睫了。

部队开始下山了,指战员们顺着积雪的300多米长60多度角的大斜坡往下滑,他们都用大衣把自己裹住,一边向下滑,一边叫嚷着:"快!快!坐滑梯呀!"他们简直就像站在鲤鱼背上一样,哧溜哧溜地向山下滑去,滑到山脚,一个个都成了雪人。一个炊事员跌了一跤,把行军锅从山顶一直滚到山下,牲口是四蹄不离地慢慢滑着下山。

再说,三五一团团长王德雨、政治委员彭仲韬带着全团人马冒着呼啸的北风和漫天的大雪,按照十万分之一的军用地图和指北针行进。走了大约20公里,好不容易找到一个向导,他一带路,反而更糟——向东北方向走出2公里左右。王德雨、彭仲韬和跟在这个团的师作战科副科长李宏垠,觉得方向走得不对,马上派骑兵通信员传送命令给二营:"停止前进,掉头往回走!"这时,师部派出的骑兵通信员也赶到了,王德雨和彭仲韬接过信一看,果然是走错了路。

忽然,从东北角的山坡树林里,传出一阵叽叽喳喳的说话声,接着,就看见一大群人大摇大摆地走了出来,他们误会志愿军是他们的部队,竟与这个团指挥所混到了一起。不知是哪个参谋惊叫了一声:"敌人!"王德雨、彭仲韬一看,这些家伙不戴帽子都留长头发,便发出了"打"的命令。警卫员用步枪托、驳壳枪、手榴弹向敌人头上砸去,有几个家伙刚要逃窜就被打倒了。一阵枪响之后,5个伪军士兵被押了下来。据俘虏供称:上下物里的敌人已经向南撤退了。这些俘虏还说:到鹤谷里、夏日去有一条小路,比原来预定的路线近得多。王德雨和彭仲韬用手电筒在地图上寻找果然如此。于是,他俩决定：不改变战斗序列，不再走琴岱里北山向北插的路线，而是抄近道直插过去。两个伪军俘虏带路，部队进入了一条山沟，沿着更加崎岖的山道，急速地挺进。他们翻过两座小山，前面又横着一座海拔700米高的大山，山上积雪很厚，根本看不见道路。团指挥所命令各营纵队变横队，干部战士抓住树又向高山上攀登。驮炮的牲口不时摔倒。战士们干脆把炮卸下来，抬着翻山。下山时，大家利用厚厚的雪层，一直滚到山下去。下山后发现一条乡村大道，战士们像离弦的箭一样向前奔跑。

拂晓前，三五一团插到了鹤谷里、夏日之间的公路两侧，大家向下一看，一条灯火通亮的长蛇向北伸去，望不见头和尾，车辆的引擎声清晰可闻。公路上和路东高地约有美军一个营兵力。因敌已发现我穿插部队和作战意图，于混乱之中拼凑一些部队，企图抢占高地，掩护后续部队撤退。我二营经捕俘获悉：在夏日、下加云、碧鹤一带的敌人是美二师第九团3个营（两个摩托化步兵营和一〇五榴炮营）以及横城敌指挥所部分人员，在新村一带的敌人是伪八师和沿公路后撤的先头部队。这时，天快亮了，尚未与从左翼穿插的六十六军部队联系上，怎么办？王德雨和彭仲韬按照预定的作战方案命令二营：

"你们赶快冲下山去，把公路上的敌人打垮，夺占路东的碧鹤山332.6高地，卡住敌人的咽喉！"

二营真是好样的！在营长张树芳、教导员邹锦章指挥下，指战员们面对着超过自己一倍兵力的美国军队，毫不畏惧和迟疑，以勇猛的动作，劈开敌人队形冲过公路，发起突然攻击，他们以闪击战连续攻占了夏日公路以东的碧鹤山332.6高地及下加云西北之无名高地，毙俘美军210名之多，还包括1名少校军官，其余的敌人被压制在夏日公路附近的洼地里。

彭仲韬随二营插过公路后，看见副团长杨玉坤、参谋长厉秉、副主任王青山都跟着二营冲过来了，便大声喊道："厉秉、王青山，你们俩赶快返回路西指挥所！"由于枪炮轰鸣、人声嘈杂，他们没有听见，都上了碧鹤山。彭仲韬带着警卫员和几个参谋、干事返回路西时，天已大亮。他一看，二营冲过公路时俘虏的200多名美军都蹲在北边小山坡下，只有几个战士持枪看守着，这样太危险了！他马上叫王参谋再带一个班、一挺机枪，加强看管。

几乎与二营冲击公路之敌的同时，王德雨指挥三营在驱逐昆矣洞西北无名高地伪军并俘敌一部后，占领了这个高地，作为团的预备队。在抢占公路两侧要点的战斗中，他们还俘虏了敌一个对空联络班和缴获了印有双十字标志的对空联络塑料布板，按照敌人当天联络标志将布板摆在阵地上，使敌机迷惑不解，不敢扫射和投弹。

天已破晓，山下公路一带各处响起了激烈的枪声。这是被我夜间突然袭击打蒙了的敌人逐渐清醒过来，更激烈的昼间战斗已经来临了。张竭诚从望远镜里看到，晨曦中，战场的轮廓尽收眼底。

按照上级要求，到达穿插终点时间是早晨7时，然而6时30分三四九团的报告就提前传到了师指挥所：这个团到达鹤谷里后，猛冲下山岗，打得敌人措手不及，已经占领了鹤谷里公路两侧的大谷、陵谷等高地。五连攻占大谷高地时，击毁汽车7辆，俘敌43人（其中美军16名），尔后又将横城出援之敌的坦克数辆击退，炸毁一辆，乘胜占领大谷以东的303.2高地。全团完成了对内对外的战斗部署，正加紧构筑工事，分守要点。至此，三四九团像一把铁钳，从公路两侧扼住了横城敌人的咽喉，特别是五连占据303.2高地，居高临下，直逼横城，压得敌人难以出城。

张竭诚拿起电话筒问三四九团指挥所：

"你们团长、政委在什么位置？"

"薛团长到第一线连队去了，康政委坐镇指挥所。"

这个薛复礼，打起仗来就往最前面跑，刚刚设置团指挥所的时候，他还有一次小小的历险。

那是12日6时30分，薛复礼在设置完团指挥所之后，天尚未大亮。他只身登上附近一个小小山包察看地形。他看到三营部队正在通过这里，二营已经走过去了，漫山都有我们的部队在占领阵地。他顺着山道行约200米时，忽然听见右后侧有人在喊他，转身一看，只见8个左臂扎红布条的伪军，呈半月牙形围坐在一堆残火旁，4支卡宾枪、4支美式三〇步枪横放在盘坐的双腿上，距离他只有50米远。这些人说的什么话，他也听不懂，但他马上意识到：敌人把自己当作他们的长官了。因为，他头戴缴获的美军军官帽子，上身穿一件也是缴获的伪军呢子大衣。这时，隐蔽已经来不及，他暗自决定：趁敌人无准备之机打他个措手不及！

他直接向这伙敌人走去，果然，敌人并未发觉什么。他边走边从身上掏出了手枪，心想：一是你们不知道我是什么人；二是你们已经看见到处都有我们志愿军的部队在占领阵地，远处还有我们部队的枪炮声……越想胆子越大，走近了，他举枪就打。万万没想到，第一枪瞎了火，又打一枪，第二枪还是没有响，直到打了第三枪才响。敌人听到动静，不顾一切地拼命跑，跑进小树林子里去了。警卫排长听到枪声，飞快地跑来，拿起20响的快慢机向敌人连射数枪。全排战士闻讯赶到，钻进了小树林追捕敌人。结果，抓住4个俘虏，其余的跑掉了。

张竭诚通过无线电话找到了三四九团的薛复礼。他大概是刚跑来接电话，气喘吁吁地说：

"……二营，二营的指挥所就设在鹤谷里公路桥底下，敌人的坦克刚从他们头顶上过去……"

"敌人的坦克跑来跑去，我都看到了，你们要继续组织反坦克小组，在隘路口炸掉它！卡住他们的路，最主要的是截住敌人步兵，歼灭他们的有生力量……"张竭诚说到这又问道：

"八连上去没有？"

"上来了，正是节骨眼。请师长放心，我在阵地在！"薛复礼操着大嗓门说。

三四九团二营插到鹤谷里后，四连来到了一座水泥桥下，当时炸药不够，炸了几次都没有成功。敌人坦克开过来了，三排十二班班长赵鸿吉带着爆破小组守在桥下。第一辆坦克过来了，赵鸿吉指挥战士陈勇抱着爆破筒奔跑上去把它干掉了，第二辆坦克过来了，赵鸿吉又指挥另一名战士上去把它炸毁，把公路堵住了……

山下公路两侧的战斗时起时伏，张竭诚在观察所附近来回踱着步子，怎么还没有三五一团的消息呢？

不一会儿，与三五一团前沿的无线电话沟通了。他急忙从电话员手里抓过话筒，一听是三五一团彭仲韬的声音，精神为之振奋地说：

"老彭，你快讲，你们那里的情况怎么样？"

"二营到达公路边后，撤退的大批敌人就从北面过来了，要是晚一步就不好办了，现在已经堵住了。"

在电话上，张竭诚听完了彭仲韬滔滔不绝的汇报后，高兴地鼓励说：

"老彭，你们三五一团克服了重重困难，提前到位，截住了敌人，立了一大功啊！希望你和老王赶紧做好准备，巩固阵地，迎接更大的战斗，要指挥好部队，不惜一切代价坚决把敌人堵住……"

接着，张竭诚又用电话询问了三五〇团的情况：团长赵先顺、政委王千祥率领第二、第三两个营有意暴露自己，吸引敌人的注意力。他们于12日6时许进抵才三里，遇敌百余人，第三营纵兵冲击，穷追到蟾江岸边将敌歼灭。追击中，营长韦树芳一马当先，冲在前面，不幸中弹，光荣牺牲。尔后，这个营又将蟾江西岸美空降一八七团派出的一个伞兵警戒连击溃，毙敌40余人。全团在穿插途中共毙俘敌300余人，提前到达指定位置，占领了水晶洞西北的327.3的高地。赵先顺在电话上报告完后说：

"师长，按照你的命令，副团长王秀法带着一营留在琴岱里，已经做好了一切战斗准备，与师后勤赵部长也联络上了。"

"老赵，你们的任务很重啊！战前在师党委会上，你和王千祥都积极要求到鹤谷里和夏日挑重担子。其实，你们三五〇团现在的任务并不轻松，你们插到才三里一线，既可监视、控制、威胁横城、原州之敌人，阻击美空降一八七团的行动，为师的侧翼安全提供保障，又可打敌援兵，防止敌人漏网逃窜，随时增援三四九团和三五一团。这就叫作'一箭双雕'嘛！"张竭诚听了赵先顺的报告后，充分肯定了他们的战绩和部署，最后这样强调说。

至此，一一七师的指战员们终于用"两条腿"赛过了敌人的"机械化"，按时和提前到达指定的穿插位置，抢占了要点，完全切断了伪八师九团和美二师9个团各一部的南逃道路以及横城之敌的北援通路，为整个参战部队全歼敌人创造了极为有利的条件。

在军指挥所里，我听完张竭诚师长以上这些情况的报告后，禁不住在心中涌起一股自豪感，多好的部队，多好的指挥员，多好的战斗员啊！为了祖国而战，为了正义而战，天大的困难也压不倒他们。这是敌人无法理解的，也是我军的优势所在。敌人失算了！他们过低地估计了我军的胆略和力量，做梦也不会想到我们一夜之间就插到他们的纵深腹地，出现在横城城下。

看来一场恶战，不可避免地要在这里展开了！

12日7时以后，从正面战场向横城败退下来的敌人越来越多，突围的数量也越来越大了。北到新村，南至大谷，约6公里的公路上，突围与反突围的战斗越来越激烈。8时许，新村一带的炮声大作，紧接着横城方向敌机起飞，坦克出城。敌人有组织的突围和增援开始了。被困于夏日的美二师第九团和新村的伪八师各两个营，沿公路向横城方向突围；在同一时间里，横城之敌两个营在航空兵和坦克营的掩护下，出城接应南逃之敌。

在前沿观察所的张竭诚，一直举着望远镜在向公路瞭望。他看见这两股敌军形似墙上挂的军用地图上的两支蓝色箭头，妄图在这条公路上对接。情况十分紧急。他拿起电话筒叫师指挥所将这最新的敌情，火速通报各个团。他在电话上说：

"要求各部队在此决定胜负的关键时刻，沉着应战，坚决巩固既得阵地，把住这条公路，不让两股敌人靠拢，粉碎敌人突围计划！"

10时，被围之敌丢弃装备，分路向南突围。师指挥所的李少元政委、韩曙副师长命令各团和师直、后勤分队坚决堵击逃敌。10时30分，千余南逃之敌被在琴岱里的三五〇团一营堵击，展开了激烈战斗。一营依托阵地打退敌人多次冲击，趁敌混乱，勇猛出击，全歼逃敌1000余人。师指挥所及警卫一分队、炮兵分队也投入了围堵逃敌的战斗，抓了不少俘虏。

真有意思——一一七师战斗报社的女编辑王文炳在上厕所的路上也抓到一个俘虏。

一向作战沉着顽强的三五一团首当其冲，担负着阻击逃敌的任务。他们面临的形势十分严峻。美二师第九团以两个营兵力向三五一团二营阵地发起猛烈攻击，二营营长张树芳，教导员邹锦章指挥各连，凭借有利地形，顽强抗击，一些阵地得而复失，失而复得，失去了与上级的联系，仍在顽强坚守，击退了敌人多次进攻。邹锦章教导员在进行战地鼓动时，在前沿战壕里身负重伤。

团政治处宣传股长谢恒意得知后亲自带着担架，冒着密集的炮火和弹雨，来到二营阵地上把身负重伤的邹锦章抬往团绑扎所。邹锦章躺在担架上吃力地说：

"老谢，我恐怕不行了吧？"

"邹教导员，不会的，你好好养伤，好了再回前线。"谢恒意安慰地说。

四连阵地紧靠公路，是敌人进攻的重点。当敌人乘6辆汽车拼死夺路逃向横城时，四连勇士们集中火力，击毁敌人的先头汽车，卡住了公路，敌人跳下汽车纷纷逃窜。二排趁机夺占紧靠公路的几个小高地，紧追逃敌。200余名敌人在炮火支援下，轮番向四连阵地进攻。二排阵地上只剩下副排长王德仁和战士唐文标、越义山3个人，子弹打光了，数十名敌人涌上来，三勇士冲入敌群，与敌展开白刃格斗，直到最后壮烈牺牲。二排阵地失守后，指导员冯书贤把文化教员、通信员、司号员、炊事员和仅有的十几名战士组织起来，拿起牺牲战友的武器，抢回敌人遗弃的弹药，指挥和鼓舞大家在连主阵地打退100多名敌人的数次进攻，在六连二排支援下，终于守住了连主阵地。

二营占领碧鹤山以后，杨玉坤、厉秉、王青山与营长、教导员研究作出了死守的部署：五连放在靠近上下加云方向的山脚突出部卡住敌人主要集结地；四连与机枪连居中，随营指挥所卡住敌人的腰部；六连放在左侧的山脚下，与路西的七连形成交叉火力，卡住公路转弯处的山垭口。

在敌人对五连反复进攻的时候，王德雨和彭仲韬同师作战科副科长李宏垠商量后，立即把一营撤了出去，沿着上下加云西侧山梁向东北出击。经过一个多小时激战，一营占领了上下加云以北和东北的536.7高地一带的3个山头。在营长赵希刚、教导员张云波的指挥下，以二连、一连、三连的序列从左至右摆开，立即构筑工事，准备打退敌人的攻击。半小时以后，李伪军以约一个营的兵力，向一营扼守的山头进攻了。机枪、大炮

疯狂地吼叫着,十几架飞机轮番轰炸扫射。炮弹、炸弹在山峦上掀起铺天盖地的尘烟。敌人的步兵跟随着坦克爬上了山脚,然而,一营的阵地上却一枪不响。

"这是怎么回事?"王德雨和彭仲韬两人同时举起望远镜在反复观察,但怎么也看不清楚。

"是敌人撤出战斗了吗?"

"难道敌人占领了阵地?!"

他俩完全意识到:如果阵地一旦被敌人占领,整个战役就要受到影响。

这时,电话铃响了。电话解除了他们的忧虑:

原来当战斗最激烈的时候,三连的弹药已经全部打光。三排长于占和命令战士们隐蔽起来,等敌人冲上山头,从四处用石头猛砸敌人,把敌人砸得蒙头转向,然后他大喊一声:"刺刀见红,杀呀!"战士们从各个隐蔽处钻出来,亮着刺刀突然出现在敌人面前,就这样,消灭了登上山头的敌人,使阵地转危为安。

五连与敌人激战2小时,多次击退敌人的冲击。指导员曹根福带领战士们冲锋陷阵,实施阵前反击,打乱了敌人攻击的部署。战斗异常激烈,连队伤亡很大。曹根福和连长夏安全先后壮烈牺牲。当连主阵地上的指挥员全部伤亡时,司号员马德起挺身而出,代理干部指挥,组织起剩下的十几名战士击退敌人进攻,始终坚守在阵地上,与四连一起卡住了敌人的去路。

曹根福的牺牲是继我军全国战斗英雄王凤江牺牲之后的又一个重大损失。从我们军的领导到广大指战员,闻讯后无不为之悲痛。

在三五一团指挥所里,王德雨和彭仲韬透过望远镜,清清楚楚地看到,从公路北面涌向这里来的敌人越聚越多,汽车和坦克把公路堵塞得水泄不通。

真是巧极了。几乎是第三战役的釜谷里战斗中一一六师的全国战斗英雄王凤江倒下去之后出现了二级英雄、特等功臣郑起一样,如今,一一七师的全国战斗英雄曹根福刚刚倒下去,又出现了特等功臣肖子云。

在三四九团的阵地上,枪炮声一片轰响,山头上烟雾腾腾,弹片沙石飞溅。三连机枪射手肖子云抱着机枪跳到沟坎上,对着往山脚下涌来的敌人猛烈扫射。突然,排长一把拉住他的胳膊,大喊一声:"快趴下!"肖子云一弯腰,帽子被一股气浪掀出很远,一串串子弹打得土坎"叭叭"直响,泥沙溅了他一身一脸。

他把枪管裹在棉袄里,微微向左移动两步,仔细地观察,原来是敌人一挺重机枪架在公路旁边一块地里,20多个敌人正往菜地跑来。他端起机枪扫射起来,敌人前仰后栽地倒在草地里。这时,二班和三班的机枪也从山坳两侧吼叫起来。这样,在三挺机枪的交叉火力下,敌人的这挺重机枪没吭几声就哑巴了。正在向山脚下蠕动的敌人失去掩护,转身就往公路上奔跑,有的倒在坑洼里哇哇喊叫,有的躲在小沟里伺机反扑。

公路南北的枪炮声也突然激烈了。一群群敌机贴着山谷盘旋,公路两侧的炮火都朝着山头猛击,爆炸的烟雾遮得阳光昏暗迷茫。公路上的敌人一伙一伙涌向山脚下。

情况开始严重起来。肖子云用衣角拭了拭机枪筒上的沙土,紧紧地瞄准山下的敌群。没有想到的是,突然,迎面涌来的敌人改变了队形,一排排地移到左侧山脚下,企图避开山上志愿军的火力,依着陡坡硬往上攻。他看势不妙,急忙挪动了射击位置,扫了一梭子,山半坡冒起了一溜尘土,子弹被挡住了,而敌人仍然不断地往山崖下陆续集结兵力。

"糟啦!咱们机枪够不着敌人了!"弹药手焦急地喊了起来。

"别咋呼!"肖子云领着弹药手向左爬了一段,机枪射界还是被陡坡挡得严严实实。他向排长请示:"怎么办?"当他爬到排长的工事边。发现排长倒在炮弹坑里,身边一摊血迹,肖子云叫弹药手给排长包扎。谁知排长的眼睛向肖子云瞪了两下,手指着山下,说:

"不要管我,快去打山下的敌人!"

怎么办?肖子云知道,在山上面是打不着敌人的,眼看敌人在山脚下面越聚越多,如果丢掉这个山头,连的主阵地会受到威胁,控制公路就更困难,被堵在口袋里的敌人就会溜掉。他急得把机枪挪来挪去,额角的汗水滴落在枪上。他一面思索一面再次察看四周地形,右侧山坡上,美军的许多尸体堵着路;左侧山坡陡峭,一层白茫茫的积雪尚未融化。

他下定决心:只有冒着危险,从陡坡的偏角处冲下山去才可以消灭敌人。他对弹药手说:

"小刘,我冲下去了!"

"那太危险了!"

说着,肖子云急忙把机枪抱在怀里,拉了一下帽檐,顺着雪坡呼呼地滑下去了。当他滑到山下时,头摔得晕晕沉沉的,眼前直冒金星。他趴在雪地上喘了一口气,偷偷地爬过山脚一看,敌人正在呜呜呀呀地向陡坡上攀登,枪支大背在肩上,双手抓着枯枝野藤,一步步地移动,生怕摔下去跌死。

"兔崽子们,看你们往哪儿跑!"他端起机枪一阵猛烈地扫射。这些正在往上爬的

敌人骨碌骨碌地滚了下来,号叫声喊成一片。他仍然在端着机枪扫射,剩下的20多个活的撅着屁股往菜地里跑。他追过一片苞米地,把机枪架在乱石堆上继续射击,直到敌人全部倒下……

这时,敌人攻山的队伍乱套了。二、三班的机枪压住了右前方的一股敌人。肖子云连忙调转枪口,正好跟他们构成一个三角形的火网,打得敌人四处乱窜。突然,在子弹尖叫中出现了一个熟悉而有力的声音:

"同志们!追啊!不要放跑一个敌人。"

肖子云扭头一看,是自己的指导员站在山嘴上高声呼喊。他再一看,全连的战友们像潮水一般涌向公路。公路上,尘雾腾腾,汽车、炮车都燃起了熊熊火焰,公路两边、车上车下躺满了美军的尸体。他提起机枪,跟着冲下来的同志们奔向追击敌人的行列。

天色渐渐地黑下来了。周围大山的影子也模糊起来。迎面战场,已经只是枪炮火光,而看不清人车踪影了。

与此同时,新村之伪八师以8辆坦克为先导,掩护10余辆汽车和两个营步兵向南突围,企图与横城援敌在公路上对接会合。三五一团一营居高临下,以猛烈的火力大量杀伤敌人;三四九团一营协助作战,给敌人以迎头痛击。团迫击炮连炮手李长海在没有炮架支撑的条件下,用手扶着炮管向敌人射击,炮弹命中两发,炸得敌人乱作一团。战友们看见这般情景,拍手叫好。康应中政委当场问道:

"打得好!这是哪个连的炮手?"

"团直迫击炮连的,名叫李长海。"

"我代表团党委给你请功——李长海同志。"

这不仅给李长海本人极大的鼓舞,给全团指战员带来了多么巨大的力量啊!

三连一排立即跑步抢占316.3高地西北无名高地,击退百余敌人的攻击。三五一团与三四九团两个营奋力堵击,终于击退了突围之敌。

激战之中,二营甚为吃紧。营部电话员池宣新在去接被炸断的电话线时,他的腹部、腰部、腿部,已经数不清有多少处负伤了。他全身都在流血,昏倒在山坡上。当他苏醒过来后,拖着血迹斑斑的身子,一寸一寸地挣扎着爬向断点,鲜血染红了身旁的土地。他用尽最后一点力气,两手握住两端的断线,以身体当导线接通了指挥员们焦急万分的电话,默默地牺牲在血泊之中……

这一切,谁也没有发觉,谁也没有看见,只是在池宣新久久没有回来,首长和战友

第十章 奇兵穿插

们到处寻找才发现的。

与我军指挥员身先士卒的精神形成鲜明对比的事情,在敌人阵地上出现了。下午3时许,敌人一架直升飞机在3架战斗机的掩护下,徐徐地降落在夏日附近的敌人防区。好多人是头一回看见直升机,所以两只眼睛一直瞅着它,只见它在离地面很近的半空中停住了,放下了软梯,后来才知道伪八师的师长等指挥官被接走了。原来,敌军有个规定:在紧急情况下,美军团以上军官,伪军师以上军官,可享受派飞机解救的待遇,溜之大吉,至于部队嘛,当然是不管喽!

池宣新用自己的身躯接通了电话,团与营之间及时地恢复了通讯联络。为了缓解二营的压力,防止敌人从上、下加云方向拼死突围,团长王德雨、政治委员彭仲韬命令一营向敌出击,连续夺取了536.7高地东南的3个小山,紧紧咬住了敌人。伪八师急调两个营兵力,在猛烈炮火配合下,向一营疯狂反扑。营长赵希刚指挥靠前,率领干部战士击退敌人多次进攻,在与敌人拼死肉搏中英勇倒下。二连二排长子弹打光,用机枪托和石头砸向敌人,直到壮烈捐躯。全营伤亡过半,教导员张云波带领仅剩的百余人始终坚守在阵地上。敌人在如此英勇无畏的英雄们面前,横尸遍地,被迫退回。

天色已晚,横城美军又出动两个连,以6辆坦克开路,沿公路向鹤谷里进攻,企图接应突围之敌。三四九团五连和三五一团七连伸至公路两侧阻击敌人,经半小时激战,将这两个连的敌人击退。忽然,敌人6辆坦克却沿着公路向鹤谷里冲来了。一直站在最前面指挥的薛复礼,拿出了他亲自掌握的团预备队——八连,大声喊道:

"爆破班上去,给我炸掉前头的'铁家伙'!"

"是!"爆破班长常惠生抱起炸药,带着全班人冲下了桥西公路的沟内。

常惠生指挥一个又一个战士拿着爆破筒和炸药,迅速接近火舌四射的坦克,只听"轰!轰!"两声巨响,先头两辆坦克被炸得履带"哗啦哗啦"散落下来——趴窝了。

后面的4辆坦克见势不妙,慌慌张张地开下公路,从稻田地向突围方向迅猛逃跑。常惠生带着战士们追上去,追不上,急得直跺脚,眼睁睁叫这些"铁家伙"溜掉了。

坦克的增加使敌人步兵如获救星,求生希望大增。被困于鹤谷里、夏日间的敌人依靠坦克的引导,以密集的队形向三四九团桥头阵地冲击,薛复礼团长站在离桥头只有几百米的山坡上指挥,他大声喊道:

"各连注意,现在不要开火,把敌人放近了再打!"

结果,在各种火器突然开火的面前,敌人步兵像被伐的树木一样纷纷倒下,一辆又一辆开上来的汽车都被击中成了"火车",有的堵塞桥面熊熊燃烧,有的翻倒在桥下摔

得粉碎……八连二排子弹打光，排长姜智春带领全排跳出工事，同敌人展开了白刃格斗。在一营的支援下，八连的勇士们前仆后继，奋不顾身，寸步不让，毙敌400余名，始终不让敌人跨过桥头一步。其他5个连队因敌我兵力悬殊，与突围之敌对峙在1里多长的公路两侧。

天黑以后，1000多名残敌、200多台汽车进行垂死挣扎，在10多辆坦克引导下，拥挤着沿着公路向南冲击，妄图突破三四九团阵地南逃……

四周烟雾腾腾，眼看敌人最后一辆坦克要爬上公路逃跑了，三四九团六连战士傅连增抱着爆破筒冲到了坦克的旁边。

坦克的履带轧轧地滚动着，震得地面呼呼抖动，也震动着他的心。

开始，傅连增怎么也找不到插爆破筒的地方，他就紧跟着坦克跑，上下左右地连跑连打量着坦克。他知道坦克里的敌人没有发现他。他紧跟着跑了一阵之后，终于发现了铁盖板和履带中间有个空隙，急忙将手中的爆破筒往里一插，生怕掉下来，又用手使劲按按，抻出拉火索，便翻身跳下坦克，趴在一处石坎后面。

过了一会儿，敌人坦克不仅没有停下来，反而跑得更快了。傅连增两眼死死地盯着坦克铁板下面夹着的爆破筒，为什么还没有响？他心里像被压在坦克底下一样，胸口闷得透不过气来。他心想：难道瞎火了吗？不，不会的。他记得当他拉火时，明明听到爆破筒"咔吧"一声，冒出一股白烟。但是现在为啥不爆炸呢？真气人，又急人！他决定再上去插第二根爆破筒，但刚刚爬起来，突然敌人一颗子弹穿过他的耳根，他只觉得眼前很黑，便什么也看不清、听不见了……

等他一醒过来，班长正在替他包扎。他急忙问道：

"班长，我炸的敌人那辆坦克跑了吗？"

"没有。"班长笑眯眯地说："你看，那不是坦克吗？"

"傅连增，你立了大功，那一辆就是你炸的。"身旁的机枪手黄仁龙插声道。

傅连增顺他手指的地方望去，果然，翻倒在公路边的稻田地里许多坦克残骸中有一辆正冒着一股一股的黑色浓烟。

这个时候，一一七师指挥所里，比任何时候都忙碌。多部电话机同一时间在同各团通话。一直在掌握前沿阵地战况的师长张竭诚，发现敌人队形混乱，攻击无序，认为最后歼敌的机会已经成熟，他同李少元商量后，果断地下达了全线出击的命令。通往各团的电话迅速地传达着师长的命令：

"三四九团吗？命令你们歼灭鹤谷里最先头之敌，而后由东向西打……"

第十章
奇兵穿插

"三五一团吗？你们追着敌人屁股后面向东打，与三四九团会合……"

六十六军一个步兵营从夏日赶到，要求参加这里的战斗，师长张竭诚命令他们由北向南打，歼灭中段之敌并与三四九团、三五一团会合。

天已黄昏，夜空升起了3颗红色信号弹，声势浩大的总攻开始了！

众多的炮火向敌人猛烈射击。各部队从各自的预定地点，像潮水般呼啸着扑向敌人。在几公里的公路上，急骤而暴烈的枪炮声，短促而尖厉的冲锋号声和粗犷而震耳的喊杀声，震撼着山谷。美国飞机在空中盘旋，连续挂着一串串照明弹，山风翻卷着，燃烧的汽车的火舌，和照明弹相互辉映，把整个战场照耀得如同白昼一般。各路攻击部队勇猛冲锋，将龟缩之敌截成数段，各个围歼。敌人仍很顽固，火力相当强烈，利用坦克、汽车、路沟作掩护体，节节抵抗。三四九团一营和八连处于正面，迎头痛歼敌之队首。敌先头一辆坦克冲过鹤谷里公路桥，跟随而来的一辆吉普车刚上桥，就被守桥部队打坏起火。敌人第二辆坦克发疯似的将这辆正在燃烧的吉普车撞翻到河里，冲了过去。紧紧跟随的几辆汽车，还未等上桥就被打得爆炸起火，瘫在桥头，堵塞了公路。在勇士们四面猛烈火力射击下，残敌和200多辆汽车拥成一团，慌张自乱，自相践踏……

进入午夜，枪炮声稀疏下来了。这一天一夜的激战，一一七师毙伤敌人850余名，俘敌2500余名，共歼敌3350余名；击毁和缴获坦克、汽车200余辆，各种大炮100余门。

当我们三十九军和四十二军分别接到一一七师这一辉煌战果的电告后，当即回电表示热烈的祝贺！战斗结束后，全师受到了中朝联合司令部和政治部的通令嘉奖，三四九团、三五一团和三五〇团一营荣立集体三等功。

部队在打扫战场的时候，10多架美国飞机在夏日至鹤谷里之间的公路上狂轰滥炸，投下许多燃烧弹，把他们那些狼狈不堪的坦克、汽车、火炮等炸成了一条火龙，10里以外清晰可见。我们的指战员们当场嘲笑道：

"美国佬毁灭他们战败的罪证倒是挺及时挺积极的哟！"

最令人气愤的是，当我们的部队押着800多名美国俘虏转移的时候，几架美机追来袭击。指战员们招呼俘虏们：

"为了你们的生命安全，赶快疏散隐蔽！"

可是，俘虏们抬头看见的是他们美国的飞机，不以为然地原地坐着，怎么喊也没有动的。没有想到，美机竟然向他们自己人俯冲扫射，打得俘虏们用手指着飞机，嘴里骂着娘，纷纷抱头躲避。美国飞机扬扬得意地飞走了。押送部队清点了人数：美机此举竟打死打伤100多美俘。

指挥全师打赢了这场歼灭战的张竭诚师长站在朝霞映照的山冈上,望着刚才发生的事情,禁不住好笑起来:此时此刻,作为驻远东美军总司令和所谓"联合国军"总司令的麦克阿瑟将军,会作何感想呢?

横城之战刚刚结束,中朝联合司令部、政治部就给一一七师发来了嘉奖令:

> 此次战役,你师能圆满插断横城以北之敌退路,并俘虏敌2000余人,坚决阻击了横城北援之敌,对整个战役起了重大作用。此种战斗作风,堪值嘉勉。望激励你部为歼灭更多的美军而努力!
>
> 中朝联合司令部、政治部
> 1951年2月13日

横城大捷后,一一七师的部队押着一批又一批的美军俘虏和伪军俘虏从战场下来了。战士们一个个昂首自豪,俘虏们一个个垂头丧气。

在五琴里,师政治部青年科长汪昌满、保卫干事商震、陆驰和英语翻译组长李树滋负责800多名俘虏们登记和管理,三五一团三营派部队押送这批俘虏到战俘营去。

战斗结束后,彭仲韬怀着沉重的心情,到两处安置伤员和烈士的地方看望了为这场战斗的胜利而献出鲜血和生命的有功之臣。他看到了自己非常熟悉和喜爱的一营营长赵希刚倒下去时右手还握紧着拳头,身子向前挺伸着;出席全国战斗英雄劳动模范代表大会的那个五连指导员曹根福,牺牲时手中还紧紧地攥着敌人的头发……他们脸上、身上的血污都未清洗。彭仲韬告诉身边的人:"赶快弄水给这些为祖国、为朝鲜人民流尽了最后一滴血的英烈们净身。"

说完,他又来到伤员们中间,看到了身负重伤的二营教导员邹锦章,便伏下身子呼唤着:

"锦章同志!锦章同志!"

邹锦章这位苏北参军的老战友,头部、腹部受了重伤,已经不能说话,只是费力地睁开眼睛望着彭仲韬,强忍着伤痛想说什么但无力说出来。第二天,卫生队向团里报告:邹锦章同志伤势太重,抢救无效,光荣牺牲。

第四次战役结束后,彭仲韬升任一一七师政治部主任。他在顺川石田里怀着念念不忘的战斗激情写下了题为"战鹤谷里"的诗篇,归纳了这场战斗的经历:

夕阳西下，夜幕降临。
远远望去，
人影绰绰，村落隐隐。
一支英雄的队伍——中国人民志愿军一一七师
正在向敌人大兵集团的夹缝中穿插，
向夏日鹤谷里挺进。
路——
陡峭险峻，
冰上又铺了一层新雪，
跌倒爬起，步步艰辛；
虎狼野虫恐怕也畏惧三分。
为了完成战役穿插任务，
战士们，
手脚并用攀雪山，
抱枪紧带往下滚。
汗水湿透了棉衣，磨撞得鲜血淋淋！
中途两次遭遇战，
扫除了敌人的前哨分队；
仇恨铸成的尖刀，
向美伪军的咽喉逼近。
天将拂晓，
大雾笼罩着山群。
通向横城的公路上，
灯光宛如一条长长的火龙，
发动机的咚咚声清晰可闻。
打！
刹那间——枪炮声犹如从天而降的电火霹雷。
山野回荡，
曳光弹划破夜空——空梭腾飞。
三营迅猛攻占西侧高地，

打垮了敌人；
二营以迅雷不及掩耳之势冲过公路，
把美军赶到了碧鹤山底——上下加云。
天亮了，
敌机低空盘旋，
像一群无枝可栖的巨鸟，
翻来覆回，
发出刺耳的啸音……

一一七师横城大捷是张竭诚师长指挥全师作战最成功的一次战斗，创造了志愿军一个师歼敌（3300余人）最多的模范战例。不久，他就调到军里担任副军长兼参谋长了。

第十一章

天助志愿军

砥平里一仗打得很惨，一一五师撤退时数百名伤员挤在铁路隧洞里，颜文斌副师长带两个连队才把伤员全部转移——鹅毛大雪下得比金子还贵重，大家仰天长叹："马克思在天之灵，天助我也！"

1951年1月，第三次战役刚刚结束不久，我接到了志司的通知：由东北军区苏联顾问和志愿军司令部参谋长解方主持，召集志愿军部分军长、师长和团长，在沈阳举办一期联合军兵种作战集训班，以适应朝鲜战场现代化作战特点，加强陆空、步炮诸军兵种的协同……从1月末到2月初，各师参加集训的师长和团长们陆续从战场上赶回祖国，前往沈阳报到。

我是最不积极、走得最晚的一个。拖到2月2日黄昏，我才从军部驻地普光寺乘一辆吉普车起程回国。天亮前到了云山——这是我们军出国第一仗打败美骑一师的地方，我怀着一种特殊的感情看了看这个在战火中已经丧失元气的小城。天黑后，我乘车继续赶路，驶过祖国的安东，第三天——2月4日下午才赶到辽阳，我是计划到沈阳报到前先到辽阳，顺便到军留守处看望一下妻子俞惠如和出生3天我就入朝的那个老七。

这一路上，我脑子里装满对这次联合兵种集训的不理解。当时，第三次战役刚刚结束，部队应及时转入休整，总结经验，以利再战。从敌情上看，东线的敌人正在从海上撤退，与西线的敌人靠拢，这说明敌人进行新的进攻已迫在眉睫，为什么还要在这紧要关头，从前线调大批团长、师长及军长回国参加联合兵种训练班呢？难道志司事先对敌情的变化一无所知？再说，也不符合当时我们部队的实际情况，志愿军那时候既无海军、空军，又无装甲兵，虽有炮兵部队，但炮的口径不大，数量也不多，步炮协同作战，我们在解放战争中不是运用得很得手吗？尤其是在辽沈战役和平津战役中，不是早已证明我们的步炮协同是很成功的吗？因此，我从接到通知起就觉得根本不该办这个训练班，即使办了也是"纸上谈兵"。还有，各军、师、团军事主要负责人都回国了，谁来指挥前线部队执行备战任务呢？然而，军令如山，上级决定了的事，我作为军长，当然要坚决执行，我的这些不理解，并没有向同级和下面讲。

当我回到辽阳，军留守处主任李锡铭一见到我，就说：

"军长，你人没有到家，催你回前线的电报已发来了。"说着，他把电文拿给我看："敌人开始全线进攻，请速回。"后来，我才知道，就在我驱车离开军部只有几个小时，

第十一章
天助志愿军

志愿军司令部就发来电令，指示我们军立即做好一切战斗准备。

而那些风尘仆仆从朝鲜战场上以师为单位各自乘车赶回国来的师长、团长们，只是在一个大剧场举行了开学典礼，听了聂荣臻代总长的讲话，参加了一次宴会，集训就中断了。那天半夜天还没亮，一一六师汪洋师长敲团长们住的房间的门："高克，敌人进攻了，你快起来把吴宝光、李刚他们都喊起来，马上赶回朝鲜前线。"与此同时，一一五师王良太师长、一一七师张竭诚师长也把他们的团长们从梦中叫醒了。

在紧急会议上，主持这次集训的志愿军参谋长解方说："同志们，志司来电，敌人已经开始大规模进攻，要同志们立即返回朝鲜前线指挥部队作战……"

那天晚上，我心里在想着朝鲜前线：战局到底发生了什么变化？三十九军将担负着什么新的作战任务？

第二天是正月初一。一大早，我叫小车司机早早地上了路。我坐在司机旁边的首长席位上，一路之上，我看到大人带孩子在贴上新对联的自家门口，燃放起五颜六色的烟花爆竹，喜气洋洋地辞旧迎新……而过了鸭绿江以后，我看到朝鲜的国土上却是另外一番战争景象，无论是山地里稀疏的民房，还是有志愿军或人民军驻扎的村庄里，都看不到透露出来的一处灯光，偶尔有人掀开门上挂着的雨布，才能在那一瞬间看见屋里点着微弱的油灯光亮。由北向南延伸的公路上，匆匆忙忙地开着各式汽车，不知疲倦地朝着各自的目的地奔跑着。

随吉普车的颠簸，我的身子不停地晃动着。我问身边的司机和身后的警卫员：

"昨天晚上，你们吃了饺子没有？"

"军长，吃了饺子，还是猪肉萝卜馅哩！"

"你们知道吗，留守处的同志们知道我们大年三十要回前方去，提前给我们过年，特意让食堂给包的饺子。"

我望着公路上越来越多的军用汽车向前线急驶，我仿佛看到王良太、汪洋、张竭诚这3位师长也带着他们的团长在驱车向着前线急驶，他们的心情也会和我一样啊！

沿途我不能停下来休息，军情如火，我必须乘夜色疾驶，天亮前赶回军指挥所，否则，敌机会来找麻烦的。在朝鲜战场上，谁都知道，天亮以后，在敌机到处寻找轰炸目标的情况下，在明晃晃的公路上开车行驶，要想安全到达目的地几乎是无法想象的。制空权仍然掌握在敌人手里，我们只能发挥我们的夜间优势。

寒风在车外呼啸，我坐在车里不停地活动着已经冻僵的双脚，紧了紧皮帽上放下的帽耳，将插在大衣袖里的双臂紧抱在胸前，以便增加自身的温度。我看着手表，问司机：

"小鬼,现在到了什么地方?"

"军长,已经过了朔宁,前边就到临津江,过了临津江就快到议政府了……"

"天亮能不能赶回军里?"

"再加把劲,能赶到。"

我们正说着话,突然我身子一歪,肩膀重重地撞在挡风玻璃的铁架上,幸好我让警卫员用背包带把我捆在座位上,不然,整个人就会摔到车外去。原来,吉普车越过一个巨大的炸弹坑时,因坑里填满了雪,司机没有看清未减速,车子跳了起来,险些歪倒了,司机刹住了车,坐在后面的警卫员,双手把住了我的双肩,急切地问道:

"军长,怎么样?"

"没事,继续开吧!"

天刚拂晓,我所乘坐的吉普车抵达位于议政府西边的军部驻地普光寺。最先发现我的是警卫连站岗的哨兵,他不由自主地喊了起来:"军长回来了!"

我从吉普车里走出来,看见值班的作战参谋、收发报员、译电员都从房子里跑了出来,"1号回来啦!"

此刻,我马上意识到,在这大战来临之际,我作为一军之长及时从国内赶了回来,对于大家在心理上是一种平衡啊!于是,我举起双手向大家招手道:

"今天是大年初一,我给大家拜年啦!"

我走进军指挥所的时候,政委徐斌洲、副军长谭友林、参谋长吴国璋都迎了上来,说:

"好呀!好呀!"

"回来了!回来了!"

我从警卫员递过来的背包里拿出几条"大生产"香烟放在炮弹箱子做的桌子上面说:

"过年了,会吸烟的就过过烟瘾吧!"

志司关于第四次战役的部署,是徐斌洲和谭友林前去开的会,他们从志司回来后,已经召集各师的同志进行了传达,并在军直干部会上做了动员。

我蹲在炉子旁边烤火搓着手说:

"诸位都在,快说说彭总和志司给我们三十九军什么任务?"

徐斌洲把一份彭德怀司令员关于第四次战役部署向毛主席的报告的电报递给了我看。

第四次战役开始前,徐斌洲政委和谭友林副军长在志司参加作战会议的时候,彭德怀司令员问他们:

"你们三十九军前三个战役伤亡不小,还能不能打?"

"彭总,我们三十九军是一支老部队,伤亡再大也能打!"徐斌洲和谭友林不约而同地回答。

"讲得好!这是你们老部队的老作风嘛。"彭德怀满意地笑了。

我知道是徐斌洲和谭友林去志司开的会,就说:"老徐、友林,你们两人去志司开会受领什么具体任务?"

"志司的命令昨天下达,第四次战役已经全面打响,从1月25日起,西线五十军和三十八军一一二师开始阻击敌人的大规模进攻,战斗非常激烈。西线的顽强阻击,为我们在横城、砥平里一线放进冒进的敌人予以反击创造了条件,志司决心集结三十九军、四十军、四十二军、六十六军和人民军两个军团,抓住横城之敌,狠狠敲它一下。以求打乱敌人的部署,迫使西线敌人停止进攻……"徐斌洲说完之后,谭友林又补充道:

"志司命令我军开进到砥平里以北的龙头里一带集结,限10日前到达预定位置,100多里路尽是大山。这几天,部队紧张地进行弹药、粮食的补充,为了抢时间,我们已让一一六师、一一五师从汉城以北和东豆川一带驻地出发,沿汉江北岸东进;一一七师和军直在左翼沿山路插向龙头里,只是军炮团需要骡马牵引火炮,恐怕难以翻越大山按时到达指定位置……"

"粮弹补充情况怎么样?"我急切地问道。

"搞到多少算多少呗!"吴国璋参谋长说,"我们军后勤共有120多辆运输汽车,三次战役报销得差不多了,只能靠人力畜力运输弹药,粮食只能靠就地筹措,没办法,只好向老百姓打白条子借……"

"还有一些师、团缺盐吃,我们从军部搞到的盐先分给他们一些,以后的粮食和盐都要边打仗边筹措才好……"

我听完吴国璋讲的这个情况后,便说:"赶快命令军后勤,要尽可能想办法筹粮,随时保证运上去,部队行军打仗哪能饿肚子!当然,也要让各战斗部队的筹粮队加紧工作,不能完全依赖上边送……"

我又问一直在忙着打电话的作战科长左勇:"回国参加集训的各师首长和团长们都回来没有?"

"大部分已经回来了,其他的这一两天可以赶到。"左勇回答道。

"从现在起,命令各师积极开进,不能等本部首长回来才行动。各师长、团长从国内赶回来之后，叫他们自行追赶部队。军直今天晚上务必出发，让侦察连先走，炮团和后勤、军部随后……"我走到桌子旁边，看着地图，又用手丈量距离，接着说："看来，我们这些人只能骑马行军喽，行军路上要翻好几座大山，什么车都用不上啦，赶快通知勤务员喂好马，备好马鞍，下午太阳一落山就出发。这些美国人真能给我们凑热闹，让我们大年初一忙着调兵遣将。"这些话说得大家都哈哈大笑起来。然而，我却陷入了沉思：李奇微上台后，抛出了一个所谓"屠夫行动"计划。屠夫即杀猪者，指的是妄图组织美军反攻，进占三八线以北地区。

当时，东西两线之敌已经靠拢。兵力增加了一倍，有美陆战一师、美三师、伪首都师等，总计10多个师。我志愿军情况相反，东线九兵团来不了。他们系华东部队，仍穿着单衣，在朝鲜冬季奇冷的条件下，部队干部战士冻伤太多，打仗也伤亡不少，所以不能南下。至于朝鲜人民军在东线的兵力也不多。总之，我兵力不足，仅有6个军已连续一、二、三战役从未休整，打得精疲力尽。在这种情况下，敌人发动"屠夫行动"攻势，我被迫起而迎战。

彭德怀司令员为了粉碎李奇微的"屠夫行动"计划，组织了3个指挥部：西线为韩指（志愿军韩先楚副司令员），指挥三十八军、五十军、人民军一军团。中线为邓指（志愿军邓华副司令员），指挥三十九军、四十军、四十二军、六十六军。东线为金指（人民军金雄参谋长），指挥人民军二军团、三军团、五军团。我志愿军反击采取"东西顶住，中间把敌人放进来打"的打法，即东西线实施顽强防御，制止敌人北进，中线把敌人放进来，即将伪八师引到横城以北地区，聚而歼之。我三十九军担任中线任务。我将于1951年2月6日晚从议政府出发，3个师组成3个纵队，两个梯队向前开进。3个师3个战斗任务：——五师参加进攻砥平里战斗，——六师在丽州、原州打援，——七师实施横城穿插战，归四十二军指挥。

昨晚6时由普光寺出发，绕道经过破碎的朝鲜首都汉城，深夜12时许抵此宿营，行程140里，白天休息。

前面的敌情仍向紧张发展，我军集结位置可能变化或即将投入战斗。故今日指挥所暂不过汉江，待明日情况变化再说。

2月9日，大雪整整下了一天。奇怪得很，这里比平壤以北纬度低，但这里的雪比北面下得厚，而且一点也没有融化。我们军里几位同志坐的是吉普车，机关的同志坐的是中卡。车在山地里行驶，中卡上坡的时候搁了几次，大家都下来推车，下半夜1点钟才到达宿营地。

第十一章
天助志愿军

2月11日，我们军指挥所已经靠近了前卫部队。没有公路我们都下车改为徒步行军，山地里雪深路滑，出发时每人找了一根木棍当手杖，一过城山里就登上了地图标高500米上下都是15里的大山。上山的过程中，我们一个个踏着很深的积雪，一步一步累得直喘粗气，听不清谁说什么话。下山的时候可就热闹起来了，下山太困难，很多地方冰雪滑得实在没法行走。都坐在冰雪坡上往下滑，好像小孩子坐滑梯那个样子，一不小心就摔倒了。于是，山坡上，丛林里笑声不绝。政治部的宣传部长陈洁说了一句：

"艰苦就是荣誉！"

"艰苦就是胜利！"党委秘书孙祥华补充道。

目前，克服疲劳，坚持战斗，迟滞敌人，争取时间是十分重要的。只要坚持和稳定我们在汉江和三八线以南的阵地，待我强大的后续兵力一赶到，我们就会取得比过去更大的胜利。

——五师的部队经过6天的行军，于2月21日已到达了集结地区。师指挥所进至石谷里，王良太师长、沈铁兵政治委员在草院里召开了作战会议。

当时上面通报下来的敌情，说砥平里的敌人兵力不多，所以大家都抱着去发洋财的思想打这一仗的，王良太指着作战地图布置说：

"三四四团为一梯队，从望美山的东边和马山的东边打到砥平里，三四三团为二梯队在三四四团后面跟进，三四五团为预备队……"

三四三团团长王扶之等到师长的话讲完马上说：

"我提个意见。既然砥平里之敌不堪一击，我们团和三四四团并肩打算了。三四四团从望美山以东沿铁路线往砥平里打，我们在望美山以西的公路往砥平里打，不知道行不行？请师长、政委考虑！"

师长王良太和政治委员沈铁兵，还有副师长颜文斌，参谋长程国璠，政治部主任尹培良在一起碰了碰头，采纳了王扶之的意见。

王扶之为什么提这个意见呢？他后来很直爽地说出了当时的真实想法：砥平里的敌人是那个样子，我们三四三团跟在三四四团的后面，那样打进去不是什么也捞不着了吗？他说："我就是这么一个思想。"

部队一到马山这个地方，二营五连和敌人交火了。团指挥所就在五连的后面，电话线与师里架通了。王国英接到颜文斌打来的电话：

"你们团打到哪里了？"

王扶之、王国英开始都误认为打响的地方就是砥平里。王国英拿着话筒问王扶之：

"老王,这里是不是砥平里?"

"那还有说的吗?"

于是,王国英对颜文斌说:

"我们打到砥平里了,已经把敌人前沿阵地上的一个排给解决了。"

"你们好好打,打进砥平里有的是洋财发呀!"

后来,王扶之展开作战地图一看,这哪里是砥平里?明明是马山,东西一个很长的条子,是望美山第二层山地,不很高也可算是个丘陵地带吧。

天亮以前,三四三团二营五连夺取了马山敌人没有防御的阵地,歼敌40多人,活抓15个俘虏,其中有一个法国人,审问俘虏才知道:砥平里的敌人多达6000人左右,有3个国家的军队:美二师二十三团、骑一师坦克营和1个法国营,还有荷兰军队。

第二天天一亮,美国飞机铺天盖地飞来了。这是我们在朝鲜战场上看到的敌机最多的一次——飞机的种类最多,飞机的架次最多。各种各样的飞机在马山上空轮番轰炸扫射。一直到下午,敌人又出动了坦克,步兵分4至5路向马山防守的二营进攻,眼看部队顶不住了。打得班不成班,排不成排,连不成连。

团指挥所的电话铃声急促地响了。王扶之拿起话筒,传来了二营营长王少伯的哭声:"团长,快下命令撤吧!再不撤,我们二营就被打光了……"

"不能撤!马山这个阵地无论如何也不能丢掉!"

"团长……"

"别说了!"王扶之打断了王少伯哭着还没有说出来的话,拿出以过去从来也没有说过的话,下了死命令:

"王少伯同志,你要是把阵地给我丢了,我非杀你的头不可!"说完,他就放下了话筒。

王扶之在想着:现在是白天,飞机那么猖狂,部队往下撤不是白白送死吗?再说,不是还要继续攻打砥平里吗!那么好的一个地形,放弃了,再去打下来,那要付出多大的代价啊!

他对自己刚才对王少伯说的话感到有些过火了。但是,他知道王少伯这个人是能顶得住的。因为,他对王少伯这个老部下是非常了解的。

王少伯和教导员刘月清得到了王扶之下的死命令后,两人商量一下:不能等死,要想办法,转危为安。他们先是调整了组织,把排合成班,把连合成排,然后,派人到敌人尸体中间去寻找弹药,准备迎接更加残酷的战斗,最后硬是坚持下来了。

14日下午4时,一一五师王良太师长和沈铁兵政委给三四四团下达同三四三团并肩向砥平里进攻的命令，战斗是在当晚12时打响的。

徐鹏团长和姜石修政委研究后，命令一营从左翼先攻占铁路边的一个小高地；三营沿着望美山从右侧向村东车站攻击，然后向纵深发展；二营为预备队。

深夜里，友邻一一九师三五六团向砥平里东南的铁路边上这个小高地连攻两次均未成功。接着，三四四团一营营长贾庭玉指挥部队发起了攻击，在开阔的地形上，敌人的火力十分强烈，坦克围成一圈形成了活动地堡，结果，攻了三次都未能攻下来。激战中，贾庭玉被敌人的坦克炮打断了双腿，流血过多，壮烈牺牲。徐鹏和姜石修眼看着失去了这样一位抗日战争参军的营级指挥员和老战友而感到深深的惋惜。

三四四团三营与友邻一二六师三七七团密切配合向望美山之敌发起攻击后，尖刀八连勇猛机智，连续攻下了砥平里东南的马山村东北无名高地的3个小山头。这时候，天已经亮了，营司令九连把八连换了下来。

15日——这是打得最艰苦的一天。九连连长李清顺带领排长们刚刚勘察地形、分配任务不久，敌人就开始了进攻。这一天，从早晨8时到下午2时敌人进攻了6次，每次进攻之前，贴着树梢飞的美国飞机轮番轰炸和扫射，扔下来的凝固汽油桶，溅到哪里哪里燃烧着。敌人每次进攻，照例是先用炮火猛轰一阵，然后，长腿鬼子们躲在坦克后面，抱着枪向九连阵地拥来，教导员陈飞来到阵地上对大家说：

"同志们！这里的阵地我们有义务守住，没有权利丢掉。为了祖国，为了朝鲜，我们不能后退一步，就是我们牺牲，阵地也一定要在我们手里……"

这充满力量的话语，在每个指战员的脑子里反复地出现着。李清顺指挥全连同志用各种武器打退了敌人一次又一次地进攻。五班长段秀峰身上燃烧着烈火，端起轻机枪向敌人猛烈射击，英勇地倒下去了。战士赵旺身上也燃烧着火，他机智地就地打滚把身上的火扑灭，然后接过班长手中的机枪继续向敌人开火。阵地上人员伤亡不断地增加，五班阵地上只剩下赵旺一个人在工事里坚持战斗，敌人上来一个，他干掉一个，打得敌人不敢上来了。可是到了后来，他手中的子弹打光了，敌人又上来了，有一个美国兵上来就坐在赵旺身旁，因为天黑看不见。赵旺举起枪托向这个美国兵狠狠地砸过去，不偏不斜正打在脑袋上，把这家伙的脑浆都砸出来了。另一个美国兵吓得扔下枪就往回跑。赵旺大吼一声，追上去用枪托砸在鬼子背上，这家伙号叫一声当场吐血而死。

子弹打光了怎么办？赵旺跃出工事，从山下敌人死尸中拾回40多支枪和一些子弹袋。他脖子上挂着枪和子弹袋，手里端着枪，身旁放着手榴弹，继续坚持战斗。他一个人打死了数不清的美国兵。

战斗结束后,师政治部主任尹培良找赵旺谈话,见他是一个愣头愣脑的老战士,连说话都有些不好意思,可是对于敌人是那样的恨和那样的狠。尹培良关切地问他:"赵旺,你是哪里人,家里有什么人,你哪一年参军,打过几次仗?"赵旺都一一作了回答。

"你打死那么多美国兵,当时你是怎么想的?"

"首长,我心想打死一个够本,打死两个赚一个……"

尹培良叫《战斗》报记者及时采写了赵旺的英雄事迹,登在油印小报上,他的名字一下子就在全师出了名。后来他成为一一五师一面鲜艳的战斗旗帜。

赵旺这位英雄人物出现以后,有两张照片给我和大家留下了很深的印象:一张照的是他脖子上挂满了枪支弹药,刚从阵地走下来的胜利者的姿态;另一张照的是他回国作报告,被祖国人民抬着举得高高的极其热烈的场面。

三四五团团长耍清川接到师指挥所的命令后对一营营长刘兆说:"你带着全营部队到达砥平里与曲水里之间的公路上,去配属三四三团进攻砥平里,具体的战斗任务,由他们向你交代。"

刘兆二话没说就带着全营出发了。到了那里,他把部队安置在一个地方隐蔽,自己来到了这条公路一座水泥桥下。三四三团指挥所就在这里。他进去报到:"我是三四五团一营营长刘兆,奉命前来配属你们攻打砥平里,团长、政委有何指示?"

王扶之正在和参谋长汪明德在作战地图上研究什么,王国英和刘兆握了握手,告诉他:"把部队带到后面山沟里集结,好好休息,先做饭吃。"

刘兆把部队带到离团指挥所二三里地的一片山沟树林里。这天上午没有什么情况,到了下午,刘兆举着望远镜向曲水里方向望去,那边公路上烟尘滚滚,不时传来枪炮声。他拿起话筒把电话打到三四三团指挥所:

"我是刘兆,发现曲水里方向有情况,不时传来枪炮声。"

"你反映的情况很好,我马上向师里报告。"作战股长苏盛轼放下这个话筒,又拿起另一个话筒,询问师指挥所,把得到的情况告诉刘兆:"刘营长,师里说四十二军在曲水里打援,你就放心吧!"

刘兆听了,还是放心不下,他又举起望远镜继续观察,不好,敌人坦克从曲水里方向开过来了。他急忙又把电话打到三四三团指挥所:"苏股长吗?不对头呀,我看到了敌人的坦克向这里开过来了。"

"刘营长,没事,还是那句话,你就放心吧!"

刘兆放下话筒,又去观察,他看见二三十辆坦克越来越近了。于是,他第三次拿起话筒向团指挥所打电话，回答依然是他不放心的那句话："你放心吧！"他气得把话筒一扔大喊一声："号手吹号，全营占领阵地！"

很快，他所带领的三四五团一营全部展开在曲水里至砥平里的公路西侧山头上，架起了轻重机枪、九〇火箭筒，加上战士们的冲锋枪，枪口对准了敌人来的方向。

这一天的晚上，三四三团还要继续向砥平里进攻。上午王良太师长在电话里告诉王扶之："给你们团配属一一六师的山炮营，一一六师已经到达曲水里，你们屁股后头安全得很。"

"好呀！师长，那我就一心想着晚上怎样突破砥平里了。"

过了两个钟头，王扶之和王国英他们正在一间小屋子里吃干粮，观察所来了电话："报告团长，靠南边的公路上发现老百姓的牛车拉着草，一辆一辆地向我方接近。"

王扶之一听，放下手里没吃完的干粮说："不对头！肯定是敌人，在这炮火连天的公路上，哪有老百姓整整齐齐地赶着牛车走？"

他和警卫员拔腿奔出门外，到了公路边上，就看见敌人的前卫坦克已经到了团部通信连那个桥洞上面。副团长朱互宁措手不及，掏出手枪朝坦克射击，王扶之命令三四五团前来支援的营长刘兆："把敌人坦克上搭载的步兵给我敲掉！"

"是！"刘兆这个高大身材的营长，亲自抱着重机枪指挥他在公路边上的一营，用九〇火箭筒打坏了敌人这支先遣支队的4辆坦克，其他的敌人，除了坦克上面搭载的步兵都被打掉外，坦克就冲到砥平里里头去了。刘兆的耳朵就在这时被震坏了。

敌人一个少校军官从坦克里下来指挥他的士兵作战，被三四三团一连的军械员发现了，距离只有几十米。这个军械员很想俘虏这个少校军官，跑过去拉他，两个人就厮打开了。

"政委吗？三四三团二营这一天打得最苦了，他们英勇顽强地打退了敌人的多次进攻。我们建议给他们集体记功！"王国英把电话打到师里这样说。

"好呀！你这个建议我同意，你告诉二营的同志们，坚决守住马山阵地的意义，不仅关系到你们一个团的转移，也关系到全师的转移。"沈铁兵在电话里提高了声调这么说。

王国英马上把师政委的话，传达到了二营的指战员中间，全营在数十架飞机狂轰滥炸的情况下，虽然伤亡很大，但一直坚持到底，阵地始终没有丢掉。最后，全营荣立集体二等功，志愿军总部还通令表扬了他们。那天，部队下阵地的时候，王少伯这个营长身上还背着一支枪，他见到王良太师长只说了一句话："师长，你看我们二营只剩这么几个人了。"

"你们打得好,发扬了我军英勇顽强的战斗作风,值得全师学习嘛!"王良太鼓励他说。

三四三团四连从马山阵地上撤下来。新上任当指导员的团政治处宣传干事孙志新,赶到四连一看,全连170多人只剩下30多人了。他原来在这个连队当过副指导员,对全连的人很熟悉也颇有感情。现在,连里干部只剩下副连长黄道武了,他抱住了孙志新哭着说:"老孙,这一仗打得真苦呀!全连伤亡太大了。"

"指导员,你回来了,好多同志你看不到了。"通讯员韩家溯在一旁也掉着眼泪说。

"老黄,小韩,不要太难过了,让我们共同把战评工作搞好吧!"孙志新这样安慰着。

15日凌晨,敌人向四连和五连的阵地发起了大大小小的多次进攻。早8时,四连在重机枪及化学迫击炮火力支援下,又打退了敌人一个连的进攻,歼敌40余人,敌人多次进攻不成,就派来一批又一批飞机疯狂地轰炸和扫射,敌人的炮火也实施猛烈地轰击,四连阵地上的工事大部被摧毁了。人员伤亡不断增加。当连长、指导员负伤后,黄道武这位年轻的副连长站了出来,自动代理连长指挥全连冒着飞机的轰炸和炮火的轰击,加紧抢修工事,搜集弹药,继续战斗。黄道武大声鼓励大家:"同志们!发扬铁四连的光荣传统,坚决把敌人打下去!"

全连指战员以压倒一切敌人的英雄气概,打退了敌人一次又一次的进攻。通讯员韩家溯多次出色地完成了在炮火中的通讯任务,还勇敢地拿起步枪向敌人射击。三排长耿飞平时有点拖拉,打起仗来却勇猛非凡,不幸光荣牺牲。

在战斗打得非常激烈和残酷的时候,一一五师阵地上出现了这样几件事情,汇报到军里来了以后,我听了心里极不平静,深深地被我们革命军队里上级和下级之间的阶级友爱所感动着。

三四四团指挥所设在一个山坡的雨裂处,地上敌人的坦克炮不时打过来,炮弹在周围四处爆炸;空中敌机投弹、扫射。在这种情况下,选择安全隐蔽的地方就成了每个人的第一需要。副团长孟宪连的警卫员小陈找到一个好地方,就招呼政委姜石修:"政委,快到这里来,这里安全些。"

"小陈,你呢?"

"我再去找个地方。"

姜石修刚在小陈找好的地方隐蔽起来,敌人坦克炮打过来,炮弹爆炸,小陈牺牲了。

在三四三团二营阵地上,营长王少伯拿着一支自动步枪在指挥作战。五连四班班长曹庆和走过来说:"营长,前沿我们守着,你该好好休息一下了,有我们在阵地决不会丢掉的！"

11时，敌人向五连山头攻击得很厉害，曹庆和看见王少伯仍然站在山头上指挥战斗很危险，便奔跑过去说：

"营长，你怎么还站在这里指挥，你是掌握全营的，你要有个好歹，我们怎么办？"

说着，曹庆和把王少伯手里的自动步枪抢过来了。正在这时，由于王少伯的身体暴露出来了，敌人向他开火了。突然，六连的3个战士一齐冲到他的前面，用自己的身体掩护着他，终于救出了自己的营首长，然而，却牺牲了一名战士。

四连的通讯员韩家溯在敌人炮火打得最激烈的时候，他挖了一个小小的掩蔽部，把副连长黄道武推到洞子里去，自己坐在外面挡住洞口，黄道武急得要命，老要出来，韩家溯做他的工作："副连长，我们连只剩下你一个干部指挥了。万一你伤亡了，我们连谁来指挥？有什么事情我们去，敌人上来了我们保证打下去！"

在我们这支具有优良传统的老部队中，上级和下级之间，干部和战士之间亲如手足。平时，处处都充满了一片爱心，战斗中，用自己的鲜血和生命换取战友或首长的安全，这是多么伟大的阶级友爱啊！

一一六师是在行进中展开攻打注岩里之敌的。

侦察连向师指挥所报告：注岩里有敌人的坦克、汽车、大炮。到底有多少敌人？汪洋师长、石瑛政委、张峰副师长一边看着作战地图一边分析：注岩里是个不大的地方，现在看来有美军一个营的兵力，可能是敌人的先遣分队。

"必须把注岩里拿下来！不打下来，我们师打援就无从说起。"汪师长用红蓝铅笔在地图上画了几个箭头，一齐指向注岩里，三四六团从左翼插到注岩里以西断敌退路；三四七团正面向注岩里发起攻击；三四八团监视原州之敌……"

部队在砥平里与原州之间的丹埋这个地方轻装，背包、大衣、挂包统统留下来。

汪洋带着三四七团从正面攻，张峰带着三四六团翻山越岭，穿插迂回到敌人后面去，汪洋对张峰说："老兄，你走快一点，我打慢一点。"

"你要打快了，就把敌人吓跑了，我要走慢了，就把敌人放跑。对吗？"

"对！我俩一人一个团，反正你得辛苦点。"

天亮前，部队开始向注岩里进发。前卫三四七团一路小跑，攻占了注岩里周围有利地形，控制了北山制高点。汪洋到师指挥所去了，团长李刚到了最前面指挥全团战斗。前卫一营二连立即展开由东南向西北对注岩里攻击，却被敌人强大的火力压制在注岩里东南的稻田地里。

这时,一营主力已攻占了注岩里东头的几间房子,一部分部队抢占了村庄以北的3个山头。敌人仗着他们的坦克多,逐房逐屋地抵抗。

李刚看到一营的兵力分散,战斗进展迟缓,便果断地把二营派了上来。他命令二营两个连队从东北向西南方向攻击,控制了注岩里以北及以西的高地,同时又命令三营一个连从二连方向加入战斗。这样,全团共有7个步兵连投入了这场激战。

敌人被拦腰切成几段,20多辆坦克和40多辆汽车挤在一起。战斗队形发生了混乱,以坦克为先导,企图向原州方向突围。就在这时候,站在团指挥所可以看到三四七团的众多勇士痛打美军坦克群的生动场面:

勇士们分成七八路把敌人的坦克群团团围住了。看!有的战士爬到坦克上面去了,坦克一开动,战士被摔下来,翻身一跃又爬上去打;看!敌人坦克跑了,战士们拼命地追,一直追了好几百米,追上了就用爆破筒把坦克炸趴在地上,再也跑不了。

就这样,敌人坦克跑掉七八辆,被我们战士打坏了10多辆。在前面开路的坦克被打掉,后面的坦克和拉炮的汽车就都堵住了。这一仗,打了两个多钟头,打得异常激烈和残酷,全歼了美二师一个搜索连和一个步兵连,我们伤亡也很大。

天刚蒙蒙亮,三四六团副团长胡明带着一营和三营赶到了指定位置。他们刚到,敌人就上来了。前面是坦克开路,后面汽车载着步兵。胡明大声命令:

"赶快炸毁坦克!"

卡在公路上的二连组织打坦克,打坏了两辆坦克,缴获了不少汽车。战士们端起刺刀同敌人进行肉搏,打死打伤一些敌人,还俘虏了一些美国黑人士兵。有的战士怀着对敌人的仇恨要对敌人的伤兵开枪,胡明严厉制止:

"敌人已经放下了武器,谁也不准再开枪!"

于是,战士们把敌人的伤兵带到安全地带给他们包扎伤口。这时,师里来了会英语的敌工干事和文化教员,审问了被俘的美军士兵:

"你们是美军什么单位?"

"美二十五师二十四团。两个连队。"

"你们有多少兵力?"

"300多人。"

打得最激烈的是三四六团穆占奎那个一营,营长负了伤,教导员牺牲了。激战中,出现了一个壮烈的场面,涌现出一位英勇献身的战斗英雄。

他的名字叫齐才,是三四六团六连二排的爆破组长,优秀的共产党员。部队插到注岩里的时候，天还未亮。拂晓，部队正在忙于构筑工事，忽然北边传来隆隆的马达声。不一会儿，美军几十辆汽车、坦克顺着公路开过来了。

敌人开始突围了。在六连的阵地上，连长大声地喊道："二排爆破组上，把第一辆坦克炸掉，不要让敌人跑了！"

只见齐才抱着捆绑好的炸药，带着他的战友们一阵风似的冲下山去。"嗒嗒嗒！"敌人集中了火力向他们射击，子弹在他们身边乱飞。

"韩云章，你怎么样？"齐才见一个爆破手被打倒在地，上去把他安置在雨裂沟里，捡起他的炸药跑到一座小桥下，等着坦克过来。狡猾的敌人见此情景，把坦克停下来了。爆破手罗振明刚一露头，一串子弹打中了他。齐才跑过去呼唤："小罗！小罗！"

没有回答，亲爱的战友牺牲了。齐才抚着罗振明的遗体，心里像被刀子扎了似的，难受极了。他在心里说了一句"小罗，我去替你报仇"便抱着炸药，冒着密集的子弹，向敌人第一辆坦克扑去。没有想到，当他把炸药放在坦克上，拉开了导火索以后，坦克上的美国兵把炸药推下来了。

糟糕！齐才返回身去，捡起正在嗤嗤喷着火花的炸药包。当他再要去炸坦克的时候，一群美国鬼子向他围了上来，他毫不犹豫地抱着马上就要爆炸的炸药冲向了敌人，只喊了一声："毛主席万岁！"火光闪过，震天动地的一声巨响，英雄的共产党员齐才和敌人同归于尽。战斗结束时，战友们呼唤着他的名字奔跑到那里一看，在他的遗体周围，敌人的死尸倒下了一片。

关于这位英雄的生平，知道他的人已经不多了，只知道他壮烈牺牲时年仅23岁，贫农出身，1948年2月参军，同年7月入党。战后，大家一致要求给他请功，经我们军党委批准追记齐才同志两大功。

敌人20多辆坦克、40多辆汽车开过来了，部队撵着坦克打，有的战士跳上坦克去打。前面公路上有一座桥，坦克开过去六七辆。张峰发现了这座桥，一看那里正好有我们的部队，便大声问道："山底下是哪个连队？"张峰站在团指挥所大声喊着。

"我们是三四六团八连。"

"快把那座小桥给我炸掉！"

"是！"

只见，八连的爆破组几名战士抱着炸药上去就把这座桥给掀掉了。

敌人的坦克开不过去了，坦克后面的步兵掉头就跑。被三四六团堵住打坏了10多辆坦克，还缴获了许多汽车和吉普车，抓了70多个俘虏。

关于砥平里这一仗，开始，四十军的一一九师、四十二军的一二六师和我军的一一五师这3个师的攻击部队都归邓华副司令员直接指挥。可是，砥平里谁打也是拿不下来。邓华又叫四十军继续攻打。我当时就觉得这样做是不妥当的。理由是：四十军军长没有邓华对情况了解得清楚，更不比邓华高明。何况，四十军远离砥平里的军部在洪川以北，调了个炮兵团，需要两个晚上才能到达指定位置，即使能够及时调来，炮兵又不适应打夜战。

2月15日这天，我军指挥所设在砥平里以北一个叫桂亭里的小村庄附近的山坡树林里。空地上架起电台，报务员戴上耳机紧张地工作。稍远一点的山沟里，炊事员们支起行军锅在做饭……

我和徐斌洲、谭友林、李雪三等同志对眼前的作战都显得十分焦急、不安，每个人都谈着自己的看法。我着急地敲着铺在炮弹箱子上面的作战地图说："你们看看这个行进中的攻击路线吧：一一五师、一一六师先是奉命东进，到龙头里集结；还未集结，又奉命南进，做横城战役的预备队；横城战斗结束，又命一一五师西进，从东边攻击砥平里，绕了一个大圈子，就这样拖，拖也要把部队拖垮喽！"

"3个师打砥平里，各打各的，没有统一的进攻指挥。3个师隶属于3个军，你打我不打，我打你又不打，这怎么行！"徐斌洲摇摇头说。

自从2月6日我三十九军由议政府一带向预定集结地域开进以来，我就对一些作战部署感到不可理解。

2月6日志司给四十二军任务，谈到进攻砥平里之敌为美军二十三团、法国营、美二师一个营（实际上是美骑一师一个坦克营），要四十二军集中全力歼灭进占砥平里之敌，可能由于路程太远，没有执行这个任务。

——中指令四十军、四十二军各派一个师包围砥平里之敌。当这两个师从北、从西包围了砥平里之敌，而从东面、南面则无部队对敌进行包围，为什么？东、南无部队很难使人理解。

——原指示：2月6日晚，三十九军一一六师和一一五师从议政府地区出发为右路纵队，沿汉江北岸东进。一一七师和军直为左路纵队在九岸里渡汉江，到龙头里地区集结，实际上没有集结，是从行进间投入战斗的。炮团、后勤二线向横川以北地区前进。

——一一五师作战任务，从行进间首先向东，然后向南，再向西，从东面进攻砥平里。由于路程远，到12日3时左右才投入进攻砥平里以东的马山战斗，当把马山打下，歼敌一个营，这时天已大亮了。一一五师打马山时，砥平里西边、北边均无枪声。实际

第十一章
天助志愿军

上四十军和四十二军两个师是上半夜进攻,未果而停止了进攻。这叫没有协同,各打各的。中指未规定统一进攻时间,一一五师与四十军、四十二军各一个师也未沟通联络。12日、13日、14日连续3个晚上,中指电令部队继续进攻砥平里。这几天,敌人白天向我发动数次进攻,我一一五师夜间再无力向敌进攻,但他们始终守住了马山,打死打伤大量敌人。

——一一七师在行进间奉命配属四十二军,担任向横城西北夏日、鹤谷里的穿插任务而继续东进。名义上一一七师归四十二军指挥,其实办不到。他们从西向东直捣鹤谷里,切断了李伪军第八师的后路。

——到了15日上午,邓华指挥所发来了电报,让3个师的攻击部队归四十军统一指挥。这又使我非常纳闷儿:邓指电报可以直接发3个师,完全可以统一攻击行动,为什么中途又授权四十军?何况打砥平里的四十军一一九师战斗力较弱,这个师主力团打横城时配属一一八师,一时抽不回来,打凤尾山和228高地都是三等团,或是攻不下来,或是攻下来又守不住⋯⋯

正当我为此颇感不解之际,也许邓指也考虑到战局僵持的严重时,再次发来电令,让各部队今夜和明天加紧准备,争取16日晚上拿下砥平里。16日晚上究竟能否拿下砥平里?据一一五师审问俘虏得知:砥平里之敌并非原先估计的不到4个营,而是美二十三团、法国营、炮兵营和一个坦克中队共计6000余人的兵力,目前已形成地堡盖沟、交通壕、铁丝网、地雷等据点防御工事构筑,我方用多建制的部队以野战方式进攻据点、防御工事是相当困难的,特别是我方火力弱,3个师只有3个炮兵营,加起来才36门炮,临时再调炮兵又来不及,崎岖山路,火炮靠骡马牵引谈何容易?

谭友林抽着一支烟,抽到最后将烟蒂抛向空中,向我建议:

"军长,我看给邓指发报陈述我们的意见吧!"

我也在抽烟,默默地在思索着:作为下级对上级来说,即使看出上级明显是错了,但不到万不得已时,也不能随便动摇上级的决心。可是,从开始到现在的事实证明,对砥平里的攻击准备过于仓促了,以我方步兵轻武器再与敌人强大火力僵持下去,后果将极其严重。想到这里,我听到从南边砥平里方向传来的爆炸声,心里焦急万分:敌人的重炮、飞机、坦克正在反复轰炸守在马山的一一五师。我感到现在到了应该向邓指发报提建议的时候了,几乎是喊叫起来:

"左勇,给邓指发报!"

"是,军长,你讲吧。"左勇在一旁好像早已准备好了似的。拿出了笔和纸,迅速

地记录着:

邓并报彭朴洪解:

据我一一五师审讯砥平里战俘,供称:该敌为美二师二十三团全部(可能为两个营)、九团一个营、法军一个营共3至5个营,连坦克炮兵共五六千人。以凤尾山与229高地为依托(山上有地堡,重火器集中该地),并以坦克作活动地堡控制市区对我顽强抵抗,整个兵力火力比较集中。我攻击地区狭窄,难以集中兵力全歼该敌,建议以一一九师全部与一一五师一个团全力攻取桥头阵地凤尾山与229高地。一一五师两个团全力解决市区之敌(另一个团作预备队),并建议以一二六师在砥平里北面向东实行助攻。由你统一指挥具体部署。向敌发起攻击同时,应组织强大炮兵群(随一一九师之炮二十九团与四十二团),在攻击之前猛烈轰击凤尾山229高地与砥平里市区(不要轰击铁路以南以免误伤一一五师部队),并建议各部统一在今夜22时发起攻击。我一一六师则集中于牛头山以东,注岩里南北地区,坚决阻援牛头山以西,抽一个营进至农幕阻击文幕援敌。曲水里方向阻援任务则由一一六师主力负责。如果今晚炮火准备不及不宜发起攻击。

以上可否请速示

吴徐谭李15日12时30分

电报发出几个小时后,到了下午和晚上,我们收到下面两封电报:

志司电示邓华同志停止攻击砥平里(1951年2月15日17时半电邓)

15日13时电悉,同意你停止继续攻击砥平里敌之意见。今晚于砥平里南面留下较大缺口,同时由东西北三面积极佯攻,让其西跑时以一小部追击之,主力即隐蔽移至阳德院里、花田里之线及东西以北地区,待机于运动中歼灭来犯之敌。横城以南以北,应留置六十六军,构筑防御阵地,坚决迟阻敌人,请你依此意图具体部署之。

邓指关于决心停止攻歼砥平里之敌(1951年2月15日18时30分)

彭洪解并金韩:

> 各路敌均已北援砥平里之敌，骑五团已到曲水里。今上午已有5辆坦克到砥平里，如我再攻歼砥平里之敌将处于完全被动无法机动，乃决心停止攻击砥平里之敌。已令四十军转移至石阳、高松里、月山里及其以北地区。三十九军转移至新旧仓里、金旺里、上下桂林地区。四十二军移至蟾江北岸院垈洞、将山岘以北地区。六十六军移至原州东北地区。一二六师转移至多文里、大兴里及川北地区，并以一部控制注邑山。各军集结后，再寻机消灭运动中之敌。因时机紧迫未等你回电即行处理毕。

激烈的炮声响了一通宵，而且越来越近，最后甚至听到了时断时续的机枪声。敌人的援兵已经逼近了砥平里，为了避免隔夜被动，凌晨3时来了转移的命令——停止进攻砥平里。

等到部署完毕，天已经大亮了。军指挥所决定白天疏散隐蔽地转移。正在这时，天空中阴云密布下起了大雪，大家热切地说："下吧！下得再大些吧。"果然，雪越下越大。10时30分转移到上物安里，进入宿营地，天已晴了。大家都说："老天爷为我们完成了掩护任务。"

战斗还没有结束，各单位抓住的美国俘虏就分在各连了。这些美国兵都是大个子，机枪连分得多一些，叫他们扛机枪。他们吃不了高粱米，就叫他们吃苞米，一个个饿得够呛，都蹲在地上啃苞米。部队接着打援，枪一响，俘虏兵跟我们战士一样，也趴在那里。

一一六师缴获的几十辆汽车，想开走可惜没有那么多人开；他们让十几个黑人俘虏当司机。张峰带着警卫员坐在一辆缴获的吉普车上叫黑人俘虏开车。天上的飞机跟着他们的车子扔炸弹。到了地方，他送给俘虏们每人一支香烟。有一个美二十五师的俘虏把手一摊，拿出一张照片，翻译在一旁翻译："长官，我家里的照片，这是我的妻子，这是我的孩子，我再也不跟你们打仗了，你们放了我，我从香港回家。再也不干了……"

我们军指挥所的同志们重新回到汽车上来，因为行程不远，就多绕了几里路——踏着月色去鹤谷里做了一次战场巡礼。这里一条山沟，通横城的公路由这里向东伸展着，两旁是陡峭的大山，我一一七师就是在这里把美二师九团800多人压在公路旁，彻底歼灭掉。因为战斗结束不到一个星期，战场上可以明显地看出美军溃灭的狼狈相。公路上，这里和那里都陈列着被缴获的10辆卡车、吉普车，还有被击毁的坦克拖着长长的履带，公路两旁横七竖八地躺着为华尔街卖命受到中朝人民严惩的可怜虫，有的被他们自己的火箭弹、汽油弹烧得不成样子，在几辆吉普车上，还坐着被烧焦了的美军尸体，双手还把在方向盘上，显然是我们的部队勇猛地打击他们时，这些家伙来不及逃跑才落得这样的下场。

军指挥所路过保卫部驻地，我们看到300多个在这次战役中被俘的美国人。在一个碾房里，3个美国俘虏正在碾米，一个赶着牛，一个拌着米，一个在簸着，好像都是"行家里手"。

我们在战场上缴获的很多美国汽车排列在公路上，如果不抢着开走，天亮以后就要被敌人的飞机炸掉。我告诉各个师，赶快组织部队押着会开车的美国俘虏把这批汽车开走。军指挥所转移的途中，我看到了许多战士用枪押着怕死的美国"司机"在开着一辆又一辆的美国汽车。

雪对于我们来说是极其宝贵的。飞舞着的雪，能够限制美国飞机的活动；而静止的积雪，则帮助了我们转移部队的伪装。

已经是下半夜了。在一一五师指挥所里电话铃声响得十分急促：

"喂！你是哪里？"值班参谋陈志茂拿起了话筒。

"我是十九兵团司令部吴参谋，你是一一五师司令部吗？"

"我是一一五师司令部值班参谋陈志茂。"

"哎呀！我找你们一一五师找了好长时间，别的单位都撤了。命令你们今天拂晓前撤出战斗。"

"撤到哪里去？"

"撤到进攻前的部队集结地区，听清楚了吗？"

"听清楚了。"陈志茂看了看手表，现在是2月16日2时许。他感到非同小可，这是他当参谋头一次战斗值班，老参谋告诉他：战斗中接电话要掌握五个要素：何时、何地、何人、何事、何故……他打电话找到了师参谋长程国璠：

"报告参谋长，刚才接到十九兵团司令部电话通知，命令我师拂晓前撤出战斗，撤到进攻前的部队集结地区……"

"好！你马上通知师直属队和后勤，我们师首长负责通知各团。"程国璠说。

三四五团一营营长刘兆正在指挥部队掩护师的主力撤退。敌人不断往这边打过来一些散炮。"轰！"一发炮弹落在二连三排排长任炳信和他的战友们中间，当场有3个战友牺牲，他和另3个战友负了重伤。

二连副指导员倪占风带着担架队把任炳信和其他伤员送到师部，换了药，往汽车上抬，组织后运。副师长颜文斌见他身上没有什么盖的，招呼机关的同志："快找床被子来！"政治部的同志不知是谁拿出了自己的一床花布被子盖到了任炳信的身上。

大白天一辆又一辆的汽车满载着砥平里战斗中的伤员，奔驰在通往后方的公路上。美国B-26飞机扔下的炸弹，把任炳信乘坐的这辆汽车炸坏了。汽车十五团带车的干部向伤员们说："伤员同志们，车子不能开了，大家赶快下车各奔东西吧！"

任炳信躺在公路旁边不知昏迷了多久。他苏醒过来时，身边只有两个被炸死的伤员，其他人都走得无影无踪。原来，负伤能走动的战友们以为他也牺牲了。他猛一想：不能待在公路边，要找个地方隐蔽起来，他站不起来，连滚带爬到了公路下面一条山沟的树枝草丛里，他头上没有戴帽子，他把棉帽子塞到臀部被炮弹打掉一大块肉的伤口里去了。他在这里待了一天一夜。第二天晚上，他听见公路上有人说话的声音："叫邱教导员下来？"

"谁叫下来？"

"李营长……"

任炳信掏出快慢机朝天空放了一枪，枪声立刻把公路上说话的人吸引过来了半个班："你是什么人？"一个人问道。

"给他一颗手榴弹算了。"另一个人以为是敌人才这么说。

"不要扔手榴弹，我是自己人。"任炳信抢着说了话。

"你是哪一部分的？"

"我是三十九军一一五师三四五团二连三排排长。"任炳信把棉衣上的胸章扯下来，扔了过去。

"你为什么打枪？"

"我不放枪，你们不知道我在这里。"

"你找谁？"

"找你们李营长和邱教导员。"

"你怎么知道？"

"刚才听你们说话听出来的。"

于是，这半个班的战士连抬带拖，把任炳信送到了公路上。这时候，他才知道，这是四十二军一二四师三七二团一营从砥平里撤下来的营部，他们伤亡也很大。营长李嘉宾和教导员邱振亚商量后，就把任炳信带着。这时，任炳信的伤口化脓了，自己都闻出很难闻的臭味，几天几夜没有洗脸，没有吃饭了。一路之上，大家在一起吃，在一起住。

找到主力部队后，又给他洗了脸，理了发，换了药，后来就送到四十二军野战医院去了。这一切，使任炳信深深地体验到兄弟部队的温暖，他感动得流下了眼泪。

在野战医院，任炳信得到初步的治疗，但还是要送往祖国养伤。连续三次上了汽车都未能通过敌人的封锁线。又返回野战医院。第四次，他呼喊起来："我不回国了，我要回自己的部队去！"

敌人又打炮了，汽车开到半路上，开不过去了。他下了车挂着一根棍子走，汽车司机告诉他："三十九军在江东！阳德有个一一五师高射炮营，三四五团在三登……"

任炳信一听，高兴极了。他说什么也不回到野战医院去了。正好，一个联络员跟人民军同志说话，找一辆汽车到阳德，任炳信就搭上他们的汽车到了阳德。

任炳信下了车，挂着棍子一到一一五师高炮二连就饱饱地吃了一顿饭，又住了一宿。第二天，二连有车到三登去拉给养，他就跟车回到三四五团，第一个见着的是团司令部管理股长赵永胜。

"任炳信，你怎么没有死？"

"谁说我死了？"

"烈士证都邮到地方上去了，现在看来需要更正了。"

三四三团司令部参谋徐鹤林带一个班，天亮时走进了山洞。山洞里有的伤员在呼叫："不要把我们扔下不管我们啊！"

"同志们！我们不会扔下一个伤员同志的。"

"那是谁呀？"一一五师副师长颜文斌来了就问。

"我是徐鹤林。"

"从现在起，你不要离开这里，部队过来了，你就是路标——告诉部队向松山里方向走。"

这时候，天气晴朗，开始下雪了，10米远看不见人。部队越来越多，拥挤在公路上。徐鹤林拉开大嗓门喊着："一一五师的部队，都往松山里走！"

王良太师长、沈铁兵政委站在山洞口，看见部队经过这里，都一律下达同样的命令："赶快进洞去抬伤员，不带伤员不准走！"

这个山洞是一个长200米的隧道，全师的伤员都集中在这里面，向后面转移的伤员不多。原来想等打了胜仗再往后面送伤员。现在，师里接到了撤退的命令，这么多伤员躺在这个大洞子里怎么办？

一一五师政治部主任尹培良找到负责管理伤员的同志，一起走进了这个大山洞。伤员们见师首长来了，纷纷要求着："首长，你们可不能把我们扔下啊！"

"首长，部队是不是要转移？我们怎么办？"

尹培良望着满山洞的轻重伤员，有的躺着，有的坐着，有的站着，心里一阵难受，他放开嗓门说："同志们！这个仗没有打好，部队要转移，大家放心吧！我们是不会扔下你们不管的，我们已经派了一个营来帮助同志们转移，我们机关的同志们也来了。从现在起，轻伤员能走的就跟着走，一个人走不动两个人扶一个走，实在走不动的就等着担架上来抬着走吧！"

说完，尹培良带领政治部和宣传队的同志们扶着轻伤员走出了山洞。

第二天，颜文斌严肃认真地对沈铁兵说："政委，我们一一五师有100多名伤员还在那涵洞里，要不抢运出来，我们有罪呀！"

"你说得很对。我在想：谁去呢？"沈铁兵知道后，眼眶里充满了泪水说。

"我去！你是政治委员不能离开师的指挥位置，只有我去了。"颜文斌说完，就带着通讯营的两个连和110副担架出发了。

这时候，天下着大雪，到处都是白茫茫一片，战场上成了雪的世界。颜文斌带着部队一走进令人揪心的涵洞，就大声说道："同志们，伤员同志们！你们受苦啦！我们来接你们回到师里去！"

许多伤员从声音里听出这是颜副师长，都哭起来了，是感动的哭，也是高兴的哭，他们边哭边互相说着：

"我说师首长不会扔下我们不管的，这不就来接我们了吗？"

"只有共产党的军队才能这样做呀！"

一直坚守在这里的那个邓正贤，跑到颜文斌跟前敬了礼说："报告副师长，我是政治部派到这里负责转运伤员工作的，你有什么指示？"

"好呀！你始终坚守在这里，很好地完成了任务，跟我们一起走吧。"颜文斌说完就向伤员们做了动员："伤员同志们！能走的自己走，走不动的我们抬，大家放心吧，我们不会丢下一个伤员的。"

话音刚落，机关的同志们和警卫连的干部、战士扶着轻伤员，抬着重伤员开始走出了大山洞。他们往山上走去，上到山顶，天已经大亮了。天空飘起了雪花，雪下得越来越大，多么可爱的漫天大雪啊！

一一五师参谋长程国璠和三四五团副团长张善思带着一个营的部队掩护全师向北撤退。

不知多少人仰天望着这大雪飞舞的天空，控制不住内心的兴奋，感叹道："这真是马克思在天之灵，天助我也！"

三四四团三营绑扎所被敌机打着了，师政治部工作组的组织干事鲍玉池高声喊道："共产党员们！共青团员们！赶快抢救伤员呀！"

包括司、政机关在内的同志们听到喊声，一个个从隐蔽的山沟里跑出来，冒着头顶上敌机轰炸、扫射的危险，奋不顾身地冲进绑带所去把伤员一个一个背出来，向山沟和树林里疏散隐蔽。

工作组里年纪最小（只有16岁）的刘仲明和张希政倒背着枪，每人牵着两匹马，把伤员扶上马，有人把自己的背包打开，把自己的棉被给伤员盖上，伤员感动地问道："这是谁的被子？"

"他是党员。"

大家抬头望去，天空中美国的飞机什么样的都有，有方肚子的，也有双肚子的。

负伤的韩兆喜问刘仲明和张希政："有水没有？我太渴了。"

"水是有，但你不能喝凉水。"

还有一个穿马裤的干部背着一支半自动步枪，拄着一根棍子一步一步移动，刘仲明和张希政前去问道："同志，伤在哪里？"

"左腿被打断了。"

"你怎么不坐担架？"

"还有比我重的伤员，让他们坐吧！"

一一六师接到撤出战斗的电报命令，太阳都一竿子高了。吴宝光、李刚、高克这3位团长被召集到师指挥所——在一个高地的鞍部土洞子里，汪洋把电报向大家宣读了一遍，用一种凝重的眼光问道："撤，还是不撤？"

沉默了一会儿，谁也没有说话。

还是汪洋这个沉着冷静的师长说了话："现在撤，全师这么多部队担的风险太大了，敌人空军很活跃，我们那么多的伤员没有运走，在我们阵地内横贯着一条原州通往砥平里的公路。"停了一会儿，他从牙缝里又挤出来一句话："如果不撤，出了事就很难说了。"

张峰把话接过来说："现在顾不了那么多了。不要受电报的约束。邓指电报是什么时候发出的，我们师是什么时候收到电报的？时间的差距不是很大吗？摆在我们面前的问题——从实际出发，像过去在国内那样，敢于打违抗命令的胜仗啊！"

大家也都发了言，分析了当前的情况：从天亮到现在，敌人的运输机（双机身——蚊式运输机和 C-47）一批接一批地向砥平里运送弹药和供应品，至少说明两点：其一是敌人还未发现我们主力撤出战斗，其二是敌人还准备坚守砥平里，以保障他们向汉城主要突击方向的侧翼安全。另外还有一点是砥平里方向昨夜和今晨枪声打得很激烈，那里友军一定留有各部队的侦察分队保持与敌人接触，以掩护主力脱离战场。

最后，汪洋说："敌人进攻也是很谨慎的，要摸清我们的情况也需要一两天。我的意见坚持到黄昏撤出战斗。即使是敌人发觉了，只要我们没有离开阵地，打几个小时，一一六师还是能够顶得住的！"他还将防御部署做了一些调整，特别强调了原州方向敌人可能的夹击。同时要求各团侦察分队积极行动，以迷惑敌人。他最后说："怎么样？坚持到黄昏，我看是可以的，就这样定了。大家回去下午 4 点以前不要向部队讲；要隐蔽、疏散地把伤员往外运。"

结果，一一六师硬是挺过了一个白天，敌人也没有向他们进攻。撤走前战利品怎么处理的呢？俘虏可以带走，坦克、炸弹、汽车呢，他们叫抓来的黑人士兵开车，开不走的汽车掀到山沟里去。三四六团吴宝光团长指挥大家硬是把洞子里的 80 多个伤员背的背、抬的抬，全部带回了部队。

黄昏后，三四八团接替了三四六团和三四七团的防御阵地，掩护全师主力转移。高克团长、周问樵副团长带领两个营及军侦察队，最后是在鹅毛大雪掩护下撤到牛头山以东师部驻地的。

三四六团派出的通信员在途中负了伤，团卫生队没有接到撤退的命令，这样就和团里失掉了联系。包括数十名伤员在内的 100 多人的卫生队住在一个村庄里，敌人就在他们周围，怎么办？队长张光宇、副队长宋德英和团政治处的青年股长文建华在一起商量：走不走？大家一致的意见：走！连夜转移。轻伤员能走的就自己走，重伤员不能走的就用担架抬着走，担架不够就借老百姓的牛车拉着走。

这支没有战斗力的队伍刚刚出了村庄，就听见枪声，敌人的一个连队进了村。好危险！如果不走或者晚走半个小时，卫生队这 100 多名同志就会遭到不幸，后果不堪设想。

他们大路不走走小路，望着夜空中的北斗星往北走，有的轻伤员走不动了就用人架着走。一路上，在云山战斗中抢救过伤员的宋德英副队长前前后后跑来跑去，出现什么情况就及时处理。看护班、通信班的同志们更是辛苦，他们轮流抬担架，一边走一边给伤员换药打针。结果，没有丢掉一个伤员，全队又无一减员。经过一天两夜的艰苦行军，他们终于追上了正在转移的大部队，遇到了军后勤担架营的教导员陶荣，卫生队的同志们认识这位从三四六团调出去的老同志。他正在带人打扫部队走过留下的路标。

第四次战役结束后，谭友林副军长调离我们军回国到东北军区公安部队担任副司令员。本来，早在第一次战役时，贺晋年副司令员就提出把谭友林调回去，而且命令已经下来了。为什么没有让他走呢？一是我们不想叫他走，二是等吴国璋从越南回来。

这次，谭友林离开我们军先到了志愿军总部，韩先楚副司令员和杜平政治部主任见到他就问：

"老谭，你怎么还没有去东北军区公安部队上任？高主席催了好几次了。"

"这不是现在就去吗？"

"你要回国了，陪彭总吃顿饭吧！"

"好！我正要去看看彭总，请他作指示哩！"

第十二章

历尽艰辛　重返部队

一支奇特的队伍走上朝鲜前线——朱品先带领上千人的军归队团，历经艰险，遇到邓华副司令员才找到部队

1951年3月间，我突然收到———七师三五一团政治处主任朱品先的一封信，大意如下："吴军长：我受三十九军留守处的委托，同军司令部刘奇炎参谋一起带领我们军1100余人的归队团，于今年1月下旬从辽阳出发，徒步长途行军入朝寻找部队，沿途克服了种种困难，历时一个多月，终于找到了自己的部队，现已回到各师，无一减员，而且多出10多人。特此报告。"

这封信是协助朱品先带领归队团寻找部队的刘奇炎带来的。

朱品先因动手术住在沈阳的东北军区陆军医院治疗，健康尚未完全恢复，他急着于1月中旬就出院了。他来到了辽阳三十九军留守处，向军后勤部副部长李义明和留守处主任李锡铭说："医院我再也住不下去了，到朝鲜前线去有没有车？"

"车是有。不过，我们想委托你带归队团去朝鲜寻找部队。"

"多少人？"

"1100多人。你如果同意，有一位军司令部参谋刘奇炎协助你工作，再给你们配一部电台，随时与部队联系。"

"行，我去。"

"太好了！老朱，我们正愁找不到带队的呢！"

这么庞大的归队团都是什么人呢？有部队出国时因病留在后方现在病愈要求上前线的；有第一、第二次战役中负伤送回国内治疗现在伤好了要求归队的；还有部队入朝时留在国内的军、师、团文艺工作者以及一批女文化教员。各师、军直编成4个中队，中队以下编成区队，女同志单独编成两个区队。各中队、区队有正副队长、通讯员、炊事员，都是从归队人员中产生的。

1951年1月下旬，长长的军列把这支奇特的队伍从辽阳运到了安东。下了车，大家集合在鸭绿江边。朱品先第一次向归队团全体同志讲话："同志们！我们的任务只有一个——到朝鲜前线去找部队。部队在前方打了很多胜仗，现在还在继续行军打仗，没有固定的地方。这样就给我们带来了不小的困难。大家要有吃苦的思想准备，我们希望尽快地找到部队。大家看，我们面前就是标志着中国和朝鲜国界的鸭绿江。过了江，我们

第十二章
历尽艰辛 重返部队

就踏上了光荣而艰苦的抗美援朝征途。第一，我们不要减员，夜间行军，白天宿营，注意防空，注意隐蔽；第二，我们要遵守纪律，执行三大纪律八项注意，爱护朝鲜一草一木，不拿群众一针一线；第三，我们要团结互助，归队团成员来自各师各团，有干部也有战士，有男同志也有女同志，要互相关心，互相帮助，发扬阶级友爱精神……"

队伍中间有人小声地问道："这是谁呀？听说是咱们归队团的团长。"

"他是一一七师三五一团政治处主任，叫朱品先。你别看他长得并不魁梧，可是个文武双全的老八路呀！"

当晚，这支上千人的归队团出发了。他们走在鸭绿江大桥上，一些在一、二次战役负伤回国养伤的同志一边走一边自豪地说："这是我第二次入朝！"许多没有出过国的同志，一边走一边东张西望，对什么都感到新鲜。第二次入朝的同志对头一次入朝的同志说："过了江第一件大事就是防空，我们那时候过江比现在紧张多了……"

跨过了鸭绿江，虽然是漆黑的夜里，这支队伍的每一个人都感觉到：一切都和祖国不一样，只隔着一座江桥，这边到处都是美国飞机轰炸留下来的瓦砾废墟，公路上布满了炸弹坑，晚风一吹，残垣断壁中卷起一阵阵焦糊味，迎面扑来很难闻。一大片一大片的房屋毁坏了，道路也无法辨认了。有人小声地问道："这是什么地方？"

"新义州。"

走不多远，前面天空中挂起了照明弹，接着传来了敌人夜航机的声音。队伍中有人提醒大家："拉开距离，不要掉队……"

"注意防空，不要照手电，不准抽烟……"

归队团的各个中队之间，中队里的各个区队拉开了很大的距离。每个人都在默默地走着，听不见有人说话了，只听见急促的脚步声和有节奏的喘气声……

第一个晚上，他们只走了四五十里路，第二天天亮前就宿营了。各中队、区队驻地非常分散，他们选出的炊事员都在找地方忙着做饭。

从辽阳出发时，军留守处就给归队团配备了一些自行车，每个中队分到一辆。那时候，会骑自行车的人并不太多，大部分是随队前往朝鲜的军文工团员、师宣传队员和文化教员，其中也有女同志。每天黄昏后行军，他们骑着自行车负责打前站：勘察行军路线、安排宿营地、筹集粮食，行军途中，也由他们骑着车子前前后后联络……

每天，自行车队出发以后，每辆车之间的距离保持在50～100米。前面骑车的同志发现了敌机立即掉转车头向后面跑着报告："敌机！防空！隐蔽！"沿途，朝鲜老百姓看见这支志愿军五花八门的自行车队也都用惊奇的眼光投向他们：只见他们身上还带着

小提琴、手风琴、二胡等各种乐器……

沿途，这支归队团的同志们还看到另一种使他们十分感动的情景：

公路上被美国飞机炸成一个个弹坑。每当黄昏降临时，从四面八方走出来一群群朝鲜妇女，也有老人和小孩。她们头顶着一筐筐泥土和石头，走到弹坑边把石头和泥土倒进坑里。老人和小孩力气小，双手抱着满罐子泥土走过来，也把泥土倒进坑里。接着，她们躬着腰挥动着手里的镐和锹，干累了就直起身子，伸伸腰，扬起衣袖，抹去额上的汗珠，但她们没有工夫去照顾背着的哇哇啼哭的孩子，马上又低下头来继续劳动着。弹坑填平了，她们又用脚去踩实。晚风吹动着她们的裙子哗哗作响。漆黑的冬夜里，无论寒风怎么刺骨，无论雪花怎么飞扬，在这长长的公路上，只要是有弹坑的地方，都闪动着一群群白色的身影。没有命令，甚至没有指挥，只要一听见有人招呼修路了，她们便从热炕上跳下来，顶着土筐，拿着锹镐，冒着风雪，老远跑到这里集合，赶修公路。热气从她们鼻孔里喷出来，眉毛上结成了白霜，双手冻得红肿起来，有时手碰破了，鲜血流在泥土和石头上……这一切，她们毫不在乎。等到路修好了，她们散开了，一个个站立在公路两旁，望着一辆接着一辆的军车。开往前线的军车也许是在运输武器弹药，开往后方的军车也许是在转运伤员。于是，她们招着手呼唤着："志愿军冬木，辛苦了！"

许许多多的汽车司机用他们的切身感受，说出了这样一句形象而深刻的话："这里的公路是朝鲜妇女们用头顶出来的！"

开始走的那些晚上，同志们的情绪十分高涨，对于朝鲜战场的夜晚，一切都感到新奇。但是，天天晚上这样走，天气寒冷，白天又找不到暖和的屋子休息，大多都蹲在山沟里分散隐蔽；为了防空，背包也不敢打开，找个地方铺上点树枝和枯草，穿着大衣一倒下就睡着了。到后来，大家寻找部队的心情越来越焦急了。许多同志脚上打起了水泡，有的人脚肿起来了，还是咬紧牙关跟着走啊！因为，越走越接近敌占区，谁也不敢掉队。每个人的心里都在盼望着：尽快找到部队，回到自己所在的单位去！

许多文工团员、宣传队员和文化教员都是从学校参军的知识分子。他们一踏上抗美援朝战争的征途就受到了如此严峻的考验：离开大部队在异国单独行动，困难越来越多，生活越来越艰苦，环境越来越恶劣，每天行军90里路，脚打泡了坚持走，到了宿营地还有公差勤务，剩下的时间什么也不想干，什么也不能干，必须抓紧时间睡觉。如果觉没有睡好，第二天晚上行军就要边走边打瞌睡了。女同志比男同志还多一些困难。没有了卫生纸，她们就把棉大衣里面的棉花扯出来用。行军途中哪有条件洗头、洗澡和洗衣服，每个人身上都长了虱子，他们起了个好听的名字叫"革命虫"。——七师只有16岁的宣

第十二章
历尽艰辛 重返部队

传队员龙慧把身上穿的一件毛衣翻开一看，虱子虮子密密麻麻一个挨一个，把她吓坏了，她不得不把它扔掉了。她想：若不是为了轻装行军早日赶到部队去，真想用瓶子将这些"革命虫"带回祖国作个纪念！

有一天晚上行军，他们登上一座很高的山。山上满是积雪，小道又窄又滑，能见度很差。美国飞机打着的树还在燃烧，火光映照着他们这支志愿军归队团艰难的行进队伍。只见，那个年龄最小的女战士龙慧，又饿又渴又累，眼看要昏倒在雪地里，宣传队的大哥哥大姐姐们帮助她背背包。黄汝芹从自己挎包里掏出一把炒面塞到她嘴里，又从地上抓起一把积雪，叫她就着炒面咽下去。她哽咽着说不出话来，还是坚持着走到了宿营地。

这天夜行军，归队团来到一条江的面前，江面结着一层薄薄的冰。朱品先命令大家：涉水渡江！——七师宣传队先让一位男同志下去试试水深。大家一看，没腰深的水浸湿了他的棉衣。宣传队长王力业叫高个子的男同志们护送女同志渡江。女同志这时也顾不得难为情了，脱掉棉衣棉裤，顶在头上，只穿着裤衩，一个个牵着手，大家一遍又一遍重复地齐声喊着：

"抗美援朝，吃苦耐劳！抗美援朝，吃苦耐劳！"

龙慧这个女孩子，胸部以下全湿了。两条腿冻得僵硬麻木了，全身直打哆嗦。她为了跟上队伍，没有时间换下湿透的内衣，挪动着艰难的脚步，慢慢地走着，走了一段路才觉得腰暖和一点。本来，过河过江对于她这个在我国南方长大的女孩来说，是没有什么了不起的。但是，在这千里冰封的异国战场，在寒风凛冽和冰冷刺骨的江水中脱衣涉水，没有为了朝鲜和祖国人民而战的坚强意志，没有吃大苦耐大劳的革命精神，是根本做不到的。

有一次，自行车队进入了山区。吴瑛这个女宣传队员脚踩失控，连人带车摔到山坡下面去了。

"来人呀！吴瑛出事了。"她的自行车女伴潘仲茗发出尖细的嗓音。

傅明俊和其他自行车男伴抢着下山去救吴瑛，幸运得很，她只是手脚和身上擦破点皮，车子没有摔坏。

每天晚上出发前，刘奇炎拿着一张朝鲜地图向各中队宣布当晚的行军序列：哪个中队是前卫，哪个中队是后卫，今天晚上预定走多少里路，沿途经过什么地方，注意哪些事项……

过了成川，美国飞机更加猖狂了。归队团长长的行军行列，每晚至少遇到空袭两次，因此就有两次大的疏散隐蔽。每次，朱品先和刘奇炎都跑前跑后，看看有没有同志负伤？

督促检查各中队清点人数,不要落掉任何一个同志……

有一次,归队团的同志们在清川江边看到一个十分感人的场面:江水中铺设的石头道路是专供来来往往志愿军和人民军汽车过江的。可是,敌机把石头道路炸坏了。敌人侦察机扔下的照明弹挂在半空中,把江水照得清清楚楚。大家看见,许多朝鲜老大爷用背篓背着石头,朝鲜妇女用头顶着石头,站在江水中抢修被炸坏的石头道路。他们当中几乎没有一个人抬头看看:美国飞机是否临空来轰炸和扫射他们。

同志们看到这些,脚下迈出的步子更加踏实了,心里抱着不到长城非好汉的信心更加坚定了……

太阳刚刚落到山那边去的时候,队伍又出发了。大家拉开距离,迎着风雪用不快不慢的速度向前走着,大头鞋踩在草地上,发出很有节奏的唰唰声响。

今晚的风雪比以往哪一天都大。雪像针刺一样落在人们的脸上,钻进人们的脖子里。迎面开来的汽车打开了车灯,雪花在光亮中飞舞,白色的强烈光亮照得人的眼睛睁不开,雪花打在人的眼睛上照样也睁不开。可是,同志们都在一声不响地走着。

"向后传,跟上!跟上!"

"向后传,注意防空!注意隐蔽!"

突然,山冈上传来了清脆的枪声,这是防空哨向人们发出的空袭警报。

归队团长长的队伍,立刻疏散了开来,向着公路两旁隐蔽起来了。这么大的风雪,敌机看不清地面上的目标,只是盘旋几圈之后又飞走了。

那天,归队团的同志们宿营了。突然天空飞来了4架野马式敌机,俯冲轰炸和扫射了他们的驻地。

"有人负伤了!"有人跑来向朱品先和刘奇炎报告。

"谁负伤了?"

"女同志那个区队。"

朱品先和刘奇炎急忙带着卫生员向女同志区队住的地方奔去。果然,他们看见两个女同志负了伤,一个胳膊上挂彩,鲜血染红了衣服,另一个脚上带点伤,卫生员蹲下去为她们包扎。

"怎么样,要不要紧?"

"首长,不要紧,是很轻的伤。前方同志们天天都挨敌机打,我这点伤算什么,我能坚持!"

这一天晚上,朱品先正走在路上。忽然,一个干部带一名战士背着一支卡宾枪走过来,一见到他就哭了:"首长,我转送完伤员掉了队,找了七八天部队也没找着……"

朱品先仔细一看,这是三五一团三连副指导员赵维玉,解放战争中给自己当过通讯员。朱品先理解他为什么哭:人一旦离开了集体,那种心情是很难过的,便说:"小赵,正好我带着归队团也在寻找部队,你就跟着我们一起走吧!"

像这样在途中收容掉队的干部、战士约有10人。

归队团的干部多战士少,男同志多女同志少,走在路上稀稀拉拉,前后有好几公里长的队伍;宿营以后,山沟里、树林里、村落里到处都有他们的人。他们有几十辆自行车,但没有多少武器,文工团员和宣传队员身上还背着各种乐器,走到哪儿还唱出雄壮的歌声和奏起动听的音乐。另外,一到地方就架起电台摇马达进行联络……一遇到友军一看就知道:这是一支各种人员都有的归队团。但是,普通的朝鲜老百姓只知道是中国的志愿军,而不知道他们究竟是什么队伍。有些好奇的人们就大胆地问起来:"冬木,你们是什么队伍?"

"我们上前线去打美国强盗!"每一次,归队团的同志们都这样自豪地回答着。

每当天亮前宿营的时候,各中队各区队的驻地都忙于做饭,而归队团团部却架起了电台。朱品先和刘奇炎守在电台旁,一方面向辽阳的三十九军留守处报告:何时到达何地,无一减员,另一方面和正在前线行军作战的部队联系,但往往联系不上,偶尔联系上了,得到的回答也总是那几句话:部队行军作战,没有固定位置。

已经走了20多天了。归队团出发的时候,每个人只带了一个星期的粮食。开始那些日子,粮食吃完了,还可以到哪个兵站去把米袋子再灌满。后来,就看不到兵站了。每个人身上的米袋子空空的。断了粮食以后,朱品先和刘奇炎召集各中队、各区队的带队干部开会研究决定:一方面由打前站的同志筹集粮食,另一方面也要发动所有归队人员利用白天休息时间筹粮,给当地政府和群众打借条。这件事,得到了沿途经过的里委员会和朝鲜老百姓的支持。借来的是稻谷,白天休息的时候,发动大家用鞋底搓,放在手里把搓脱的谷壳吹掉,然后分到各中队和各区队熬稀饭吃。

据说离部队不远了,一个传一个,大家高兴起来。从加平附近出发,归队团的同志们沿着汉江北岸向春川行进。北面是陡山,一条崎岖的小道在山与江之间,没有别的路可走。一一七师宣传队骑车子的同志现在也和大家一起行军,他们有时推着车子走,有时扛着车子走,比不骑车子的人还要辛苦。山路越来越难行了,苏北的老同志姜德山提醒大家:把自己的白毛巾拿出来系在背包上,便于前后联络。敌人的夜航机时而在江边盘旋。大家小心翼翼地缓慢摸黑前进,谁也不敢拉开距离,稍有不慎就会掉进江水急流

中去。虽然气温在零下二三十摄氏度,但是这些男女宣传队员们的衣服却被汗水浸湿了。当他们又经过一段的艰苦行军达到宿营地的时候,他们为自己战胜一个又一个困难而唱起了自豪的歌曲:"我走过高山平原,我走过大小河川,我不怕流血牺牲,更不怕流血流汗……"

这天,归队团准备出发继续寻找部队。朱品先远远地望见山冈上几棵大树底下站着一伙人,其中有几位大首长模样的人。他走了过去,只见一位身材高大的首长,手里拿着一根木棍,好像是在看地形似的。

朱品先仔细端详了一番——这位首长是志愿军副司令员邓华。

"首长,我是三十九军一一七师三五一团政治处主任朱品先,我带领归队团寻找部队,不知道三十九军现在在什么位置上?"朱品先向邓华敬了个礼说。

"你们不要再往前走了,前面是敌占区,三十九军正在转移,很快就要路过这里。你们就在这里等着吧!"邓华用木棍指着说。

朱品先听了心里很感谢邓华。

朱品先遵照邓华的嘱咐,带领归队团的同志们不再往前走了,就在那一带等候我们三十九军的部队。他们每天一看见从春川撤下来的部队就打招呼:"喂!你是哪个单位的?"

"同志,请问三十九军的部队撤下来没有?"

这天,朱品先看见一个指挥员模样的人的背影,刚喊出"同志"两个字,那个人就转过身来,朱品先又惊又喜地喊了起来:"哎呀!这不是三四九团的副团长董昌亭吗?"

"是我。你这个朱品先什么时候到这里来的?"

这两个从抗战期间在苏北新四军三师就在一起战斗、工作、生活的老战友,久别重逢的喜悦之情真是无法形容。两个人都有好多好多话要说,但是最要紧的还是朱品先讲了他是怎样带领这支归队团来到朝鲜找部队的,董昌亭讲他们一一七师横城大捷歼灭了3000多敌人,抓了2500多俘虏。朱品先详细地询问了军部和各个师的驻地在哪儿后,当晚,他和刘参谋让各个中队回到各师去了。

后来,朱品先到了一一七师师部。他向张竭诚、李少元敬了个礼:"师长、政委,我回来了!"

"朱品先,你是怎么回来的呢?"

"我是带三十九军归队团到朝鲜来的,路上走了40多天,找部队找得好苦呀!"

"归队团有多少人?"

"上千人吧!"

"太好了。你带了这么多人回到了部队,有功呀!现在部队减员太大,正需要补充兵员和干部啊!"

张竭诚和李少元高兴起来,吩咐了警卫:"打盆水给朱主任洗个脸,和我们住在一起,吃在一起。"

李少元还对朱品先说了一句这样的话:"你来得正是时候。先在师里等几天……"后面的话没有说出来,但朱品先已经明白是怎么回事了。

几天以后,我们军里批了一一七师党委关于朱品先同志任三五一团政治委员的报告。原来的政委彭仲韬调到师政治部当主任了。

我们军还有许多第二次入朝的同志,军司令部作战参谋李方明就是其中的一个。他是第一批入朝的,曾在日记中写道:"1950年10月22日17时30分,在月光下,我们紧张而兴奋地穿过了鸭绿江大桥。这是中国人民志愿军的伟大行列向朝鲜开始进军了!"从此,他一直在我们军指挥所工作,经历一至五次战役,参谋业务熟练,积极勤奋苦干,给我留了良好的印象。1951年11月27日,军教导大队在辽阳成立后,他被调回国在教导大队工作。1952年12月12日他又被调回军司令部。他在这天日记中写道:

> 今天17时10分,我再次跨过鸭绿江,重返朝鲜前线了。我感到无限的欢快、幸福和骄傲!英雄的江桥啊,在寒风中站立。亲爱的祖国,亲爱的首都,亲爱的人民,再见吧!"为欢乐而生,为欢乐而斗争,为欢乐而死。"伏契克的话,在我脑海里浮现了。鸭绿江水在奏着战歌,我愉快地过江前进了。祖国母亲,重新给我力量,把我更加武装了。人生啊,还有什么比这更高尚的吗?我知道我是在幸福之中……

第十三章

水淹美军陆战队

我命令一一五师打开华川湖全部水闸,来了个水淹美军陆战队的战法——赵志立成了板门店谈判记者招待会上的新闻人物,因为他指挥三四四团一连同美国人打了一场东方的"直布罗陀"战斗

第四次战役开始不久,由麦克阿瑟提名被美国总统杜鲁门委任接替第八军军长沃克的李奇微,在他的"屠夫行动"计划被粉碎后,于1951年3月7日又出笼了所谓"撕裂行动"计划。他的企图和目的非常明确:第一步占领洪川、春川、华川;第二步占领铁三角,抄西线我军后路,越过三八线,割断我军西线与东线联系,从中线打开缺口。为此,敌人把他们的精锐部队用于洪川、华川之线,部署美陆战一师、骑兵一师两支王牌部队,沿洪川、春川、华川公路东西两侧北进,西面有美三十四师,东面有美三师,二梯队还有英二十七旅和伪军等部队。妄图占领三八线以北,抄西线我军防御后路,把战线推向三八线以北。

我军执行运动防御,志司有指示,叫作"步兵前轻后重,炮兵前重后轻"。我们怎么执行呢?第一步,3个师采取前三角配置,横城以北洪川以南为一一六师,一线散开,在一一六师后面把一一五师部署在洪川公路以东,以西为一一七师。第二步,每个山棱线上构筑单人掩体,山的斜面都挖防炮洞,在山头本该放一个排,我们放个加强班,本该放一个连,我们放个加强排。每个山头都防御,但兵力展开并不多。相对地说,以山头为单位作战,特别对山的两侧注意戒备。对公路,在不影响作战行动的条件下进行破路,并用炸药包、爆破筒每连组成反坦克小组,专门对付沿公路前进的敌人坦克。每个山头都放兵坚守,这样可分散敌人的火力。部队向后转移是按照预定计划,在夜间有秩序地进行的。坚守的原则,白天不准撤退,打完就算,这是针对美军的弱点而说的。只要我们山头有人,敌人就不敢上来。

美军步兵完全靠飞机、大炮的火力,打得没有人或很少有人敢冲锋。我们的炮兵分散配置,集中使用。迫击炮、六〇炮对付敌人冲锋的第一梯队,七五山炮集中火力打敌人第二梯队。我们三十九军在机动防御50天中,敌人每天向我们阵地上打1万余发炮弹,但我们伤亡并不大,相反,敌人伤亡很大,敌我兵员损失为二比一。

按照李奇微的说法,华川之战是敌人"撕裂"者行动的组成部分。

3月间,一一五师完成从洪川到春川的防御任务后,整个部队都撤出北汉江。就在这个关键时刻,师里向我报告三四三团发生了这样一件事情:就在全团转移的前一天,

第十三章
水淹美军陆战队

王扶之团长、王国英政委、朱互宁副团长、汪明德参谋长睡在一个防空洞里。天气太冷，为取暖，警卫员烧了一盆木材火。第二天吃早饭时，警卫员进来喊这些团首长，毫无一人吭声，仔细一看，全都中毒昏过去了。政治处主任陈砚田组织大家赶快把他们一个个抬到防空洞外面后，向师长王良太、政委沈铁兵作了报告。沈铁兵和师参谋长程国璠来到这个团亲自指挥部队，当晚开始了转移。

我打电话告诉王良太师长，命令三四四团一连留在这里，一定要坚守紧挨着华川湖的288.4高地，阻止鹰峰山敌人的北犯。

这次战斗打响之前，我们军奉志司的命令，由春川到华川一线组织运动防御，节节抗击敌人，迟滞敌军前进。我们军部来到华川附近，我在看地图时发现华川有一个很大的华川湖，就对侦察科长蔡愚说："你带上联络员（朝鲜语翻译）去水库侦察，找水库管理人员了解大坝闸门和蓄水量等情况。"蔡愚回来向我报告后，我又叫他去告诉水库管理人员：关闭大坝上的所有闸门，提高水库的水位。

现在战斗眼看就要打响了，我根据华川湖这个绝妙的自然条件，忽然想起了我曾经读过的孙子兵法中的"水战"之说，还记起了我国历史上的"水淹开封府"的战争故事。

我把电话打到了一一五师指挥所：

"王良太吗？你们要充分利用华川湖水坝掌握在我们手里这个优势，马上派人去把水坝的闸门打开，给敌人来个水淹美军陆战队！"

"军长，你这个战法好呀！我现在就去布置。"王良太师长在电话里的声音，兴奋得四川腔更浓了。

4月8日下午，王良太把作战科副科长沈穆叫到师指挥所来：

"交给你一项任务。"

"师长，什么任务？"

王良太指着作战地图上的华川水库说：

"你看到了吗？为了阻止敌人的进攻，你带人明天拂晓之前，把闸门打开放水。"

"师长，放心吧，我会完成任务的。"沈穆充满信心地说。

"是明天拂晓之前，懂吗？"王良太强调说。

"知道了。"沈穆回答。

当天黄昏时分，沈穆带着一位参谋和一位联络员，到达了华川水库水坝上。他们看到闸门很高，水位也很高。联络员找来几位朝鲜工人。工人们问道：

"要炸开水库中闸门吗？"

完成机动防御任务后,部队向北转移

第一一五师三四四团一连官兵坚守在阵地上

第一一五师三四五团渡过邵阳江,向南追击美军陆战队第一师三十八团

第一一六师官兵涉过北汉江,向马积里攻击前进

"不!留着水库发电用吧,你们只要把闸门打开放水就行,但必须在明天天亮以前。"

这几位朝鲜工人非常支持,便和三四四团的战士们忙了起来。结果,4月9日凌晨4时以前,华川水库10个闸门全部提了起来。顿时,水像高山上的瀑布一样,汹涌澎湃,倾泻而下,河道水位迅猛上涨。就在打开水库闸门的那天晚上,我们军指挥所从监听的报话机中听到了敌人在报话机里你喊他叫,一片混乱,说是大水把美军的一个炮兵阵地冲垮了,冲走了人员帐篷,冲毁了公路,美军无法前进……我接到王良太师长的报告,说是三四四团在那里执行警戒任务,一名班长和一名战士,不幸也被突然降临的大水冲走了。

我听美军电台喊叫:"共军开闸放水,'联合国军,装备被淹,前进受阻!'"敌人还说什么"共军炸毁华川水库,惨无人道……"这纯粹是在造谣和胡说,其实,我们一点炸药也没有使用。

若干年后,我从李奇微的回忆录《朝鲜战争》中看到了他也不得不承认这件不容歪曲的基本事实:

4月9日,我左翼部队全部抵达"堪萨斯线"。在右翼,美第十军和南朝鲜第三军极力克服险恶的地形和补给线不足造成的困难,还在朝着目标线推进。

这时,敌人打开了华川水库基部的好几个水闸。一开始,敌人的这一招似乎真要给我们造成了严重的损失。江面一小时之内便上涨了好几英尺,冲垮了我们一座由工兵架设的浮桥,并迫使我们把另一座浮桥拖回岸边,以免冲垮。我们立即派出一支特遣部队去夺取大坝,关闭闸门。但是,由于能见度很差,地形崎岖,敌人顽抗,以及登陆工具不足,这次尝试没有成功。最后,我们一致认为,炸毁水闸可以大大降低水库的水位,使水库的威胁减小到最低限度。炸毁大坝工程量很大,看来,敌人获得炸毁大坝所需时间和炸药的可能性极小。但是,看着第一陆战师以及第一骑兵师一部搭乘外装马达推进的突击舟穿越宽阔的水库,我们感到松了一口气。突击舟费了很大的劲才由卡车运抵水库,从而使陆战队的士兵们在远离水库的地区战斗数周之后重新回到了适合他们作战的环境中。但是,一直到4月16日,范弗里特来接任第八集团军指挥职务之后,大坝才落入我们手中。

三四四团徐鹏团长带着营长和连长们站在288.4高地上看地形。他们一个个都举起了望远镜。大家顺着徐鹏手指的方向看到：288.4高地位于华川鹰峰山以北，这是华川湖与汉江之间的一个狭长地段，两侧地形崎岖，异常险要，北高南低。高地的东面紧靠华川湖，西面是北汉江，北面有大水闸，南面是一条从春川到华川的公路。

徐鹏望着站在人群中的一个年轻而英俊的连长喊道：

"一连长赵志立！"

"有！"

"全军撤到北汉江之后，就留你们一个连坚守在这里，掩护主力完成三线防御准备。"

"是。我们坚决完成任务！"

"你们是孤军作战。但是，你们左边是本营的二连，右边是二营。我们全团作你们的后盾。战斗打响后还有炮兵的支援。要做好政治动员，告诉全连同志要有孤军作战的胆量，要有与敌人血战到底的决心……"

"是！团长，你放心吧！我们坚决打好这一仗，人在阵地在，绝不会从我们手中丢掉一寸土地！"

"这个连队经过前三次战役打得只剩下几十人了，战斗打响前补充了友军来的老战士有80多人。许多人营养不足得了夜盲症，黑夜走路还得用人扯着走。

3月的朝鲜山地里还是寒冷的。赵志立和指导员林彦荣组织全连构筑工事，每天土工作业14小时。工事是按照打一场恶战的要求和标准而构筑的。战壕是按照地形、兵力部署的要求，每个班都是两道战壕。隐蔽部均选择在山的暗部炮弹不易直接命中的地方，深挖4米以下，一般的炮弹直接命中也难以摧毁。前沿均构筑一两个暗火力点和地堡。比较暴露地段，都构筑暗壕盖沟，把前沿阵地的公路一段一段破坏。这些被破坏的公路地段都在一连火力控制之内。全连共构筑堑壕1800多米、暗壕400多米、各种隐蔽部30多个、各种射击工事250多个、暗地堡11个、破坏道路200多米，正面挖三段崖蔽，长800多米，主要制止敌人坦克进攻，靠华川湖有5处能登陆地段，都加以破坏。地堡、掩蔽部和掩壕均用5～7层大圆木和积土覆盖，连排之间以交通壕相连接，构成了支撑式的环形防御阵地。

战斗打响的前一天，撤至北汉江的三四三团团长王扶之率领部队经过一连阵地时说：

"小赵，我们在这里没丢一人一地，现在要看你们的了。我们过江后就等待你们胜利的好消息。"

这一句话，深深地铭记在赵志立的心上。

1951年4月9日上午，22岁的连长赵志立举起望远镜发现对面山上的美陆战一师三

团正在组织进攻，意味着这场残酷的战斗就要开始了。他命令全连进入了战斗状态。他和林彦荣分头来到了一排和二排的前沿阵地。赵志立在五班阵地上问五班班长王文海：

"敌人上来了你准备怎样打法？"

"连长，你看我们一切都准备好了，把敌人放近了才打。"

赵志立对王文海这个班的战斗骨干非常放心。他说：

"同志们！你们五班阵地是全连的关键，绝不能让敌人上来一步。"

"连长，放心吧！我们不会给全连抹黑的！"

战士们的士气非常高涨，听说打仗都嗷嗷叫。

赵志立回到连主阵地上，用望远镜继续观察敌人，看见敌人从对面山上开始向二连阵地机动。等到下午2时，敌人一个排通过公路进行了试探性进攻。没有想到的是配属一排重机枪提前开火了。赵志立自言自语地说："糟糕！怎么提前开了火？"结果，只打倒5个敌人，敌人就退了回去。下午3时，二排正面敌人一个连沿着山脊向二排阵地接近，二排长指挥各种武器一起向敌人开火，把敌人打了下去。下午4时，敌人飞机和大炮猛烈轰击一连阵地。赵志立命令全连除观察员外全部进入工事隐蔽起来。敌机和火炮轰击了半个小时，然后，敌人约两个连兵力分别向一、二排阵地发起了攻击。在团属炮兵的火力支援下，一、二排分别打退了敌人的进攻。

我十分关注着三四四团一连在288.4高地上这场战斗，用无线电话向一一五师王良太师长和三四四团徐鹏团长询问战斗发展的情况。此刻，我把电话直接打到了一连阵地上和赵志立连长通话："小赵，战斗情况怎么样？"

"报告军长，我们已经打退了敌人6次进攻！"

"敌人火力很凶吧？"

"是的，敌机投下的炸弹、燃烧弹、凝固汽油弹和敌人打过的炮弹，把我们这个不足500平方米的高地变成一片火海了。"

"小赵，你快把部队分散隐蔽起来，敌人炮击时只在前沿阵地上留一两个火力点压制敌人的进攻。"

"军长，我一定照你的指示办。"

天渐渐地黑下来了。赵志立和林彦荣断定，明天敌人将有更大的进攻，随即组织全连星夜加修工事，准备再战。这时候，只见炊事班班长李长和挑着热饭热菜上了阵地。战士们见了都问道：

"老班长，有啥好吃的？"

第十三章
水淹美军陆战队

"上级给咱们连送了大米和白面，还有鲜鱼哩！同志们！咱们炊事班一定把饭菜做得香喷喷的，让同志们吃饱了狠狠打击美国侵略者。你们打到哪里，我们就把饭菜送到哪里。"李长和乐呵呵地说着。

在战斗打响后的第一个晚上，党支部委员们聚集在一起开会，分析了这一天战斗的经验和教训，都说头一天就给敌人来了个下马威。提出给二班和五班请功，批评了一排重机枪手过早地暴露了阵地，没有大量杀伤敌人。3名青年战士在战斗中英勇顽强，不怕流血牺牲，共产党员们举手表决，吸收他们火线入党……

会后，按照党支部委员会的决定：副指导员立即组织卫生员等人，把牺牲的烈士和重伤员送往后方，三排副排长高明学带一个班打扫战场，以战养战，把缴获的枪支弹药补充到各排各班去；支委们回去督促大家抓紧时间休息，准备粉碎明天敌人发起更大的进攻。

第二天——4月10日8时，果然，敌人以一个营的兵力利用山梁隐蔽地向一连阵地接近，主要指向二排五班。敌人的进攻仍然是同样的手段，先是飞机大炮轰击，不到1小时工夫，一连阵地上落了上千发炮弹，山顶上的大树根都炸飞了。经过激战，二排在一排的配合下连续打退了敌人多次进攻，毙伤敌100余人。

上午10时，不甘心失败的美陆战一师三团又以一个营兵力发起了进攻。进攻的矛头仍然指向二排五班。出现在五班阵地上的赵志立一边向敌人射击、扔手榴弹，一边鼓励大家。他趁敌人被打得混乱起来，果断地命令："六班长，向敌人出击！"六班的战士们跃出了阵地，冲向敌群。五班长王文海和战士刘庆华各端一挺机枪，猛烈地射击敌群，有力地支援了六班的阵前出击。

下午2时许，一连打退敌人又一次进攻之后，赵志立拿报话机话筒向团指挥所报告战况：

"团长、政委，我们已经打退敌人5次进攻，毙伤敌人100多名。五班表现突出，班长、共产党员王文海起了关键作用……"

"赵志立，你转告全连同志，你们打得英勇顽强，取得了初步的胜利。但是，敌人是不会善罢甘休的。团党委非常关心你们的战斗，希望你们再接再厉，坚决守住阵地，取得彻底的胜利！"徐鹏和姜石修在报话机上说。

这是战斗的第二个夜晚，激战之后的阵地上显得异常寂静。忽然，传来了一个人的脚步声。哨兵问了一声：

"谁！"

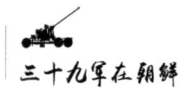

"我是宣传股长。"

赵志立和林彦荣正在召开全连第二次党支部大会。会上，除了及时总结第二天战斗的经验教训外，还讨论了给二排长和三排长请功的问题。

"股长，你来得正好，团首长有什么指示？"

"同志们！团首长派我来向一连战士进行慰问。"宣传股长说着就把带来的慰问品给了钱克昌。"你们取得的战斗胜利，给全团同志很大鼓舞，团首长相信你们一定能够彻底打败敌人。现在我传达团党委的决定：授予一连五班'288.4高地英雄班'称号，给五班班长王文海记一等功。"

消息马上传遍了全连，此时此刻，还有什么比这个更鼓舞大家的呢？

夜深了。全连同志都休息了，只有赵志立和林彦荣还在阵地上检查各个哨位。他俩一边走着一边小声说着：

"老赵，让我也去二排和战士们一起战斗吧！"

"老林，你的担子够重的了。战斗中你不断提出响亮的口号，鼓励全连同志奋勇杀敌，你还组织运送伤员和烈士，二排由我去指挥。战斗中政治工作需要你啊！"

林彦荣听了，一股暖流涌上了心头。

第三个白天的战斗又开始了。我把电话又打到了硝烟弥漫的一连阵地：

"赵志立，敌人又开始进攻了吗？"

"报告军长，敌人的飞机、大炮正在轰炸，步兵还没有上来。"

"你们要坚守住288.4这个高地，控制住华川湖大堤，不能放过一个敌人。我相信你们一定能够出色地完成任务！"

"请军长放心，我们誓与阵地共存亡！"

敌人的飞机、大炮轰击比前两天更加疯狂。无数的炸弹、炮弹和汽油燃烧弹落在一连整个阵地上，山顶成了一片火海，残存的树木枯草燃烧着，部分交通壕被摧毁了。赵志立和钱克昌一边指挥战斗，一边喊出了全连同志的共同心声：

"人在阵地在，誓与阵地共存亡！"

"绝不辜负团党委的希望，不夺取最后胜利不下山！"

五班的战士们衣服全烧着了，就趴在地上打着滚，扑灭身上的火。王文海扒掉了身上燃烧着的衣服，光着身子端起机枪向敌人扫射，枪管都打红了。

换枪管时刘庆华的手被烫得哧哧直响。10多个敌人冲到了五班阵地前沿，王文海已经身负重伤，只见他猛地站了起来，端起机枪向这伙敌人射击。就在这时，他身上再一

第十三章
水淹美军陆战队

次中弹，倒了下去，再也没有起来。王文海壮烈牺牲，激怒了全班战士们。刘庆华接过班长手里的机枪，哭着喊着拼命地向敌人猛打，终于把敌人打退……

敌人为了摧毁一连的暗火力点，把无后坐力炮推到一连阵地的对面，压制了五班工事里的机枪火力。

赵志立来到了二排阵地上，大声地喊着：

"刘庆华，你看到没有？"

"连长，我看到了。"

"我命令你代理五班班长，把敌人的无后坐力炮给我干掉！"

"是！保证干掉！"

刘庆华的机枪打得猛、准、狠，在全连是出了名的。结果，他把敌人刚调上来的这门炮给报销了。

敌人对一连正面进攻屡遭失败，就以一个营兵力乘水陆两用汽车从华川湖偷渡到沙田洞和头流峰之间登陆，向二连阵地进攻。由于二连哨兵睡觉，等敌人上岸才发觉，敌人已插到一连的侧后占领了436.1高地。

这时，情况非常吃紧，敌人形成了对一连的后侧阵地的包围。一一五师指挥所用电话向军指挥所报告这个意料之外的情况。我对他们说："赶快组织部队不惜任何代价，也要把436.1高地夺回来。你们一定要坚守阵地，不能后退半步。"

徐鹏当即下了死命令给一营的三连和三营的七连：

"不管有多大的伤亡也要把436.1高地夺回来！"

三连和七连打得很苦，伤亡很大，连部文书、卫生员、通讯员都参加了战斗。三营副营长李顺清把机枪架在制高点的山头上，亲自向敌人射击，掩护七连反击，把敌人推到华川湖边。最后，用生命和鲜血的代价才使436.1高地失而复得，消除一连背后的一大隐患。

当我得知这一情况时，心里才松了一口气。

第四天，一连又打退了敌人两次进攻。

至此，赵志立这位优秀的基层指挥员率领全连同志坚守阵地四天四夜，打退了敌人从一个排增至一个营兵力的10多次疯狂进攻，歼灭美陆战一师三团400多人。288.4高地自始至终掌握在英雄连队手里，岿然未动。

赵志立和他的英雄连队，创造了守备战的范例，为我军争取了时间，保障了华川湖蓄水放入北汉江，使之水位上涨2米多，在志愿军粉碎敌人全线进攻中，作出了突出的

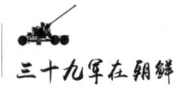

贡献。

我和徐斌洲政委非常高兴地批准：军授予三四四团一连"288.4高地守备英雄连"光荣称号，给连长赵志立记二等功，给班长王文海追记一等功……

一一五师有一个很好的习惯和制度，入朝作战以来，他们组织英语翻译和懂日语的技师注意收听国外电台广播，有重要内容及时向师指挥所报告。这件事由师参谋长程国璠直接掌握。战斗结束后，他们收听到外国电台广播称华川湖战斗为敦刻尔克战斗。后来，程国璠将此事向我作了报告。

1951年7月10日，举世瞩目的朝鲜战争停战谈判正式开始了，包括中国人民志愿军在内的爱好和平的人们，都在拭目以待，盼望着从这里发出和平的福音！

这时候，五次战役结束后志司决定我三十九军为预备队，开赴后方整训待命。军部住在成川地区，一一五师在江东一带。

初秋的一天，我军接到志愿军总部的通知：美国人不相信坚守在288.4高地上的是一个连，要在板门店谈判的地方见一见指挥这场战斗的赵志立，究竟是个什么样的人物。军政治部主任石瑛把这个通知传达到了一一五师，一一五师又传达到三四四团。

赵志立接到通知后，最先被团政治委员姜石修找到了团部，姜石修刚接到师政治委员沈铁兵打来的电话："你们团打出了一个英雄连长叫赵志立，报道美军陆战一师三团华川湖战斗失利的美联社记者，在板门店要看看这个'死硬部队'的指挥官是什么样的人。"

姜石修望着站在面前的赵志立虽然是挺帅挺精神的年轻军官，但由于刚从火线下来不久，衣服有些破烂，便说：

"你这次去板门店要好好打扮打扮，到了那里抖一抖中国人民志愿军的威风！"

"政委，你说怎么打扮？"

"你理理发，洗洗澡，换上一套新军装和一双新胶鞋。我还给你准备了一个公文包和一副眼镜，让美国人亲眼看看，我们中国军队并不是什么洪水猛兽，而是一支文明的军队。对了，把你们在战斗中缴获的那件美国军官的大衣也带上。"

"政委还有什么指示？"

"你到了军里和师里，军、师首长是会向你交代的。"

赵志立来到师部，师政治委员沈铁兵站在墙上挂着的作战地图前面说："你就是赵志立？你们这一仗打得好，起到了谈判桌上起不到的作用。你去板门店虽然不直接参与谈判，但你要配合好我方的谈判——理直气壮地回答美国人提出的疑问。"

赵志立又到了军部，政治部主任石瑛第一个提出了世界军事上著名的"直布罗陀海峡"，他对赵志立说：

"小赵，你知道吗？你指挥你的连队坚守在288.4高地上，起到了历史上直布罗陀海峡的作用。可是，败在你们手下的美国人不相信你们是一个连队，他们说你们起码是一个营。你去板门店的任务就是回答这个问题。你不仅在军事斗争中打胜仗，而且要学会在外交上打胜仗。记住这样几点：你是代表志愿军去的，一举一动要显示出中国军人的形象，回答问题要沉着冷静，以理服人；讲究文明礼貌，注意外交礼节……"

"请首长放心，我一定照首长讲的去做。"

后来，赵志立向别人请教才把"直布罗陀"是怎么回事弄清楚：

直布罗陀位于欧洲伊比利亚半岛南端，为一半岛。面积6.54平方公里，人口约3万，其中直布罗陀人约2万，英国人约5000人，摩纳哥人约3000人。直布罗陀扼地中海通往大西洋的咽喉，军事上极为重要。8世纪摩尔人入侵。1410年为西班牙人收复。1704年被英国占领。1713年签订的乌德勒支和约规定直布罗陀归英王室。1909年英又占据了直布罗陀与西班牙本土之间的隔离地带，修军事基地和机场，设栅栏，形成现今边界……

最后，赵志立到了志愿军总部报到，然后乘一辆吉普车，冒着敌机的骚扰，向着由于美方不断破坏而经常中断的朝鲜停战谈判的会址——著名的开城驶去。

一路之上，他对周围的什么都不关心，脑子里什么都不去想，耳边还在重复着军、师、团首长那一字一句嘱咐自己的话。这些话增添了他此次去板门店的勇气、智慧和信心。

到了开城，参加板门店谈判的我方工作人员热情地把赵志立带进一间房子。有人向他介绍：

"这是首席记者吴冷西同志。"

吴冷西？这个名字在赵志立印象是个大名鼎鼎的新闻界老前辈，他早就听说过，也看过他写的文章。他立正向吴冷西敬个礼说：

"我是三十九军的连长赵志立，请首长交代任务吧！"

吴冷西望着站在面前的这位年轻军人，虽然穿着一套新军装，但脸上还带着一种刚从同敌人拼杀的战场上下来的神色，便握着他的手说：

"你就是美国记者要求见到的志愿军连长赵志立。你指挥一个连队打得好呀！这一仗打得美国竟然不相信你们是一个连，所以要当面看看你这个连长。"

"什么时间，在什么地点？"

"是这样的：过两天，我们就在这里举行一个各国记者招待会，他们不仅仅是美国记者,也包括其他国家的记者,向你提出的问题不外乎你多大岁数?是连长还是营长?你以什么手段在什么地形上打败美军一个营的多次进攻?"

赵志立一听说要开记者招待会,回答各国记者的提问,这可非同小可呀!吴冷西看他不免有些紧张,马上又说:

"不必紧张,你是胜利者,真理在我们这一边。你好好准备一下,会讲好的。对了,你还可以在这里参观参观嘛!"

赵志立在这里参观了一下,他看到板门店这里的环境,这里的气氛,这里的人们同与敌人拼杀的战场完全是两个不同的天地。他看了世人注目的朝鲜战争停战谈判的会场,是木板和竹席盖起来的一座长方形的平房,以这所房子为中心画一个圆圈,就是谈判的会场区。朝鲜军事分界线从会议桌中央通过。它周围的4个角落的上空,各自悬着涂有4条红杠的巨大白气球。地面上也铺着红色和白色相间的标志物。

赵志立听我方工作人员介绍:谈判会场那所房子,东西各有一道进出口。谈判会议召开的时候,我方谈判代表从西门进出,美方谈判代表从东门进出,不得互相随便进入。房屋正面的中央,有一张铺着绿色台布的桌子,桌子两端摆放着朝鲜民主主义人民共和国的国旗和联合国的旗子。开会的过程中,双方正式代表落座在长桌的两端,背后有几排翻译、参谋和记录人员的座位。

赵志立在这里看到的我方每一个工作人员都在非常严肃认真地工作着。他知道,从谈判代表、工作人员到新华社记者为尽早签订朝鲜停战协定不知进行了多少次艰苦而巧妙的斗争啊!赵志立来到这里时,正是美方在谈判会场以恫吓和欺骗手段未达目的时,便在会外蓄意制造两起破坏事件刚刚发生不久,一起是1951年8月19日枪杀我方军事警察姚庆祥,另一起是姚庆祥烈士血迹未干,美国飞机又于8月22日非法侵入开城中立区上空对我代表团住所进行轰炸和扫射。

所有这些,都给赵志立这次来板门店怎样回答好外国记者提出的问题,带来无形的巨大力量。

第三天,我方在板门店附近的一间很大的板房内举行了记者招待会。房子里很宽敞,挤满了来自世界各国的新闻记者。下面是我方工作人员的开场白:

"记者先生们,你们已经看到了坐在我身边的这位志愿军指挥员。他就是今年春天在华川湖288.4高地上指挥一个连打败了美军陆战一师三团一个营进攻的志愿军连长赵志立……"

话音未落,众多的各种不同皮肤不同国籍的新闻记者,把眼光一齐投向了赵志立身上。

第十三章
水淹美军陆战队

嘀！刚从战场的拼杀中风尘仆仆来到这里的中国军队指挥员，竟然这么年轻，中等身材，英俊的面孔，整洁的军容，标准的军人姿态。记者们一个个非常惊讶，非常新奇，简直一点也没有想到啊！

我方工作人员继续说："诸位，有什么问题提出来，赵连长可以当场回答。时间1至1个半小时。"

站如松、坐如钟的赵志立，有生以来第一次面临这么大而陌生的场面，第一次接受这么多的外国记者采访，第一次向记者回答千奇百怪的问题。说实话，他开始是很紧张的，心跳得很快，表情和说话也不大自然，但很快就镇静下来了。

"赵先生，你今年多大了？像你这样优秀的指挥官起码是个营长，而不会只是个小小的连长吧？"第一个站起来的外国记者，居然如此这般挑逗地提问。

"我今年22岁，是中国人民志愿军中一个步兵连长。我率领我所在的连队同美军陆战一师三团作战的那一天正好是我22岁的生日……"赵志立说到这里，被会场上的各国记者一片"呀"的惊叹声所打断。记者们纷纷议论起来：

"真有意思！在自己的生日打了一场如此残酷的战斗，简直不可思议，不可思议！"

"在我们中国军队里，我还算不上优秀的指挥员。像我这样的年龄怎么会是营长呢？带一个营打仗我还没有试过，不过今后我会有机会的。"赵志立一字一句如实而严肃地回答说。

"赵先生，你很会说话，你说得像小说那样吸引人。不过，你到底是不是当时的连指挥官呢？"

"记者先生们，我今天是在用刚刚过去的历史事实在和你们说话。我是最有资格说话的历史见证人，因为我指挥自己一个连的战友们，在被美国飞机大炮轰炸成一片火海的山头上，坚守阵地四天四夜，打退美国人从一个排到一个营的十几次疯狂进攻，歼敌400多人，我带来的这件美国军官大衣，就是我们在这次战斗中的战利品。请记者先生们看看吧！"赵志立越讲越激动，因为他想起了那些朝夕相处把生命和鲜血留在288.4高地的战友们，心里怎能平静下来呢？

这时，记者招待会的气氛严肃而平静。许多记者望着赵志立手中亮出的美式大衣，发出了一阵阵感叹声。

"NO！NO！赵先生，你不是连长，你是营长，而且是加强营的营长。否则，你们怎么能够阻止美军一个营的多次进攻呢？不可能！不可能！"这是一个对我军以小胜多不可理解的美国记者——就是那个报道美军华川湖战斗失利后提出要求板门店谈判会场看一看胜利者赵志立的美联社记者。此刻,他正在装模作样、摇头晃脑地嗷嗷叫喊。

"各位记者先生,如果有人还不相信的话,那就请看一看288.4高地的地形地貌吧:它位于鹰峰山以北两公里,东靠华川湖,西为北汉江,北有大水坝,南有春川至华川的一条公路。这里地段狭窄、崎岖、险要,高地正面不足500平方米。只要有点军事常识的人,都不会否认这样的兵力部署——这里只能展开一个连的兵力,根本不可能摆开一个营,更谈不上什么加强营了。现在,讲一讲我们那个营的兵力部署:一连在九万里288.4高地,二连在沙天洞436.1高地,三连在……这是明明白白的不容置疑的历史事实。谁也否认不了,谁也改变不了。"赵志立言之有理,有条有理地雄辩着。他看见记者们迅速地记录着,有的两手一摊,有的耸耸肩,作出各种无可奈何的样子。

这时候,会场上出现了一片暂时的寂静。

"尊敬的赵先生,我今天有幸听了你刚才一番精彩的答记者问,使我想起了历史上英国人和西班牙人在直布罗陀海峡争夺的欧洲半岛。你指挥的288.4高地战斗,比起当年的直布罗陀战争的作用毫不逊色啊!你是东方直布罗陀战斗的胜利者……"这是一位有良心的外国记者,他情绪甚为激动地发出了心服口服的赞叹。

当有的记者举起手来还要提出其他问题的时候,主持记者招待会的我方工作人员摆着手宣布:

"时间到了,不回答了。请诸位回去听国际新闻吧!"

赵志立从板门店回到部队后,各级领导和战友们听了他的报告,都非常振奋,非常满意,纷纷为他包饺子,祝贺他此行的成功!

第十四章

毛主席接见

我们首批入朝4个军的军长秘密回国向毛泽东主席汇报，毛主席请我们在他家里吃饭——四菜一汤

朝鲜的春天，山间丛林已经披上了绿色的彩装。在绿色的山坡上，盛开着五彩缤纷的野花。

1951年，第五次战役结束。我三十九军在成川进行整训，军部驻在简洞。我走出军指挥所的防空洞，一眼望去，美国飞机轰炸留下的炸弹坑旁，那一团团、一簇簇粉色的红色的金达莱仍然顽强地开放着，象征着朝鲜民族不屈不挠的坚强性格。

这时，防空洞里的电话铃响了。值班参谋对我说："军长，彭总的电话。"我拿起话筒，传来了彭总那雄浑而亲切的声音：

"喂，信泉同志吗？"

"我是吴信泉，彭总有什么指示？"

"我叫邓华同志带你们首批入朝作战的4个军的军长，回国去向毛主席汇报。你们4个军长自始至终指挥部队打了5个战役嘛！美国军队的秉性和脾气基本上摸到了吧，在朝鲜战争新的作战环境和条件下带兵打仗有什么经验和教训，有什么要求和建议，认真准备一下，回国的具体时间另行通知。"

"知道了，请彭总放心，我一定好好准备，把向毛主席汇报的任务完成好！再见。"

接完彭总的电话，我心里那种高兴的滋味简直无法形容。指挥所里那张作战地图，译电员送来的电报，一切的一切在我的眼里显得更加美好。我按捺不住内心的兴奋，马上把这个好消息告诉军里其他的几位领导同志，让他们也高兴高兴。接着，我们就一起研究：向毛主席汇报什么呢？经过一番认真地准备，刚准备好这份向毛主席汇报的提纲，我就接到志司的通知：回国的4位军长本月29日到沈阳集中。5月27日晚上，我带着这份提纲乘上一辆吉普车从简洞出发，途经顺川、清川江、云山、北镇回到祖国安东。

到了沈阳，我在东北军区第四招待所见到了三十八军军长梁兴初、四十军军长温玉成、四十二军军长吴瑞林。大家风尘仆仆，聚在一起，每个人都抑制不住要赴京见毛主席的兴奋心情，谈笑风生。当时准许带妻子、孩子进京，我的妻子俞惠如带着二女儿从辽阳赶到了沈阳。

离沈赴京，列车专为我们加挂了一节软席车厢。东北军区司令员高岗、副司令员贺

第十四章
毛主席接见

晋年专程乘车赶到沈阳火车站为我们送行，一再嘱咐我们把向毛主席汇报的任务完成好。

一路之上，我和俞惠如及女儿坐在软席卧铺包厢里，入朝一口气打了七八个月的仗，现在能够享受一下家庭的天伦之乐了，加上我和妻子、孩子都是第一次进京，所以每个人的心情是非常愉快的。俞惠如不时向我谈起军部在辽阳留守处的情况。7岁的女儿则一遍又一遍叨念着：

"爸爸，我们要去见毛主席！"

到了祖国首都，走出北京火车站，总参管理局的同志开着车来接我们，说：

"聂荣臻代总长派我们来接你们。"

车子把我们直接送到当时最好的住所北京饭店下榻。当我们乘电梯上楼，走进房间一看，室内摆有沙发、茶几、梳妆台和沙发床，还有卫生间。住这样好的房子，比起在朝鲜行军打仗、住防空洞、睡行军床，不知要好多少倍啊！

第二天早饭后，总参作战部部长李涛来到我们住的房间。他说：

"我是受周总理、聂代总长的委托来看望大家的。"说着，他交给我们每人200元钱，说："这是中央军委叫我送来的，让你们买点营养品吃，补补身子，壮壮身体……"面对这些，我们每个人都很受感动，从心里感谢中央军委对我们的关怀。

在北京饭店住了一天之后，邓华副司令员打电话给中南海毛主席的秘书，请他请示毛主席——我们什么时间去汇报？对方在电话里怎么讲，我们听不到，反正只见邓华通完电话，他一个人坐着轿车到中南海去了。我们只好在房子里等着，等呀等，等得真叫人焦急啊！我的眼睛老是盯着电话机，盼着中南海打来的电话——叫我们马上就去向毛主席汇报，也盼着中南海派来的汽车——把我们接去向毛主席汇报。结果，盼了一上午，中南海的电话没有盼来，中南海的汽车也没有盼来……

吃午饭以前，邓华从中南海回来了。我们还以为他联系好了我们向毛主席汇报的时间，他却说：

"我已经向毛主席汇报过了。毛主席说你们不要汇报了。他准备抽时间专门接见大家……"

邓华的话还没有说完，我们4个人一个个显出不高兴的样子，这是没有想到的事情。在电梯上，你一句我一句地议论起来。大家很不理解，意见很大。

"事先叫我们好好准备，现在叫他一个人都讲了。他能知道我们讲什么，他能讲得我们那样详细吗？"梁兴初最先放了一炮。

"哼！这是搞什么名堂？他去汇报连个招呼也不打，也不说一声。"温玉成接着说。

"叫我们来,又不叫我们讲,这是干什么?"吴瑞林接着说。

"彭总派我们4个人向毛主席汇报,他一个包办代替了。如果他一个人能行,何必叫我们来呢?彭总交给我们的任务,是完成了还是没有完成呢?"最后,我这样说。

后来,我才知道:我们刚在北京饭店住下,邓华接到毛主席秘书打来的电话,通知他第二天上午去见毛主席。毛主席是在中南海丰泽园的菊香书屋接见邓华的。毛主席握着邓华的手说:

"邓华同志,你瘦多了,劳师远征,保家卫国,辛苦!辛苦!"

"主席统筹全局;国际国内,诸事如山,比我们辛苦多了,我们倒是单纯,只管打仗。"

"打仗可不简单,特别是跟美国军队在朝鲜作战,国际战争嘛!"毛主席说着,请邓华抽烟,自己也点燃一支。

邓华打开了本子,按照事先准备好的问题开始向毛主席汇报,主要是对志愿军与美军作战形势的分析,对战争发展状况的估计,以及改善装备、改善后勤供应和轮换作战部队,等等。

毛主席抽着烟,注意倾听邓华的汇报,不时拿起钢笔,在一张白纸上记几个字。

邓华谈完后,毛主席点点头说:

"好,好!你谈的情况很详尽,很具体。"

毛主席站起身来,习惯地在屋子里来回踱着步子。

他十分关注朝鲜战争的战况,尤其是得到关于六十军一八〇师遭受重大损失的报告后,更为焦虑不安,立即让军委给志司发报,询问一八〇师突围失利的详细情况。5月下旬,志愿军参谋长解方来京向毛主席汇报战况,毛主席谈到五次战役的实践证明:包围敌人后,必须集中优势兵力当夜消灭敌人,否则,第二天敌人便会借助大量飞机的支援,或拼死固守,或突围逃走,使我很难吃掉敌人。因此,歼灭敌人的胃口不能张得太大,不可能一口气吃掉敌人的几个师的兵力……

那天,我们去见毛主席。原来通知可以带夫人和孩子去的。我的女儿小淮阳跳着蹦着高兴得不得了,不料,临去的时候,邓华副司令员又说:不让夫人和小孩子去。我看到包括俞惠如在内的4位军长的夫人,都很不高兴地回到各自的房间里去。而我那个小淮阳更是哭着吵着:

"我要去见毛主席!我要去见毛主席!"

当我们接到通知去见毛主席的时候,我们心中的不快顿时消失。每个人又激动,又紧张。我们乘坐的是一辆美军福特牌轿车。车过东西长安大街和天安门时,我透过车窗向外探望,宽广、庄重、整洁……

第十四章
毛主席接见

车从新华门进去，一直开到中南海颐年堂停了下来。当我们下车时，一位秘书走过来告诉我们：

"主席正在批阅文件，请你们先到朱总司令那里坐一坐。"

毛主席的办公室和朱总司令的办公室只隔一道门，毛主席在里间办公，朱总司令在外间办公，都是清一色的平房。

我们先去看望德高望重的朱总司令。这是老房子，陈设朴素，没有摆沙发，桌子椅子全是木制黑漆，给人一种古色古香的感觉。朱总司令穿着一套灰色中山装，红光满面，很是健康。他见我们是从朝鲜前线回来的，格外高兴，又让座，又倒茶，又拿烟，我们感到十分亲切、温暖。

当我们坐下来后，朱总司令一个一个问我们是哪个军的，我们告诉他以后，他笑呵呵地说：

"三十八、三十九、四十、四十二军是四野的主力军，也是整个解放军的主力军嘛！你们第一批入朝作战，一连打了5个战役，打得好，把美国人赶回三八线去了。打出了军威，打出了国威！"

接着，朱总司令又向我们提出了一连串他所关心的问题：

"你们第一次向美国军队交手，有什么经验吗？"

"部队在朝鲜生活艰苦，现在有没有改善？"

"美国飞机在朝鲜狂轰滥炸，你们是怎样对付的？"

我们都一一作了回答，朱总司令边听边点头，露出十分满意的神色。

直到秘书过来请我们去见毛主席时，我们才依依不舍地敬礼，向朱总司令告别。

6月初的北京，气温开始升高，但中南海里，处处散发着树木花草的清香。秘书把我们带到毛主席办公室外面的院子里，在一个树荫底下摆着一张圆木桌和几把藤椅。刚坐不一会儿，就看见毛主席从房子里走出来，迈着稳健的步子迎面向我们走来。我们马上都站起来向毛主席敬礼。邓华把我们介绍给毛主席：

"这是三十八军梁兴初军长。"

"这是三十九军吴信泉军长。"

"这是四十军温玉成军长。"

"这是四十二军吴瑞林军长。"

毛主席伸出宽厚的大手，一边同我们握手一边说：

"同志们辛苦了！"

我是第一次和毛主席握手,感觉到他的手很大,手掌厚实,手指很尖也很细嫩。立刻,一种幸福之感从我心中涌起,一股暖流传遍全身。

毛主席向我们挥动着有力的手臂:

"坐下,都坐下吧!你们从朝鲜前线回来,都是有功之臣嘛!"

毛主席身材高大,穿着整洁的灰色中山服,显得非常健康。我心里非常激动。我想,这不仅是毛主席对我们4个军长的关心和鼓励,更是对战斗在朝鲜战场上几十万志愿军部队将士的关心和鼓励啊!

毛主席点燃一支中华牌香烟,又叫我们会吸烟的同志也吸了起来。他笑着说:

"你们到北京来,可以到处看看,玩玩,休息休息,也可以给即将入朝的部队作作报告,介绍介绍对美军作战的经验。"

开始,我们几个军长还有点拘谨,看到毛主席这样热情开朗,谈笑风趣,我们的拘谨很快就消失了。

毛主席说到一至五次战役时,朝我们每个人看了看说:

"五次战役的实践证明,包围敌人后必须集中优势兵力当夜消灭敌人,否则,第二天敌人便会借助大量飞机的支援,或拼死固守,或突围逃走,使我们很难吃掉敌人。因此,歼灭战的胃口不能太大,不可能一口气吃掉敌人几个师的兵力……"

接着,毛主席手臂一挥,高兴地告诉我们:

"关于你们关心的装备改善问题——我们向苏联订购了100个师的装备大部已运到,高炮部队正在训练,不久可入朝。关于志愿军的后勤供应问题,我们已经买了好几千辆汽车,交通改善了,供应也会好起来。还有轮换作战的问题,你们已经看到,有的军已接替,有些军正准备开进。现在,杨成武的二十兵团正在准备向朝鲜开进……"

入朝作战以后,我从志司转来的一封又一封电报中看到,毛主席自始至终亲自指挥了一至五次战役。现在,毛主席向我们谈起了持久战:

"持久战是我们战胜日本侵略军的法宝。在以劣势装备对优势装备敌人的作战中,特别应当注意扬我所长,避我所短。持久,持久,消耗敌人,在打法上轮番作战,可以'零敲牛皮糖'!我们一个军每次以干净彻底地消灭敌整个营为目标,积少成多,逐步消耗敌人的有生力量,才能使其知难而退……"

"零敲牛皮糖"?我知道,在我国南方,常有人做牛皮糖的小买卖。毛主席用这个形象生动的比喻,教育我们用这个战术搞掉敌人!让敌人没有办法应付。毛主席伟大英明的战略战术,从土地革命时期到解放战争时期,对付国民党蒋介石,抗战时期对付日本侵略军，直到现在对付美国侵略军，真是绝妙得很啊！

毛主席还向邓华副司令员和我们4个军长谈到了朝鲜停战谈判问题。他说：

"美国人在5月底，通过外交人员接触了苏联的马立克，提出了愿意与我们会面，讨论结束朝鲜战争问题。前几天，金日成同志来北京，我和恩来同志与朝鲜方面就此进行了讨论。当然，我们如能再歼灭敌人更多的有生力量再谈，更为有利。但是，和平解放朝鲜问题是我们历来的主张，如果能以逐步撤退外国军队包括朝鲜的前途等问题为条件来谈判，我们也不宜拒绝。中央也开了会，研究下一步怎么办？多数同志都主张我军宜停在三八线为界，现在把敌人从朝鲜北部赶出去的目的已经达到，停在三八线，恢复战前状态，各方面都不丢面子。如果继续打下去，我们虽然可以逐步改善装备，增加力量，改变敌我双方力量对比，但是困难也不小。不过，美国方面提出愿意谈判也可能是缓兵之计，或是为了争取国际舆论。因此，我们必须有长期作战的准备，边打边谈……"

"中央的决定很正确。我们立足于打，做好长期打的准备，我们要教育部队树立长期作战思想，同时争取谈判解决问题……"邓华说的也表达了我们的决心和态度。

最后，毛主席若有所思地对我们说：

"根据情报部门得知的敌情，以及种种迹象表明，美国有可能在我志愿军和朝鲜人民军的背后，即元山、南埔峰腰部一带，实施两栖登陆。我们应该做好充分准备，粉碎敌人的两栖登陆计划。这样，你们就不要在京久留了，早一点返回朝鲜前线去指挥部队作战……"

邓华和我们4个人听到这里，几乎是同时在向毛主席表示：

"主席，我们记住了。请主席放心，我们早点回到朝鲜战场，带领部队做好一切战斗准备，把今后的仗打得更好，粉碎敌人的任何阴谋诡计。"

时间过得真快呀！说着谈着，已经到了中午时分。工作人员前来请示毛主席："主席，是不是接着吃饭？"

毛主席很高兴地对我们说："你们是我请来的客人，从朝鲜前线回来，劳苦功高嘛！我请大家在这里吃一顿便饭，四菜一汤，家常便饭……"

这时，我们心里就更加激动起来了。

颐年堂院子里，初夏的阳光灿烂，空气格外清新。树荫下，一张木制方桌上已经摆好了8份碗筷。毛主席站起来叫我们入座时，江青带着女儿李讷走过来。毛主席向江青风趣地介绍说：

"这都是在朝鲜前线指挥部队的将军们！"

江青一边和我们握手一边笑着说：

"欢迎！欢迎！大家在一起吃顿便饭吧。"说完，她忙让只有10岁的李讷，向我们鞠了一躬，问候一声：

"志愿军叔叔好！"

工作人员把饭菜端上了桌。我一看：回锅肉里有豆豉、辣椒、蒜苗，南煎豆腐里也有辣椒，再就是竹笋炒肉、炒菠菜，加上酸辣汤，正好四菜一汤。

毛主席拿起筷子招呼我们：

"大家吃菜！吃菜！"接着，他又问我们：

"你们哪个是湖南人呀！"

"我和吴信泉是湖南人，吴瑞林是四川人，梁兴初、温玉成是江西人。"邓华向毛主席说。

"那好呀！湖南人加上我一个嘛！今天这四菜一汤有辣椒的已超过半数嘛！"毛主席一边吃着饭一边笑着说。

我知道，毛主席向来喜欢吃辣椒。今天，我们同他在一起共进午餐，亲如一家人，我心里那个高兴和幸福的滋味是很难用语言文字表达出来的。

我还知道，毛主席很喜欢李讷，但对李讷和李敏一样，从小要求严。李敏和李讷自小便在机关大食堂吃饭。

现在，我们这一桌正好8个人，就数李讷这个女孩子吃得香、吃得快，也吃得多。

这一天，我们同毛主席在一起有半天的时光，虽然已经过去十分久远了。然而，每每回忆起来，心情依然犹如当年那么平静不下来。我们这次是秘密回国，既没有文字记者在场，也没有摄影记者在场，因为不能见诸报端。我们没有提出来和毛主席合个影，如果提出来，毛主席一定会满足我们的。这是我们每个人都感到十分遗憾的事情。

我们这次回祖国，在祖国首都逗留一个星期时间，还受到军委、总部和各军、兵种的亲切关怀和热情款待。短短几天里，萧华、萧劲光、刘亚楼、钟赤兵、唐延杰代表总政、海军、空军、北京军区、中国民航宴请我们，吃了北京的名菜涮羊肉、誉满中外的烤鸭、谭姓家族祖传的谭家菜，还游览了京城各处名胜古迹。

驻天津的二十兵团司令员杨成武，专门派车把我们请到他们那里，叫我们给兵团部队介绍在朝鲜战场与美军作战的经验体会。杨成武司令员还陪同我们参观全国有名的天津跑马场。这是解放前英租界地专供洋人赌钱的地方，那时是对中国人禁止入内的。

回到朝鲜前线后，我向部队传达了毛主席对志愿军的关怀和鼓励，极大地鼓舞了我们军广大指战员的战斗意志，更加坚定了打败美军侵略军的胜利信心。

第十五章

步兵陷危境　炮兵解燃眉

> 打响阵地防御战的第一炮，出现了炮兵连的"光荣枪"：步兵陷于绝境，炮兵解了围，步兵从战利品中挑选一支美国卡宾枪送给炮兵——一一五师炮兵团这支"光荣枪"至今陈列在中国人民革命军事博物馆

第五次战役以后,我军转入了阵地防御。

三十九军在坑道作业上可以这样说,打了340天的阵地防御战,也挖了340天的工事。经过全军指战员艰苦奋战,在正面20公里、纵深17.5公里的防御地幅内,挖通了一座座大山,构筑坑道2087条,堑壕、交通壕39万多米,各种掩体7715个,人员隐蔽部8537个,马匹隐蔽部280个,汽车库450个,总出土量达到120万立方米,完成了以坑道为骨干,与堑壕、交通沟、掩体相结合的完整防御体系,使我军3万人至4万人以及90%的武器、装备、物资都能转入地下。

假如把我们所有的交通沟连起来,可以通到鸭绿江边。光坑道的长度,就够我们在地下行军走一天。总出土量如果修成宽高1米的低墙,能够达到1200公里长,相当于朝鲜的"三八线"到祖国首都的直线距离。这是我们军历史上的奇迹,超过著名的法国马其诺防线,也超过了历史上的芬兰曼诺林防线。我们并没有钢筋水泥,也没有机器机械,但我们却建成了攻不破、打不烂的"地下长城"。

1951年12月9日至17日,美三师六十五团先后以两个排至一个加强连的兵力,向一一五师三四三团八连三班防守的上浦房小南山发动疯狂进攻,勇士们在连主阵地火力支援下,英勇地打败了敌人3次进攻,歼敌146人,荣立集体二等功,副班长钱荣贵荣立一等功。

几天之后,连里叫二班接替了三班的防御。二班的同志们说:"三班能守住这个光荣的阵地,我们也能守得住。三班歼敌100多人,我们保证歼灭更多的敌人。"

二班接防两天,敌人便以数十门大炮在二班的阵地上猛烈地袭击了两昼夜。12月23日黎明时分,敌人集中一个多营的兵力,在24辆坦克配合与烟幕弹的掩护下,把二班阵地包围起来,用10来挺重机枪进行封锁。

敌人开始进攻了。一个美国军官站在一挺重机枪旁摇着小红旗,指挥着成群的士兵一边扔手榴弹一边向二班阵地冲了上来。

二班的同志们沉着地等待着敌人距离阵地20米时,各种武器一齐开了火。二班长大声喊道:"同志们!立功的机会到了,坚决守住阵地。祖国人民等着我们胜利的

第十五章
步兵陷危境 炮兵解燃眉

消息！"机枪班长倪世英半个月前被敌人一块手指大的炮弹皮打进了胸脯，现在他坚持带领一个战斗小组配合二班战斗。他一边用机枪扫射敌人，一边喊着口号——要为半月前牺牲在敌人炮弹下的连长报仇！突然，一颗燃烧弹落在二班副班长梁庆有身边爆炸，红色的液体溅到他身上呼呼地烧着了。他连抓几把土把火熄灭，继续抓起手榴弹投向敌人堆里……

天亮了。二班阵地上的硝烟尚未散尽，美国兵又发起了第五次冲锋，敌人成散兵队形向二班阵地接近，现在，二班只剩下3个人了：梁庆有和新战士翟维金、林青山。敌人使用火焰喷射器向翟维金那边吐出一股股红色的火焰，20多个美国兵趁势往上冲。梁庆有发现翟维金身上已经被炸伤了，他的衣服上冒烟了，但他仍然向敌人投出一颗颗的手榴弹。梁庆有就不顾一切地用火力支援他，把他那边的敌人硬是压了下去。

敌人又朝着梁庆有这边冲上来了。眼看离他只有10多米。他打手榴弹已来不及，就拿起3颗手雷，连着向敌群扔过去，一阵轰响之后，10多个敌人被炸躺在地上，其余的退回去了。这时，梁庆有对翟维金说："好同志，好好打，立了功我替你请求入团。"翟维金说："副班长，你放心，我一定把阵地牢牢地守住，绝不让敌人上来一步！"

堑壕里的手榴弹快打光了，存放手榴弹的洞子离这里还有40多米。翟维金说："副班长，我去取手榴弹。"梁庆有说："你要小心点！"翟维金跳出堑壕，没跑上几步，敌人机枪的子弹雨点般打过来。他再也没有出声，背部中弹牺牲了。

"翟维金，你……"梁庆有机智地躲过敌人的子弹，把战友的遗体安置好后，把几箱手榴弹搬到了阵地上，准备继续打击敌人。他抬头望了望天空，浓烟和尘土把太阳遮暗了，对面山上炮声隆隆，敌人12辆坦克正向身后的阵地射击，那是七连前卫排的阵地。他一边拧着手榴弹盖一边想着："在这块突出到敌人鼻尖前面的阵地上，我们兄弟部队曾经打出了多少个英雄单位和英雄人物啊！"他清楚地记起了连长、指导员对他们二班说过的话：

"这个阵地，是我们师的大门，我们一定要坚决守住它，剩下一个人也不能丢掉这个阵地！"

梁庆有自言自语地说："难道阵地上就剩下我一个人了吗？"他向南面的堑壕望了望，"不知道李廷福他们在那儿怎么样了。不管怎样，我要盯在这儿！"他把手榴弹准备好后，就蹲在半人深的堑壕里，注视着山脚下敌人的动静。

攻击屡次失败的敌人改变了方式：以一个排到一个连的兵力一拨接一拨地又发起了连续不断地冲锋。梁庆有这个大脸盘、宽胸膛的汉子，在从东到北这条30多米长的堑壕里来回奔跑打退敌人的进攻,直打得两只胳膊都举不起来了,可是敌人仍然一次接着一次地进攻。对面山上敌人的重机枪发疯似的号叫着,掩护一大群美国兵往上冲。梁庆有猛然听见身后脚步响,回头一看,3个美国兵从高处跑下来,眼看接近堑壕了,他连忙把抠出弦的手榴弹甩出去,撂倒了这3个家伙。然而,后面的敌人仍在蜂拥下来。他立刻意识到:我们的地面工事已被敌人占领了!

这时候,三四三团指挥所发现上浦房南山八连二班的阵地上已经全是敌人,起初耍清川团长以为二班的同志们已经全部牺牲了,便决定将反击改到天黑以后进行。后来,七连的观察哨向团指挥所报告:八连二班坑道里不断往外打手榴弹,山上敌人非常混乱。耍清川接到这个报告后马上命令三营营长:

"你们无论如何要在天黑之前,把八连二班的阵地反击下来!"

梁庆有决定坚决守住坑道,那里面有负伤的战友。他在北面的坑口找到了另一个广西来的新战士林青山:

"小林,你害怕不害怕?"

"怕什么?副班长。"

"还有多少手榴弹?"

"不多了。坑道里储存的一箱快打完了。"

"小林,现在正是党考验我们的时候。"

"是。副班长,请看我的实际行动吧!"

突然,坑道口冒进一股红色的火苗,两个口子都燃烧起来了。烟雾弥漫着整个坑道,窒息着呼吸。梁庆有大声喊道:"敌人向我们坑道放火了!"他的话声未落,林青山勇敢地钻进浓烟中,打了一阵手榴弹,才把火扑灭。

情况越来越严重,他俩只剩下3颗手榴弹了,往外的一切联系已经断绝,坑道里原有一部步话机,在早晨就被敌人炮弹震坏了。梁庆有对林青山说:

"不要紧,没有弹药,我们还有枪托和刺刀,反正说什么也不能让敌人打进坑道来。现在离天黑只有几个钟头了,我们一定要坚持下去,只要能坚持到天黑,上级一定会派部队来援助我们的。"

"对!副班长,我一定坚持到天黑,有一口气就要和敌人拼到底!"林青山回答得很痛快。

梁庆有把最后的3颗手榴弹掂在手里,心想这点弹药用不着两个人守在这里,于是便叫林青山去照顾伤员,自己留在坑道口来对付敌人。只听敌人还在坑道外面吵嚷着,

第十五章
步兵陷危境 炮兵解燃眉

隔一会儿朝坑道里打一阵子枪。心虚的敌人光在外面吵嚷着打枪，不敢靠近坑道口。枪声渐渐地稀少起来，敌人的吵嚷也听不见了。梁庆有感到有些异样，他注意听外面传来由远而近的说话声，仔细一听，是亲切悦耳的声音——难道是我们自己人来了吗？

是的，三营派出的部队把敌人反击下去了。梁庆有从坑道的西口望去，那熟悉的草绿色的棉军帽在堑壕外沿上晃动着。他兴奋地喊了起来："我们的人上来了！"他赶紧去招呼林青山，没等林青山答应，七班的李明兴和王宝金最先跳进堑壕里。梁庆有一步冲出了坑道口，差点把他们两个撞倒了。此刻是1951年12月23日下午3时，反击部队和梁庆有、林青山他们胜利会师了。小高地上腾起一片欢呼！

1951年12月11日深夜11点钟，168.0高地阵地上的指挥员三四五团五连一排副排长马永林，在皎洁的月光下，清清楚楚地看见：一股美国兵在正面的小山坡上往上摸，一股美国兵在右侧山坡上往上摸，还有一股美国兵在左侧山坡上往上摸。他马上报告了在连主阵地上指挥战斗的副连长岳振声。

岳振声告诉他：敌人企图包围三班，然后夺取168.0高地。马永林果断地部署：二班副鲁祥在正面架好机枪，战斗小组长谭泰友带两个投弹手守在右面，三班长带一个战斗小组守在左面。

这时候，敌人先头部队在距三班不到100米的地方停了下来。马永林知道这是敌人在组织火力冲锋。他把卡宾枪一顺，喊道："同志们注意，把敌人放近了再打！"

敌人在150米远的地方，有一挺重机枪刚叫唤几声，就被二班的两挺轻机枪打哑巴了。敌人的先头部队刚进入三班的火力有效范围，战士们各种武器一齐开了火。美国兵纷纷倒地，没有被打死的连滚带爬乱了套。几分钟后，敌人又从左侧冲上来了，离交通沟只有20多米远，马永林跳上交通沟，一面告诉大家把手榴弹一对一对甩出去，他自己一口气甩了20多个手榴弹。忽然，他觉得左腕子一热，被敌人的子弹穿了个眼。

"排副，你下去吧！"

"有我们在，就有阵地在。"

几个班长同时催促着马永林，但他想起了连长交代的话："任务是十分明确的，这块阵地虽然不大，但一寸也不能让给敌人。"

敌人并未放弃这个眼中钉、肉中刺——五连三班。为什么敌人要死啃不放这个孤立目标？因为敌人不打下这个高地，就无法向北攻击。

敌人的炮火猛烈地向这里倾泻，阵地周围变成一片火海，后路完全被断绝，连与营指挥所电话线几度被打断。营部的电话员冒着枪林弹雨，在敌人的炮火下好不容易才把

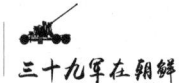

电话线接通。

马永林抬头一看,阵地上一闪一闪发出强烈的火光,接着就是敌人打过来一颗又一颗的炮弹的爆炸声。他意识到:敌人的第三次冲锋又要开始了。

现在,三班整个阵地被烟雾笼罩着,到处都在燃烧着。马永林首先跑出了掩体。战士们随后跟着一个一个跑出来,跑到自己战斗的工事里。他们把组成交叉火力的重机枪和轻机枪安好了子弹梭子;把卡宾枪、自动步枪上好顶门;把手榴弹揭开了盖……这次敌人进攻比前两次更加疯狂了。由一个排增加到一个连,分成两路往山上冲锋。

在朦胧的月光下,战士们看见黑压压的一堆堆人影推推拥拥地上来了,还听见敌人指挥官在后面叽里呱啦地吵嚷着。马永林对大家说:

"这回把敌人放到最近的距离再开火,集中火力狠狠打!"

战士们有的手指放在扳机上,有的手里握着手榴弹,都在沉着地等待着。当敌人爬到距离只有二三十米的山坡上的时候,马永林喊了一声:"打!"轻重机枪火力交叉地吼了起来,手榴弹一颗接着一颗飞了出去,卡宾枪、自动步枪不停地射击着,敌人的两路冲锋被打垮了。

就在马永林组织火力追击的时候,一个意想不到的情况发生了:三班阵地屁股后面突然响起了激烈的枪声。观察员报告:比这两路正面冲锋兵力多一倍的200多个美国兵,从东北角包抄上来了。

"一排副!一排副!"

马永林身边的耳机里传来了连指挥所岳振声副连长的呼叫。他拿起报话机正要讲话,敌人一阵炮火打过来,耳机里再也听不见什么声音了。他骂了一句:

"好恶毒的美国兵,现在又来个抄我们后路的花招!"

是的。敌人在正面吵吵嚷嚷搞了'三次冲锋没有成功,现在他们的主力都偷偷地插到三班阵地的后面,兜屁股打上来。五连主阵地的火力无法支援三班了。这样一来,敌人就更加疯狂地、毫无顾忌地冲上来了。

情况异常严重起来了。马永林望着三班阵地上负伤的战士们也参加了战斗。他用沙哑的嗓子对大家说:

"同志们!我们已经被敌人包围了。现在,我们和连里联系中断了,连里的火力支援不了我们。我们只有分头对付敌人,不管敌人怎样疯狂,不管敌人怎样狡猾,我们决不让敌人占领我们阵地一寸土地。"

一个更想不到的事情出现了:当敌人从三班后面包抄上来的时候,不知道从哪里打过来一排炮，和三班扔出去的手榴弹，几乎是同一时间而又同步在敌群中开花了。

马永林和他的战士们站在山头上，高兴得一个个都跳了起来欢呼："这是我们炮火打过来了！"

"我们的炮兵打得太及时啦！"

"打得好呀！打得准呀！"

在这后路断绝的孤立山头上，还有什么比这样及时赶来支援的炮火更振奋人心的呢？他们多么想知道这是怎么回事呀！

原来，刚才五连指挥所发现敌人从后面包抄三班阵地的时候，营和连指挥所的电话线正好接通了，五连连长向营指挥所报告了三班吃紧的情况，营长同炮兵指挥所又联系上了。炮兵指挥所主动问道："你们要炮火支援吗？"

"我营五连三班阵地被敌人包围了，敌人正在从三班后面包抄。"

"往哪里打？"

"三班阵地东南。"

炮兵指挥所向各个炮兵阵地下达了射击命令。这一切只经过了短短的90秒钟，那撕裂空气的炮弹带着一声声呼啸，飞到了三班阵地后面，正好落在冲锋的敌人中间爆炸开了。

"炮兵给步兵解围了！"

多么鼓舞人心的消息，传到步兵指挥所和阵地上，也传到了炮兵指挥所和阵地上。

"王立功吗？"野炮营营长在电话里喊着野炮一连连长的名字："你们的炮打得好！打得准！步兵的手榴弹投在哪里，你们的炮弹就落在哪里。"

"营长，步兵还要吗？几发？"

"各炮再打5发！"

又一阵排炮打过来了，打得美国兵连滚带爬地往山下退去，刚刚散开又被炸成一团。敌人跑到哪里，炮弹就追到哪里，直到三班的火力够不着退却的敌人，炮弹才停了下来。于是，三班的战士们进入了坑道，外面留下监视哨观察敌人的动静。

这时候，敌人照例要打炮过来了。这是敌人的老一套。每次敌人冲锋失败之后，准要打一阵炮过来。不过，这次不同的不是冲锋前的炮火，而是掩护他们派出汽车前来收尸和抬伤员的。敌人的汽车开到了山下的沟口，美国兵把死尸一条一条地拖到了汽车上，伤兵们也在往汽车上爬。阵地上的监视哨兵看得清清楚楚，他及时地报告了这一情况，心想：在这个节骨眼上，咱们的炮兵再往山下沟口轰他几炮，那多过瘾哩！

他正在这样想的时候，真没有想到，一阵排炮打过来，正好炮弹都落在山下沟口。

监视哨兵狂喜得不得了,赶忙兴奋地报告着:"打中了!又打中了!"

此刻,通往野炮一连的电话比以往任何时候都热闹。炮兵营长向他们传达着步兵阵地的报告:"又打到敌人堆里啦……敌人跑散了等一等再打吧,敌人又拖伤兵了,听口令再打3发!"

"敌人装了一汽车伤兵,对!满满的一汽车伤兵,各炮准备——放!"

"还没有拉完,再装了一车,再打!"

敌人共装了8卡车伤兵,我们的远射程炮火就打过来8次排炮。每一次排炮都打得那么赶趟、那么准确,打得美国兵四处抱头逃窜……

炮兵营长在电话里又喊起了野炮一连连长的名字:"王立功吗?这一回你们打得太好了。我作了一副对联送给你们。上联是度新年眼明手快,下联是祝胜利心细如毛。"

"营长,我加上横批吧——快、准、猛!"王立功乐呵呵地说着。

忽然,电话里冒出来了野炮二连连长的声音:"老王,你的横批太短了,我给你来个长的——炮炮落在老美头上开花!"

耳机里震荡着许多人的说笑声。原来,炮阵地上的炮手们在听着电话,他们也参加了"电话晚会"。

同样的说笑声也在步兵前沿阵地上传出了。三四五团五连和兄弟连队在一起,从出国第一仗——云山之战中,就是靠步枪和手榴弹,在诸仁桥边把美骑一师第八联队的侵略军官兵打得落花流水。从第一次战役一直打到第五战役,从来没有像今天这样辉煌过——得到炮兵具有这么大威力的炮火支援,而且是在眼看就要陷入绝境的危难之际。他们怎么能够不高兴呢?

听吧!大家正在七嘴八舌地赞叹炮兵战友的功劳:"我看到今天这样的炮火把美国人打得狼狈不堪,比自己立了大功还高兴啊!"

"今天炮兵战友的炮弹打得我们的手榴弹差点掉了队,叫美国佬也尝到我们炮弹的滋味!"

"敌人的炮专打山头,我们炮专打敌人的头!"

"我们想打到敌人哪里,炮弹就飞来落在哪里。打得真痛快呀!打得真过瘾呀!"

"我们步兵开庆功会,也要给炮兵庆功!"

五连连长和指导员对全连同志说:"同志们已经看到了,这次战斗的胜利是我们步兵和炮兵共同创造的胜利。我们应该给炮兵战友送点什么作为纪念呢?"

不知是谁这样提议的:"我们应该从缴获的战利品当中,挑选一支美国卡宾枪,派代表送到炮兵部队去。"

"同意！"一阵热烈的掌声。

"同意！"又是一阵热烈的掌声。

一一五师炮兵团的同志们会记住这个日子的——1951年12月16日。这一天，全团各单位派代表来到野炮一连驻地——一个光线不好的隐蔽部里，举行了一个别开生面的授枪典礼大会。

首先，团政治委员周仲华向大家举起了三四五团五连派代表送来的一支崭新的美国卡宾枪，宣读着枪上写着的一行字："献给四大队一区队（炮兵团野炮营一连）。三大队二分队五区队（三四五团二营五连）敬赠。1951年12月11日缴于朝鲜168.0高地。"

一阵暴风雨般的掌声过去之后，他情绪激昂地说："这是步兵老大哥用生命和鲜血换来的枪——三四五团五连从美三师六十五团手中缴获的战利品。这支枪不是一支普通的枪，它代表着步兵老大哥部队热爱我们炮兵的全部心意和全部感情。这支枪证明了我们中国人民志愿军愈战愈强。今天，我们不再是仅仅能用步枪、手榴弹打击敌人和消灭敌人了，我们同样也能用强大的炮火更狠地打击敌人，更多地消灭敌人。不管美国侵略军有什么'炮火优势''空中优势'，都再也挡不住我们发挥强大的炮火威力了。因此，我们团党委决定把这支枪命名为'光荣枪'！"

在这不大的隐蔽部里，响起了经久不息的掌声和一遍又一遍的口号声。

我知道，周仲华这段讲话为什么这样情绪激昂。全团代表们的掌声和口号声为什么这样经久不息地一遍又一遍。

这个炮兵团是1951年7月成立的，当时代号是二一五四大队。刚成立不到半年，就得到了步兵这样非同一般的奖赏。

步兵老大哥送来了这支"光荣枪"。上自团长、政委下至连队炮手，没有一个不感动的，没有一个不感到这是挺新鲜、挺有意义的事。把这件事写进炮兵团的团史，也好让后人知道其中的甘苦和欢乐。

就因为以上这些，当周仲华代表团党委命名这支枪为"光荣枪"时，大家沸腾起来了。千言万语不知从何说起，会上的发言变成了钢铁般的誓言。

这个连的连长王立功说："真想不到能熬出这支'光荣枪'来。我当了5年炮兵，从来没有像今天这样光荣过和辉煌过，从团首长到每个炮手都感动了。我保证在敌人任何炮火面前都要发扬我们的炮火威力，来回答步兵老大哥的心意。"

这个连的一排长李顺安说："三四五团老大哥前次给我们送来缴获美国兵的糖，今天又给我们送来了'光荣枪'。我们只有用更猛烈、更准确的炮火消灭敌人。"

这个连二排长李福山说："我保证一个月培养3个炮手，争取做到人人精通技术。"

"我保证步兵攻到哪里炮火就打到哪里，炮炮都落在敌人头上。"

"我保证电话时刻畅通，任何情况不耽误打炮。"

这个连的每个人都想在"光荣枪"面前来表示自己的决心。可是，战斗岗位离不开人，不能都来参加典礼。

会上，有人提议把这支枪的子弹分给各班叫作"光荣弹"，大家热烈鼓掌通过了。

还有"光荣糖"呢？

会后，这个连的指导员和王立功拿出了一块糖。这也是三四五团五连在这次战斗中缴获的胜利品。步兵老大哥舍不得吃，特意派人穿过几道敌人封锁线送给炮兵，真是太感动人了。

开始，指导员把这块糖分成几小块，分送给各个炮阵地的同志们。因为，他们的炮打得好才有这份光荣。应该让炮手们尝尝，于是把咖啡糖分给了炮手一班。

一班的炮手们非常感动，开会讨论起来。大家都说："驭手们辛辛苦苦地喂马、推炮，一路之上不知吃了多少苦，才能把炮拉到这里。要不是这样，炮手们怎能把炮弹打到敌人头上呢？"

一班派代表把糖送给了驭手班。

驭手班的同志们也开会讨论，大家说："还是炊事班功劳大。他们无论行军打仗，都是日夜不停地忙碌着，到了火线上还能顿顿吃上热饭热菜。光是天天磨豆腐这件事就了不起，更不用说一种黄豆能做出七样菜了。他们够累的了，正是他们给我们改善了生活，全连的同志才人人身强力壮，士气高昂，工事也做好了，技术也提高了，才有了今天的光荣，这块糖应该送给炊事班……"

可是，炊事班的同志们说："咱们连的炮打得好，都是连长和指导员领导有方，指挥得好。全连同志一致努力，才有今天的光荣。还是连长、指导员的功劳大。"他们又把糖送给连部。

连长、指导员接到转了一圈又送回来的糖，感动得不知说什么好了。一感动，他们想起了毛主席，要不是党和毛主席的教育培养，哪会有今天的光荣呢？当下就想送给毛主席，可这么一块糖怎么能拿得出手呢？

正好赶上新华社记者华山同志听说"光荣枪"的故事，来到这个连队采访。

华山由通讯员带路来到野炮一连。他们通过一座糊弄美国飞机的假阵地，通讯员指着斜对过的山冈说:"还在那边呢!"他们翻山过去,从枯树丛走上土坡,眼前出现了一座新的松枝彩门,哨兵在旁边站着,身后吊着一个金闪闪的新炮弹壳。这是炮兵特有的一种漂亮的防空警钟。交通壕也显出炮兵特有的磅礴气派:宽大、齐整、高出一头,有拐弯、有斜巷。

华山走进指挥所。连长、指导员热情地接待了他。营指挥所来了电话,王立功拿起听筒,另一只手记下了射击目标,拿起另一个听筒向炮阵地发出了命令:"各就炮位!向左:125,标尺分划:347……都准备好没有?每炮3发,听口令齐放!"

指导员过来对华山说:"马上就要打炮了,华山同志,我带你看看去?"

"好呀!走!"

华山跟着指导员跑出连指挥所,顺着交通壕往上跑着,进入了炮阵地。大地忽然一阵抖动,附近的炮阵地开火了,紧接着,这里的炮阵地也怒吼起来了,只震得阵地里烟尘滚滚。跟着就是第二发、第三发……一阵雷声过去,一切又平静下来,依然是晴朗的蓝天。华山凑着炮镜看了看,问炮手们:"你们也看不到敌人,也看不到目标,怎么知道打中没有呢?"

炮手们讲了讲间接射击的原理和威力后,指导员带着华山回到指挥所,拿起在墙上挂着的卡宾枪,从头到尾介绍着"光荣枪"的来历。

华山听着,听着,用自来水笔详详细细地记下来,兴奋得点着头说:"这件事太妙了!我要向祖国人民报告,这是炮兵连的'光荣枪'啊!"

指导员从一个炮弹箱制作的文件箱取出了咖啡糖对王立功说:"老王,咱们托华山同志捎到北京不行吗?"

"那太好了。"王立功说着又问华山,"行吗?"

"毛主席看到这块糖,一定会高兴的。"华山是这样回答的。

"我也这样想,毛主席一定不会笑话的。这是我们志愿军战士的一点心意嘛!我来写信。"

指导员说着,把桌子擦了又擦,打开炮兵指挥员用的地图皮囊,拿出祖国人民慰问团慰劳的信纸,便伏在桌子上写起来。一连撕了好几张纸,他皱起眉头:"今天这字怎么搞的,老写不好。"

"怎么想的就怎么写,把咱们的心里话写出来就行啊!"王立功在电话机旁说:"字可别写得太小,莫叫毛主席他老人家费眼神。"

指导员又换了一张信纸,把钢笔尖上的墨水擦了擦,一边写着一边念着:

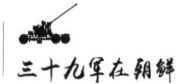

敬爱的毛主席：

（"光荣枪"的来龙去脉略）……我们缴获了美国人的糖，感到说不出的光荣，立刻想起毛主席您老人家来。我们有了您的英明领导，有了党的长期培养，有了祖国的支援，才能从一个普通农民成长为一个掌握现代化炮兵技术的国际主义战士，走上了朝鲜战场，为人类和平立功，创造胜利。这个光荣完全是属于毛主席您老人家的。可是，这块糖送给您又太少了，不好邮寄，还怕您笑话，不送吧，又觉得这光荣不该我们享受。所以一直留到今天，正好新华社华山同志来了。我们糖虽然少，那是我们大家一点心意。您老人家一定不会嫌少的。请您收下吧！我们决心在今年更加努力提高技术，争取更大的光荣，来回答您和党的培养，回答祖国人民的希望！

第十六章

代表团的殊荣

李雪三政委率领志愿军归国代表团回国是两次志愿军归国代表团中规模最大、人数最多、影响最深的一次，受到毛主席单独召见——这是三十九军历史上的殊荣

1952年1月16日,我们军油印报纸《立功》在朝鲜前线登出一条惹人注目的新闻:

志愿军归国代表团已组成
李雪三政委任代表团团长

本报讯:中国人民志愿军归国代表团现已组成,共有170人,我军政治委员李雪三荣任代表团总团长。此次归国代表团由各军代表各组成一个小组,各兵团组成一个分团,分赴全国六大行政区,向祖国人民报告志愿军在朝鲜战场上英勇杀敌的战斗事迹,感谢祖国人民对志愿军伟大热情的支援,并慰问在全国各地休养的志愿军伤病员,时间为三个月。同时,朝鲜人民和朝鲜人民军亦派80名英雄模范代表组成由洪淳哲率领的朝鲜人民访华团一同前往我国进行访问。

我军参加这次归国代表团的代表有6人,已于本月9日起程回国,他们是:一一五师三四三团八连二班副班长、特等功臣梁庆有,一一六师三四八团二营模范医务工作者五大功臣沈日光,一一七师三五一团三营副营长孙崇新,军后勤部驾驶员一等功臣卞溶晖,一一六师宣传科干事李森(女),一一六师三四八团政委周问樵。另有随团秘书夏光。

消息立刻飞遍了我们军纵横几十公里的阵地上,上上下下都在兴奋地议论着:这是我们军政治委员李雪三的殊荣,也是我们三十九军的殊荣!

记得,最早回国报告志愿军英雄事迹的是军政治部宣传部宣传科长嵇炳前。他带领一个报告小组走遍了祖国的大西北和大西南。

1952年元旦刚过——元月4日,李雪三政委前往志愿军总部,去接受率领志愿军归国代表团回国的光荣任务。他回来告诉我:在志司驻地桧仓,彭德怀司令员兼政治委员亲切接见他说:

"雪三同志,志愿军党委决定,组织个较大规模的归国代表团,让你带队当团长,你们的任务有三条:第一,代表志愿军全体官兵感谢祖国人民对我们的全力支持,向全国人民汇报前线的战斗情况;第二,代表我们全体指战员慰问回国休养的志愿军伤病员

第十六章
代表团的殊荣

同志，祝福他们早日恢复健康；第三，把祖国的经济建设、增产节约、抗美援朝的伟大成就带回来，鼓舞和勉励我们前线的同志们……"

彭总说完委托李雪三带给祖国人民一封自己用毛笔写的信："为了感谢伟大的祖国人民对于志愿军的热烈支援，必须继续坚决打击美国侵略军，保卫祖国的安全……"

彭总握着李雪三的手一再嘱咐说：

"你们回到祖国后，要很好地慰问在全国各地休养的志愿军伤病员，祝他们早日康复，重返前线。"

"请彭总放心，我们一定把这项工作做好，把党和人民的关怀送到每一个伤病员的心坎上。"李雪三向彭总敬了一个军礼说。

李雪三回到军部，把这一切告诉了我。我非常高兴和振奋地说：

"雪三同志，这是对你的最高奖赏嘛！"

"不！我被指定为志愿军归国代表团团长，主要是因为有三十九军这支英雄部队。这份最高的奖赏应该归功三十九军嘛！"李雪三说出了自己的心里话。

在欢送李雪三率领归国代表团起程的时候，我和军里其他领导同志都握着他的手说："我们等待着你从祖国不断传来的消息！祝你一路平安！"

1952年1月18日晚上，我们军的几位领导刚刚迎接了来自祖国的中南军区参观团的同志们，就收听到志愿军归国代表团团长李雪三政委在中央人民广播电台的讲话录音。在指挥所里，我和大家都带着一种特殊的感情边听边议论着，每个人的脸上都显露出十分自豪的表情。

原来，就在这天下午1时20分，李雪三率领的中国人民志愿军归国代表团和洪淳哲率领的朝鲜人民访华代表团一行270人，抵达祖国的首都北京。

前往北京火车站欢迎的有：中国人民抗美援朝总会主席郭沫若、副主席彭真，常务委员沈钧儒、邵力子、马叙伦、马寅初、张奚若、许德珩、许宝驹、彭泽民，中央人民政府人民军事委员会总政治部副主任萧华，中央人民政府典礼局局长余心清，华北抗美援朝总分会主席聂真，北京人民政府副市长吴晗，北京市民主妇女联合会主席张晓梅，各民主党派的代表，各人民团体的代表，工厂、部队、机关、学校的代表和少年儿童队队员等约1200人，朝鲜民主主义人民共和国驻我国大使馆临时代办崔英和大使馆全体人员也到车站欢迎。当李雪三、洪淳哲他们从车厢走出来的时候，站台上的人群沸腾起来了，欢呼声和掌声响成一片，握手、拥抱、问候，天真活泼的少先队员们纷纷跑上前去，向李雪三、洪淳哲和英雄人物献花。

车站上举行了隆重的欢迎大会。郭沫若致欢迎词,李雪三团长致答词。洪淳哲团长也在欢迎大会上致答词。

第二天——1月19日下午2时,北京市各界人民也举行了欢迎大会。参加欢迎会的有:中国人民政治协商会议全国委员会副主席李济深,中国人民抗美援朝总会主席郭沫若、副主席彭真、常务委员司徒美堂、沈钧儒、邵力子、马叙伦、彭泽民及委员蔡廷锴,中央人民政府人民革命军事委员会总政治部副主任萧华,华北抗美援朝总分会主席聂真,北京市抗美援朝分会主席张奚若,各民主党派和人民团体的代表,驻北京部队代表和北京市工人、机关、学校的代表约1500人,朝鲜民主主义人民共和国驻我国大使馆临时代办崔英也参加了欢迎大会。

郭沫若、李济深在欢迎大会上代表全中国人民对中国人民志愿军归国代表团和朝鲜人民访华代表团表示热烈的欢迎。他们说:"志愿军归国代表团亲爱的同志们,你们来得正是时候,今天我们祖国正在开展增产节约运动,同时我们开辟了反贪污、反浪费、反官僚主义的一条新的战线,你们是从一条战线又转到另一条战线来了。你们是这一新战线上的生力军。请你们把你们在朝鲜打击美国侵略军和你们不惜牺牲抢救和爱护物资的模范事迹,告诉祖国人民,来共同争取我们今天反贪污、反浪费、反官僚主义新的战线上更伟大的胜利……"

李雪三在致答词中说:"首先我代表彭德怀司令员和志愿军全体同志感谢祖国人民和北京市人民给予我们的伟大支援,并致以崇高的敬礼!"他叙述了一年多来中朝人民军队并肩作战所取得的伟大胜利后说:"祖国人民在毛主席领导下展开了轰轰烈烈的增加生产、厉行节约的运动,这一运动给我们很大的鼓舞,我们也热烈地响应了毛主席的伟大号召,为了坚决执行增加生产、厉行节约的任务,我们保证更加发挥战斗的精神和工作的积极性,大量歼灭敌人;加强政治学习,以提高我们的爱国主义和国际主义的思想水平;保证爱护祖国人民给予我们的一切物资。"

洪淳哲团长也在会上致了答词,最后,由李雪三团长在大会上宣读了中国人民志愿军司令员彭德怀亲笔写给全国人民的答谢词:

"为了感谢伟大的祖国人民对于志愿军的热烈支援,必须继续坚决打击美国侵略军,保卫祖国的安全!"

这一天,《人民日报》发表社论说:"亲爱的志愿军归国代表团的同志们:你们在和最野蛮的美帝国主义作战中所表现的英雄气概,证明你们真不愧为我国人民最优秀的儿女。祖国人民深切地知道自己的和平幸福生活,是你们在朝鲜战争中所经受的难以想象的艰难困苦和自我牺牲所换来的。你们在国门之外扑灭了将要燃烧到我们伟大祖国来的美国侵略者的战火。你们痛击了闯到我国边境的美国强盗们，全国人民都把希望寄托给你们并感谢你们。"

1952年1月23日的下午，李雪三率领的志愿军归国代表团由萧华陪同，朝鲜人民访华代表团由抗美援朝总会秘书长刘贯一陪同，乘车来到了中南海里的怀仁堂。在这里，他们受到了中央人民政府副主席朱德和政务院总理周恩来的亲切接见。李雪三和代表们看到朱副主席和周总理身体非常健康，慈祥的面孔带着微笑，一个个心里真是乐开了花。

朱副主席和周总理握着李雪三的手，详细地问道：

"朝鲜前线运输状况改善得怎么样了？"

"美国飞机被我们高射炮兵打得再也不敢那么疯狂了，志愿军的钢铁运输线热火朝天。"

"我们被服厂赶制的志愿军服装，干部战士穿着怎样？"

"志愿军干部战士穿上祖国工人师傅做的衣服，感到非常亲切温暖和满意。"

1952年4月，志愿军归国代表团团长李雪三在中南海受到毛主席的亲切接见

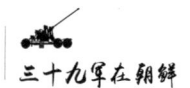

"从国内运去的大米、白面、肉蛋、蔬菜,最前沿的部队能够吃上吗?"

"最前沿的部队大部分能够吃上,但少数的班排还不能及时吃上。"

周恩来总理在接见大家时说:"我代表全中国人民热烈地欢迎你们英雄的朝鲜人民的代表和你们中国人民志愿军的英雄代表来到和回到中国。中、朝两国唇齿相依,近30年来中国人民的革命斗争,得到了朝鲜同志英勇的援助。中国人民对于兄弟国家——朝鲜民主主义人民共和国,有着深厚的友谊。所以,中国人民优秀的儿女志愿去朝鲜和朝鲜人民军并肩作战,结成了这次历史上永远不可磨灭的友谊,我庆贺你们的胜利,祝贺你们取得更大的胜利。"

这天晚上,李雪三和代表们兴奋得久久不能入睡,朱副主席和周总理深刻的分析、亲切的话语,一直反复地出现在每个人的脑海里。

我军归国代表团的秘书夏光和其他同志一起,把从朝鲜前线带回祖国的那些英勇战斗的真实照片,以及在艰难困苦环境和条件下克服千难万险而制成的各种作战工具、生活用品,在祖国各地陆续展览,受到人们非常热烈的欢迎。祖国人民说:"看了这些实物和照片,好像亲眼看到了祖国派出的优秀儿女——志愿军在朝鲜战场上是怎样打败美国侵略军的?"

在首都北京,这些东西被陈列在紧靠天安门的劳动人民文化宫的三大殿内,在全国最大的城市上海,展览会放在最繁华、最热闹的文化宫内举行,展出期间,参观的人群人山人海,会场门口常常排列着二三里路长的参观队伍,人们冒着凛冽的寒风,顶着雨雪,耐心地等待着。有的工人和学生为了争先看到展览,天刚蒙蒙亮就带着干粮、饭盒来到大门口等候。

1952年2月的那些日子,我同时收到了我们军的归国代表周问樵和随团秘书夏光从祖国首都北京寄回来的信。

我看了这两封来信,感到写得很有内容、很有感情,是向全体指战员进行爱国主义教育的活教材。我告诉《立功》报社的同志们,把这两封信全文发表,让我们全军的同志们都能分享祖国人民对志愿军的热爱。报纸发表了,了解了他们在北京的活动,全军指战员受到很大鼓舞。

是啊!他们在祖国的首都10天了,每天,每次集会,每一个场合里,都可以看见祖国人民热爱志愿军的真挚感情。

志愿军归国代表团分头到祖国各地去作报告。出发前,李雪三召开志愿军归国代表团全体同志会议。170名归国代表分成6个分团、26个小组,分赴全国各地答谢全国人

第十六章
代表团的殊荣

民的大力支援，报告朝鲜前线的战斗胜利。李雪三在大会上反复地强调说：大家分头到全国各地活动，无论是在大会上作报告，还是在小会上发言，都要老老实实地讲，知道的情况就讲，不清楚的情况就不讲，一是一，二是二，绝不允许有半点夸张，这是一条原则，也是一项纪律。大家必须牢牢记住，严格遵守。

2月12日，志愿军归国代表团在上海市举行了记者招待会，李雪三团长在会上说明志愿军归国代表团的任务和介绍朝鲜战争目前的形势以及志愿军开展节约运动的情况后，对奸商王康年欺骗志愿军采购药品的巨款用来进行投机活动，以劣药、假药充好药卖给志愿军，以及奸商张新根、徐苗新在代购支援前线的罐头牛肉中，以大批坏肉、臭肉和马肉等混充好牛肉售给华东工业部益民公司做成罐头送给志愿军，因而严重地影响了志愿军伤病员的健康的恢复和战士的营养等丧心病狂的行为，表示极大的愤怒。他说："我们志愿军在前线出生入死，奋勇作战，每当看到祖国人民给我们的支援，我们都由衷地感谢。在战斗最激烈的时候，战士们对从祖国运去罐头食品，都是怀着激动的心情，可是，有的时候，吃了罐头肉以后，不少人拉肚子，影响了战斗力，起初，我们还怀疑是我们的工业技术不高明，现在才知道原来是奸商搞的鬼……"

"我们志愿军受伤患病了，有时，许多很有效的药忽然一点效也没有了，战士们埋怨医生误诊，医生感到莫名其妙，甚至发生了战士不该牺牲的而牺牲了，不该残废而残废的事情，现在我们才找到了造成这种痛心事件的罪犯。"

说到这里，李雪三提高了嗓门愤怒地表示："为加强抗美援朝的力量，不辜负祖国人民给予我们的支援，我们要求政府，对国家和人民的败类——丧心病狂欺诈志愿军的奸商，依法予以严惩！"

《人民日报》1952年2月16日发表李雪三在上海记者招待会上发言的消息后，立即引起全国人民对不法奸商的极大愤慨，社会各界纷纷向报社投书，强烈地要求严惩罪犯。

李雪三遵照彭总的指示带着秘书夏光和部分归国代表们专程访问了在南京等地休养的志愿军伤病员们，这些祖国的优秀儿女，在朝鲜战场上创造了不朽的战绩，回到祖国休养的时候，仍保持着志愿军的荣誉，表现出高尚的革命品质和英雄主义气概。

3月18日，李雪三团长带领部分归国代表访问了毛主席故居——湘潭县韶山乡。在欢迎大会上，李雪三作了报告，并以鲜花赠给1925年参加中国共产党后便一直坚持革命斗争的75岁的毛月秋和志愿军的家属们，当天下午，代表们又和韶山乡的革命烈士家属、革命军人家属、革命残废军人和劳动模范举行了座谈会。在座谈会上，烈属、军属、残废军人和劳动模范们一致表示：要用增产节约的实际行动，来加强抗美援朝的力量，支援志愿军彻底粉碎美帝国主义的一切侵略阴谋。

这是李雪三一生中最幸福的一个晚上。

志愿军归国代表团各分团完成了光荣的使命，从祖国四面八方回到北京。那天晚上，他正在下榻的翠屏庄招待所的一间房子里阅读各个分团送来的汇报材料。忽然，中央办公厅一位工作人员走了进来说：

"李团长，主席派我来接你和洪团长，车子在外面等着。"

当一辆黑色的小轿车开进中南海停下的时候，李雪三和洪淳哲从车里走出来，看到毛主席高大的身躯站在门口迎接。李雪三激动万分，三步并作两步走了过去，举手向毛主席敬了个军礼，把在车上想好的话一字一句说了出来：

"毛主席，我们志愿军全体指战员都很想念您，让我代表他们问候您，祝福您身体健康！"

毛主席握着李雪三的手慈祥地微笑着：

"好！好！谢谢大家，志愿军全体同志在前线辛苦哟！"

毛主席把李雪三和洪淳哲让进了他的书房——菊香书屋。李雪三第一次走进这里，房子里四周都是书架，简直就是书的世界，书的海洋。

"坐嘛！坐嘛！"毛主席坐下后，叫这两位团长也在宽大的沙发上坐了下来。他让工作人员给李雪三他们端茶、递烟，然后自己点燃一支香烟，慢慢地问道：

"志愿军转入阵地防御战，坑道修得怎么样？"

"主席，我们在坑道里构筑了指挥、通讯、观察、警卫等战斗设施，还修造了厨房、厕所、休息室、澡堂、储藏室和取暖等生活设施，达到了防空、防炮、防毒、防火、防水、防寒的要求。"

"很好嘛！今后主要的作战形式是阵地防御战，有了坚固的坑道，才能持久作战，积极防御嘛！"

毛主席喝了一口茶，又关切地问道：

"志愿军在坑道里吃得怎么样？"

"主席，祖国人民给我们运来了大米、白面、猪肉、鸡蛋。部队利用阵地隐蔽处种蔬菜，自己做豆腐、生豆芽，还经常包饺子哩。"

"好呀，好呀！兵强马壮才能打胜仗嘛！"

接着，毛主席又说起志愿军归国代表团回国后的情况，他问道：

"你们这次归国代表团，是规模最大、人数最多的一次吧？"

第十六章
代表团的殊荣

"是的,主席,上一次是三十八军的柴川若和三十九军的嵇炳前等10位同志。"李雪三回答说。

毛主席亲切地嘱咐道:"你们返回朝鲜前线之后,要把祖国的建设成就,把人民的有力支援和殷切期望,转告广大志愿军指战员,鼓舞大家取得更大的胜利!"

"我们一定按照主席的指示把这项工作做好。"

1952年5月23日下午3时30分,李雪三他们和朝鲜人民访华代表团的朝鲜同志一起,由中国人民保卫世界和平反对美国侵略委员会彭真副主席和总政治部萧华副主任陪同,来到中央人民政府所在地——中南海。大家在怀仁堂前面的草坪上排好了队,静静地等候着敬爱的领袖毛主席、朱德副主席、刘少奇副主席和周恩来总理。大家说话的声音都尽量低些,可是每个人的热血在沸腾,每个人多么希望在今天留下一生中最光荣的记忆。

"毛主席来了!"下午4点半钟,有人高兴万分地报告着。突然,暴风雨般的掌声打破了刚才的一片寂静。

200多双眼睛同时朝着一个方面望去,只见毛主席穿着中山装魁梧健康地出现在门口,身后是朱德、刘少奇、周恩来。他们走到李雪三和洪淳哲两位团长跟前握手,又和每一位代表握手。大家欢呼、鼓掌,表达着自己内心的爱戴、敬意和千言万语。

李雪三和洪淳哲向毛主席致献词以后,大家静静地坐下来,倾听着毛主席的谈话,毛主席操着浓重的湖南口音说:

"中国和朝鲜两国人民紧紧地团结起来,一定能够战胜美帝国主义……"

这时,志愿军的4位女代表和朝鲜的4位女代表跑到毛主席跟前献花,又给朱副主席、刘副主席和周总理献花。毛主席接过鲜花,和她们一一握手,大家更加热烈地鼓掌。

毛主席高兴地向大家招手致意,亲切地说:"同志们!欢迎你们,你们在朝鲜前线取得很大胜利,功劳很大,全国人民都在全力支援你们。这次你们到全国各地,看得很清楚,回到前线以后要告诉所有的同志们。"话音刚落,再次响起一片暴风雨般的掌声。

党和国家领导人在同志愿军归国代表团的同志们合影留念的时候,毛主席让李雪三坐在中间,毛主席、朱副主席、刘副主席、周总理坐在李雪三的两边。李雪三开始不好意思,毛主席说:"你是最可爱的人的代表团长嘛!"此刻的李雪三,深深地沉浸在人生最大的幸福之中。

在志愿军归国代表团即将离开北京重返朝鲜前线的一天晚上,一辆轿车又把李雪三接到了中南海,他怎么也没有想到,这次接见他的是彭德怀司令员。

"雪三同志,我已经提议你到志愿军后勤部主持政治工作,你有什么想法?谈谈吧。"

彭总这样开门见山地说。

"我从来没有干过后勤,没有经验,怕干不好,辜负了彭总的信任。"李雪三更没有想到,彭总接见他谈的是这个问题,他一点思想准备也没有,就坦率地说出了自己的心里话。

"没有经验不要紧,干起来就有了经验嘛。要知道,抗美援朝战争的胜利一半靠后勤,难道你不明白吗?"彭总说。

"彭总,我明白这一点。"李雪三回答道。

"调你去是为了加强志愿军后勤的政治工作,协助洪学智同志把整个志愿军的后勤工作搞得更好,切实保障我们后期战斗彻底胜利。同志,这个担子不轻啊!"彭总继续耐心地说着。

听了彭总讲的这些话,李雪三脑子里马上浮现出第四次战役因运输没有跟上,部队严重缺粮食、缺弹药的情景,深深地感到后勤工作的责任重大,直接关系到部队战斗力。他当即表了态:"彭总,我没有什么意见,坚决服从组织上的决定。"

志愿军后勤部是一支有多种业务部门并配属有多兵种的庞大部队,它拥有5个分部、22个兵站、几十个汽车团以及公安、高炮、铁道兵等,人数约有18万。

1952年6月27日,李雪三率领的志愿军归国代表团返抵朝鲜前线。在向志愿军首长及领导机关汇报归国工作后,志政发出了"关于归国代表团返回部队进行传达报告的决定。"决定中规定:"传达报告的时间为1个半月,后勤部队为两个月,要求代表与前线部队普遍见面,在一线也要争取与更多的指战员直接见面,要深入地传达报告,以提高全体指战员爱国主义与国际主义思想水平。"

就在李雪三深入一线阵地作报告的时候,传来了他被任命为志愿军后勤部政治部主任的喜讯。高兴之余,我们心里又沉重起来:与自己并肩指挥战斗十几年的老战友,眼看就要分手了。

第十七章

炮震敌胆

彭德怀司令员重视"战争之神"——我们军的游动炮打得敌人终日不得安宁

1952年3月初，我们军刚刚在阵地上欢度了抗美援朝的第二个春节。志司通知我们军去一名炮兵主任汇报阵地防御战中的炮兵使用问题。我叫司令部通知一一六师炮兵团团长杜博去，叫他好好准备一下。

第二天黄昏，杜博带着作教股长黄云腾，坐着董兴华从军部带的一辆51-嘎斯向志愿军总部驰去。入夜，杜博他们抬头向夜空望去，美国飞机投下的照明弹像挂天灯似的在夜空飘荡着，每个降落伞吊着一发光的燃烧剂，照在地上如同白天一样，地面上有什么目标飞机上看得一清二楚。车子过了新溪、谷山，正在向山坡驰去的时候，一架夜航机大概发现了他们，投下200磅的10多枚小型炸弹，车子靠路边隐蔽处还未来得及停稳，炸弹飞片和掀起的土块唰唰地落在嘎斯车上，弄得杜博他们满身是泥土，幸好没有人受伤。

在朝鲜战场上，夜间汽车挨敌机轰炸扫射成了家常便饭。司机的胆子也在战火中锻炼出来了。他扫掉车上的土块，开动车子，又照样奔驰而去。

天亮前，他们到达志愿军总部所在地桧仓东角一条大山沟里。这里是朝鲜的一个金矿，东、西两面山上都有挖矿石的洞子。志愿军炮兵指挥所就设在这里。这时候，四十军炮兵李主任、五十军炮兵张主任也赶到了这里。炮兵司令员匡裕民接待了他们。

吃过早饭，匡裕民带着这3个军的炮兵指挥员爬上东山坡的矿洞口处，这里是彭德怀司令员兼政治委员的指挥所。洞口处有一个大约20平方米的隐蔽部，顶部长满了蒿草，从外表看和洞口的断切面一样。他们走进去一看，隐蔽部里面两面挂着地图，西面是窗户，北面是入口处，东面连接着矿洞内，水泥地面上摆着一张木制大长方形桌子、一把木椅和几个长条凳子。

匡裕民向彭总一一作了介绍，他们向彭总举手敬礼，彭总同他们一一握手说：

"坐下，坐下。"

杜博看见彭总穿着一套旧黄呢子军衣，上衣后领子有一个3寸长的补丁，想起过去听到一些关于彭总艰苦朴素的传说，今天第一次在朝鲜战场上见到彭总，真是名不虚传啊！

秘书进来把一沓白纸和一支铅笔放在桌上，也出去了。杜博他们3人面对着彭总坐下后准备汇报。彭总见他们有些紧张，便开口问他们每个人何时参军、在哪些部队工作过。

大家感到不再那么拘束了。当杜博说到三十九军时,彭总若有所思地说:

"你们那个军是支红军老部队了,是徐海东由鄂、豫、皖带到陕北的红二十五军,对吧!"杜博说:"是的。"彭总接着又说:"抗日战争爆发时红十五军团改编成八路军一一五师三四四旅,在晋东南由黄克诚带着南下苏北,编成新四军第三师,抗战胜利后又到东北的……"

彭总还讲了四十军和五十军的历史。杜博边听边在心里佩服彭总的记忆力真好,对志愿军参战各军竟是如此的了如指掌。

正式汇报开始了。彭总十分关切地问道:

"你们是从阵地上下来的指挥员,第一线连、排、班战士们在坑道里能不能吃到热饭热菜?"

"在坑道里可以做饭,有大米和高粱米,经常吃二米饭。菜有豆腐、花生米、榨菜、黄花菜,还可以吃到肉罐头哩!"

"前沿班能不能吃上?"彭总又追问一句。

"前沿班离敌人太近,夜间可以吃上后面送上来的一顿热饭热菜。白天吃压缩饼干和炒面。"杜博这样回答着。

彭总听到这里,站起来走到窗户跟前,从窗台上拿起一个纸盒包装的甜饼干问道:

"你们说,阵地上的战士们吃到这种饼干没有?"

杜博他们3个人互相看了看,谁也没有吭声。彭总眉头一皱,板起面孔自言自语:"我要查一查,怎么还没有送上阵地呢?"他随手拿笔在纸上写了几个字。

谈到炮兵,彭总非常内行。他问:

"师团炮兵的迫击炮、山炮和野炮距离前沿多远,怎么支援步兵反击敌人阵地和坚守我军阵地?"

杜博他们各自把炮兵的数目、大小火炮的配置和距离,夜间支援步兵反击美军一个排、一个连阵地的打法和用弹数目,一一详细地作了汇报。

彭总听着,不时地点点头。他说:

"同志们!现在是阵地战,炮兵很重要,要发挥火力的作用嘛!你们这些炮兵指挥员看过苏军斯大林格勒大会战的电影吧?斯大林同志称苏联红军的炮兵是战争之神。当然,我们没有苏军那么多大炮,也比美国的少。因此,我们要发挥炮兵的威力,就要统一组织计划火力,搞好夜间支援步兵夺占敌人的阵地。"

杜博他们汇报到阵地反击这个问题时说,我步兵在敌人阵地山脚下挖待蔽洞,白天用炮火控制，不让敌人发现。一到夜间，以十几分钟的炮火急袭，打出2000多发炮弹压制、破坏敌人一个连阵地，不待敌人炮火反击，步兵即冲到山上敌人的阵地内，以近战冲锋枪、手榴弹消灭敌人，半个小时就解决了战斗……

彭总听到这里，很高兴地说：

"这就是近战、夜战的打法，是从战争学习战争，是毛主席总结我军克敌制胜的主要战法……"

五十军炮兵张主任有一只眼睛在战斗中负伤失明，戴着一副墨镜。在汇报过程中，彭总敏锐地发现他是一只眼睛，便指着他的眼睛问道：

"你的那只眼睛什么时候负伤的？"

"是在抗日战争中负的伤，现在只剩下一只好眼了。"

彭总笑了笑，幽默地说：

"你和刘伯承同志一样了，都是用一只眼睛打仗啊！"

彭总的这句话把大家说得都笑了起来。

最后，杜博他们提出：现在军、师配属的炮兵多了，炮兵指挥机构不健全，不统一，影响作战。彭总指示说：

"马上要发个电报下去，军、师成立炮兵办公室，副军长、副师长兼炮兵主任，便于统一指挥协同。这样做好不好？"

攻击发起前，我军炮击石岘洞北山

第十七章 炮震敌胆

"这就解决问题了。"大家高兴起来了。

"今天就这样吧！主要听听你们讲的情况。你们回到前沿阵地，要把炮兵作战搞好，打得准，不浪费炮弹。要搞好步炮协同，支援步兵多攻占敌人一些阵地……"

杜博他们站起来，向彭总敬礼告别。彭总和他们再一次亲切地一一握手。

他们走出了彭总指挥所，看到了志愿军副政治委员甘泗淇和志政秘书李贞（新中国第一位女将军）站在桌子旁吃饭，甘泗淇见了这几个炮兵指挥员就问：

"刚才彭总和你们都谈了吧！"

"彭总的指示很好，我们回去一定好好贯彻执行。"

"你们回去把炮兵指挥好，让炮兵打得更准些，叫美国兵尝尝我们志愿军'战争之神'的厉害！"

说着，这一对将军夫妇发出了爽朗的笑声。

吃过午饭，杜博他们在炮兵指挥所里向匡裕民司令员作了详细的汇报。匡裕民很高兴地告诉他们：

"这是志愿军入朝作战以来彭总第一次听取炮兵指挥员汇报。"

杜博回来后当即向我和张竭诚副军长汇报了彭总关于炮兵建设的指示，很快志司电报就发下来了。从此，军、师炮兵办公室就正式成立了。不久，我们把杜博调到军里当了军炮兵办公室副主任。

从彭德怀司令员亲自听取关于炮兵建设情况的汇报，作出要发挥炮兵强大威力的重要指示以后，在阵地防御战中，我们的炮兵越来越显示出无比强大的威力。如果说现代战争的权威是火力的话，那么，火力中威力最强、效果最大的便是炮兵了。

1951年七八月间，我军在成川休整中，经过军事整训后，各师以原有的山炮营、高射炮营和七六二野炮营（志司给我军的野炮团分调各师1个营）为基础，组建了师属炮兵团：一一五师炮兵团（炮兵三九五团）团长郭冷、政委周仲华，一一六师炮兵团（炮兵三九六团）团长杜博、政委陈尔振，一一七师炮兵团（炮兵三九七团）团长王化东、政委薛瑞云。我军的炮兵武器也得到了补充：增补迫击炮50门、五七无后坐力炮72门、三七高射炮36门、七六二野炮36门、九〇火箭筒132具……不仅在数量上壮大起来了，而且总结了五个战役中的步炮协同作战的经验和教训，大大提高了炮兵指挥员的指挥艺术和炮手们的射击技术。在整训的射击演习时，达到了命中弹70%的水平。

1952年7月13日，四打老秃山主攻连队之一的三四三团一连，在战斗发起之前的4天，组成代表团来到配合他们作战的师炮兵团阵地访问，他们分别到各个炮阵地参观。炮手

们一边操作，一边向步兵代表讲解火炮的性能和威力。步兵战士顾长富边参观边说："咱们有这样强大的炮火，保证我们攻到哪里就能攻下哪里。"代表们来到四连参观的时候，碰上弹药手谭长波运炮弹挂彩回来，指导员叫他下去休息，他说："步兵同志们打得那样英勇顽强，为了消灭敌人，我爬也要把炮弹运上去支援他们打胜仗。"说完，他又去扛炮弹去了。步兵代表看了很感动，战士刘明春说："炮兵同志这样支援我们，要是打不好仗，打不了胜仗，那怎么能够对得起他们呢？"临分别时，炮兵副连长董恩财握着步兵代表的手说："步兵同志们，你们放心吧！到时候，我们坚决大力支援你们，保证做到你们指到哪里，我们就打到哪里！"

现在，让我们看一看一一五师炮兵团的同志们是怎样支援三四三团四打老秃山和三四五团五打老秃山的吧！

在五连的炮兵阵地上，炮手们一早一晚加快速度做好一切战斗准备。团长郭冷、政委周仲华派代表带来两发炮弹，交给炮手们时说：

"希望你们把这两发炮弹准确无误地打到敌群中开花，等着你们胜利的消息！"

"请团首长放心。我们绝不辜负步兵同志的希望！"炮兵们高高地举着炮弹回答。

天色渐渐地黑下来了。敌人不断地胡乱打过来一些散炮，在五连阵地附近爆炸着。敌人探照灯的巨大光柱照射着老秃山的山头。五连的同志早已把大炮拖出了隐蔽部，架好在露天工事里，一门一门高昂着的炮口，对准了老秃山上的敌人阵地。

晚上8点30分，距离向老秃山发起攻击的时间还有45分钟，炮手们的眼睛死死地盯着敌人阵地不放，盼望着射击时间的到来。

电话铃声响了，传来了连长从指挥所发来的指示："还有5分钟了，准备射击，注意看讯号，要狠狠地打！"

漆黑的夜空中，从上浦房东北和西北两个方向同时升起了3发绿色信号弹。立刻，炮兵阵地上沸腾起来了。炮手们的眼睛一齐集中在老秃山敌人的阵地上，全连的炮弹怒吼了！三炮手周德明兴奋地高喊：

"同志们！我们要狠狠地打，给步兵开辟冲锋的道路！"

"干吧！实现我们决心的时间到了。"二炮手李金镖说。

"我们要给四班创造新的光荣，回答团首长的关怀。"班长王德荣拿着炮弹对全班说。

炮手们一边打炮一边互相鼓励着。敌人反击的炮弹在他们周围爆炸，李金镖背上负伤了，他忍着剧痛仍然勇猛地射击，每一发炮弹都爆炸在敌人的阵地上。6分钟的效力射击，步兵从老秃山的山脚下打起了冲锋讯号，他们的炮火射程向敌人延伸过去。

第十七章
炮震敌胆

当老秃山的主峰升起 5 发信号弹时，炮兵阵地上一片掌声和欢呼声：

"步兵占领了敌人阵地，我们胜利了！"

在四打老秃山之前，六连二炮担负了抵近炮破坏射击的任务。炮阵地离老秃山仅有 1500 米。上级要求：在 16 日至 18 日 3 天中，摧毁敌人 3 个地堡。

16 日这天下午 4 点钟，六连二炮刚一发射，五六门敌炮和 4 挺机枪就疯狂地反击过来。炮弹在阵地附近不断爆炸。敌人机枪的子弹从炮手们的头顶、身旁嗖嗖地飞过。炮后盾被子弹穿了几个窟窿。有一发枪弹从二炮手李振兴的手指缝穿过去，手指负伤了。他好像什么事情都没有一样，仍然在准确地继续射击，并且鼓励一、三炮手说：

"赶快装填，赶快发射，炮弹打出去就是胜利！"

他们一直打完了 16 发炮弹，取得了摧毁敌人一个暗地堡和一个明地堡的战果。18 日上午又一次激战之中，炮手们才发射了十几发，敌人飞机就在上空嗡嗡盘旋，在不远处扫射投弹。敌人炮火和机枪也反击过来了。一发炮弹落在炮口的前面，掀起的泥土堆了一炮身，二炮手头部也负了伤，但他还是继续发射。又一颗炮弹落进了炮床里，三炮手张廷元的头部、手上和脚共 5 处负伤，还是沉着地瞄准着。他还鼓励大家："沉住气，把我们的炮弹打出去，一定要打出光荣炮的荣誉，为六连争取新的光荣！"这时，班长石光绪的腰上也负了伤，他还坚持指挥射击，一直把敌人两个大地堡彻底摧毁以后，炮手们才胜利地回到隐蔽部。

二炮的炮手们，发挥了勇敢顽强的战斗精神，在连续六次的破坏射击中，以 119 发炮弹摧毁了敌人的地堡 14 个，超额地完成了任务。

四连山炮是 7 月 17 日这天老秃山战斗中打得最为出色的"光荣炮"。新中国第三个生日快要来到了，英雄的炮手们纷纷下定决心更好地支援步兵打个大胜仗，向国庆节献礼。15 日晚上，他们接受了支援三四五团强攻老秃山的战斗任务。

16 日的早晨，"光荣炮"对敌人地堡进行破坏射击时，只用了很少的炮弹就摧毁了两个地堡。第二天下午，他们正在射击时，敌人两个炮群的曲射炮火反击过来，一发穿甲弹在他们炮身两尺远的地方，穿进土里爆炸了，弹片和石块被炸得四处横飞，阵地上一时烟火连天，可是炮手们还是照样的射击地堡。他们还互相鼓励着：

"好好打，为祖国争光！"

"多打掉一个敌人的地堡，多增加我们一份光荣！"

刚刚打掉敌人一个地堡的时候，传来了连长的命令："停止射击，炮手赶快隐蔽。"神炮手张德金一想：咱们这门"光荣炮"绝不能让敌人打坏，一定要把它抢下来。只有

炮在才能保持我们班的光荣旗帜，大家看出了他的心思，都说："有人在就有炮在，咱们把炮抢下来！"于是，炮手们就在敌人猛烈的炮火轰击下，奋不顾身地把"光荣炮"抢救下来了。

就这样在两天的破坏射击中，他们摧毁了敌人阵地上的7个大地堡，有力地支援了步兵向老秃山的攻击。

19日下午3点钟，敌人一个营向老秃山反击，连里又接到了步兵要求炮火支援的电话。连长下达了射击命令：

"打15号目标，向左20米，距离1950米！"

张德金这个富有经验的神炮手马上建议：

"连长，根据测量距离有2200米。"

连长采纳了这个建议，"光荣炮"又开始对敌人阵地射击了。一发又一发炮弹飞向敌群爆炸，10分钟发射50发炮弹，敌人一个营丢下无数具尸体退了回去。

电话铃欢快地响着，传来了步兵同志们的祝贺：

"打得好！打得准！你们'光荣炮'又增添了新的光荣。"

一一五师炮兵团在配合三四三团强攻老秃山的战斗中，创造了步炮协同的成功的战例。他们战后总结、写出了《老秃山战斗中的炮兵射击经验》。

我们军为贯彻持久作战的方针，开展了冷枪冷炮运动。从1952年7月开始，炮兵在22公里半的正面上展开了游动炮射击。每公里正面约有一门半到两门火炮参加射击，曲射火炮都发挥了威力，对敌人各种固定的与活动的目标，特别是对敌人在我前沿活动的坦克和汽车，有很大的破坏力和杀伤力。

8月份，军召开各师炮兵干部会议，重新拟订了游动的组织与要求，各师随即集中了炮兵连以上干部，传达使用游动炮与冷炮射击的具体计划与要求。不久，军炮兵办公室整理了这样一组数字送到了我的面前：

"从8月16日至31日仅仅半个月时间内，我军迫击炮以上共使用44门火炮，射击283次，耗弹4247发，毁伤敌人坦克44辆（平均30发炮弹毁伤一辆）、汽车45辆（平均25发炮弹毁伤一辆）、野炮2门、迫击炮2门、山炮1门、开路机1台，破坏敌地堡74个，共击毙敌人步兵835名……"

我看完后，得出了一个不可动摇的结论："以小的消耗是可以换取大的胜利的。"

那些天，我顺手翻开立功报，十分高兴地看到：

1952年8月26日1版标题：《游动炮5天毁伤敌战车16辆、汽车13辆、毙敌135名》；

第十七章
炮震敌胆

1952年9月1日1版标题：《游动炮威力大，10天毙敌365名，毁伤敌战车35辆、汽车28辆》。

山顶上浓云密雾，直到中午才慢慢地消散开了。连长刘玉亭在观察所里，清清楚楚地看见敌人对面山坡上停着两辆黑黝黝的战车，炮口正对着我们前沿阵地。他心里一阵高兴，马上发出了命令："三炮，做好射击准备！"

8月，正是朝鲜的雨季。几天来大雨不停地下着，把三炮的野战工事冲出了几条小沟，泥浆没过了脚背，火炮的两个轮子陷在泥里。炮手们接到连长的命令，飞快地跑进工事里，在火炮的两轮底下垫上沙袋，前后打上了顶木。三炮手胡宝江一边忙着擦炮弹，一边装着药包，嘴里自言自语地说："这回准是连长抓住了大家伙了！"大伙忙得汗从脸上往下淌，4个炮手几分钟内就做好了一切射击前的准备工作。

"发射！"连长的喊声刚落。轰！轰！炮弹飞出去，向后猛坐的炮尾，崩起的泥水从炮手们的脸上、身上往下流着。

"打得好！敌人战车履带被打断了，炮身被打掉了！"指挥所传来了炮兵们最爱听到的消息。

"把第二辆战车也给干掉！"炮手们跳起来喊出一个声音。胡宝江迅速地把炮弹填进了炮膛里，一炮手郑德银擦了擦眼睛溅着的泥水，把脸紧贴在镜子瞄准，右手握着方向盘。

大炮又是几声怒吼，炮弹真的长了眼睛，一发发都落在敌人第二辆战车上，把敌人的战车的盖子炸开了。喷出了红色的火焰。

这门游动炮只用了18发炮弹，就把敌人的两辆战车给报销了。炮手们跳起来互相祝贺着："照这样打下去，敌人战车再多也都得让我们统统收拾掉！"

同年9月16日下午，三四六团炮一连侧方观察所发现：敌人两辆大卡车和1辆吉普车，装满供应高旺山守敌的物资，沿小公路往高旺山开去。

迫击炮的瞄准手田景芳正在工事里看地图，忽然电话铃声响了。他一听就知道准是侧方观察所打来的：

"喂！喂！25号目标有敌人3辆汽车向高旺山开，快准备打！"

田景芳听完电话，马上喊炮手：

"杨开元！杨开元！快点来，有你们的生意了！"

他看了看图表，距离是3200码。把早已架好的炮身迅速地转向25号目标，再加上汽车的速度，修正基本偏差48米位，把高低螺旋落在927米位上。

李开元拿出一颗25斤重的炮弹往炮口内装填时,田景芳嘱咐道:"手要稳,不然偏差大。"杨开元是个熟练的炮手,他说:"有把握,你就看结果吧!"

轰!轰!两炮打出去了。炮的后坐力把炮口震动上升了一些。杨开元喊道:"田景芳,快把高低螺旋落一转半!"他扯掉炮弹上的保险丝。轰!轰!轰!接着又是3发。

侧方观察所在电话里报告着:"5发全部命中目标,敌人3辆汽车全部被打毁了!给你们请功。"

放下电话听筒,这门游动炮的两个年轻炮手互相抱起来欢呼:"我们又胜利了一次!"

在我军冷枪、冷炮运动中,打得最出色、战绩最辉煌的是1952年9月4日一一六师野炮五连炮击高栈下里这一次。敌人被打得伤亡惨重,成了一群丧家之犬,抱头逃窜。

开始,副连长施行叫观察员聂荣在前进观察所搜索敌人的目标,可是整整一个白天,没有发现任何新情况。施行想:"我就不相信敌人一整天不出来活动。"于是,他在电话里命令聂荣仔细搜索:

"一定要在天黑之前打到目标,干它一家伙!"

又过了很久,聂荣在前进观察所报告的情况总是老一套:敌人可能是叫我们打怕了,从天亮到现在连汽车的影子都没发现。施行这个老炮兵又一想,本来在我们的炮弹的教训下,敌人变得越来越胆小了,同时也越来越狡猾了,这全是实情。但我们的大炮有劲使不上,那滋味真不好受。他在电话里狠狠地对聂荣说:

"照你这样讲,敌人让我们打怕了,那我们就不打了是不是?"

"副连长,看不见,没法下手呀!你看咋办?"

显然,聂荣对副连长这种没有来由的责备,感到有些委屈。而施行也觉得自己刚才因为急躁而责备这个毫无过失的战士是不应该的。他只好把口气放得缓和些,又在电话里告诉他:

"聂荣,从现在开始你把搜索的重点放在高栈下里的公路上。"

他和聂荣讲完了话,就把电话机放在大腿上,调整好炮对镜。他刚把头伸到目镜的橡皮圈上,不由得失声叫了起来:

"计算员吴秉香,赶快准备图板和作业工具。"

他正在为这突然的发现而高兴得不得了的时候,前进观察所聂荣也来了电话:

"副连长,从唐村到高栈下里公路上黑压压的一大片,像一群蚂蚁,可能是敌人一个营。先头有5辆坦克,步兵后面又有8辆卡车,也装的步兵,再后面是3辆装甲车和3台小吉普。副连长,这帮该死的家伙,先头部队已经到了我们对面的小山湾集结了,我建议开始射击！"

"小聂，你终于抓住个大目标，好呀！你的建议正合我意。"

施行从这个观察员报告的口气听出，他是相当高兴而且激动的，这种高兴和激动感染了自己。他马上通知了阵地——取高栈下里射击诸元，准备射击。他向营长请示之后，就向阵地命令道：

"距离9700米，第一炮两发急速射，放！"

15秒钟后，阵地报告：

"两发放射完毕！"

观察所报告：

"两弹偏右0～40米位。"

施行立刻命令阵地修正了射向，又是两发急速射。

据聂荣观察后报告：这两发已打在敌人后尾吉普车附近五六米的地方了。他的意思，现在就可以开始效力射击。富有实战经验的施行，觉得应该让炮弹落在敌人集结的中心，于是他再次修正了射向，认为有把握了才发出命令：

"全连两发齐放！"

不等施行要聂荣报告弹道的情形，聂荣就在电话里大喊大叫起来：

"副连长，副连长！打得好，打得好！炮弹一点散布也都没有，全都命中了，快打呀！赶快再打呀！"从电话里的声音，能够想象出这个年轻的战士兴奋得几乎要跳起来了。

施行没有接到营长停止射击的命令，使用近乎咆哮的声调向阵地喊道：

"连续射击！连续射击！"

施行把红蓝铅笔放在图板上，告诉身边的吴秉香："掌握好电话，我出去看看。"然后，他拿着望远镜到外面交通壕去看看战果如何。他理解阵地上那些炮手们现在是如何焦急地想知道从他们手里发射出去的炮弹，到底把敌人打成了什么样子，取得了什么样的战果？

刚走出坑道，他就碰到营长。营长也拿着望远镜和他一样的心情出来观察敌人挨打后的情形。他抢先握着施行的手：

"施行，你们这回可抢了个大西瓜，打得好呀！"

两人从望远镜里看到敌人被我们的炮弹打得十分狼狈，心里真有说不出的那股子痛快劲。

15分钟以后，营长告诉施行：

"现在暂停射击，先看看敌人的动静再说。根据情况，还要打等速射和面积射哩！"

施行听了,知道今天可以大干一场了。他转身兴奋地跑进坑道原来的指挥位置,马上命令阵地暂时停止射击。

施行从电话里清晰地听到了同志们的欢呼声、谈论声、哄笑声、吵嚷声,传口令都受到了影响。前进观察所换了另一个叫张光华的战士接电话:

"副连长,是我,我是张光华。现在,这里挤满了守卫马良山的步兵同志,看我们打得这样好,都高兴地说要给我们炮兵请功啊!"

"张光华,你就代表我们向步兵老大哥致谢,这是大家的功劳!你叫聂荣向我汇报情况。"

不一会儿,电话里传来了聂荣的声音:

"副连长,刚才这一阵炮弹,全部落在敌人堆里,把敌人打乱套了,东跑西窜,汽车也在自己撞自己,有两辆汽车被我们打着了。现在,敌人正在抢尸体、拉伤兵哩!"

施行趁敌人混乱之际,按照营长的指示,又开始向敌人进行炮击。炮弹像一条条火龙飞向敌群。敌人在自己的阵地上放射了许多烟幕弹,想掩护这群被挨打的家伙逃出火网。施行识破了这套鬼把戏,连续命令阵地又打几个齐放。

就在这时,榴炮连和野炮连也朝敌群进行了射击。炮弹在烟幕里闪着爆炸的火光,巨大的声浪响彻了整个前沿阵地。

除了敌人的两辆汽车被击毁之外,还被打死打伤200余人,直到两天后还在收尸哩!

事后,我接到一份报告。据俘虏供称,这群敌人原来是刚从大西洋彼岸远渡重洋来到朝鲜参加侵略战争的一支英国军队。他们没有尝过我们志愿军炮兵的厉害,所以大白天成群结队地在我们眼皮底下大摇大摆地行军。他们哪里想到,还没有到达目的地,就受到这么沉重地打击。他们在大西洋生活得好好的,为什么跑到东方来丧命呢!

我们的游动炮射击迫使敌人不得不把一切活动都转入夜里。过去,敌人在阵地唱歌、吹口哨、跳舞,大白天我们在前沿都能看见。现在看不见了,他们转入了夜间。敌人这种大摇大摆的日子一去不复返了。美二师的一个俘虏说得很具体:"以前,我们到其他地堡可以从山上走,在外面还可以自由地活动一下。现在可就惨了!吃饭、挖工事、站岗都要随时随地躲你们的炮弹。我们在交通沟里走,每时每刻都在提防你们打过炮来。最多我们只能偷偷地在地堡洞口晒一下太阳,一有动静就赶快钻进地堡里去……"还有的俘虏非常悲观地说:"现在,我们的阵地上已经听不见歌声了,甚至连说话都懒得去说。"是的,敌人由于生活圈子缩小到不能再小的程度,他们每天只能蹲在地堡里,哪里也不敢去,听到的看到的只是自己的伙伴被打死打伤或者出去就回不来的消息。可悲!可悲!

第十八章

坑 道 战

一一七师在190.8高地上打出了二级英雄高云和及二级英雄班——他们转入坑道后首创了志愿军坑道作战五昼夜的范例

位于朝鲜临津江东岸群山中的190.8高地，面积不足1平方公里。然而，我军一个连与美军在这个高地上发生的战斗，除了营连指挥员具体组织战斗之外，我们还投入了军、师、团的指挥。我们不仅动用了军、师、团的炮火支援，最后还第一次请了志愿军火箭团的喀秋莎。战斗从1952年5月15日打响到6月16日结束，经历了1个月零1天，共歼敌2500人，我军也付出了693人的重大伤亡。

190.8高地上，出现我军第二个志愿军二级英雄高云和与他的二级英雄班。他们坚守坑道作战五昼夜，成为我印象最深的模范战例之一。

我对这次战斗的回忆，必须从志愿军司令部召开的一线军参谋长会议写起。

这次会议是1952年4月26日至5月1日在志愿军总部驻地桧仓举行的。这次会议认为，近一年来，志愿军各部队遵照毛主席的指示，集中力量打小的歼灭战，积小胜为大胜，取得了好成绩，有力地配合了停战谈判。我们还要继续运用"零敲牛皮糖"的打法，尽量多占一份土地，多消灭一批敌人。敌人现在虽然没有力量发动全局性进攻，但局部进攻随时都有可能，我们不能疏忽，敌人出笼离开阵地，正好给我们机会消灭他们。我们出去一定要准备好，口子不要张得太大，不打则已，打就要取胜。同时，还要注意发挥炮兵的作用，开展游动炮火活动加强侦察，发现敌人指挥所、炮兵阵地，就集中火力狠狠地打。

1952年5月5日，我们军召开师、团指挥员会议，张竭诚传达了志司会议的精神，大家重点研究了挤占缓冲区战斗的问题。我集中大家讨论的意见后确定：争夺缓冲区的战斗要集中优势兵力，特别是集中绝对优势炮兵火力支援步兵出击，要利用夜暗，采取偷袭和强攻相结合的方法，争取速战速决，不打则已，打就要打胜。挤占缓冲区阵地后，便于防御时派兵扼守，在防御中消灭敌人，不便于守备的，攻占后即撤出，如敌人占领通过反击歼灭敌人。

10天之后的5月15日，挤占190.8高地的战斗首先打响了。

这是缓冲区中由北向南突出伸向敌人阵地前沿的一个狭长高地，面积不到1平方公里，北面与我军占领的205城芝山高地毗连，形似"丁"字，美国人称之为"丁字山"。南

第十八章
坑道战

面与美三师六十五团二营防御的334、418高地仅隔800米，完全处在敌人居高临下的火力控制之下。山前有一个400到800米距离的开阔地带，一条公路从中穿过。这个高地南侧较陡，沟坎较多，便于敌人隐蔽运动和潜伏，敌人经常以小分队进驻对我进行袭扰。

是日晚上9时，一一七师三五〇团一连奉命占领了190.8高地至205高地的5个小高地，以三昼夜时间在主峰原有工事的基础上构筑了一条30多米长的"U"形坑道，加修了通往205高地的交通壕。

18日至21日，敌人在飞机、大炮、坦克配合下，以1个班至1个营的兵力向这个连队二排190.8高地连续进攻10余次，在连长陈永年的指挥下，英雄们沉着应战，在地面工事大部被毁、部分阵地两次被敌突破的情况下，顽强地杀伤敌人，经过反复争夺，毙敌270余人，阵地始终在他们手里。

一一七师师长彭金高、副师长韩曙、参谋长薛复礼充分估计到敌人不会善罢甘休，将会发动更大规模的进攻，便命令三五〇团利用战斗间隙调整部署，加修堑壕、交通壕和坑道，补充武器、弹药、干粮、饮用水，还在前沿埋设了防坦克、防步兵的地雷。

果然，到了6月12日凌晨4时，新换防的美四十五师一八〇团在52架飞机、34辆坦克及纵深炮火的支援下，以一个营的兵力分三路向190.8高地上三五〇团一连发起猛攻。三五〇团一连在师、团强大炮火支援下经过5个多小时激烈战斗，毙敌200人，毁伤坦克7辆。当晚10时，敌人进占190.8高地东南之无名高地，一连五班与突入阵地的敌人展开了白刃格斗，终因寡不敌众，我除1人生存外全部壮烈牺牲。

这天早晨，满山笼罩着大雾。太阳出来不久，天空中就传来了飞机的嗡嗡声。在六班坚守的阵地上，班长高云和胸前挂了一支转盘冲锋枪。他那一双仇恨的眼睛盯着天空，数着1架、2架、3架、⋯⋯12架。他骂了一句："兔崽子！野马式又来了。等着瞧吧！"

中午时分，突然，六班的监视哨大喊一声："班长，敌人上到山顶来了！"

敌人远射程炮打过来的大量烟幕弹，使六班阵地被一片白茫茫的烟雾所吞没。高云和听见哨兵的报告，手提转盘冲锋枪就往坑道口跑去。他隐隐约约地看到，约有两个排的美国兵像羊群似地分三路涌了上来。忽然，他脑子里闪出了临上阵地时营首长讲的话："190.8高地是我军临津江东岸阵地的前哨，又是我军前进的踏脚石。这个阵地，你们要坚守住，绝不能丢掉它！"

他立刻想到：敌人就压在我们头上，为了保存有生力量，守住阵地，我们不能死打硬拼，如果继续在外面坚持战斗，对我们非常不利。有生力量拼掉了，怎么能够守住阵地呢？改变战术——坑道作战。他果断地命令大家：

"同志们！从现在起，我们转入坑道作战！"

第一一六师主力沿北汉江向昭阳江边马积里一线攻击

发起冲锋

第一一五师三四四团五连二排荣立集体二等功

坚守阵地的机枪手

坑道的位置在山的腰部。这是高云和带着全班战士上阵地后临时构筑起来的，形状很像一个U字。

高云和凝视着这条全长不足30米的坑道，心想：当初挖这条坑道只是为了屯兵和防炮，想不到现在竟成了我们的地下堡垒。他又望着全班和配属的机枪班、六〇炮班的战士们，有的扛弹药箱，有的扶着伤员，报话员杨国兴把报话机死死地抱在怀里，好像谁要抢他的报话机似的，大家各找各的位置坐了下来。这一张张汗土满面、坚毅刚强的面孔，虽然，满身泥土，衣服破烂，但都是那么可亲可爱啊！

刚进入坑道，敌人就窜到了坑道口。轰！高云和听到头顶上一声巨响，重重地震动了一下，土石唰唰地掉了下来，一股苦涩的硫黄气味从洞口钻了进来。他马上意识到：这是敌人在破坏坑道。正想着，他看到从洞外飞进来一颗手榴弹，落在自己的身边，嗤嗤地直冒白烟。他喊了一声：

"同志们！快卧倒！"

说着，他捡起身边的手榴弹扔了出去。手榴弹在外面爆炸了。

隔了一会儿，敌人又从坑道外面扔进两颗手榴弹，高云和、芮朝寿眼看来不及用手捡了，就用脚踢了出去，回敬给敌人。高云和向外探头一看，交通沟里伸出几个黑黝黝的枪口，对着坑道口。他端起冲锋枪就是一梭子，芮朝寿又扔出去几颗手榴弹，这才把坑道上面的敌人打哑巴了。

高云和回到坑道里的拐角处，战士们都围拢过来了。他对大家说：

"敌人现在还不知道坑道秘密，我们绝不能让敌人进到坑道里来，守住坑道就是胜利！现在，最重要的是把坑道加修好！"

同志们立刻行动起来。有的抬出木头，有的找来锹镐。刨土的刨土，装土的装土，垒墙的垒墙。在两个坑道口拐角处各筑起一道胸墙。为了胸墙能够抵挡得住敌人的子弹片，高云和又组织战士们把旧棉大衣泡上水堵在胸墙上面。坑道修好了。高云和把全班分成3个战斗小组。他带一个组守在左边坑道口，芮朝寿带一个组守在右边坑道口，另一个小组留在坑道里照顾伤员，需要的时候机动支援。

高云和这个27岁的共产党员把这一切都安排好之后，陷入了沉思：我怎样更好地发挥坑道作用带领全班战友战胜凶恶的敌人？

一个月以前，高云和带领全班战士在这里打了一场漂亮的守备战，消灭敌人160多名，他立了一等功。从那以后，美军天天用大炮轰、用飞机炸这座山头，可是，不管敌人往这里倾泻多少吨钢铁，也动摇不了高云和同他的六班守在190.8高地的坚强意志。

第十八章
坑道战

不过，就在这次战斗中，全班最小的战士李青山的牺牲给高云和带来极大的悲愤。战斗打响的那个晚上，三五〇团团长王秀法来到了阵地上，问长得非常可爱的战士李青山："你多大了？"

"今年16岁。"

"打仗怕不怕？"

"报告团长，不怕！我最想打仗！可班长老叫我当通讯员。"

"你还小嘛，跟着班长和老战士锻炼锻炼吧……"

第二天李青山在战斗中负了重伤。高云和把他背到坑道里。他嘴里只能发出微弱的声音：

"班长，我不行了。你可要介绍我入团呀！"

高云和感动得一个劲地安慰他。只见李青山呼吸越来越困难了。最后便闭上了眼睛。高云和再也忍不住了，眼泪唰唰地掉在烈士的身上，默默地发誓："李青山同志，我一定要为你报仇！"

高云和向团里汇报，团党委追认李青山烈士为共青团员，追记一等功。

"轰轰轰！"坑道外面一阵炮声响过把坑道里油灯震得直摇晃。高云和拿起自动枪就往外跑去，战士们也都跟着出了坑道，只见，红色的弧形弹道划过天空，一颗颗炮弹落在山顶上爆炸，火光冲天，烟雾弥漫。

高云和高兴地告诉大家："同志们！这是我们的炮兵打过来的炮。"原来，王秀法团长组织三连4个排在师里4个炮兵连火力的支援下，利用夜暗进行反击，消灭敌人一个排，但未能将敌驱走，遂令三连连长李汉友率领一个班和一部步话机进入坑道与高云和所在的六班会合。

高云和见到李汉友显得格外亲热。李汉友原来和高云和都是一连的，他几个月前才调到三连当连长。这次，李汉友带的一个班冒着敌人严密的封锁来到这里，只剩下7个人了。虽然只有7个人，可是在高云和看来，仿佛是增加了一个排、一个连。他看到的是在他们背后有全团、全师、全军的支援，他激动地对大家说：

"同志们，连长来了，还给我们增援了一批新的力量。有连长在，我们就有了主心骨啦。"

话音刚落，坑道里响起了一阵热烈的掌声。

高云和向李汉友介绍坑道里的情况，领着李汉友检查了弹药、粮食、饮水，还专门去看望负伤的战友们。最后把报话员杨国兴安置在连长身旁，让连长直接指挥这场坑道战。

坑道里热闹起来了。六班的战士们给新来的战友递水、递烟，互相交流，互相鼓励。

正在这时，报话机里响起了声音。杨国兴把受话器递给李汉友："连长，政委请你讲话。"

"李汉友吗？"受话器里传来了政委高科的声音："你们胜利地到达坑道和六班会师了。好！好！你转告全体同志，团党委非常重视你们坚持坑道作战的作用，军首长和师首长也非常关怀你们，打电话询问你们的情况，希望你们继续坚持下去……"突然声音中断了。原来团指挥所附近落了颗敌人的炮弹。过了一会儿，受话器里又传来高科的声音：

"六班长在吗，高云和在吗？"

"我在！政委。"高云和眼眶挤满了泪花。

"你转告六班的同志们：今天白天敌人向你们进攻的那个团，遭到我们狠狠地打击。从黄昏起用汽车拉尸体，到现在还未拉完，敌人死伤900多人。希望你们再接再厉，创造更大的胜利！"

"请团首长放心，我们一定不让敌人进到坑道来！"

"请团首长放心，我们一定要杀伤更多的敌人！"

战士们也都争着凑到送话器跟前表示自己的决心。

第二天天刚亮，高云和、芮朝寿和副班长各带领一个战斗小组，分两路摸到敌人正在睡觉的交通沟跟前，用手榴弹炸死了许多敌人。这是敌人没有想到的，在这种情况下，我们坑道里的人居然大胆地主动出击，鬼子毫无准备地送了命。

中午时分，坑道口忽然响起两声不大的爆炸声，两股黄色的烟雾立刻从坑道口钻了进来。难闻的气味呛得人直咳嗽，喘不过气来，睁不开眼睛，闭上眼睛还流泪不止。高云和知道这是敌人在施放毒气，连忙向大家招呼：

"同志们，美国鬼子放催泪弹啦！有防毒面具的快戴上！"

卫生员胡国清也呼喊着：

"没有防毒面具的同志，赶快用自己的尿浸过手巾堵住嘴！"

在坑道口担任警戒的战士卢长明"哎呀"一声，一头栽倒在地。高云和马上脱掉身上的衣服，组织大家往坑道外排风。

李汉友是个有经验的指挥员，他预料敌人会来这一手，早早叫战士做好了准备。他从睡铺上揭开一块雨布，挂到坑道拐角的地方，挡住了毒气的蔓延。

1小时以后，坑道里的烟雾散去了。敌人以为坑道里的人不被熏死也昏迷过去了。高

第十八章 坑道战

云和守在坑道口,发现两个鬼子打着手电筒向坑道口窥探。他端起自动步枪瞄准,打倒一个,另一个跑掉了。手电筒的光束再也不闪亮了。

第三天,天刚亮,高云和听到坑道顶上发出一种声音,便向李汉友报告:

"连长,你听!这是什么声音?"

李汉友把耳朵贴在墙上听,只听"嗵——嗵——"敌人在坑道顶部挖土。他问高云和:

"洞顶有多厚?"

"5米多。"

"敌人要下毒手了!"

"再带两个人,动作要迅速,火力要突然。"

高云和挑选了战士张荣和黄品发,便向坑道口冲。突然,一声巨响,一股热浪带着炸药气味从坑道口飘了进来。他一招手,3个人便冲出了坑道口,直奔坑道顶上。

顶上的两个鬼子还未来得及放第二包炸药,高云和他们射出的子弹就结束了敌人的生命。

高云和跑过去一看,好险呀!如果晚来几分钟,敌人的第二、第三包炸药一放,坑道顶部就全被炸塌,那将是多么严重而可怕的情景啊!

这一天,敌人又使用火焰喷射器和汽油弹,想活活地把坑道里的指战员全烧死。火焰不断地往里喷射,坑道口附近燃起炽烈的火焰,土壁、石块被烧得红红的。哨兵宁德庆被火焰烧着了眉毛和头发,可是他依然坚守在哨位上,最后昏倒在火焰中。芮朝寿跳过去,一把把他拉出火焰,背到坑道里。

火,随着汽油在往坑道内烧,有人提出:

"冲,往外冲!"

"对!不能白白烧死在坑道里。"

高云和大吼一声:"不能冲!我们不能中敌人的诡计!"

李汉友也阻止道:"同志们,敌人在坑道外面架着机枪,冲出去是要吃亏的。现在我们快把火扑灭。"

坑道里立刻展开了一场扑灭烈火的战斗。有的用锹打,有的用脚踩。有的用呢子大衣往火上压……李汉友脱掉身上的衣服往火角上扑去。芮朝寿用锹铲土往火苗上盖去。高云和扬起手雷,照着坑道口外面的敌人投去。他本想把敌人赶跑,谁知道手雷包在火堆里爆炸了,那火堆被爆炸的气浪一压,火势减弱了许多。

李汉友一看这是好办法,便号召大家:"谁还有手雷,用手雷打火!"芮朝寿顺手

扔过去一个手雷,火很快变成了火星。战士们又抓土扬沙,很快把零散的火星压灭了。

勇士们非但没有被敌人的火焰吓倒,反而战胜了火焰。这是敌人怎么也没有想到的,也是敌人怎么也不会理解的。

一个新的考验摆到了大家的面前。

由于几天来战斗过于疲劳,加上毒气、火焰的熏烤,没有一个人不感到口渴的。他们多么希望有点水喝,哪怕只一口润润嗓子也好啊!然而,坑道里已经断水了。

没有水,饼干在他们嘴里咬着难以咽下去。没有水,人的生理需要供应不上,全身无力,失去了平衡。几乎每个人都光着膀子,背靠湿润的土墙,胸前抱着几颗手榴弹。有的人渴得实在难受,吃起了牙膏;有的人在偷偷喝自己的尿。可是,还是渴、渴、渴……

高云和看到有的战士鼻孔和嘴唇干裂得出血了,有的战士扒掉身上的衣服趴在地上借着潮湿的泥土发散身体的燥热,有的战士伸出舌头贪婪地舔着土墙上渗出来的水滴和湿泥……他自己生平第一次遇到这种难以忍受的口渴,嗓子在冒烟,仿佛置身于闷笼里喘不过气来。

他和李汉友替大家想了一些解渴的办法,用药片含在嘴里,用舌头舔牙膏……所有这些还是不能解决问题啊!

开始,高云和拿一把镐在阴湿的地方,一镐一镐地刨下去,想挖出水来,结果他失望了。但他并不罢休,在整条坑道里,这里看看,那里找找,终于在原来存水的一个汽油桶里找到了水。还有什么比这更值得高兴的呢?

但那是怎样的水呢?他把汽油桶倾斜过来一看,桶底下的一点点水和被炮弹震落下来的泥土搅和在一起,变成烂泥浆。他用瓷碗贴在泥浆上面挤,慢慢地挤,挤出混浊的黄色水流到碗里,不知过了多少时间,才挤出一小碗黄水。

"连长,你先喝吧!"高云和把这碗水递给了李汉友。

"不!先给伤员们喝吧!"李汉友端着这碗水说。

高云和把这碗水捧到伤员张荣跟前,张荣推开碗说:

"班长,你要领着我们继续战斗,你先喝吧!"

最后,高云和只好端着这碗水,挨个送到同志们嘴边,一个个轻轻地呷了一口,而他自己却一滴未沾。因为,他亲眼看见同志们喝口水后,精神马上焕发出来,比自己喝多少水还痛快。

现在,又出现了一件意外的事情——报话机和后面各级指挥所联络不上了。

自从进入坑道后,按照规定每隔5分钟联络一次。每当他们遇到困难的时候,只要通过报话机向上面反映，马上就可得到上级的指示，每当成群敌人围攻坑道的时候，只要通过报话机与指挥所一报告，马上就打过来一排排炮弹，给敌人很大杀伤，只要发现表面阵地上有敌人活动时，我炮兵就主动轰击敌人，支援坚守坑道作战的战友们。每当听到上级首长的指示，他们就感到自己并不孤立，各级首长都在自己身边，无数战友也都在自己身边……

"这可完了，我们和家里失去了联络。"战士们憋着气。坑道里的空气显得紧张起来了。

李汉友坐在子弹箱上，手托着下巴沉思着：自己是坑道里临时党支部书记，越是在困难的时候自己的责任就越大。他召开了党的会议，吸收了共青团员和群众参加。他决定用积极的行动来改变目前的处境。他挥动着拳头说：

"现在，我们和上级失掉了联系，我们的处境的确是很困难的。但是，我们是共产党员，是共青团员，是革命战士。我们要把战斗推到坑道外面去，叫敌人睡不安、活不稳，进不得、逃不走……"

高云和第一个站起来，举手宣誓说：

"我是共产党员，入党时我宣誓为共产主义事业奋斗终身。我同意向敌人出击，消灭眼前的敌人，就是我为实现共产主义事业奋斗的具体表现。请同志们看我的实际行动吧！"

芮朝寿跟着站起来，也举起手说：

"我是祖国的儿子，绝不能向美国鬼子低头。我保证克服一切困难，坚决向敌人出击……"

接着，大家一个接一个抢着宣誓：共青团员要用英勇的行动争取共产党员的光荣称号；青年战士提出入团的要求；伤员同志们也扶着土墙站起来要求参加战斗；最后一致通过了李汉友的出击计划。

这天夜里，高云和带着张成恩、戴永洲走出坑道，悄悄地向前面不远的山沟前进。这是敌人破坏坑道的出发地和屯兵处，必须先搞掉这个障碍！

高云和他们走在自己的这块阵地上，像走到自己的家门口一样。这里的每一条壕沟、每一个掩体，都是他们和战友们用汗水浇灌的，用生命和鲜血换来的，决不能让敌人践踏！

走在最前面的高云和，快到山沟时收住了脚步。他向张成恩、戴永洲做了个"蹲下"的手势，回头把嘴贴近他俩的耳边：

"前面有敌人，准备好手榴弹！"

山坳处有七八个鬼子坐着吃东西，另外几个鬼子挖工事，旁边还架着两门六〇迫击炮。

高云和从正面冲了上去，张成恩和戴永洲从两侧接近了敌人。高云和一声"打！"3

颗手榴弹同时飞进了敌人堆里。轰隆隆一阵猛响,倒下了几个鬼子,其余撒腿向山顶狂奔。钢盔和罐头盒当啷啷地向山下滚着……

"追!"高云和大喊一声,带着张成恩、戴永洲向山顶追去。

这时候,芮朝寿带了一个战斗小组,在解决了拦在坑道另一个洞口的敌人火力发射点之后,顺着山梁,也在往山顶上奔去。

霎时间,山上山下,枪声四起,鬼子们在阵地上乱了套。我们的人像是一条出山的蛟龙,一路冲,一路打,谁也阻挡不了。有一个鬼子正用步话机说话,声音哇哇响,高云和一个手榴弹甩过去,连人带机器不知炸到哪里报销了。

山顶上,敌人打出急雨般的子弹,拼命阻挡高云和、芮朝寿他们冲击。

"冲上去,消灭敌人的火力发射点!"

芮朝寿带着黄品发和潘成州,从一条很浅的交通沟里绕到鬼子的屁股后面,一顿自动步枪和手榴弹的狠揍,叫鬼子的机关枪闭了口。

当高云和、芮朝寿他们返回坑道时,同志们都围了上来,祝贺这次出击的胜利,一件一件地清点战利品,有人数着:

"自动步枪两支!"

"步话机1部!"

"卡宾枪1支!"

"六〇迫击炮两门!"

满面笑容的李汉友紧紧地握着高云和、芮朝寿这两个主要战斗骨干的手说:

"你们打得好,打出了我们坑道作战的威风,鼓舞了坑道里的全体战友们,回去后我要给你们请功啊!"

"连长,这也是你的功劳。你提出了向敌人出击,你白天还为我们观察了地形,选好了路线,不然哪有这么好的战果呀!"高云和、芮朝寿都这样说。

可是刚才还在大会宣过誓的通讯员张宝富,却在这次出击付出了生命的代价。他长眠在190.8高地这块不可侵犯的异国阵地上。大家要用更大的胜利来告慰烈士的英灵。

现在是第五个白天了。

报话员杨兴国抱着机子,用惊喜的声调喊道:

"连长,联络上了!"

"和哪里联络上了?"李汉友一把抓住耳机问道。

"指挥所!指挥所!"

第十八章
坑道战

这是一次多么漫长的艰苦的联络时间啊!

几个小时以前,报话机联络中断了,一直持续了很久很久。杨国兴这个团通信连配属到这里的报话员,自从高云和带领六班转入坑道以来,他一直坚守在同上级联络的岗位上。当敌人使用毒气、炸药、火焰喷火器等各种毒辣手段的时候,他都机子不离身地抱在怀里,就是在睡觉的时候,一听到外面打炮的声音,他马上把机子抱起来。在这艰难的恶劣环境里,天线一次又一次地被打断,他都想办法一次又一次地接好,他准备了两根杆子和天线,从坑道的两个洞口伸出去,这个坏了换那个。在敌人炮火封锁下,他来回跑出去十几次,保证联络的通畅。机子里仅有一副新电池,另外一副用了很长时间,电池快用完了,听起来声音很小。他为了不使机子因为没有电池而讲不通话,便想尽一切办法节省电池。开始一两天中,他联络时用旧电池,费尽力量把话送出去。当对方说话时,他就平心静气地收听。就这样把新电池节省下来,在关键的时候够用……

当杨国兴和大家都为联络不上而焦急万分的时候,他急中生智地记起了三四九团的呼号,立刻打开机子寻找,听到对方的呼叫时,因为暗语不通,他就用普通语讲,但对方不相信,他就耐心地向对方反复说明了情况,而且一连说出几个熟悉的报话员的名字,来证明是自己人,才取得了联络。当他向三四九团首长报告了前沿阵地的情况和守在坑道里的同志们的决心,马上转告给师里的三五一团的首长,耳机里很快传来了师参谋长薛复礼的声音:

"同志们都好吗?我代表师党委向你们表示亲切的慰问……"

同志们听到这声音都振奋起来,纷纷向杨国兴靠拢,把报话机围得紧紧的。有的同志招呼大家:

"安静安静!听连长和师参谋长的讲话。"

李汉友听耳机里吱吱地响了一阵之后,薛复礼继续说明:

"美帝国主义向我们发动全面进攻,是想用军事压力取得谈判桌上得不到的东西。你们坚守坑道作战的英勇行为,狠狠地打击了敌人的阴谋诡计。你们创造了坑道作战的先例,师党委非常重视你们守坑道的作用。你们粉碎了敌人各种毒辣行为,你们的经验对今后同敌作战中是很有价值的,希望你们继续战斗下去,我们将迎接你们凯旋……"

当李汉友向大家传达师参谋长这些话的时候,杨国兴用嘶哑的嗓音继续向对方联络,但耳机里传来的声音越来越低,模糊得听不清了。原来的电池里的电消耗尽了。他急忙拧下电池,放在油灯上烤了一阵子,再安装好,再呼叫。耳机里这才吱吱地响起来:

"喂……喂!190.8,190.8,今晚大会餐(即大反击)。22点15分开饭(即开始炮击),

记住——22点15分开饭……"

这激动人心的消息,鼓舞着坚持坑道作战5昼夜的每个人的心。伤员们听了,欢喜地哭起来了。李汉友把自己的一件衬衣撕成一条条布条,分给大家:

"快拿去,每个人钉一副鞋带,还有——好好地把武器擦拭干净!"

高云和高兴得跳了起来。他督促大家:

"同志们!连长的话懂了吗?赶紧准备好,到时候去抓俘房啊!"

坑道顿时轰动起来了。擦枪的擦枪,钉鞋带的钉鞋带。有的战士用毛巾擦净了脸上的污泥,换上了新衣和新鞋。有的战士把前些日子领到的抗美援朝纪念章戴在了胸前。重伤员、轻伤员,坑道里所有的人,都肩并肩,膀靠膀坐着,等待着大反击时刻的到来。

六班战士进行坑道作战

高云和守着洞口,两只眼睛注视夜空——观察着大反击的信号。

争夺190.8高地是我们挤占缓冲区的第一仗,战斗打得异常激烈,双方都陆续增加兵力。

我坐镇军指挥所,张竭诚副军长和左勇作战科长、杜博炮兵办公室副主任组成军的前指,来到一一七师指挥所,当时同他们一起到一一七师的还有从国内来朝鲜前线志愿军参观见习的东北军区副司令员兼参谋长贺晋年和四十一军军长兼粤东军区司令员刘转连。

在此之前,我把一一七师190.8高地坚持坑道作战的情况,向十九兵团司令员杨得志汇报后,他在电话中对我说:

"告诉一一七师的同志们:要趁敌人立足未稳进行反击,要炮兵狠狠地打,火箭炮团可以打它两个齐射嘛……"

当我向张竭诚他们和一一七师韩曙副师长等传达了杨得志的指示后,我说:"你们要好好地精心指挥,特别要搞好步炮协同。"一一七师抽调了三五〇团二营附九连和三五一团二营附九连共8个步兵连队、志愿军火箭炮二十三团、战车二团的24门火箭炮、54门山炮、野炮、榴弹炮和4门自行火炮,由三五一团副团长马志高指挥,以坦克连为先导,向190.8高地发起了强大的反击。

这是我们军在朝鲜战场上第一次使用喀秋莎(即火箭炮)打击敌人。上上下下都非

第十八章
坑道战

常重视,当作一件大事来办。志愿军炮兵司令员匡裕民亲自来到阵地勘察地形,组织炮兵的射击准备工作……

三五一团政治委员朱品先于天黑前来到担任主攻任务的二营进行动员,给指战员们带来了祖国人民慰问团的礼物,每人一个慰问袋,里面装着手巾、牙膏、水果糖、香烟……

这天晚上,火箭炮装在十轮大卡车上,一辆接着一辆开进了阵地,分配了各炮的炮位。火箭炮团的指挥员向步兵同志们介绍:火箭炮的性能、射程、威力,一门炮一次齐放是12发炮弹,一发炮弹是多少两黄金……特别强调是,步兵发起冲锋要离开火箭炮的弹着点100米以外,防止被自己火力杀伤。

大反击之前还是风雨交加,但一到大反击的时候,风静雨停,满天星斗。

1952年6月15日22点15分,静静的夜晚突然山摇地动。我们的80余门大炮怒吼了!我们的12门喀秋莎怒吼了,站在师、团指挥所的各级指挥员可以感觉到,火箭炮和各种口径的大炮炮弹从头顶上带着风呼啸而过,落在敌人阵地上到处都是一团一团的火,照得半边天都是红的。敌人的迫击炮和轻重机枪被烧焦了,炮身、枪管和支架粘在一起。美国士兵被烧成了灰。远看是个人,走近一拨弄就成灰了……190.8高地成了一片火海。

此刻,韩曙副师长、薛复礼参谋长指挥8个步兵连在坦克连的配合下,从不同方向向190.8高地冲击,仅5分钟就夺回第一无名高地,美军1个营大部被歼,我反击部队伤亡较大。三五一团五连连长高荣久灵活勇猛地从190.8高地侧后攻击敌人,击毙敌人一部后率5名同志进入六班的坑道。

此刻,在英雄的六班坑道里,李汉友、高云和他们压不住心头的振奋,你拉拉我的手,我往你跟前挤一挤。洞顶上唰唰地直往下筛土石,筛就筛吧,外面山上就是美国兵,炸得越厉害越解恨,洞里的油灯被震灭了,灭就灭吧,反正马上就要出击和反击部队会合了。大家万分紧张,万分兴奋,各自带了转盘枪、冲锋枪和手榴弹,排好了顺序,一个个用肩头靠着坑道的顶柱,张着大口,堵着耳朵,浑身紧张得直打战战,像拉满弓的箭一样,分分秒秒都准备冲出去……

190.8高地的战斗,杀伤敌人2000多名,是我军进入阵地防御战以来给予敌人最大的一次打击,也是敌人自1951年"秋季攻势"以来最惨重的一次失败。所有参战的部队中,涌现出许许多多可歌可泣的英雄人物。

志愿军政治部于7月25日批准了一一七师三五〇团一连六班集体记特等功,命名为"二级英雄班",给班长高云和记特等功,命名为"二级英雄"。当我们军接到志政发来的批功电报后，司令部和政治部特向六班和全军发出喜报，政治部发布了"关于开展学习高云和班运动"的指示，号召全军指战员向高云和班学习。

8月5日，一一七师宣传队敲锣打鼓，打着一面"光荣的英雄班"的大红旗，把用绿木框镶边、周围打上大红绸子花的立功喜报送到了高云和班。一连全体同志列队出来迎接，英雄的六班同志站在最前列，二级英雄高云和站在六班的最前列。宣传队的女同志把一朵朵大红花戴在英雄战士的胸前。这时，军乐高奏，锣鼓喧天，高云和高高兴兴地接过了喜报，全班同志激动地欢呼口号：

"保持光荣，发扬光荣，争取功上加功！"

在庆贺大会上，师宣传队的同志们代表师首长向六班贺喜。高云和代表全班同志向党、向上级首长、向同志们致谢，他说：

"我们所以能立功都是党和上级的正确领导和指挥以及战友们的配合才获得的，今后，我们一定不骄不傲，继续在整训中提高战术、技术，努力学好文化，为争取全世界的持久和平而奋斗！"

宣传队演出了《说唱胜利》《高云和快书》等文艺节目，通过致毛主席、彭司令员、马恒昌生产小组的信各一封。

关于二级英雄班副班长芮朝寿的立功喜报，还有一段故事哩！

在庆功大会上，团首长把一等功的喜报送到芮朝寿手里，他心里真是乐开了花。可是，喜报往哪里邮呢？他参军多年了，自己不识字，以前托战友写过多次信，因为地址不对，都被邮局退回来了。国庆节那天，团首长亲自向一等功臣的家里写信道贺。芮朝寿的喜报和贺信只好按他说的地址邮走了。

一个月之后，团首长收到了两封快信。一封是高淳县人民政府来的，另一封是芮朝寿的母亲来的。

高淳县人民政府的信中说："你们致一等功臣芮朝寿的家属芮朝根先生的贺信，地址写的不对，邮局无法投送，把信转给了我们。我们派了专人打听了几天，才把芮朝寿的家找到。第二天马上组织了区、乡干部群众100多人，敲锣打鼓前往送去喜报和贺信。我们为我们县里出现了一位英雄人物而感到光荣……"

芮朝寿的母亲接到了喜报，受到地方政府和群众的祝贺，很感动地在信中说："我的儿子，在朝鲜战场立了大功，我欢喜地流下了热泪。这是毛主席和共产党领导教育的结果，也是各级首长的培养帮助我儿子才能有这样的光荣。我要告诉儿子，要他更勇敢地战斗，多杀美国鬼子，把美国强盗打出朝鲜去，再胜利回国见我。我在后方努力生产，

第十八章 坑道战

争取做个光荣的模范军属。"

我一直到 1952 年 8 月 19 日在军隆重召开的庆功大会上，才见到了高云和这位传奇式的英雄人物。他成了庆功会上最受欢迎的人。

几百名功臣和模范人物参观图片展览的时候，在"190.8 高地 5 昼夜坑道战"的图片前面，围着看的人最多。大家一边看一边听解说员讲，都为高云和和他的战友们英勇善战战胜千难万险的事迹所吸引、所感动。许多人掏出钢笔和本子在记着。当高云和以及李汉友、芮朝寿等同志出现在人群中时，他们马上被重重包围。

军文工团演唱《坑道作战五昼夜》的演员刘钧赫，还没见过高云和哩！他问别人：

"谁是高云和？"

"这是高云和。"有人指着胸前挂满奖章的高云和说。

刘钧赫高兴地紧紧握着高云和的手不放，好一阵端详，问这问那。

庆功大会的第三天，我坐在主席团成员中间，感受到一种只有亲身投入战场才能享受到的胜利喜悦。

当大会主席团执行主席彭仲韬（一一七师政治部主任）宣布：高云和、郑起、杨印山、廖伯卫、梁庆有当选为三十九军功臣模范的时候，全场立刻响起暴风雨般的掌声。在雄壮的军乐声中，各单位派代表上台来为这 5 位功臣模范戴花。首先，由军文工团的女同志代表大会主席团献花，接着，红军团、三四四团、特种兵部队献花……掌声一阵比一阵热烈。高云和他们身上的红花越戴越多。坐在会场后排的献花代表，急得直跺脚，使尽全身力气好不容易通过密集的人群，才挤到前面去。可是，当他们献花时，才发现功臣模范的身上已经没有了空地方，胸前身后都挂满了大红花，一个个简直成了花人。怎么办？有了。只见，他们把一朵朵红花挂在了高云和他们的帽子上。立刻，又引起了全场更为热烈的掌声。忽然，不知谁发出了这样的感叹声：

"看呀！把功臣模范们打扮成新郎啦！"

这句话，又引起了一阵欢快的哄堂大笑。坐在下面的二等功臣林青山羡慕地望着主席台上，嘴里重复地说着：

郑起

"光荣！光荣！真光荣呀！"

被打扮成"新郎"的老英雄杨印山，在这种感人的场面和气氛中，感动得流出了热泪。他对我说：

"军长，我有生以来最受感动的有两次：第一次是入朝之前参加全国战斗英雄代表大会，第二次就是这次参加军里庆功大会了。"

我们军的庆功大会在暴风雨般的掌声中通过了两份致敬电：一是给毛主席、朱总司令的致敬电；二是给彭德怀司令员的致敬电。

不久，我在（立功）报上看到了高云和写的关于感谢党的教育、感谢同志们的帮助的一篇文章。他写道：

"在190.8高地战斗中，我光荣地立了特等功，又被命名为二级英雄。这是我最大的光荣，但这些光荣应该属于党、属于同志们……"

第十九章
击碎的"空中优势"

> 吴国璋副军长遭敌机空袭是志愿军牺牲的最高指挥员；高炮健儿严惩美国空中强盗，打破了他们的"空中优势"

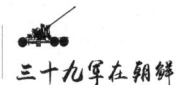

1951年10月6日,吴国璋副军长从志司开完会乘一辆吉普车返回军部。当小车行驶到平壤附近的公路上,突然遭到美国飞机的空袭,吴国璋不幸牺牲。

我在军指挥所得到这一不幸噩耗的时候,真不敢相信这是真的。抱着这是误传的一线希望,我叫党委秘书孙祥华打电话命令四科:立刻派医生护士迅速赶往出事地点。这期间,我在指挥所不停地踱来踱去,焦急万分地等待最后准确的消息。

电话铃响了。我一把抓起话筒,听出是孙祥华悲痛的声音:

"军长,吴副军长的遗体已经运回,现在停放在供给科。"

"你马上给李雪三政委和后方留守处发报……"我悲痛得不想多说一个字了。

晚上,我和石瑛政治部主任还有孙祥华赶到了供给科。在一间阴暗的房子里,我看到老战友吴国璋的遗体。我轻轻地揭开盖在他身上的雨布,虽然他的脸上、身上带着血迹,但他还是那样安详地闭上了眼睛,好像是过度疲倦之后的熟睡一样……

医生和护士给他脱去了上衣,擦洗着全身。这时候,我才看到了敌机投弹和扫射使他致命的伤处:左肋有一块碗口大的洞,显然是炸弹弹片的入口处,正好击中了心脏部位。等到给他换上了一套崭新的军装,我们布置完遗体的后运工作之后,便怀着异常沉重的心情回到了军指挥所。我叫孙祥华为吴国璋起草一副挽联。

那天,骑兵通信员骑马往各师送吴国璋的放大相片。入夜,军直和各师召开了追悼吴国璋同志大会。在一一五师的追悼会上,宣传科长周东葵戴着近视眼镜,宣读着他连夜赶写出来的字里行间充满深沉情感的一首长诗,掀起了人们心中沉痛悼念吴副军长的感情波涛,参加追悼会的师宣传队的队伍里,传出了女同志们哭泣的声音……

吴国璋副军长的遗体运送回国,安葬在沈阳烈士陵园那天,我专程从朝鲜前线赶回国去亲自送灵。我在心里默默地重复着:

安息吧!我红军时期的老战友吴国璋烈士永垂不朽!

我们军部在朝鲜前线多次被炸,最严重的是1953年1月3日那一次。军部住在温井东面的筒洞,我们军里几个领导同志住在道路旁边山沟一趟房子里。司令部作战科和机要科的同志们住在我们前面。早上七八点钟的时候,突然来了第一批8架美国飞机在

第十九章
击碎的"空中优势"

我们住的这个村子上空转了一圈,在村子西头投了弹。作战参谋周兆坤急忙从房子跑出来找警卫员招呼我们几位军的领导进了防空洞。正在这时,第二批又飞来20多架美国飞机,盘旋、俯冲、扫射、投弹。周兆坤看见有人乱跑,拿出手枪朝空中开了两枪,大声呼喊:"那是谁在乱跑?赶快进防空洞去,注意隐蔽,不要暴露目标!"他自己没有进防空洞,一直在外面维持秩序,一颗炸弹落在他附近,他负了重伤。测绘员王希成腰部被炸断,当场牺牲。与此同时,管理科长史怀珍、通信科长程道健在那边小沟里也牺牲了。干部科的防空洞被炸塌,大部分同志牺牲,刘仲明负伤……整个军部伤亡近60人。

所有这些,激起了我军全体指战员对美国空中强盗的极大愤慨。在那些最初的日子里,大家自发的使用手中武器对空射击,不断地把敌机揍下来。

在我们的印象里,较早打掉美国飞机的是一一五师侦察排的孙树君。师部在江东休整时,他用轻机枪击落1架机身涂白色五角星的美国飞机。飞机坠落在驻地附近的山坡上,许多同志怀着和孙树君分享胜利喜悦的心情,从四面八方向着敌机坠落的方向奔跑,边跑边喊:

"快来看啊!打下来1架美国飞机!"

在当时,打掉1架人人恨透的美国飞机,立刻成为头号新闻。大家跑去一看,这架

机枪手孙树军用机枪打掉一架敌机

不知道炸毁多少朝鲜村庄和炸死多少朝鲜人民的美国飞机，摔在地上四分五裂，粉身碎骨。摄影记者周德奎为端着那挺打掉敌机的轻机枪、蹲在敌机残骸旁边的孙树君拍了照，显出胜利者的自豪神情。

不久，各个师高射炮营击落击伤敌机的捷报，接连不断地传来：

1952年1月7日，下午3时许，敌F-47战斗机12架在我市边里阵地附近轰炸和扫射，当即被一一六师高射炮营击落1架，飞行员当场丧命，并击伤敌机1架。其余敌机在狼狈逃窜时，又被一一五师高射炮营击落2架、击伤1架，被击落的敌机掉在敌人阵地上。

1952年1月14日12时30分，一一六师高射炮营于市边里附近击落敌F-47战斗机1架。第二天8时30分，一一七师高射炮营二连和三连先后击落敌F-51战斗机3架，直升机1架，生俘英国飞行员1名，缴获六轮手枪1支，绢质地图3张……

1952年4月5日6时15分，敌野马式战斗机4架在一一五师前沿阵地疯狂俯冲扫射和投弹。三四三团高机连突然一齐开火，集中火力打掉1架，敌机当即起火，坠落在敌人阵地，其余3架敌机狼狈飞逃……

1952年5月27日至29日这3天之内，我军高射炮部队共击落敌机4架：27日下午4时，一一五师高射炮营一连击落敌F-51战斗机1架，飞机腹部起火坠落在赤巨里敌人阵地上。28日12时16分，敌F-47战斗机8架，F-51战斗机4架在我大田里上空活动，投弹10枚，被一一七师高射炮营三连击落F-51战斗机1架，飞机起火坠落在月夜山敌人阵地。29日下午5时40分，敌F-47战斗机8架在峰火岘投弹20余枚，扫射20分钟，当即被一一六师高射炮营击落2架，击伤1架，飞机坠落于大光里附近……

1952年9月19日这一天当中，一一六师高射炮营击落敌机3架、击伤5架，23日又击落敌机2架、击伤1架。一一五师高射炮营于19日击落、击伤敌机2架。三四七团高射机枪连于20日击落击伤敌机各1架，21日又击伤敌机2架……

1953年1月3日，一一五师高射炮营一连击落敌机4架，击伤敌机6架，受到志司通令嘉奖……

三四三团高射机枪连战士陈绍洪怀着对美国空中强盗的刻骨仇恨，刻苦钻研对空射击技术，他一人先后击落4架敌机，创造了个人打飞机的最高纪录。

5月的一天，下午5时30分，敌人4架F-47战斗机窜入三四四团峰火岘阵地上空，盘旋轰炸。这个团高射机枪连突然开火，当1架敌机俯冲后向上拉起时，瞄准手赵忠臣准确射击，将它击中，坠毁于东南方敌人阵地上，其余3架见势不妙，仓皇逃跑。

第十九章
击碎的"空中优势"

为了狠狠地打击美国空中强盗，我们军里一个普普通通的战士发明了高射机枪上的"整体撞针"。这个战士名叫李子明，就是一一五师三四三团高射机枪连的射手。

高射机枪原来的撞针是由撞针头、撞针体、撞针簧等零件构成的。这些零件最容易损坏。一天，他看到连里派人回国换一次零件要花很多钱，而且影响手中武器的使用。于是，他开始动脑子、想办法，试做起撞针体来了。第一次，他用很硬的木头做成了撞针体，可是只打了3发子弹就坏了。他毫不灰心，继续研究，继续试验。他所有的工具就是一把镰刀和一把锉子。他用这两种工具，利用汽车上的有关零件和敌机扔下来的照明弹中的弹簧和铁筋，经过精密加工，终于制成了"整体撞针"。经过实战试验，比工厂生产出来的经久耐用：工厂制造的最多能打600发子弹，而李子明发明的"整体撞针"能打1100多发子弹，很快就在全连推广了。

一一五师的《战斗》报记者彭明皋及时报道了李子明的先进事迹。消息传到解放军三总部后，有关部门给予了较高的评价。

上述两个报告报到我们军部来后，对我和军里其他领导同志是一个很大的启迪：

"高射机枪能把敌人飞机揍下来，能不能发动群众使用步兵武器打飞机呢？"

"对！我们一定要把敌机的嚣张气焰打下去。"

1952年5月，我们军党委发出了"关于开展步兵武器对空射击"的指示。6月初，三四四团一营营长陈兆言召集各连连长，传达了军部的指示，介绍了打飞机的经验，区分了全营对空射击的任务。当场，他命令机枪连在沐浴洞东山，除了支援二连地面战斗外，还要担负起对空作战任务。

这个连队接受任务后，真是下了一番功夫。他们由副连长率领一排带两挺重机枪，在北山坡道口附近占领对空射击阵地；二排的重机枪在南山坡道口附近占领对空射击阵地，连指挥所位于山顶制高点西侧。对空观察哨规定了以哨音、枪声为警报和指挥信号。他们还反复演练了怎样跃出坑道口、占领对空射击位置、掌握打飞机的射击动作和要领……

7月5日这天，万里晴空飘动着朵朵白云，下午2时15分，观察所发现美军F-84飞机1架，立即报告：

"敌机1架，高度400，直行临近。"

连长发出警报命令：

"各排占领阵地，准备射击！"

各排迅速占领对空射击阵地后，每个人的目光都集中在这架敌机的飞行上，只见它

穿过驿谷川进入了阵地上空,当它低空飞至连主阵地东北侧上空,俯冲距离600米时,连长下达了射击命令:

"集中火力,一齐开火,狠狠地打呀!"

各排轻重机枪瞄准目标,找好提前量,子弹形成了几十条火龙飞向敌机。被击中的敌机坠毁在峰火岘西侧。

1952年1月15日上午,一一七师高射炮营在短短的5分钟的时间里,打掉了美军F-51战斗机3架,敌人1架直升飞机前来营救飞行员,也被英勇的高射炮兵击落下来。

这一令人兴奋的捷报迅速传开了。

这里还有一个游动打飞机的故事。

1952年8月10日这天,三四五团化学炮连连长徐绍先从山上走来,一眼就看见敌人3架直升飞机停在新砚里的南山脚下,一大群美国兵忙着从飞机上卸东西,往一个大地堡里搬。

"这真是游动炮难以找到的好目标,不能放过它!"他想着就从山上跑下来,向炮兵指挥所打了电话。

不一会儿,一一五师炮兵团的榴弹炮七连接到指挥所的命令,榴弹炮一发一发地飞向直升飞机和那一大群美国兵。

徐绍先一会儿跑上山去观察弹着点,一会儿又跑下山来向炮兵指挥所报告,就这样跑上跑下跑了5个来回。最后,他站在山上面看到:1架直升机跑开了,两架直升飞机被打得冒起了黑烟,那群美国兵被打得一团糟,有的往地堡里钻,有的往汽油桶里钻,大卡车上装有汽油的汽油桶被打着起了火,有4个地堡也被打坏倒塌了……他又跑下山来,向炮兵阵地报告这个胜利消息。

在炮兵阵地上,急射101发炮弹的榴弹炮七连的同志们,高兴地跳起来欢呼着:"这两架飞机打得真过瘾!"

1952年国庆节的第二天下午,一一六师高射炮营第二连的一排排长刘玉山紧跑慢跑地从前沿阵地赶回了连部,找到了指导员就上气不接下气地报告着:

"指导员,我们又打掉了1架美国飞机!"

说完,刘玉山把全排同志们的一封信递到指导员手里。指导员的眼睛闪着喜悦的光芒读着这封信。信的结尾这样写道:

"祖国人民慰问团就要来了,我们用这次战斗的胜利来迎接祖国和毛主席派来的亲人们!"

第十九章
击碎的"空中优势"

一排是这个高射炮营打落美国空中强盗最多的战斗集体。他们是国庆节前才进入阵地的。那时候，他们立功书上写的是打下敌机来庆祝共和国的生日。全排同志几天几夜辛勤劳动，不顾一切地克服各种困难，终于在9月19日才把阵地上的工作做好，铺好了炮床的石头，砍来伪装的树枝，晚上，大家推着拉着把炮运到了阵地。

20日这天，大家紧张地进行射击前的准备工作，定好发射的纪律，研究敌机的活动规律，21日就开始了战斗。结果，接连两天打落敌机1架，打伤敌机两架。他们用这样的胜利，庆祝了新中国第三个伟大的节日。

后来，当他们在胜利中听说祖国人民慰问团就要来到的时候，这个有着巨大吸引力的消息鼓舞着他们，又订出新的战斗计划——决心用新的胜利感谢毛主席和祖国人民的关怀和热爱。他们进一步研究了打击美国空中强盗的战术和技术，决定首先加修工事，修好以后再射击。敌机被打得不敢低空飞行，不敢在上空逗留过久。

10月2日下午两点钟，几架敌机从马良山那边飞来了。飞在前面的是1架校正飞机，跟在后面的是4架战斗机。炮手们立刻紧张起来了。战斗刚开始，敌人的地面炮火疯狂地打过来，炮弹不断地落在附近的山沟爆炸着。有一发炮弹在离阵地4米远的地方爆炸了，泥土四溅到炮身和炮手们的身上。那架校正飞机在天空中转来转去，躲避着高射炮射击的火光。排长刘玉山命令着：

"各炮注意！沉住气，集中火力打校正机！"

尽管敌人地面的炮火猛烈向他们阵地轰去，炮手们没有理会这些，精力高度集中地向校正机一发接着一发地射击，在敌机附近闪着红色的火光和白烟。一班的炮手们死盯住敌机不放，连打了30多发炮弹，突然，看到敌人校正机肚子上着了火，冒着黑烟，拖着一条长长的烟火尾巴向高旺山方向一头栽下去。

观察所马上打来电话：

"好消息，祝贺你们一排又击落1架敌机！"

这个小小的高射炮兵阵地上，炮手们的掌声和笑声沸腾起来了。他们写了一封信给祖国人民慰问团，说这是向祖国人民的献礼！

没有想到，只隔了一夜，10月3日，敌人的飞机又来了。敌人用飞机和步兵炮向他们这个排的高射炮阵地猛烈轰击，企图压制他们高射炮火的威力。

嗬！敌人4架战斗机掩护1架校正机低空侦察我们的步兵阵地和炮兵阵地。排长下达了"上炮"的命令后，一炮和二炮的炮手们冒着敌人炮火和飞机的轰炸，勇敢沉着地对空射击。

突然,二炮在射击中发生了故障,现在,只剩下1门炮对空作战了。

敌机更加疯狂了。

炮手们大声喊出了一个声音:

"消灭它!掩护二炮。"

敌人炮兵打过来的炮弹不断地在阵地周围爆炸着。爆炸声盖过了指挥员下达的口令声。三炮手和四炮手奋不顾身仔细听口令,机动地修正偏差,二炮手发出一个点射,第二发炮弹就命中了敌校正机的腹部,那4架战斗机吓得各奔东西了。这架可恨的校正机便拖着长长的黑烟栽了下来。

就这样,一排的同志们在向祖国人民的那份献礼中,把击落敌机1架改成击落敌机2架。

可以说,这个排是我们军高射炮兵中击落击伤敌机最多的一个排。他们进入阵地只有3个月,就击落了敌F-47战斗机3架、F-84喷气战斗机1架、校正机2架,击伤敌机5架,创造了高射炮对空作战的典型范例。

我记得,还有一次(1952年8月6日),地面上敌人炮火猛烈地向他们阵地轰击,天空中,敌人10架飞机在盘旋。

"同志们,为了保证兄弟部队的安全,我们沉着地打,坚决把敌机揍下来!"二班的炮手臧德江大声呼喊着。

结果,二班这门高射炮"咚咚咚"向敌机一阵猛打,很快就打掉了1架。

这时,一班的炮手们看见二班击落了1架敌机,马上有人提出了响亮口号:

"向二班同志学习,要狠狠地打,我们也要把敌机打下来!"

果然,一班炮手们勇敢沉着地发射,不仅打掉了1架敌机,还击伤了1架敌机。

1952年10月3日,志司通报表扬了一一六师高射炮营。

一一六师高射炮营打掉第一架飞机是在高旺山下,是高射炮一连打的。一一六师上了前沿阵地后,因为四十军的一一八师在后面,就把高射炮阵地往前推进了10多公里。那天,1架美国飞机来轰炸三四六团和三四八团的阵地。当时,军炮兵办公室副主任杜博就在三四六团指挥所里,他和朱恒兴团长等人正在吃饭。杜博这个老炮兵耳朵里听到了自己熟悉的高射炮部队在打飞机,突然他喊起来:

"打下来了!打下来了!"

大家顾不得吃饭,都跑出指挥所去看,天空中敌机冒了一串白烟,降落伞飘落下来。紧接着,敌机后屁股着火了,歪歪斜斜地栽到树林子去了。朱恒兴招呼道:

"侦察排长,快去把跳伞的飞行员给我抓来!"

第十九章
击碎的"空中优势"

"是！"侦察排长带着侦察员们向树林子飞跑而去。

敌机飞行员跳伞一落地，发现四面八方都有我们志愿军跑来抓他。他吓得钻到高炮营战壕的防炮洞里去了。我们又是步兵，又是高射炮兵，好几个连队翻过来调过去寻找这个美国空军驾驶员。有个高炮战士跑到这个防炮洞上，一脚踩到那个家伙了，他叫喊了一声，就把他拽出来了，这个战士高声喊起来：

"抓到了！在这里。"

许多人都围过去看。杜博也赶来了。他当即通过文化教员担任翻译审问这个俘虏："你跳伞下来，你们的飞机找你没有？"

"直升机来救过我，我不敢吭声。"

"你为什么不吭声？"

"我的报话机一响，你们马上不就抓住我了吗？"

"那你怎么办呢？"

"我想天黑以后爬回去，过了这条界线，就活命了！"

杜博严肃地用手摆了摆，嘴里顺口说了一句英语："NO！NO！"然后，加重语气说，"你错了，现在你被我们俘虏过来才是真正的活命。"

杜博回到了三四六团指挥所，看见朱恒兴正在批评那个没有抓到俘虏的侦察排长：

"你真熊！你没有手吗？怎么就让人家把俘虏抓去了……"

等那个排长走了之后，杜博开玩笑地说：

"老朱，你团长要抢人家的俘虏，我回去报告军长。"

"杜博，你可别瞎说呀，可不能讲这件事。"

第二个被我们捉住的是英国空军飞行员。说起来像给小孩子讲的一则笑话，其实这是不折不扣的事实。

一一六师高炮三连一方面负责保卫师指挥所，另一方面担负着掩护炮兵阵地的安全。那天早晨天刚亮，这个连的文书和通讯员起床后到外面解手。他俩刚要蹲下来，裤子还没有脱下来，敌人的飞机就来了，这是1架最讨厌的校正机。他们俩仰着脖子，两双眼睛一直仇恨地盯着敌机。忽然，文书说话了：

"来！来！我们两个人来打这架飞机吧！你装炮弹，我来瞄准。"

有人听到这里，还以为这是连部的两个勤杂人员（又都是不到20岁的小战士）在开玩笑。否！全是真的，一个人负责装填炮弹，一个负责瞄准，"当！当！当！"3发炮弹就把这架校正机给揍下来了。后来，每人立了一大功。

杜博找到这架飞机上被三连抓住的俘虏。他穿着英军的服装，脚上还是一双红色的皮鞋，兜里还揣着刮脸刀，杜博审问的时候才知道他是英二十七旅炮兵营的上尉观察员。杜博问他：

"你是怎么被我们打下来的？"

"我呀，我是不听朋友劝告才被你们打掉的。"

"你不听什么朋友的什么劝告？"

"昨天，我的一个中尉朋友对我说：你无论如何不能飞过那个龟村洞的山沟，高旺山下边的一条毛道，那地方的志愿军高射炮厉害呀！打得准呀！上次，我一飞到那里就往回跑，躲开了。你可要当心啊！"

"你怎么没往回跑呢？"

"我忘记了朋友的劝告，一飞到这里，我往下一看，坏了，到了龟村洞。我赶快往回拐弯跑，可是已经来不及了。我的飞机正要往回拐弯时，就被你们的高射炮打下来了……"

自从我们志愿军各部队普遍开展对空射击以来，特别是在英勇的高射炮兵给敌机以沉重地打击下，敌人空军飞行员天天都担心着哪一天会被打下来。我们曾经问过被俘虏的美国空军飞行员：

"你们对志愿军的高射炮火怕不怕？"

他们一提这件事，一个个都谈虎色变，用手指着自己说："我最大的幸运就是我还活着。"

美军一个中尉飞行员说："现在驾驶飞机同七八个月前不同了，都小心翼翼地担心着你们高射炮火的袭击。我们队长没有飞到目标上空就被你们揍下来了。"

1951年年初俘虏的美国一个中队少尉飞行员说："我去年冬天曾在朝鲜作战过，因为飞行员在朝鲜上空伤亡过大，又被调来朝鲜。大家都对我说：'伙计，现在不会再像一年以前那样自由自在地飞行了。'"他还说，"我这个中队到朝鲜作战以来就损失了40余架飞机，最近又被你们打掉了两架。"

美国人所夸耀的"空中优势"已经不复存在了。他们的飞机在朝鲜战场的上空通行无阻的日子一去不复返了。现在，在他们的空军飞行员中普遍患着同一种怪病——空中恐惧症。

谁都知道：1951年那个时候，正是美国空军强盗猖狂一时非常嚣张的时期。然而，就是这个时候，在朝鲜中部新成川至元山的铁道之间的阳德车站，却出现了一支叫美国空军飞行员胆战心惊的志愿军高射炮部队——一一五师高射炮营。

第十九章
击碎的"空中优势"

阳德是志愿军后勤部第二分部所在地，又是我军重要的交通枢纽。每天都有火车从祖国运来成千上万吨重要的军需装备和作战物资，又有数百辆汽车从这里往返于前线。敌人依仗他们的"空中优势"，经常对这里狂轰滥炸，妄图切断我们的交通运输线，断绝我们对前方的兵员补充和后勤供应。

为了保卫阳德的上空安全，为了保障这里交通运输畅通无阻，我军派一一五师高射炮营进驻这里，执行对空作战的任务。将3个高炮连组成三角形配置在火车站机车待发位置到北侧600米外，营指挥所位于二连阵地附近。6月2日全营悄悄地进入阵地。

6天之后的6月8日，他们对空作战的第一天第一仗，就出手不凡，战果赫赫。

这一天，他们首战告捷：上午8时10分，击落敌F-84战斗机1架。

8时20分，第二批敌F-84战斗机8架临空后，全营集中火力，又击落1架，击伤多架。

8时40分，他们又集中猛烈的低空火力击落敌机5架。

战斗到12时许结束，他们共击落敌机7架，击伤多架……

就这样，他们打得敌机不敢白天到阳德上空盘旋了，有时敌机路过阳德上空也只有绕道而行。但是敌机在夜间却是很活跃的。

阳德的夜晚是非常热闹的。在铁道上，火车鸣着汽笛，飞快地越过阳德江桥向阳德车站驰去。汽车一辆接着一辆地奔驰在公路上。兵站夜班工作的人们紧张地劳动着。志愿军、人民军和朝鲜男女民工，从这里把各种弹药装备，以及其他物资运输到通往前线去的运输线上……

敌机一出现在阳德的夜空，火车站、兵站、公路到处都响起了防空的枪声。火车熄灭了灯，拖着浓烟开进山洞里去了。汽车闭灯停在公路一旁。整个地面上一片漆黑。

最近几夜，观察员向营指挥所报告：来袭的敌机一夜比一夜增加，每夜9点以后每隔10分钟来一次，每次都是两架，敌机的高度比白天低1000至1500米，这一切，作为全营主要军事指挥员的陈文义营长，脑子里记得清清楚楚。

在这样的时候，他和教导员傅亚还有副营长及各连连长是彻夜不眠的。他们一听见敌机投弹、扫射的声音，心里就像被刀子戳一样难受。一夜，正在装卸火车的民工遭到敌机袭击，被炸后的火车上呈现一片令人愤怒的惨状。这件事发生在他们这个高射炮兵部队保护的阳德车站，从营长、教导员到普通战士，都倍感痛心，人人心里装着惭愧和不安。

自从敌机改在夜间活动之后，白天敌机不敢来，他们已经有些日子没有打过飞机了。炮手们都一个劲地吵嚷着：

"失业了！失业了！"

不管哪个高射炮连的连长见到了陈文义或者在电话里总是问："营长同志，你看怎么办？"

没有仗打对于陈文义这个过去带兵打过许多仗的指挥员来说，比这些连长还要焦急和难受。他和傅亚、副营长在一起研究了好几次：

"敌机改在夜间来骚扰，这是敌人在战术手段上的一种变化。"陈文义说。

"敌人知道我们没有探照灯，因此也是对我们的欺侮。"傅亚说。

"夜间正是阳德通往前线和后方各条运输线最活跃的时间，绝不能让敌人占着主动。"副营长说。

营党委作出夜间打飞机的决定。在此之前，他们向一一五师司令部做了报告，一一五师司令部又向军司令部做了报告。

我接到这个报告，马上想到：夜间打飞机？这在当时没有雷达、没有探照灯、没有其他任何照明设备的条件下，在一般人看来，简直不可想象，至少是太冒险了。在志愿军所有的高射炮的部队中，一一五师高射炮营是第一个也是唯一提出夜间打飞机的。我和军里的领导毫不犹豫地批准了这种大胆和积极作战的方案。

最初，有些同志顾虑：会不会打出"纰漏"来？我对这些同志说：

"敌机夜晚来打你，你不打它，难道就不出'纰漏'了吗？我看这会出更大的'纰漏'！"

陈文义这个抗战中期参军的老同志，我早就认识和熟悉他，如今成了一一五师第一个高射炮营营长。我看他有一段话说得很好：

"夜间敌机飞得低，飞得慢，命中的机会自然就大一些。当然，夜间对空射击要比白天困难得多，但是，只要我们准确地掌握敌情，认认真真而且细致地训练部队，同样是可以夜间揍掉敌人飞机的……"

于是，他带领全营指挥员和炮手们悄悄地训练起来了。

白天，他们在好几个山峰上装上假飞机。陈文义叫营里参谋分头到各连去检查，在他下达口令"向第几号目标放"的那一瞬间，所有的炮口就对准了一个目标。夜间，他到各连阵地去，和炮手们在一块用耳机听敌机的声音，在一切都安静下来的夜晚，从飞机的声音里估测飞机的机型、航向、高度和航速……

他把每夜参谋同志记录下来的敌机架次、航向、高度和活动情况，综合起来，再同各连的指挥员一起分析敌机的活动规律和战术变化，还要研究夜间对空射击的炮火配备和战术原则……几乎每夜都是整夜不眠。

后来，他们干脆把白天和黑夜倒了过来，白天睡觉，夜晚训练和工作。炮手们越训练，情绪越高。他们一个个都这样说："把自己耳朵训练得能够代替白天的观察镜和夜间的探照灯。"

当他们训练成熟时,我在电话上一再鼓励他们:

"夜间打飞机,这是开天辟地头一回呀!你们好好地打,敌机来多少,你们就揍掉它多少!"

1952年9月1日晚上,是一一五师高射炮营实施夜间对空射击的第一夜。全营指战员都进入了自己的战斗位置,等了好久。1架美国B-26飞进他们阵地的上空。陈文义立刻命令各连做好射击准备。射击之前,他们从声音里判断所有情况是正确的。射击时机不早也不晚,但没有命中,敌机逃跑了。

大家都很奇怪:"难道敌人知道我们今夜会揍它吗?"陈文义和傅亚纠正了这个没有根据的怀疑。他们发动大家找出的原因是:我们过于紧张和没有经验。

第二夜敌机又来了。

陈文义、傅亚等几个营干部在指挥所里等着。敌人十分狡猾,好几次,敌机刚刚进入他们营的射击空间,扭转头又跑了。

忽然,电话铃急促地响了。陈文义拿起耳机,只听到观察员报告:

"报告营长,3号上空发现敌机B-26两架。"

他立即向各连发出命令:

"3号上空敌机两架,各连准备射击!"

各连迅速向各炮下达了战斗命令后,全营阵地上依然保持着原来异常的肃静,连一个人的咳嗽声都听不见。这是训练有素的表现。

陈文义在指挥所里听出这两架B-26正朝着他们营阵地迎面飞来,水平距离是1500米,高度是1000米。从监测的判断中,他下达了命令:

"各连打追点射击,水平火网,射角35——放!"

阵地上响起了小喇叭声——发射的信号。

顷刻,观察所报告:

"营长,敌机在高空打开了灯。"

陈文义再一仔细听,敌机又发出一种响笛。这种响笛的声音和飞机俯冲的声音差不多。这是敌人的花招——它想使这个高射炮营的阵地暴露目标。

"我们不上它的当!"他一边想着一边判定敌机已经钻到4000米的高度,便立即发出暂停射击的命令。

敌机在高空投弹了,炸弹落在山谷中爆炸,从山谷传来震荡的回声。

观察所又报告:敌机熄灭了它们身上的灯光。陈文义凭感觉判定:这两架B-26已经飞进了他们营有效射程之内了。他马上改变了射角，下令组织了严密的火网。

在漆黑的夜空中，可以看见地面射向敌机的炮弹，像无数支红色的箭头，在敌机身旁噼啪地爆炸。

"营长同志，我连火炮没有损失！"

"营长同志，我连人员没有伤亡！"

陈文义听完各连连长的报告后，正在叫营部的指挥排长把弹迹情况向各连传达的时候，敌机的声音突然消失了。他知道这是敌机关闭了油门，企图改变航向，逃脱严密的火网。他高声发出命令：

"各连趁热打铁，打连射！不要让飞贼跑掉了！"

这两架美国 B-26 型的飞机在这个高射炮营的严密层层火网包围之中，已经难以逃脱了。黑夜里，虽然看不见它们的影子，但指挥员们能够听出 B-26 飞行困难的声音。

果然，一架 B-26 起了火，拖着着火的尾巴向东南方向栽下去了。剩下的这一架 B-26 突然抛出了一连串的照明弹，成梯子形状高高地挂在夜空。

这时，通信员从洞子外呼喊着跑进营指挥所。

"打掉了一架！打掉了一架！"

全指挥所的人立刻振奋起来，我望你笑，你望他笑。陈文义向各连命令：

"不要松劲，一定要把剩下的那 1 架 B-26 也收拾掉！"

敌机见火力这样猛烈，突然把高度降到 500 米，要向二连阵地俯冲了。

陈文义一秒钟也没有停止地向二连发出命令：

"二连，用冲击射击方法向敌机的声音目标射击！"

"嗒嗒嗒……"敌机吐出一道又一道红火苗子，直射二连的阵地上。

陈文义和傅亚的心里都紧张了一下。但他们马上看到，二连的指战员们顽强地在敌机面前织起了几道火网。全营的火力也都集中地射向这架疯狂的 B-26。

此刻，有经验的指挥员和炮手们可以听出：有几发射弹没有升到一定高度就爆炸了。其他射弹仍然向空间升去。

原来那几发爆炸的射弹正好击中了敌机。拼命挣扎的这架 B-26 带着号叫，歪歪斜斜地掉下去了。

陈文义、傅亚和营指挥所的参谋及其他人员走出掩蔽部。刚才还是静静的阳德地面上沸腾起来了。一列列的火车钻出了山洞发出欢快的汽笛声，无数辆汽车开大了车灯在欢快地奔驰。车站上、兵站上、江桥上、公路上，灯光点点，人声喧哗。人们都在为一一五师高射炮营这一次夜战的胜利而尽情地欢呼，都感到揍下了这可恨的夜间的美国空中强盗而痛快万分。朝鲜人民军的同志们用中国话喊着：

"打得好！"

这仅仅是一一五师高炮营夜空火网的初战胜利。在以后的半个月时间里，他们又创造了击落敌机7架、生俘敌机飞行员4名的杰作。

很快，军司令部向志司发报及时报告了陈文义这个高射营夜间打飞机的经验。接着，志司也很快向全志愿军发报表扬了他们。

这样一来，引起了苏联顾问的浓厚兴趣。他们邀请陈文义前往志司，要见一见志愿军这个不一般的高炮营长，要听一听他指挥全营仅用口径不大的三七高射炮在没有探照灯的条件下，把夜间偷袭阳德的7架美国飞机全部击落的宝贵经验。苏联顾问一看陈文义只是一个20多岁普普通通的营级指挥员，听完他那浓重的苏北口音的介绍，非常惊喜地竖起大拇指说："很好！"

阵地防御战期间，各师高炮营和团高射机枪连发挥威力，击落敌机111架，击伤135架，俘虏美军飞行员11人

第二十章

红旗插上老秃山

> 三四三团四打老秃山，耍清川亲率营长、参谋蹲在敌人鼻子底下侦察；一级英雄倪祥明和战友拉响手榴弹与敌人同归于尽——他和他的一级英雄班获得了志愿军"222.9高地一级英雄班"的荣誉

我在军用朝鲜地图上怎么找也找不到它的名字的无名高地，位于朔宁以东约10公里，西北紧靠驿谷川，标高250米，面积6.7平方公里，是我上浦坊阵地以东1公里外，222.9高地东南数百米的小山头，又是敌我缓冲区的一个重要制高点。由于它高于周围的山头，可俯瞰我上、下浦坊南北阵地。对我军威胁极大。

这个原本在地图上谁也没有看得起的小山头，如今成了军事上的必争之地。它在我们手里，我们就控制了敌人，像一把锐利的尖刀插入敌人的心脏。如果落在敌人手里，我们就被动了，敌人可以随时下来夺取我们的其他阵地。

一一五师三四三团四打老秃山的争夺战，是从1952年6月8日开始的，一直到7月23日，历经了45个日日夜夜。在这个红军团的历史上，是令人难忘的。这里有胜利，也有失败，有欢乐，也有苦恼……但更多的是大量地杀伤敌人的有生力量，锻炼了我们的部队，尤其是各级指挥员们的指挥能力。

三打老秃山：7月4日，三四三团三连配属师侦察连一个排，在8个炮兵连支援下，分三路向老秃山实施第三次突击。只有一路占领了部分阵地，其他两路均为失利。不得不撤出战斗。

三打老秃山以后，一开始，一一五师不准备让三四三团再打了，准备让三四五团上去打，师政治委员沈铁兵对耍清川和王国英说："你们团已经完成了7个月的阵地防御任务，马上撤下来吧！"

耍清川和王国英这两个从来不认输的同志坐不住了。他俩马上召集团里几个同志统一认识：我们是红军团，绝不能打了败仗撤出阵地，一定要再打一次老秃山，带着胜利下山。他俩向沈铁兵和副师长王扶之打电话甚至做了这样的保证："打不上去撤我们职，杀我们的头都可以！"

我和张竭诚来到一一五师，和师里领导一起帮助三四三团总结这次战斗失利的教训。我们亲眼看到耍清川、王国英代表着全团指战员的决心向师党委请战："不打好四打老秃山这一仗绝不下阵地！"我们当即批准了他们的请求。

敌人占领老秃山后，构筑了许多工事，我方正面的多数已被我炮火摧毁，敌人不仅

第二十章
红旗插上老秃山

拼命修复这些被破坏的工事，而且在反斜面山坡上又加筑了大量地堡，这些地堡在我方地面上是观察不到的。

在此之前，这个团已经掌握了不少敌情，但是尚未完全证实，而且很不够。因此，摆在他们面前的一个最现实的问题——如何在攻击之前，把老秃山敌人阵地的全部情况，也就是敌人兵力分布、工事构筑、指挥所位置、后方交通以及增援方向等彻底搞清楚，从而使全歼敌人的部署准确无误。耍清川决定：亲自到敌后去侦察，从虎穴中把虎仔掏出来。

当一一五师向我报告耍清川这一举动时，我告诉沈铁兵、王扶之等同志：要拿出4个炮兵连保障亲自深入敌后侦察的耍清川及身边的其他同志的安全，坚决拿下老秃山。

耍清川把身上的日记本、地图等一些东西统统交给王国英："老王，你把这些东西保存起来，一旦……"

王国英接过这些东西后说："清川同志，放心去吧。祝你此举成功！至于部队动员，我们保证人人奋勇，个个争先……"

同耍清川到敌方侦察的有一营营长姜玉清和师侦察参谋孙振冀。他们3人都穿着战士军服，每个人挎上两颗手榴弹，一颗是打敌人的，另一颗是准备和敌人共用的，孙振冀多带了一支卡宾枪以防万一。他们每个人心里都十分清楚：这次钻到敌人鼻子底下，一旦被敌人发现，就没有回来的可能。

出发前，耍清川郑重地对两个伙伴说："我们和敌人拼命是容易的。不过，我们每个人应该非常明确地知道，拼不是我们的目的，只有在万不得已的情况下才这样做。为了我们的整个任务，不能有丝毫的疏忽和轻率，从现在起要尽量隐蔽自己，除非敌人真的发现了我们，否则，在任何情况下不能盲动。"

刚一出发，每个人都变得特别敏感地行进在茫茫的黑夜中，好像眼睛和耳朵伸出了无数条细微的触角。他们眼睛眨都不眨，耳朵几乎竖了起来，举步落脚像小猫捕鼠那样轻巧而敏捷，连出气声也要自我抑制。

刚才，他们走过一条小河上的独木桥。这是我方通向敌区唯一的木桥，他们疾速地一闪而过，没有发出任何声响，否则，敌人就会向小桥射击。

前面就是敌我小部队经常出没的地段。孙振冀在前，耍清川居中，姜玉清随后。他们高一脚，低一脚，踏着坎坷不平的炮弹坑小心翼翼地行进着。

现在，要过驿谷川了。他们过河时用脚底板轻轻地擦着河底走，唯恐带起一点水声。攀上河岸，展现在他们面前的是一片荒芜的开阔地。过了开阔地就是将军洞，过了将军

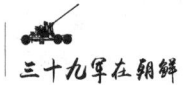

洞就到达他们要到的目的地——346.6高地。

师侦察排长王宝山带着3个侦察员头一天就来到这里。他们的任务是先去侦察情况掩护耍清川他们。王宝山见耍清川他们来了，做了个手势都蹲了下来。他指着对面山上说："团长，敌人就在那上面。"

说着，他身上竟颤抖起来。耍清川说："你别害怕！"

"我不是害怕，我是担心团长你……"

"你们完成了掩护任务，回去吧！"

"团长，你要注意，多多保重……"

耍清川和姜玉清选择有树的地方开始观察了。孙振冀抱着卡宾枪在离他们稍远的草地里警戒着。现在离天亮时间不多了，他们隐蔽着看见老秃山顶上人影晃动，不时传来铁锹碰击岩石的铿锵声。在黎明的寂静里，响声分外清晰，敌人连夜在赶修工事。

不知不觉天亮了。山顶上敌人的碉堡里吹响了哨音。敌人起床了，集合了……

耍清川、姜玉清从草丛的空隙中举起了望远镜：老秃山在斜面敌人阵地上的一切清晰地展现在他俩面前，距离这里约有500米，敌人的全部秘密暴露在他俩眼里。敌人利用陡壁和死角在300平方米的面积构筑了许多特殊的地堡。山腰部一筐筐新翻出来的鲜土，堆积在地堡周围，敌人挖的是朝天洞。耍清川忽然想起了反细菌战时，战士们用水灌到老鼠洞里，把老鼠都灌出来的情景，遇到雨天，敌人会像老鼠一样被雨水灌出来的。他把这种想法悄悄地告诉了姜玉清，两人用手捂着嘴笑了起来。

他俩数了数：山坳间有大小20多个用麻袋垛起来的地堡，形成"梅花桩"有规则地散布在那里。不用望远镜，连敌人那橄榄色的船形帽子也看得一清二楚。其中一个大的地堡还很突出，引人注目。地堡顶上竖起两根铁杆，分明是无线电天线，常常有人进进出出，姜玉清一边在纸上画着写着，一边对身旁的耍清川说："这一定是敌人的指挥所。"

"你的估计是对的。"耍清川点点头。

有3辆被我们打坏了的坦克，成一路队形歪斜地躺在山坡上。耍清川贴着姜玉清的耳朵说："很好！这可能作为我们攻击时的路标和方位物，你画下来。"

过了一会儿，耍清川又对姜玉清说："不过，不要把这辆坦克看成是永远不变的死东西，敌人是可能把它拖走的。"

姜玉清听了很有感触，这是上级指挥员对下级指挥员的提醒——作为军事指挥员，必须善于应付实战中瞬息万变的复杂情况。

在这里，耍清川、姜玉清、孙振冀根据敌人来往运输车辆的计算，判断出敌人固守

第二十章
红旗插上老秃山

这个山头的是一个加强连。他们又根据这里复杂地形，更加具体地明确了我方的战斗部署。

整整一个上午，他们3个人的注意力集中在把敌人阵地上的一切情况全部弄清楚，根本没有心思去管别的事情。可是，到了下午考虑的问题就多了。仿佛周围的气氛更为紧张了起来。忽然，一只斑鸠飞来正好落在他们隐蔽的树丛中，站在树枝上昂着头望着他们。他们谁也不敢去惊动它，突然，这只斑鸠飞了起来，翅膀发出扑扑噜噜的声音。这种声响，此刻他们听了可恶可恨，简直让人难以容忍。耍清川脑子里突然闪出以前曾看过的一出戏《花木兰巡营瞭哨》的一段故事。花木兰发现夜晚丛林中鸟雀乱飞，从而判断敌人前来偷营。耍清川心里暗暗地想：难道我们在这里，斑鸠突然惊飞，敌人就不警觉吗？再说万一敌人里有个无聊的家伙开枪射击这只斑鸠，我们不就随着倒霉吗？他又一想：不会的，因为我们的大炮正在监视敌人。为了保证他们3个人的安全，师里专门安排4个炮兵连掩护他们。他正想着，他们的神炮手把炮弹打过来，准确地落在敌人阵地上。敌人吃早饭时，我们的大炮正在进行破坏射击，一个敌兵犹豫不定地从地堡里探出头向外望望，最后乘炮击空隙从洞里慌慌张张地跑了出来，没跑几步就蹲下来大便。这时，一发炮弹打过来，"轰"的一声在敌人阵地上爆炸了，吓得这家伙连裤子也没提起来就光着屁股缩回洞子里去了。耍清川他们还看见山上公路上那些开着履带运输车的司机，就在他们脚下来往奔跑。可是，一听到我们打过来的炮弹爆炸声，把脑袋钻到驾驶盘下面，拼命地把车子往回开。若不是常在熟悉的道路上开车，一定会把车子开翻到山沟里去。

姜玉清望了望耍清川疲倦的神色，关切地小声说："团长，你把着那棵树休息一会儿吧！一晚上没有睡觉了，我来监视敌人。"

"还没有完成任务，我就是睡也睡不踏实啊！"

此刻，耍清川想到各级领导和战友们都在等待他们的消息，他感到这个白天过得太慢了，怎么夜晚还不来临呢？他感到难以忍受的是草丛里成群乱飞的蚊子。这里的毒蚊子确实厉害，盯在人身上就会肿起一个大疙瘩。打又不敢打，只好悄悄地用手把蚊子搓死。

"团长，你看，那两个家伙在朝我们这里瞅呢！"姜玉清拉了耍清川一下，指着山脚下道路上的两个伪军说。

"不要紧，注意点，他们不会发现我们的。"耍清川虽然安慰姜玉清，他自己心里也有些紧张。

敌人始终没有发现耍清川他们，太阳落山后，他们沿着原来的道路往回走。还没有走出老秃山的山脚，突然，孙振冀在前面喊叫起来："蛇！蛇！"耍清川猛地窜上去用手捂住他的嘴，压低了嗓子问道："你怎么回事？"

"有条蛇缠到我的裤子上了。"孙振冀答道。

原来，他踩到了一条蛇的头，蛇翘起尾巴缠到他的脚上。再沉着的人在这种情况下，也忍受不了蛇的袭击。幸好，他没有叫出声来，硬是把蛇甩掉了。

他们3个人继续往回走，一起走到了第一线上的指挥所，然后回到了团部。

很快，一一五师沈铁兵和王扶之把三四三团四打老秃山的部署向我做了报告：一连在老秃山东北侧担任主攻，九连从正面助攻，二连一排和团警卫连一排担任阻援任务……我也很快批准了他们的战斗部署。

耍清川他们侦察的结果，使这个团的指挥员能够非常清楚和准确地设计四打老秃山这场战斗。沙盘作业中，每一个担负攻击任务的班及打援的班，都明确了自己的目标、道路和位置。班长、连长两次勘察了地形。总之，从团长到每个战士都熟悉了应付各种情况的预战方案。

胜利已经牢牢地握在红军团的手里了。

1952年7月17日凌晨4时，天阴沉沉的，远处的山头仿佛像罩上一层灰色的布袋。战斗就要打响了。

战前，耍清川和王国英把4面红旗交给了一连的二班、九班和九连的二班、三班这4个尖刀班。每一面红旗上都写着："把胜利的红旗插上老秃山主峰！"九连三班班长王仁山带着全班同志站在红旗面前宣誓："即使我们班只剩下一个人，也要把这面红旗插上老秃山的主峰！"紧接着，王仁山又向本连二班长提出了挑战："看谁先把红旗插上老秃山的主峰！"

天空黑洞洞的，时间到了晚上9时15分。突然，我们的各种口径的炮火，像暴风骤雨似的倾泻在老秃山上。敌人阵地上的铁丝网、地堡盖飞上了天。当冲锋信号弹出现在天空时，4个尖刀班像4把钢刀插向老秃山，4面红旗直向主峰飞奔。勇士们冲得那么快、那么猛，使敌人来不及应战，手榴弹就塞进了地堡眼。九连的尖刀班长王仁山打掉一个地堡后，把红旗插在地堡盖上面。

王仁山身后紧跟着的战斗小组长白福冲上了山顶。照明弹的光亮，照着被我们炮火打得狼狈不堪的敌人阵地。他的眼睛在盯着敌人残存的地堡。他发现了一条月牙形交通沟头上的一个地堡。为了不让敌人有还手的工夫，他纵身一跃就跳进了交通沟，将几颗手榴弹接连塞进地堡眼，敌人还没反应过来，就被炸死了。忽然，两个美国兵从另一

第二十章
红旗插上老秃山

个暗地堡里钻了出来，他眼尖手快，用冲锋枪瞄准勾动了扳机，出乎意料枪不响了。在这紧急关头，他拔出腰里的手榴弹，狠狠地扔过去，两个敌人被炸死。他单身一人又向前冲去。猝不及防，右臂上挨了一枪托。他忍痛闪身伏在地上，一瞅，是从暗地堡又钻出两个敌人，拦住了他，再一细瞅，后面还有一个哩！他想："就是我死了，也不能让你们跑掉！"想着，左手拔下了身上的手榴弹，对着敌人扔过去。炸死了一个，另一个扭头要跑，忽然从山上飞来一颗手榴弹，落在他身旁，冒着白烟。他来不及躲闪，就狠狠一脚朝着那个还未炸死的敌人踢去，把那个家伙炸飞了。

九连另一个尖刀班二班班长李亮成也把红旗插在自己打掉的地堡上，从敌后攻击上来的一连同他们胜利会师。一连的新战士黎万东只有18岁，从救护团分到连里才20多天，在田贵德的包教下，把手榴弹、手雷、自动步枪、冲锋枪的打法都学会了。战前下了决心："第一次上战场，坚决杀敌立功，爬也要爬到老秃山主峰上去！"他和战斗小组长田贵德一起冲上山去，看见一个地堡里的敌人正在射击，还在里面叽叽咕咕说话。田贵德朝里面打了两枪，黎万东喊起话来："缴枪不杀，优待俘虏！"两个美国兵双手举枪出来了。两人押着俘虏上了山顶，交给了四排。这时，敌人一辆坦克爬过来，黎万东向四排长要求："排长，让我去打坦克吧！"四排长说："注意打它的要害部位！"黎万东抓起爆破筒和手雷就上去了。他把爆破筒狠狠地插进坦克的履带里拉响，坦克不能动了，但还在往外打机枪，他又把两颗手雷投进坦克里面坦克才哑巴了。

一排副排长刘凤岐指挥尖刀班上了山头后，发现右前方一个地堡，他一跃冲过去用卡宾枪对准地堡眼就是一阵猛打，又扔两颗手榴弹，心想："差不多了，该进去抓活的！"他发现一个家伙双手抱脖子，把头埋到裤裆里。刘凤岐去使劲拉他，他不动也不出声。"又一个死的。"这个念头一闪过，刘凤岐立刻想起指导员说过的话："美国兵会装死！"便把鬼子的手拉过来，像医生诊病那样试脉，心里乐了："真是他妈的装死！"他把枪哗啦地拉响，嘴里喊出："哈罗！哈罗！"鬼子哆哆嗦嗦抬起头举着双手当了俘虏。刘凤岐就用这样捉俘虏的办法继续去搜索，在其他地堡里又使一个"装死鬼"现了原形。

九连和一连在山上会合后，敌人开来两辆坦克封锁着通往老秃山主峰的道路。九连组织了一挺重机枪和几挺轻机枪，掩护一连战士崔文福和六班副杨耀光上去爆破坦克。一辆坦克被炸断了履带，另一辆坦克也被打得起了火。这时候，只见一连扛红旗的战士康殿成冒着敌人的炮火向主峰奔跑，半路挂了花，倒下去动弹不得。他招呼身边的战友把红旗接过去："同志们！快把红旗插上主峰！"打掉两个地堡的二排战士孙增，接过康殿成手里的红旗，冲上去把红旗插上了老秃山主峰。

军文工团在坑道里为战士表演节目

警卫连的一个班战士也攻上了主峰。

所有这一切，都是发生在短短5分钟的时间里，换句话说，仅仅过了5分钟，这两个在辽沈战役和平津战役中打出来的英雄连队，如今在老秃山主峰胜利会师了。大家互相握手、拥抱、高举着枪跳起来欢呼："我们胜利了！"

战后，三四三团一连和九连攻击部队的指战员们纷纷向上级党委送请功书，给他们的耍团长请功。

同年8月11日，由我签发了一份嘉奖令，批准三四三团团长耍清川、七连连长杨印山各记二等功一次。

不久，志愿军副司令员邓华指名耍清川前往志司汇报四打老秃山的战况和战绩。

耍清川去志司前来到了军部，我们交谈之后，我叮嘱他说："你是亲自深入敌后侦察的第一个志愿军团长，要好好向志司首长汇报，把个人的经验变成集体的财富。"

在志愿军总部，耍清川向邓华副司令员等汇报完之后，志司的作战处副处长杨迪问他："你知道这老秃山的名字是怎么来的吗？"

"不知道呀！"

第二十章
红旗插上老秃山

"这是侵朝美军第八集团军司令范里特在你们团四打无名高地之后,坐飞机视察他们的阵地时,看到无名高地被炮火打得光秃秃的,便说:'这哪里是什么无名高地哟!可成了老秃山了!'"

1952 年 7 月间,一一五师三四三团第四次打老秃山期间还发生一起著名的英雄故事。

1952 年 7 月 19 日至 22 日,被我军打得恼羞成怒的美二师二十三团,出动了上百架飞机,在百余门大炮支援和大批坦克引导下,连续三天三夜以整连整营的兵力向老秃山轮番进攻。阵地上白天黑夜炮火纷飞,硝烟迷漫。我一一五师三四三团七连勇士们抱着与阵地共存亡的坚强信念,以一当十,以十当百,依托阵地有利工事,同数倍于己的敌人展开了殊死的搏斗。

22 日凌晨,敌约一个营的兵力向老秃山猛扑,矛头指向七连一排四班坚守的 2229 高地。排长石林河、班长刘佐才等许多同志负伤进入坑道内。在表面阵地上只剩下副班长倪祥明和战士周元德、宋成久 3 个人了……

这个红军团里的红军连的第四班,坚守着几天以前刚从美军手里夺过来的老秃山。经过这几天的激烈争夺后,战场上暂时出现了一种异样的沉寂。

黑夜,战士们冒雨抢修了一天工事,用凉水泡着干粮吃了后便在坑道里抱着枪,互相依偎着躺在湿漉漉的地上打瞌睡,发出轻微的鼾声。副班长倪祥明怎么也睡不着,他听见外面下着小雨,凉风带着雨点子吹进了洞口。他看见班长刘佐才披件雨衣在洞口,雨点吹打在他身上,发出淅淅的响声。倪祥明把自己的大衣给睡着的战士们盖好后,悄悄地走到刘佐才身边,把嘴贴着他的耳边说:"班长,你进洞里休息一会儿吧!"

"我刚才已经眯了一下,你好好休息吧。"刘佐才感动地望着倪祥明说。

倪祥明见排长石林河守在坑道的另一个洞口,给战士们挡风遮雨,便走了过去要换他:

"排长,让我来守洞口吧!"

"我是党员,又是干部,你不要换我。"

倪祥明走出了坑道,心里沉甸甸的,好像自己应该去做的事情没有去做那样不安。他想:班长和排长都是共产党员,为了战斗的需要,为了大家的安全,他俩宁可自己忍受病累和风雨的吹淋。他常听指导员和同志们说:"共产党员要当群众的模范!"他亲眼看见无论是行军还是打仗,每当涉水爬山时,共产党员们总是挺胸咬牙带领群众战胜困难,每当战斗激烈危急关头时,共产党员们总是挺身而出,冲锋在先,不怕流血牺牲,带领群众战胜敌人……今夜，他又看见了排长、班长的模范行动。其实，他心里早就暗下了决心，要做像他们那样的人。

那是上阵地前的一天，倪祥明跑到连部去找卫生员：

"你来，我有点事求你帮帮忙。"

"啥事？"

"求你替我写份入党申请书。"

"你说吧！"

"我今后的一生要做个像英雄刘胡兰、张志坚那样的人，申请志愿加入中国共产党。请党支部考验我——战时，冲锋在前，退却在后；平时，吃苦在先，享受在后……"倪祥明把原来想了好多天的话，一口气讲了出来。

卫生员替他写好了，他不识字，连看都没看就交给了指导员。

现在，倪祥明正在一点一滴地实现自己的诺言。

夜深了，突然，在寂静中传来了哨兵周元德的惊叫声：

"敌人上来了！"

石林河、刘佐才、倪祥明带着一个班战士们全都冲出了坑道。他们蹲在各自的工事里，面对着敌方，伸手不见五指，黑暗中什么也看不见，只听到山下传来"沙沙"的脚踩石子的声音和"叮当、叮当"铁器碰击的声音，却没有说话的声音。

"排长，先扔它一颗手榴弹看看！"刘佐才在等着石林河的批准。

"对！先下手为强。"

石林河的话音未落，刘佐才朝着有声响的地方投过一颗手榴弹。

"轰！"随着手榴弹在半山腰的爆炸声，闪出了明亮的火光。大家看得清清楚楚：在离交通沟10多米的山坡上，一堆一堆的黑影子在蠕动，发亮的钢盔互相碰出了响声。这是美国兵在乘夜偷袭而上。

"同志们！狠狠地打呀！"石林河按照事先的部署指挥3个战斗小组分头守住各自的战斗位置，机枪、冲锋枪猛烈地向敌人射击。手榴弹一个接着一个飞出去，落在黑影堆里，闪现出一片爆炸的火光，倒下的敌人，有的哭叫，有的招呼……

这时，七连指挥所那里的重机枪也开火了，曳光弹在山坡的一条棱线上安了一道火墙。

敌人偷袭失败，改变了战术，变偷袭为强攻。很快，一阵又一阵的排炮从敌人那边飞过来，落在四班阵地上。

倪祥明独自蹲在单人掩体里，把全部精力用在打退眼前敌人进攻上。他记不得打了

第二十章
红旗插上老秃山

多长时间了,也记不得打退敌多少次冲锋。他只知道手里的自动步枪子弹打光了,把枪放在一边,用手榴弹继续向敌人拼杀。

从正面上来的敌人刚被击退,倪祥明听见侧后方传来很重的脚步声和钢盔撞击的响声。另一批敌人又从后面偷偷地上来了。石林河、刘佐才也发现了这个情况。他们做了分工:班长赶紧带着五个战士从交通沟绕到侧后进入工事。在这里正好打击从后面上来的敌人。排长、副班长仍在带着轻机枪射手王义和战士葛方明打击正面的敌人。

敌人一层接一层地往山顶冲,从四班扼守的这个山爪子的两侧向他们迂回,左侧五班阵地上枪声也非常密集,黑夜里什么也看不清楚。倪祥明只感觉到战斗在全排的阵地上激烈地进行着。

倪祥明被晚风吹打的泥沙溅入了他的眼睛,他揉了揉眼睛,探身向闪着火光的地方望去,嗬!一群敌人正向上拥来。他用尽全身力气把一束手榴弹扔了过去。"轰"的一声巨响,在浓烟中不少敌人倒下去了。

剩下的敌人分成两股还在拼命地往上冲。子弹像雨点似的直往泥土里钻,扔过来的手榴弹"咻咻"冒着火烟。倪祥明简直没把这放在眼里,他那粗壮的身板站在风雨和泥水中,又开双腿,向两股敌人轮番地扔着手榴弹。

这时候,主阵地的火力支援开始了。敌人的进攻停了下来。

倪祥明向刘佐才汇报了阵地上的伤亡情况,刘佐才问道:

"还有几个人?"

"就我们三人是轻伤。"

"三星快落了,我们一定要坚持到天亮。只要天一亮,我们的增援部队就会来到。"

"班长,你放心吧!我们决不让敌人占领我们的阵地!"

倪祥明说完就带着周元德、宋成久跑出了坑道,回到了工事里继续坚持战斗。

敌人已经团团围住了老秃山,他们从四面八方向四班阵地涌来。敌人的轻机枪、重机枪、手榴弹,像暴风雨般倾泻过来,老秃山被滚滚的浓烟和闪亮的火光所吞没。

倪祥明又带着周元德和宋成久把牺牲的战友都抬进了坑道。他把自己的包里的衣服全掏了出来,一件一件地给负伤的战友盖好后,便和周元德、宋成久一起跑出了坑道,去迎接更加残酷的战斗。

"敌人又上来了!"

倪祥明刚出洞口,就发现5条又瘦又长的黑影在交通沟晃动。敌人把一颗咻咻冒烟的手榴弹扔到了坑道口,倪祥明眼疾脚快,一脚踢去,把即将爆炸的手榴弹踢到了敌群

中，炸死炸伤扔手榴弹的美国兵自己。

爆炸声惊醒了刘佐才，他在坑道里借着爆炸的火光看见浑身是胆的倪祥明大声命令：

"宋成久，你快去守住坑道口！"

倪祥明纵身一跃，提着几颗手榴弹就扑向了又上来的几个美国兵。共青团员周元德拿着两颗手榴弹也冲了过去。

此刻，5个美国兵已经团团围住了倪祥明，有个鬼子扑过来抓他。他挥起手榴弹猛砸过去，鬼子仰面栽倒了。另外4个鬼子一齐扑上来，有的拉他的手，有的拉他的腿。倪祥明便和鬼子们厮打在一起了。

周元德一看这架势，"不好，副班长要吃亏！"他冲上去用手榴弹对准压在倪祥明身上的鬼子脑门猛击，鬼子一抬手，周元德把鬼子从倪祥明身上拉下来。

肉搏立刻分成了两团……

"班长！副班长和周元德跟鬼子摔起跤来了……"守在洞口的宋成久焦急地报告着。

刘佐才挣扎着站起来想冲出坑道，但就是爬不起来。他心像刀扎一样难受。忽然，他听到倪祥明在外面喊道：

"班长，我们要和鬼子们拼了！"

刘佐才马上意识到将要发生什么事情，咬紧牙关往外爬，突然，传来了倪祥明和周元德这两位亲密战友最后的声音：

"共产党万岁！"

"毛主席万岁！"

随着这庄严高昂而伟大的呼喊，出现了"轰、轰"两声巨响，震撼着山谷，传向了远方。

现在正是拂晓之前，一切都静下来了。老秃山上比战斗打响前还要安静，什么声音都没有，爆炸的烟雾散去了，燃烧的火光熄灭了。然而，只有刘佐才和全班伤员的心平静不下来，他们为失去这两位朝夕相处的战友而悲痛，又为出现这两位英勇献身的英雄而自豪。

刘佐才和伤员们压不住内心的激愤，一个个抓起手榴弹，挣扎着爬到洞口，仿佛每个人都在说："如果鬼子冲进来，我们坚决和他们拼到底。"

黎明已经来到了，敌人再也没敢上来。上到阵地上的是红七连的增援部队，刘佐才看到了那个把守备任务交给自己的七班长张文举，心里才松了一口气。战友们走到倪祥明、周元德与敌人同归于尽的地方。

大家看见倪祥明和周元德安详地躺在交通沟上面那块潮湿的土地上。他俩的身下，各自压着一个血肉模糊的鬼子尸体。另外两个被炸死的鬼子，直挺挺地倒在一边。他俩死后臂膀还死死地钳住敌人的脖子，用牙齿咬住敌人的耳朵。倪祥明身下压着的鬼子，脑浆迸裂，显然是被倪祥明用手榴弹砸死的；周元德身下的一个鬼子，全身衣服都被撕得稀烂，头发也被扯掉了几绺。在烈士身旁不远的地方，敌人的尸体铺满了山坡。

同志们怀着崇敬而悲伤的心情，把倪祥明、周元德两位烈士的遗体从鬼子身上抬下来，小心翼翼地安放在一处，又慢慢地从炸断了手腕的烈士的手指头上取下了手榴弹的铜环，用湿手巾抹去了烈士脸上的血迹和尘土……

刘佐才贴近了烈士倪祥明的身旁，默默地自言自语："我以一个共产党员的名义向党请求，追认你为共产党员，你是无愧于这个伟大而光荣的称号的。"

倪祥明这个英雄人物和他所在的三四三团七连四班这个英雄集体出现以后，在我军上上下下引起了强烈的反响。

我从一份志政下发的正式文件上看到：1952年8月22日，志愿军政治部批准一一五师三四三团七连四班集体记特等功一次，命名为"222.9高地一级英雄班"。

9月1日12点钟，一一五师宣传队的同志们代表我们军、师首长，把这份无上光荣的喜报送到了三四三团七连四班战士们手中。

几天以后的9月9日，一一五师在师部驻地隆重举行了"222.9高地一级英雄班"命名大会。

会议在庄严的军乐声和礼炮声中开始。主席致开会词后，宣读了志愿军领导机关关于授予三四三团七连四班"222.9高地一级英雄班"的命令。接着，王扶之代师长、沈铁兵政治委员等和各单位代表向英雄班献旗、献花，致贺词。三营教导员郑天西报告了英雄班的英雄事迹。原任班长刘佐才和现任班长白福致答词，一致表示：今后要在战斗中学习倪祥明、周元德死打硬拼的英勇顽强精神，做好一切工作，争取做个全面的英雄班。

1952年9月19日，志愿军领导机关决定给倪祥明烈士追记特等功，授予他"一级英雄"的荣誉称号。

1954年的春天，一一五师政治部主任李军派宣传干事王照运带着慰问金、慰问品，带着一级英雄班十几名战友火热的心，带着首长和同志们说不尽的祝福话语，来到一级英雄倪祥明烈士的家乡——河南省杞县崔寨乡。

3月6日，杞县各界21500多人在英雄生长的地方隆重举行追悼倪祥明烈士大会。会场布置得庄重严肃，主席台两旁悬挂着一一五师领导机关、一级英雄班、中共杞县委员会、杞县人民政府以及各机关、团体、学校和各界人民敬献的10面锦旗、人民功臣匾、大幅挽联。台上放着金边玻璃框镶着的立功喜报、烈士证明书、部队慰问信和各种慰问品。

最惹人注目的是在会场中央，中共杞县委员会和杞县人民政府为倪祥明烈士竖立起一座不朽的英雄纪念碑。

追悼大会在沉痛的哀乐声中开始，全场的人们向倪祥明这位伟大的国际主义战士默哀悼念。接着，王照运代表一一五师，杞县县委刘正书、部长闻杰，杞县副县长韩振和各机关、团体、各界群众代表手捧着花圈，敬献在英雄纪念碑前。

一级英雄倪祥明的英雄事迹在家乡人民中间传开后，他的姐姐倪氏把倪祥明小时候最喜爱的那棵大石榴树，挖出一根树苗送给倪祥明生前所在的一级英雄班。他的哥哥倪广生把自己种的10多样瓜种和菜种送给一级英雄班，让英雄们把这些种子种在自己开垦的土地上。

第二十一章

不幸之中有万幸

一一五师前指被美国飞机炸塌，代师长王扶之等7位同志被埋在里面——经过一场生与死的搏斗和揪心的抢救，出现了不幸之中的万幸

八一建军节这天,整整下了一天的雨。

晚上,位于朝鲜三八线以北梨木洞的一一五师前方指挥所作战室的坑道里挤满了人。侦察科、工兵科、防化科的洞里漏雨,参谋们都跑到作战室来凑热闹。大家谈论的中心——祖国。

"我真想老婆和孩子呀!今天,他们在祖国一定得到了政府的慰问……"已经结了婚的外号叫刘大嘴的侦察参谋说。

"等朝鲜战争结束,我回到哈尔滨一定要把家乡的特产吃个够……"年纪最小的测绘员梁志超说。

"丁零、丁零……"电话铃声响了。值班参谋欧阳光祖拿过话筒,是军司令部传达上级发出的敌情通报:

"什么?敌人察觉梨木洞可能是志愿军的一个指挥所或者一座仓库,要防止敌人的空袭和炮击……知道了。"

值班的副师长程国璠看了这个敌情通报后,立即制定了防范措施。

第二天,王扶之和作教科副科长苏盛轼以及陈志茂3个人,坐在坑道的尽头研究向志司报告关于四打老秃山的作战经验。

在坑道入口处,刘参谋、梁志超和司令部技术书记张釜山守着3部电话机在处理日常战事,还有新华社记者刘鸣在修改稿子。

整个作战室坑道里共有7个人在工作着,一切都在正常运转着。

可是,万万没有想到一场大祸临头了。美国B-26型飞机中空水平投下延期信管的重磅炸弹,落在作战室坑道的顶部爆炸了。

时针正指在1952年8月2日上午9时许。

刹那间,这个宽3米长10米用碗口粗圆木盖起来的掩蔽部,随着巨大的响声,整个倒塌下来了。坑道里7个人全部被埋在里面。

在坑道外面的一棵栗子树下吃饭的欧阳光祖,几乎眼睁睁地望着这场灾难是怎样发生的。他扔下饭碗最先奔跑着把这一惨案报告出去。只见离这里不远的三四四团团长徐

第二十一章
不幸之中有万幸

鹏带着警卫员向这里跑来。他喘着粗气问道：

"王师长他们怎么样，需不需要我们团派工兵排来抢救？"

徐鹏听说王扶之等人被埋在坑道里，心急如焚。

事情发生后，我最先接到的报告是——五师政治委员沈铁兵打来的电话："王扶之等7名同志被埋在坑道里，生死不明。现正在组织师警工营的工兵连进行抢救……"

"要想尽一切办法抢救出来，有什么情况随时向军里报告。"

我说完放下话筒之后，就思索着：入朝作战以来，王扶之从指挥一个团到指挥一个师，从五次战役到阵地防御战打得都很漂亮。这样一个能打仗、打胜仗的师级指挥员，如今被敌机轰炸埋在指挥所的坑道里，怎能不叫人焦急。

想到这里，我们打电话报告了志司。志司作战处副处长杨迪向解方参谋长汇报后，告诉我们：志司首长同意我们及时组织抢救所采取的措施。

接着，我派张竭诚副军长前往——五师。他看到——五师指挥所这个坑道比较长，作战室在坑道深部，只有一个洞口，只见炸崩的山石填满了洞口的小河沟，这就给抢救带来了极大的困难。

张竭诚了解情况后，立即向志司参谋长解方做了汇报，解方在电话里说：

"你们要想尽一切办法抢救，一定要把王扶之等7个同志救出来！"

——五师沈铁兵、程国璠等领导同志亲自指挥师工兵连冒着敌人的炮火奋力抢救。工兵参谋宋汝洲和工兵副连长刘文才具体组织指挥战士们挖掘倒塌的工事，一个班接着一个班轮流挖，20分钟轮换一次。

整日里，我陷入沉重的心情之中。入朝以来，我们多少亲爱的战友被美国空中强盗夺去了他们宝贵的生命——何凌登军参谋处长、薛剑强师参谋长、吴书师政治部主任，特别是吴国璋副军长，现在王扶之代师长又生死不明。这是我们军多大的损失！美帝国主义欠下的血债什么时候才能还清啊！

倒塌的坑道里，一片无声的漆黑。刚才，炸弹爆炸时掀起的气浪把王扶之、苏盛轼、陈志茂3个人抛向洞子最里头，都昏迷过去了。石块、泥土、断木压在他们身上。不知过了多久，他们苏醒了。

"师长，你怎么样？"

"我还活着。苏盛轼、陈志茂，你们怎么样？"

"师长，我是陈志茂，我也活着。"

他们各自被压在一个不足两平方米的角落里，经过这样的相互呼唤，初步弄清了每

个人的具体位置：王扶之的右腿被夹在木头缝里受了伤；苏盛轼3根肋骨被砸断，胸腔内受伤，不能动；陈志茂一条腿被断木压着拔不出来。他们在坑道里产生一个共同的愿望——尽快和外面取得联系，让同志们知道坑道里有人还活着。他们摸遍了坑道里的几部电话，所有的电话线全都被炸断，根本无法与外面通话。陈志茂在黑暗中摸到了半截蜡烛，他问：

"师长，我摸到蜡烛，有火柴吗？"

"我有打火机。"

黑暗中，突然出现了火光，借着火光，他们3个人往头顶一望吓了一跳，石头挤着木头像一个大漏斗，随时都有掉下来的危险。再一看蜡烛上的火苗，怎么又粗又长？他们马上意识到这窄小的空间，空气密度大，氧气正在减少。王扶之说：

"陈志茂，快把蜡烛吹灭！"

坑道里又恢复了原来的黑暗，一切全凭感觉用手去摸。陈志茂又摸到了一支手电筒，但是灯泡被压坏了。过了一会儿，他又摸到了值班通信员的步枪和子弹。苏盛轼提出了建议：

"打几枪，让外面的人听见坑道里还有人活着。"

"不能开枪！"王扶之像平时下命令一样说，接着解释道："一开枪容易把头顶上的石头、土块和木头震下来，我们就会第二次负伤；再说，一开枪，洞子里空气对我们更不利了……"

陈志茂的左腿一直被倒塌的一根圆木压迫着。王扶之和苏盛轼一再催促着：

"陈志茂，你快把那条腿抽出来吧！时间长了，你会受不了的。"

陈志茂用尽全身力气，挣扎着终于把左腿抽出来了。

坑道里的氧气越来越少了，3个人感到有点憋气。此刻要有水就好了。水壶在哪里？

陈志茂摸呀摸呀，把每个角落都摸遍了，也没有摸到生命之壶——如果灌了水的话。他断定：水壶被土石埋在哪里了。他在坑道一角墙根挖了一个小坑，渗出了泥水，不，是泥浆。他用罐头盒盛出一点，用舌头舔了舔，发苦，有火药味，不能喝。

刚刚在心中燃起的希望之火，又被自己扑灭了。现在，死亡的威胁越来越严重了。

突然，王扶之问了一句：

"陈志茂，你今年多大岁数？"

"19岁。"

"你最年轻，如果能够活着出去，你很有发展前途……"

第二十一章
不幸之中有万幸

王扶之知道，陈志茂曾在汉阳高中学习，武汉解放后参了军。他是第一批入朝的知识分子，开始在战勤工作队里，打扫战场，掩埋烈士，转运伤员，筹集粮食，后来，师司令部派作教科的杨大成把陈志茂和欧阳光祖挑选出来当了参谋……

过了一会儿，王扶之对苏盛轼说：

"苏盛轼，有一件事，我现在应该告诉你。"

"师长，你说吧！"

"要是平时，这件事我是不能提前告诉你的。昨天，师党委讨论，决定提升你为师作教科科长职务。"

黑暗中，3个人躺在那里，谁也看不见谁的表情。然而，此刻，苏盛轼被王扶之告诉他的这件事深深地感动着。

"师长，感谢组织上对我的关怀和培养。如果我能活着出去，我一定加倍努力，为党为人民多做工作，不打败美国侵略军誓不回国……"苏盛轼感动地说着。

"师长，我如果能活着出去，我一定当好首长的参谋，我还要争取入党。"陈志茂也表示了自己的态度。

王扶之听着这两位部下发自内心的话语，心情非常不平静。他一再鼓励苏盛轼和陈志茂：

"我们一定要活着出去，外面的同志们一定会奋力抢救我们……"

是啊！坑道上面，师工兵连的官兵们从一开始抢救就没停止过。可是，最先抢救出来的刘鸣、刘参谋、张釜山、梁志超这4位同志已经牺牲了。这时有人看挖了很长时间还听不见坑道里有人活着的动静，就着急地提出来：

"用炸药炸比用人挖快！"

"不能炸！"沈铁兵和程国璠当即否定了。他们再三嘱咐工兵连的同志们：

"你们不要光挖，还要细心观察各种征候。"

刘文才派出专人在倒塌的坑道四周，蹲在那里，看和听，好多双眼睛死死盯着，好多双耳朵静静地听着……

当沈铁兵在电话里向我汇报有人认为再挖下去希望也不大了的时候，我用非常肯定而严肃的语气对他说：

"你们要不间断地抢救，一分钟也不要停下来。不管死活一定要快挖出来！死要见尸，活要见人。人力不够，我派军的工兵营去！"

虽然，坑道上面抢救的速度加快了，震动得坑道顶上不时掉下一些泥土和碎石，但是王扶之、苏盛轼、陈志茂他们仍然听不出上面的声音。

他们为了活着出去，已经把自己的尿撒在罐头盒里——以尿代水。因为他们渴得嗓子眼儿里直冒烟，到了实在难以忍受的程度了。

"师长，你先喝吧！"苏盛轼和陈志茂异口同声地说。

"不！苏盛轼，你先喝吧！你们伤重，比我更需要。"王扶之把黑暗中递过来的罐头盒盛的尿推了过去，他见苏盛轼不喝，又说：

"陈志茂，你现在干的事比我多，你先喝吧！"

陈志茂也不喝，他说：

"师长，你比我们重要，活着出去还要继续指挥全师的战斗。"

王扶之在这种谁先喝谁都不喝的情况下，不得不以首长的身份向他们发出命令：

"苏盛轼、陈志茂，我现在命令你们两人先喝！"

就这样，苏盛轼和陈志茂才先喝了一口尿，又递给了王扶之喝。

这哪里是互相推让喝尿，分明是在互相推让生还的希望啊！黑暗中，3个人都被这种上下级之间同生死共患难的伟大而崇高的感情感动着。

已经是第二个晚上了。夜深人静的时候，王扶之听到坑道上面有一种声音，马上喊了起来：

"听！这是什么声音？"

3个人同一时间竖起耳朵听，只能听见微弱的"咚！咚！咚"的声音。王扶之又说：

"这是挖土的声音，同志们在上面抢救我们呢！"

从这时起，这种声音强烈地吸引着他们3个人。平时，这种挖土声音他们听到多少遍都不会产生什么感觉，可是这时候，他们盼望了很长时间才听到。每个人听到之后，每一声都是那么亲切、那么动听，每一声都深深地震动他们的心。

这是起死回生的声音！

这是活着出去的希望！

然而在我们军部却发生了一系列先悲后喜的事情：

这天，我在一一六师指挥所。汪洋师长、任茂如政委、张峰副师长、陈绍昆主任都围着我，非常关切地问我：

"军长，一一五师王扶之他们被埋在坑道里，现在救出来没有？"

我沉痛得几乎说不出话来，我告诉他们：

"看来，活着的希望不大。你们要有个送花圈的思想准备……"

第二十一章
不幸之中有万幸

我说完这话还不到一个钟头,军部值班参谋给我打来了电话:

"报告军长,一一五师师前指被炸塌的坑道已经挖通了。王扶之代师长、苏盛轼副科长、陈志茂参谋还活着……"

立刻,我的精神为之一振,惊喜万分,大家的沉痛情绪一扫而光。我当即在电话上说:

"告诉一一五师,把王扶之救出来之后直接送到军部,把我住的地方腾出来让他养伤。请贺大增副政委通知王扶之爱人曾毅到军部照顾她的丈夫……"

打完电话,我兴奋得手舞足蹈,马上向汪洋、任茂如他们宣布:

"我把刚才对你们讲的话收回来,作废!王扶之他们得救了!"

这时,大家你一句、我一句议论开了:

"这真是不幸之中的万幸呀!"

原来,在一一五师指挥所坑道上面的抢救现场,出现了激动人心的事情。

"副连长,从坑道的石头缝里飞出了苍蝇。"一个负责观察的战士向刘文才兴奋得跳起来报告。

"从哪个地方飞出来的?"刘文才蹲下来仔细地观察着。

这个新的发现,立刻把生命的希望传遍了抢救现场的每个角落,原来失去信心的同志现在充满了信心,大家挖掘的劲头更高了,挖掘的速度更快了。

这个新的发现,对于一直处于最悲痛的曾毅来说,具有最大的安慰和最大的鼓舞。她围绕着这个炸塌的坑道转来转去观察,盼望着更新的发现。

"坑道挖通了!"抢救现场又传出了这个更大的喜讯。坑道外面和坑道里面展开了激动人心的对话:

"喂!你是谁?"一一五师司令部四科(管理科)科长王月友趴在那里向很深的坑道底层问道。

"我是陈志茂。"

"还有谁?"

"还有王师长、苏科长。"

人们都向着王月友身旁围过来了。有人说:"别吵吵,听下面有人说话了。"

"你们饿不饿?"王月友又问道。

"我们饿是饿,但渴得更难受,有水吗?"

"有水,有水。现在给你们送下去葡萄糖水,先解解渴。"

王月友拿一根较短的木杆用纱布绑着葡萄糖瓶递下去,够不着。他又找来一根长木杆才递下去了。

王扶之、苏盛轼、陈志茂被救出坑道后,立刻用担架抬走了。

可是,人们再也看不到最先抢救出来的已经牺牲的刘鸣、刘参谋、张釜山、梁志超这4位同志了。

刘鸣是新华社记者,牺牲之前,他一直在我们军采访。

刘鸣烈士的遗体装进了原来给王扶之准备的木制棺材里,埋葬在朝鲜的国土上。

第二十二章
战术反击战的胜利

我军在战术反击作战中打了许多漂亮仗,英雄人物辈出——要让敌人的尸体填平他们自己打的炮弹坑

1952年,朝鲜战争已经接近后期,板门店停战谈判也进入了最紧张、最激烈的时刻。一方面,敌人在我们志愿军和朝鲜人民军的沉重打击下节节败退,军事上的失败已成定局,无可挽回,不得不坐下来谈判,妄图从谈判桌上捞到好处;另一方面,他们又不甘心自己的失败,桌上在谈判,桌下却在频频向我们发动进攻,而且狂妄地叫嚣:"让炸弹、飞机、大炮去辩论吧!"我们的方针是毛泽东主席早就说过的一句名言:"针锋相对,寸土必争!"

面对这种形势,志愿军党委明确提出:"采取积极手段,巩固现有阵地,不放松有利战机,歼灭运动的和暴露的敌人。"我们军党委提出这样的作战思想:"先坐下来站稳脚,然后有步骤、有组织、有计划地打击敌人。"

一一七师党委作出了攻打石岘洞北山的决定,韩曙向我做了报告。我在电话上对他说:"你们把任务交给三四九团是对的,但是敌人也下了很大的赌注,彻底摧毁敌人并非易事,不能一口吃出个胖子来,而应该攻而不守,速胜速撤,连续作战,反复争夺……"

天刚蒙蒙亮,三四九团团长张瑶佩赶到前沿阵地,和三营营长陆子清、教导员郑绍华等人一起看地形。他们居高临下。远远望去,石岘洞北山就像一个不规则的大馒头,满山怪石,坑洼不平。敌人仅仅利用两天的时间,构筑了10余个土木结构的地堡,用交通壕和地堡连接起来,并在前沿架设了3道铁丝网,形成了环形防御阵地。张瑶佩指着敌人的阵地对大家说:"你们看到了吧!敌人是下了本钱的,看样子想长期固守。"

"固守?那是白日做梦!"大家齐声说。

"有信心是好的,但不能轻敌嘛!"张瑶佩说。

在战斗打响前短暂的时间里,一切准备工作都在同步进行着。

6月9日黄昏后,陆子清和郑绍华率领主攻的九连和助攻的八连,在夜幕掩护下,在崎岖的乡间小路上紧急行军。师、团派了12个炮兵连支援他们这次进攻石岘洞。现在,炮兵正在对敌人其他阵地实施"欺骗射击",掩护他们顺利地向冲击出发地区前进。

天黑了下来,陆子清和郑绍华带领的这两个著名的刘志丹创建的红军连队,一连爬过了秋柯岭、光大岱,静悄悄地通过了一片开阔地。大家擦着头上的汗水,整理一下身上的武器装备，喘了一口气。这300多号人神不知鬼不觉地摸到了敌人鼻子底下——冲击出发地。

22时40分，两颗红色信号弹腾空而起，划破了夜空的寂静。

炮火袭击开始了！炮弹一发接着一发在石岘洞北山爆炸着，敌人阵地上火光闪闪，硝烟弥漫。

战斗打得非常残酷，九连连长范文德、指导员林有芳和一排长英勇负伤，二排正副排长光荣牺牲，一排和二排伤亡严重，不得不合并成一个排。郑绍华当场宣布：副连长姜智春代理连长，五班长邓集琦代理排长。宣布完了，他用报话机向团指挥所做了明语报告：

"团长，我是郑绍华。我们已经突破敌人阵地到了石岘洞北山，部队伤亡很大，尤其是干部，九连的4个连干部全部负伤。不过，部队士气很高，现在正与敌人激烈战斗。"

"你们打得很好！发扬了红军连队的勇敢顽强的光荣传统。我们要给你们请功！你们不要给敌人喘气的机会，一定要把美四十五师的加强连这个钉子拔掉！"

"是，马上组织力量，保证歼灭敌人！"

郑绍华同张瑶佩通完话就看见敌人冲上来了。他刚要喊话，叫敌人缴枪投降，敌人的枪就响了，他身后的通讯班几个人眼疾手快，一下把他推倒，有的战士趴在他身上。但是他已负伤了，通讯班长端起卡宾枪把敌人撂倒了。卫生员在洞子里给郑绍华包扎后，他又回到营指挥所下命令：叫八连三排二梯队上来参加战斗。

陆子清听说郑绍华负了伤，马上回到了指挥所，看见郑绍华身上缠着绷带，问道："老郑，伤在哪里？"

"不要紧，擦破了点皮，刚才我已叫八连二排赶快上来。我到八连那里去看看。"

"老郑，我再去组织九连三排把敌人的援兵打下去！"

说完，他们两人便分头去指挥最后的战斗。

在九连攻击的同时，八连也从石岘洞北山的东南方向攻上来了。在二排长负伤、二排副牺牲的情况下，营部指挥排副排长李海挺身而出代理排长和八连副指导员耿占和共同指挥战斗。他们指挥全排同志炸毁了拦路的火力点，攻占了敌人阵地，和敌人展开了肉搏战。共产党员汉有金和美国鬼子扭成一团，用枪托把鬼子的脑袋砸烂。战士朱万发、张连刚的胳膊和头部负了伤，一直坚持到战斗结束。

战斗结束的信号在团指挥所的上空升起来了。在石岘洞北山敌人阵地上，这两个英雄的红军连队胜利会师了。此刻，陆子清营长手上的表，正是23时32分。他们在这里消灭了美四十五师一七九团一个加强连，扛着缴获的2具火箭筒、2门无后坐力炮、2挺

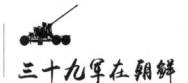

重机枪、6挺轻机枪、40支步枪胜利地回到了自己的阵地。

二打石岘洞是怎样引起的呢？第二天（6月10日）白天，美四十五师一八〇团1个加强连又占领了石岘洞北山。

张瑶佩团长判断敌人是打扫战场，夜间可能撤走。他派人不间断地观察，监视敌人的活动。

当天晚上，他命令一连长李国卿率领本连配属二连部分兵力，前去搜索侦察。

李国卿带着战斗骨干前去侦察。他举起望远镜一看，敌人在山顶和山腰正在加修工事。他估计有一个加强排的兵力。一个积极求战的念头产生了：趁敌人立足未稳，给他来了攻其不备，易于奏效。他立即向团指挥所报告了自己的想法。很快，张瑶佩批准了他的计划。

于是，半夜0点30分，在6个炮兵连的炮火支援下，李国卿指挥小分队向石岘洞北山发起了攻击。一班正面牵制，二班和三班从侧翼南北两面夹击。突破后，机枪射手孙振山抱着机枪猛打猛冲。李国卿3次负伤坚持指挥战斗，号召大家："不怕流血牺牲，坚决拿下石岘洞北山，为牺牲的战友报仇！"经过激战，第二次攻占了石岘洞北山，歼灭美四十五师一八〇团约两个排百余人，我方伤亡41人。战斗结束，李国卿奉命把部队撤了回来。

二打石岘洞北山以后，一一七师主力集中于190.8高地方向，决定暂时不打石岘洞北山。而敌人趁此机会，昼夜加修工事，企图负隅顽抗。10月16日，190.8高地战斗胜利告一段落。一一七师副师长韩曙决定不给敌人喘息时间，命令三四九团第三次攻打石岘洞北山。

这个时候的石岘洞北山，敌人已经建成拥有6道铁丝网、40余个环形土木质发射点、3条半坑道工事且周围设有地雷的坚固防御阵地。这个艰巨的攻坚任务交给谁来打呢？三四九团党委研究认为：前两次攻打石岘洞北山是三营和一营完成的，这三打的任务就给二营吧！

第三次攻打石岘洞的战斗，是在6月20日晚上11时10分打响的。

我们的16个炮兵连和3辆中型坦克对敌人阵地实施火力急袭。可是，由于在炮火准备阶段，主攻分队四连没有迅速进行爆破打开冲锋的道路，10分钟后发起进攻的时候，敌人阵地复苏的火力点猛烈反击，四连一排和二排倒下了许多人，进攻受挫了。

这时，营长朱广道、教导员张道禄两人商量了一下，马上发出紧急的战斗命令：

"四连三排重新组织进攻！"

"五连三排担任助攻投入战斗！"

四连副连长薛玉石接到命令后，他告诉三排排长李道禄："从敌人的侧后进攻！"

第二十二章
战术反击战的胜利

李道禄对七班长王集云说:"你组织一个火力组在正面实施佯攻,把敌人火力吸引过来。"说完,他带领其他人绕到敌人侧后的山脊,连续爆破6道铁丝网,摧毁19个地堡和半月形坑道,冲进了敌人阵地。

在同一时间,五连三排也突破敌人阵地,攻入纵深地带。这样,这两个连的两个三排对敌人形成了南北夹击。经过反反复复的冲杀,全歼了美四十五师一七九团的四连,俘敌5人。三四九团的二营也付出了伤亡150多人的代价。

1952年7月初,志愿军总部对全线防御部署作了部分调整:我军一一六师奉命于7月中旬接替了四十军一一八师及一一九师1个团的防务;一一七师于7月中旬将防务交给三十八军一一三师,进驻市边里以西地区休整。

经过这年春夏大大小小的若干战斗,我们正面阵地更加巩固,对于孤立、突出和有防御准备之敌的进攻作战能力进一步提高,全体指战员求战情绪十分高涨。军党委根据志愿军总部关于粉碎敌人可能的局部进攻先敌发起战术反击作战的意图,于8月28日召开党委扩大会议,作出进行战术反击的决定。

在反击作战的准备过程中,副军长张竭诚和炮兵办公室副主任杜博召集各师炮兵团长郭冷、田凤贤、王化东和配属的炮兵二十七团团长杨文仪专题研究了战术反击中炮兵作战问题,提出了一些新的战法:一是缩短炮火准备时间,由原来的半小时至1小时缩短为20分钟,并增大突然性和火力密度,使敌人还未及判断和实施火力反击,我步兵分队已冲上敌人阵地。二是提前实施破坏射击,在步兵进攻前3~5天,炮兵在白天以单炮对预定目标进行破坏射击,既增强射击准确性、节省弹药,又麻痹敌人。三是打击敌人反冲击部队,在提前进行破坏射击的基础上,有的战术反击战斗可不进行炮火准备,步兵以强袭手段突然发起攻击,占领阵地,炮兵则集中火力打击敌人的反冲击部队、炮兵阵地、火力点等目标,保障攻击部队坚守阵地。

在发动战术反击之前,李雪三政委已到志愿军后勤部政治部当了主任。从这时起,我又是军长兼政委。汪洋调到军里任参谋长,杨启轩任副参谋长,王扶之任一一五师师长,张峰任一一六师师长,韩曙任一一七师代师长,颜文斌和彭金高两位师长先后调离了我军。这段时间,总政治部决定从入朝作战部队中抽调一批师、团干部进军事院校深造,一一五师政治部主任尹培良及汪明德、廖振锋等9位同志回国学习。

这次战术反击战是怎样几分钟突破敌人前沿,几十分钟速战速决的呢?

最先开始反击的一一五师三四五团,9月18日第五次攻打老秃山,他们以两个连的兵力趁敌人吃晚饭之机,在师、团35门山野炮和16门迫击炮的支援下,仅用3分钟就突破了敌人防御,仅以23分钟的激战,就全歼老秃山主峰和2号阵地守敌250余人。

在三四五团打响老秃山反击战后的两个小时,一一六师三四八团开始了偷袭高阳岱西山194高地,二营在迫击炮对敌"欺骗射击"的掩护下,隐蔽地进入距敌前沿30米的冲击出发地区,10分钟后以迅雷不及掩耳之势,突然从6个不同方向对敌发起冲击,仅仅1分钟就全部突入堑壕,只用20分钟就全歼守敌191人。

我们军的领导来到一一六师防御阵地上,看到著名的马良山的东侧,有一个194高地叫作高阳岱西山。它高于三四八团阵地前沿,距离仅仅200米,是敌我缓冲区的要点。敌人控制这个要点后,与高阳岱山构成其南侧主阵地(199.4高地)的有力屏障,而且与水郁市北山连接成完整的防御体系,可以直接监视三四八团前沿和纵深的活动。敌人经常派出小分队向三四八团防守的82号、83号阵地袭扰,守敌是美三师六十五团一营三连。

我们军批准了一一六师在这次反击战中由三四八团攻打高阳岱西山这个194高地以后,从师长张峰、政治委员任茂如、团长高克、副政治委员丁翰到担任主攻的二营营长王林、教导员常德彪,上上下下进入了十分繁忙的组织指挥和政治动员。

9月16日,炮兵连长葛寿山带着观察指挥小组深入敌后指挥单炮进行破坏射击。葛寿山试了试线路,按照预先规定的呼号,很顺利地和主阵地观察所联络上了。他计算出射向和弹着点后,拿起自动耳机告诉在他身后架好报话机的报话员小王,联系主阵地进行试射,不到两分钟,我们的炮弹便在一个敌人大地堡右边爆炸了。地堡外边的敌人像耗子一样钻进了地堡。趁这工夫,他又叫我们的炮兵向敌人支着的帐篷开火。炮弹像长了眼睛似的命中了目标。帐篷着起火来了,敌人的尸体在炮弹和子弹爆炸声中飞上了天。

这样准确的炮击效果,高克和王林他们在近处看得真是过瘾,真是痛快啊!葛寿山在报话中向上级要求:按照预定的方案敲掉敌人的地堡。立刻,从我们阵地上飞过来几颗炮弹,在集团地堡附近炸开了,缕缕的浓烟升上了半空中。紧跟着,便是分不清点的炮弹飞过来了,炸得敌人地堡土木乱飞,有几个家伙刚从地堡里跑出来,就在炮弹爆炸声中倒下了。

确定进攻时间的前两天,师长张峰来了。他在高克团长的陪同下,召集进攻营和担任主攻的四连和五连的指挥员开会,他说:

"进攻的任务和时间明确了,还有什么问题,可以提出来研究嘛!"

"能不能先不用炮火支援,而采用摸到敌人战壕前突然发起进攻的偷袭方式?它的好处是发起进攻突然,可以打得敌人措手不及,容易奏效。如果用炮火支援,部队太近,可能由于炮火散布面大打伤自己人,影响突击力量;部队太远,炮火停下来后再爬山,这段时间敌人可能抢先进阵地,对我方人员杀伤较大。如果一旦偷袭不成功,再要求炮火支援强攻……"王林这个进攻营长操着浓重的苏北口音，反反复复地讲述着。

"你们两个主攻连的连长的意见是什么？"张峰同意了王林的意见后，这样问道。

"师长，营长讲的就是我们想的。事先我们在一起研究过，他是代表我们发言的。"四连连长周玉高和五连连长邢国瑞回答道。

"你们还有什么困难吗？"

"没有。师长，我们坚决拿下194高地，否则不回来见你！"

师政治委员任茂如来了。王林住在四连，正带领战士们在山上演习，一看师政委亲自来到演习现场，王林马上做了报告。任茂如对这个担任主攻任务的连队同志们说：

"同志们！你们四连是解放战争中打出来的铁的连队。你们二排在抗日战争中出现过淮海区的战斗英雄。首战云山，你们又缴获了美国人的4架飞机。这次战术反击作战是志愿军的整个行动，你们攻打194高地是代表我们一一六师打的，也是代表我们三十九军打的。"

"同志们！告诉大家一个好消息——祖国人民赴朝慰问团马上就要来了。打好这一仗，为祖国人民争光，向祖国人民献礼！为了打个歼灭战，我们要进一步发扬军事民主，出主意，想办法，献计献策，以最小的伤亡换取最大的胜利！"

任茂如的这些话，字字句句说到了战士们的心坎上，深深地打动了战士们的心。决心书、保证书像雪片一样飞到了连部、营部和团部。"爬也要爬到194高地"这句最响亮的口号，就是在这时候出现的。

1952年9月18日，天刚黑下来，勇士们静悄悄地向敌人阵地逼近。晚上7时55分，4支攻击部队同时在194高地的东南、西南、正西和正东四个方向展开了6把尖刀，直插敌人阵地。

这次偷袭不发射统一信号弹，是以四连二排打响为攻击发起信号的。这样，这个排成为上上下下注视的中心，由副营长张允贵和副连长周玉高亲自指挥。

在二营指挥所里，王林和其他同志围着步话机等待着各突击分队用暗号传来的报告。四连两路和五连二排突击分队都以步话机吹风的次数和长短报告他们分别到达的指定位置，只有五连三排这一路听不到他们的声音。王林和大家十分焦急。后来才知道，这个排进入敌人铁丝网后，摸到战壕边等待四连二排打响的信号，可是由于步话机被山脊挡住，电波传不出去。

天空漆黑漆黑的，战场上非常寂静。四连绕过敌人阵地正面，从侧翼插入了敌后。五班是尖刀班，战士们怀着紧张的心情，迅速地悄悄地向敌人逼近。到达集合地后，排长轻声命令：

"五班长，爆破铁丝网！"

"是！"五班长王志忠压低嗓门回答后，尖刀组的战士马成勇要求道：

"班长，把爆破任务交给我吧！我能完成。"

"别吭声！"王志忠带着责备的口吻说完，就抱起炸药包爬过去了。

马成勇瞪着圆溜溜的眼睛，望着班长爬去的地方。不一会儿，只见火光一闪，"轰"的一声，突破口子撕开了。尖刀班的战士们乘着浓烟冲进突破口。敌人所有的火器都集中封锁这里，交织成一道火墙。排长牺牲了，正副班长也挂了花……

尖刀班的任务是打进突破口之后迅速往里猛插，打掉敌人的指挥所。马成勇跟着尖刀组长插向敌人主阵地，组长刚跳进交通沟就中弹牺牲了。马成勇顺着沟沿滚了进去，一梭子子弹嗖嗖地从他头上擦过去。他跑出交通沟，借着照明弹光亮，看清了前面几步远的地方有个地堡口。子弹就是从这里面射出来的。他猛地一下爬起来，闪到了洞口旁，身子紧贴住胸墙，狠狠地骂道：

"兔崽子，让我来收拾你们！"

他往这个地堡口扔进去两颗手榴弹，洞里的敌人全被炸死了。这时，他向周围看了看，没有看见自己人。他自言自语起来：

"马成勇呀马成勇，现在就是考验你的时候了。一个人也要完成战斗任务！"

他从牺牲的战斗组长身上解下了小喇叭，沿着交通沟向敌人的指挥所走去。走着走着，七八个黑影从他跟前闪过。他怕误会打了自己人，就吹起喇叭和对方联络，对方没有回答。他判断：肯定是逃跑的敌人。他掷过一颗手榴弹，黑烟起处，敌人都倒下去了。他发现同班战友肖仁爱赶来了，和他一起继续向纵深发展。

敌人的照明弹一个接着一个升向夜空，照得战场如同白天一样，什么都能看得清清楚楚。马成勇和肖仁爱沿着电话线向前走着，他俩盘算着：电话线通向哪里，哪里就是敌人指挥所。果然，他俩听到了地堡里传出了"哈罗！哈罗"的呼唤声，还有电话机的铃声。马成勇小声地对肖仁爱说：

"这是敌人指挥所，你掩护我，我去干掉它！"

在肖仁爱的火力掩护下，马成勇接近了地堡，掏出团首长交给他的手榴弹，投进了地堡里去。手榴弹在里面爆炸，他几步靠近了洞口，端起冲锋枪猛扫一阵，收拾了敌人的这个指挥所。侥幸没有被炸死的敌人，都乖乖地做了俘虏。

"爬也要爬上194高地！"这是担任主攻任务的三四八团四连全体指战员战前发出的决心。它不仅仅是叫得很响的一句口号，而是许许多多战士自觉的战斗行动。一班的

第二十二章
战术反击战的胜利

共产党员张传发就是一个突出的代表。

当敌人阵地的铁丝网被炸开的那一刹那,他带着第三战斗小组勇猛地向山头冲去。不料,一颗炮弹在他身边爆炸开来,他的两条腿负了重伤,倒在地上站不起来了。他把战斗小组长叫到跟前,把自己身上的手榴弹解下来交给他说:"你们不要管我,狠狠地打敌人,要猛要快!"他又对新战士们说:"你们要好好地跟着老同志打呀!争取立功。"说完,他便慢慢地向主峰爬去。他那受伤的双腿,开始是一阵麻木,接着就火辣辣地疼痛起来,最后便完全失去了知觉。爬着爬着,他的耳朵嗡嗡作响,眼睛里金花乱飞,额头上冒出黄豆大的汗珠……他什么也不去想,只想起了自己战前站在毛主席像前的宣誓:"我张传发只要还有一口气,爬也要爬上194高地……"终于,他爬到了194高地的主峰。当同志们惊奇地看到他的时候,他已经昏迷过去了。同志们好不容易把他叫醒了,他手里还紧握着手榴弹,问道:"指导员,快告诉我哪里还有敌人,我要把手榴弹投到敌人堆里去!"

"张传发,你是好样的!敌人已经全部消灭了,我们胜利了!"指导员握着张传发的手说。

9月19日,三四八团四连和五连攻下高阳岱西山后,把守备的任务交给了八连,二班接受了守在主峰的战斗任务,班长刘国民非常高兴地对大家说:"在英雄阵地马良山上战斗,要给连队创造新的荣誉!"

当天,敌人发现了他们,便集中各种炮和4架飞机进行轮番炮击轰炸和扫射。二班的同志们在敌人炮火下积极抢修工事,晚上加修交通沟的当中,刘国民被敌人炮弹把右胳膊打坏了。大家把他抬上担架,他滚下来流着眼泪说:"我怎么能够下去?我要和同志们在一起坚守这块阵地。"后来,领导下命令叫他下去,他躺在担架上握着副班长赵长友的手说:"二班就交给你了,一定要守住阵地!"赵长友满有信心地表示:"班长,我是共产党员,你就放心吧!"

次日天刚亮,由179高地下来了两个连的鬼子,偷袭二班阵地。哨兵赵兴培看见后回洞报告:"班副,敌人要上来了!"赵长友一听,招呼全班战士进入野战工事。他说:"同志们!不要忘了预战方案,把敌人放到20米再打。"等鬼子爬到离交通沟只有20米时,他下达了命令:"打呀!"说完,手榴弹像雨点一样在鬼子中间开了花,一排子弹打下去,接着又是一阵冲锋枪弹,阵地前沿20多个鬼子横躺竖卧倒了一大片,没有死的又被赵长友用自动步枪放倒了好几个。

敌人一阵排炮打过来,把二班的野战工事打坏了,赵长友带着大家奋力修补。敌人又用两个排的兵力分两路发起了第二次冲锋。同志们放下锹镐拿起武器,蹲在掩体内向

敌人开火。机枪打不响了，射手罗开富甩开了手榴弹。就这样，他们把敌人又打退了。

敌人遭到4次打击后，于21日拂晓时分，发动了更大规模的进攻。4架飞机在空中扫射、投弹，地上有13辆坦克和各种炮火，集中向二班猛烈轰击。这次进攻，敌人下了血本，把两个连的兵力完全投入了战斗，像羊群似地赶着往上拥。赵长友一看，上来的鬼子太多了，不能放得过近。他等到敌人上到离他们30多米的地方，大喊一声："狠狠地打！"孙青和沈致一两人在十几分钟内打了7箱手榴弹。敌人倒下一批，又上来一批，轮番拼命地向上冲，飞机又投下各色烟幕弹。战士们的手榴弹打光了，就操起冲锋枪往下打，过了一会儿子弹也快打光了，赵长友叫大家节省子弹，沈致一说："班副，我们没有子弹用石头也要把敌人打下去！"他的话音刚落地，那个叫尹华的新战士送来了弹药、手榴弹，又重新在敌群中炸开了花，一直打到敌人失去进攻的能力。

全连在李喜山连长和彭超指导员的指挥下，在师、团炮群火力的有力支援下，依托坑道工事，顽强坚守八昼夜，连续打垮了1个班至1个多营在航空兵、炮兵和坦克支援下的14次进攻。头一次参加战斗的五班新战士赖文禄，在阵地上只剩下他和眼睛负伤的副班长李金邦两人，敌人将要冲上来的危急关头，他俩英勇顽强，沉着机智，在九班侧射火力支援下，打退敌人两个班的3次猛攻，守住了阵地。全连共歼敌613人，毁伤敌人坦克5辆。

高阳岱上的美三师被我们打得焦头烂额，失掉了战斗力，伪一师便接替了他们的防务。在马良山前沿的高阳岱东北第一、第二无名高地上，换的是两个排伪军防守着。敌人构筑了几道铁丝网、交通沟和坑道，妄想逃脱被歼灭的命运。可是，在我们三四七团五连、八连的两个排和三四八团六连同志们的英勇打击下，要想逃生的敌人却一个也没有逃脱，统统被我们歼灭了。

一一五师三四五团第五次攻打老秃山，不仅攻得上而且守得住，出现了众多可歌可泣的英雄人物。

朱亘宁团长在军用地图上的老秃山背后，画上一个重重的箭头说：

"这就是你们深入敌后侦察的潜伏地点。"

"团长，我们保证按时完成任务。"侦察参谋汪世全说完，向朱亘宁敬了个礼转身就做准备去了。

第二天的黎明3点40分，汪世全和测图员杨保才各带着一名侦察员到了团长所指定的潜伏点。他们分两组在相距10多米的草丛里潜伏起来，等待天明。

东方露白了。雨后的老秃山反斜面的一切，经过雨水的冲洗，显得特别清晰。汪世全拿出一份五万分之一的地图，把它折成了一寸见方，光露出他们侦察的那一小块图拿在手里。此刻，他和他的伙伴们的眼睛，已经瞄准了他们所要侦察的敌人阵地上了。阳光从正东16号山隘口照射在他们脸上，有些刺眼，山上一阵嘈杂，有几个美国兵在堑壕晃动着。侦察员袁金侠嫌目标太小，刚要举起望远镜瞭望，汪世全用肘腕碰了他一下，小声说："反光！"袁金侠就把望远镜放下来了。

"咚！""咚！"熟悉的坦克炮出口声震动着耳鼓，两缕黑烟立刻吸引了汪世全的视线。他随着黑烟看去，16号山腰和山顶有两辆坦克正朝着我方阵地打炮。他猛然记起了经常封锁我方前沿阵地的就是这两个铁王八。他把坦克的位置在地图上画了一个蓝色的方块。他看到坦克的来往道路是从富兴里沟口拐过来的。一条直通28号山顶，另一条沿河岸伸到28号山脚下。于是，他又用蓝铅笔画上两个长道。

汪世全等4个人的眼睛，现在集中到敌人那些大大小小活像乱坟包似的地堡上面，他们满眼睛都是地堡。汪世全揉揉眼睛，仔细地观察便看得清清楚楚：看一个记下一个，大的画上蓝十字带红圈，小的画上个红圈，然后反复校对地堡的部位和数目——共有3个地堡群、42个地堡，大部分有两个枪眼，可以组织交叉火网。地堡群外围，还有3道铁丝网——一道是螺旋形的，他画了一道蓝色曲线；两道是屋脊形的，他画了两串小人字。28号山脚下有一个平顶大地堡，顶盖上还露出漆黑的钢板，门口拉着饭碗粗的一把把电线，上下来往的人都在门外立正喊报告，出出进进很是频繁，汪世全看到这里心里乐极了："没有问题，这是敌人的前沿指挥所，这回可找到狼窝啦！"他又在地图上画了一个蓝色三角。

这4个同志在潮湿的草丛里蹲了半天，老秃山斜面敌人阵地上的指挥机构、地堡数目、火力位置、工事坚固程度、防御体系和敌人活动的情形……这些平时在观察所里看不到的东西，现在都落在他们手里了。又一个晚上来到之后，他们带着一种丰收的喜悦心情，踏着露水从将军洞、石砚洞回到了自己的阵地。

"你们这次侦察任务完成得很漂亮！"朱互宁很满意地握着他们4个人的手说，给他们每人一支香烟慰劳一下。

"再过几天，我们团党委根据你们侦察的情况将制订出强攻方案，把老秃山变成我们的阵地。"团政治委员陈砚田也高兴地说。果然，团党委把攻击任务交给了三营，进行了战斗部署：九连从南侧主攻，七连从北侧助攻，八连阻援和断敌退路。师和团以山炮、野炮、榴弹炮35门，迫击炮16门组成炮兵群支援战斗……

再过几天就要五打老秃山了。团参谋长刘兆打电话对四连副连长徐家富说：

"徐家富，给你一个新的任务——你带人到老秃山抓一个活的美国鬼子回来！"

"参谋长，你什么时候要？"

"当然是五打老秃山之前要呀！"

"你什么时候要，我就什么时候抓回来！"

"那好，你明天看地形，看完地形就去抓。"

第二天，徐家富在全连中挑选了几个勇敢而机智的战斗骨干，看完地形后，带着冲锋枪、手榴弹、刺刀、小锹和绳子，趁天黑人静摸到了老秃山敌人的阵地上去了。他们沿着敌人的交通沟搜索前进。他们掀开一个敌人工事门口挡风的雨布往里看，一群美国鬼子在睡觉。他们又掀开另一个敌人工事门口的雨布，突然冲进去一阵冲锋枪打死了绝大部分睡觉的敌人，留下一个活的，拽出工事就往山下拖。这个家伙用手拽住炸断半截的树桩，一个战士用小锹狠狠地打他的胳膊才松开了手。

审问的结果，这个俘虏提供的敌人阵地情况，和汪世全他们潜伏侦察带回来的完全一样。

攻击老秃山之前，一一五师炮兵团六连二炮执行抵近破坏射击的任务。炮阵地离老秃山仅有1500米，上级对二炮的要求：从16日至18日的3天中，摧毁敌人8个地堡。

9月16日下午4时，二炮刚一发射，5门敌炮和4挺机枪疯狂地反击过来了。一发又一发炮弹在阵地附近不停地爆炸，机枪子弹从炮手们头上、身旁嗖嗖地飞过去。炮方盾被穿透了几个窟窿，有一发炮弹从二炮手李援兴的手指缝穿过去，手指受了伤，他好像没有这么一回事，仍然顽强地发射，还一再鼓励一炮手和三炮手说：

"同志们！快点装填，快点射击，炮弹打出去就是胜利！"

结果，一直打完16发炮弹，摧毁了敌人1个暗地堡和1个明地堡。

1952年9月18日晚上6点钟，总攻老秃山的炮击开始了。无数发炮弹集中在老秃山敌人的阵地上轰鸣。当一连串的信号弹升上夜空时，七连和九连10个突击班像10把尖刀，直向老秃山的腹心插去。短短的两分钟以后，九连一班的战士张鸿生就把一面红旗插上了老秃山主峰。

老秃山上的敌人被我们猛烈的炮火震昏了，还没有来得及动作，就被我们冲上去的战士一阵冲锋枪和手榴弹，打死在地堡里。九连一班的战士们一口气打掉了6个地堡。二班的爆破手葛子云一个人就打掉7个地堡，战后荣立一等功，在全团全师传为佳话。

葛子云冲上山头正往右插时，忽然看见敌人一个地堡枪眼里突突地向外冒火星，紧跟上来的一班长和三班长挂彩了。他心中冒起了火，端起自动步枪照准地堡枪口就是一梭子，敌人的枪声被压住了。他马上一个箭步跳上去，又扔进一颗手榴弹，这才把地堡里的几个鬼子送回了老家。他刚一定神，又瞧见前面一个地堡里的火力，正在封锁右翼部队的前进。他想：得把这个地堡干掉它！他向左拐了几步，找个死角站稳，看准地堡就打了七八发子弹，正打得起劲，冷丁一想：光这样打，要是鬼子缩头往洞外跑了，

第二十二章
战术反击战的胜利

岂不是白搭吗？想到这里，他急忙往左边一闪，恰好看见一个鬼子正往洞外迈步，他马上往洞门口扔去一颗手榴弹，把美国鬼子送上了天，这时右翼的冲击部队上来，迅速冲上了山头。

葛子云打掉 3 个地堡之后，捡起两根爆破筒，正准备朝 15 号目标冲去，忽听排长林文德呼喊："冲啊！快把 15 号的敌人也消灭掉。"葛子云一听，兴奋得顺着排长的喊声，就往山洼奔去。敌人的炮火反击得更疯狂了。15 号目标的敌人也正用重机枪封锁着这一无名高地的下坡。

他一股劲地冲上 15 号的山坡，随着战友们扔过去的破甲雷的烟雾，几个箭步就从右侧跳到那个还逞凶的地堡后面，把一根爆破筒塞了进去，只听"轰"的一声，爆破筒在地堡里开了花，敌人也完了蛋。

我们军在战术反击战中，不仅在夜间能打反击战，在白天也一样能打反击战。三四七团首创白天袭击水郁市北山，就是打得很典型的战斗。

水郁市北山位于临津江月城里、朔宁里地段江西的一个转弯处，海拔 100 余米，西北方向有一条狭长的谷地。一条公路自左库里、右庄里、回山洞等通往板桥洞，为我军三四八团、三四六团坚守的主阵地——马良山、高旺山地区。水郁市北山上这个高地是三四七团防御阵地前沿左翼唯一的敌人盘踞的一个小小的据点。

9 月 24 日，为了保障三四六团和三四八团顺利地攻克高阳岱东北山上的守敌，三四七团团长王如庸在本团六连一排袭占水郁市北山之后，命令三连一排接替六连控制了这个高地，到了 28 日凌晨 4 点 14 分，敌人见我三连占领了水郁市，就用两个连的兵力向三连占领的阵地进攻。第一次以一个连前后冲击了两回，都被三连指战员打退。6 点 10 分，敌人又以一个连攻击，王如庸果断地决定：三连一排撤出主峰阵地！等到敌人登上高山立足未稳的时候，他指挥炮兵实施猛烈的炮火覆盖，把敌人打得落花流水。他又命令三连趁敌混乱之机，勇猛冲锋，一举将敌人击溃，重新占领了主峰。这样，先后毙伤敌人 200 余名，缴获轻机枪 4 挺、自动步枪 11 支、步话机 2 部、电话线 3000 米，而三连仅伤亡 13 人。

敌人虽然损失惨重，但仍不死心。从 29 日至 30 日 0 点 40 分，敌人又以一个连兵力轮番向三连发起了进攻。在团指挥所的王如庸又命令三连在打退敌人两次进攻后，主动撤出主峰阵地，再次以强大的炮火覆盖，敌人遗尸 20 余具和大量枪支弹药，水郁市北山第三次回到我军手中，三连仅伤亡 4 个人。

这次白天的反击战，为什么打得如此出色？主要是团预先明确作战方案，步炮协同密切，战斗指挥果断，部队转移和反击适时，因此受到了志司的表扬。

我军在36天的战术反击战中,先后对敌人10个连排支撑点进攻10次,发扬了我军近战、夜战的特长,利用夜暗偷袭与强攻相结合,依据地形和敌军阵地情况,有的攻占后主动撤离,有的与敌人反复争夺,在争夺中大量杀伤敌人,共歼敌5个连25个排及1个排大部,击退1个班至2个营兵力的百余次反扑,共计毙敌4219人、俘敌96人。这次战术反击中,我们军选择的进攻目标10个,占中朝部队进攻目标总数60个的17%,进攻10次占总数77次的13%,攻占后巩固了的阵地有高阳岱西山、北山、北山南小高地、水郁市北山、上浦坊南山小高地、198.6高地共6个,占总数18个的33%。敌我伤亡为4比1,我们以小小的代价换来了大的胜利,战后受到志司和十九兵团通令表扬。

记得,国庆节这天在军司令部,我和副军长张竭诚、副政委贺大增、参谋长汪洋、政治部主任石瑛特别设宴招待我军功臣模范和最近几次反击战中出色的功臣代表以及作战有功的各级指挥员。

我在讲话中,着重指出:"最近我军几次反击战中战术上有几个特点:第一,动作勇猛顽强,三五分钟占领阵地,二三十分钟就解决了战斗;第二,做到了全歼敌人,高阳岱西山一仗,只跑了4个敌人,又被打死1个抓住3个;第三,打下来还能守得住,没有野战工事也一样守;第四,不但夜间可以打反击,现在白天同样可以打反击。三四七团水郁市反击战是打得比较典型的战斗。在这几次反击战中出现很多英雄人物,这些胜利的获得是由于这些功臣模范和全体指战员的努力得来的。希望大家继续发扬英勇顽强的战斗作风,使敌人丧胆,使敌人屈服,用我们的威力压倒敌人。在志愿军面前没有攻不破的防线,没有打不垮的敌人,没有克服不了的困难。我们要准备打更大的胜仗,用战斗的胜利来迎接志愿军出国作战两周年,用实际行动来回答祖国人民对我们的关怀和期望……"

第一一七师官兵沿锄吾芝里、朱柯洞一线进攻,切断春加公路

第二十三章

士气高涨

祖国人民慰问团送给我军两面红旗——"先锋连"和"常胜连",奉命把红旗插上了"联合国军"加拿大二十五旅皇家步兵团由贝茨公主伞兵营占领的高旺山

　　1952年10月中旬的那些天，一些同志们见了面就问："祖国人民慰问团什么时候来啊？"我知道这句普通的问话里，包含着大家热爱毛主席和祖国人民的深厚情感。对于我们这支离开祖国整整两周年的人民子弟兵来说，哪一个不像盼望亲人一样盼着祖国人民慰问团的来到呢！

　　这一天终于盼来了。10月11日从早晨到晚上，同志们奔走相告："祖国人民慰问团今天晚上就到！"这个消息像春风一样温暖着每个人的心。一大早，文工团的女同志走几里地上山去采摘各种鲜花，男同志在忙着布置会场。下午5时，大家像过新年一样穿上了新军装，戴上了祖国人民赠送的抗美援朝纪念章，高高兴兴地排队走向欢迎贵宾的会场。

　　当夜幕降临，我和其他军里领导在军部驻地的一条山沟里，迎接祖国人民慰问团。这时，我一看沸腾的人群里，锣鼓喧天，歌声起伏，热闹非凡。我和大家一样，平时总感到时间过得太快，可现在我不时地看看手表，总感到秒针走得太慢。时针已经在晚上6点了，还不见慰问团到来。深秋夜晚的山谷里寒气袭人，大家一点不觉得冷，每个人都不时地翘首遥望着慰问团来的那条道路。忽然，远处山道上刚刚闪出了车灯的一束光亮，许多人就兴奋地跳起来喊道："来了！来了！"

　　我们朝着慰问团乘坐的汽车走去。4盏照明的电灯耀眼地照在多少指战员的笑脸上。在军乐队奏起的《歌唱祖国》的乐曲声中，欢腾的欢迎行列里响起热烈的掌声、口号声和喧天的锣鼓声。女同志抱着一束束美丽的鲜花奔跑过去，把我军全体同志热爱祖国人民的心情送到慰问团代表们手里。当我们陪同慰问团负责人从欢迎的人群中走过，五彩缤纷的彩纸在空中飞舞。直到慰问团代表们走进休息室，那军乐声和锣鼓声还在响着。

　　我听见来参加欢迎慰问团的同志们在往回走的路上纷纷议论着："慰问团一定给我们带来了许多慰问品！"

　　"最好的礼物就是祖国富强繁荣的好消息！"

　　第二天上午，我们在驻地一个很大的掩蔽部里，举行了我军入朝以来最为隆重的盛大集会，热烈欢迎祖国人民慰问团中南分团一行70多位代表。军政治部主任石瑛代表我军全体指战员向不辞辛苦远道而来的祖国亲人们致以敬意,感谢毛主席和祖国人民对我们的关怀和热爱。我在大会上向慰问团汇报我军入朝以来的战绩时说:"我军在五个战役中一天也没有停止过,整整打了7个多月,加上10个月的防御作战,共打死、打伤和俘虏敌人37308名,缴获六〇炮以上口径的大小炮303门,各种武器5454件,炮弹171400发,子弹773171发,飞机4架,战车21辆,汽车414辆,击毁坦克86辆,击坏78辆,击毁汽车80辆,击坏75辆,击毁飞机85架,击坏152架……"

"我们打了10个月防御战,也挖了10个月工事,把东西45华里、纵深40华里的地区变成了坚不可摧的铜墙铁壁,光坑道就够我们在地下行军一天。假如把我军所有的交通壕连接起来,可以通到鸭绿江边。这是人间的奇迹,超过了法国有名的马其诺防线,也超过历史上芬兰的曼诺林防线……"

祖国人民慰问团中南分团卢文新、孙耀华两位副团长在欢迎会上发表了热情洋溢的讲话。其中这样几段话博得最热烈的掌声:

"亲爱的同志们,我们从祖国带来了5万万颗最热诚的心。这5万万颗热诚的心,都在期望着你们的捷报。当他们听到从朝鲜前线传来你们的胜利消息时,老年人变得年轻了;妇女更美丽了;那些站在生产战线上的劳动英雄们,则不断地创造着新的纪录。每颗心都在思念着你们,关怀着你们,敬仰着你们,想着你们的光荣和伟大。"

"亲爱的同志们,毛主席很健康,祖国人民都很幸福,毛主席和祖国人民都关心你们的健康。我们这次来,就是代表着毛主席和5万万祖国人民真诚的心意。请你们接受我们的慰问吧!"

"亲爱的同志们,我们看到你们的革命乐观主义情绪,就看到了胜利的光芒,看到祖国的辉煌灿烂。祖国人民因为有了你们而自豪,我们将永远的歌唱你们的英雄事迹,把你们所创造的奇迹,讲述给下一代人听……"

接着工人代表马可芒、农民代表孙庆宇、解放军代表秦天秀、民主党派代表(副团长)唐午园、青年代表喻宜、文艺工作者代表田涛、瑶族代表邓卖尾、宗教界代表陈建勋、华侨代表劳云熙等祖国亲人,都热情洋溢地讲了话,他们的每一句话,都代表着祖国5亿人民对出国作战优秀儿女的无限热爱,亲切关怀与殷切期望,使广大指战员感受至深、备受鼓舞,极大地激发了爱国热情和英勇杀敌的决心。

祖国人民赴朝慰问团在军直活动3天后,就在10月14日离开了军直,分赴各师部队进行慰问活动。慰问团卢文新副团长率第一组到军直,孙耀华副团长率第二组到一一五师,副团长唐午园率第三组到一一六师和一一七师慰问之后又到军后勤慰问。当他们到达各

阵前合影

1952年10月23日夜，第一一六师三四六团强攻高旺山西山，全歼加拿大第二十五旅皇家步兵贝茨公主伞兵营1个加强连，击毙230余人，俘虏14人

曾经的对手

师部队时，都受到极其热情而又热烈的欢迎。

一一七师集合了400多名官兵到驻地2里地以外的地方去迎接慰问团的代表们。当代表们下车的时候，天空中升起了6颗红色的和绿色的信号弹，掌声和口号声响彻云霄。一一六师用松树枝搭起了彩门，慰问团的代表们一下车，就被欢迎的人群抬了起来，一直抬到了师部。

12日下午，祖国人民慰问团到了三十九军的消息传到团，成了各个连的同志们议论纷纷的话题。大家都在思考着怎样来迎接这些从祖国来的亲人们。侦察排副排长杨纯贤也和其他同志一样，在考虑着自己的计划。他对全排同志说："家里人——祖国人民慰问团的同志们来了，我们要打一个漂亮仗迎接他们！"

当晚，天色很黑。他率领战士们带上冲锋枪、手榴弹，静悄悄地走下了山冈。晚8点钟，他们到达了设伏地区——高旺山西北脚下。杨纯贤带八班从西棱线上组织出击。九班设伏在西北山脚的小道旁。这里是敌人从高旺山下来的必经之路。

八班接近敌人阵地铁丝网的时候，杨纯贤把手一抬，大家故意把铁丝网弄响，有的同志还故意咳嗽几声——把敌人吸引出来。果然，过了一会儿，敌人约一个加强排从他们左侧迂回过来了，逐渐向九班正面摸去。战士朱福生又特意咳嗽了一小声，敌人听到后都蹲了下来，想看看征候，这时，九班长马上站起来端着机枪扫射，其他同志接二连三地开了火，把手榴弹一个接一个地投了过去。美国兵还没有看清是怎么回事，就挨一顿狠揍，当即有9个鬼子丧生，这时，山上的敌人听见下边这一阵激烈的枪弹声，步枪机枪同时开了火。挨揍的鬼子得了势，也向九班投手榴弹，然后才逃跑回去了。

不料，敌人反而冲下来了。正好杨纯贤带着八班战士从右侧打过来，他一边打一边喊道："同志们！打个漂亮仗向祖国慰问团献礼。"一个叫朱福先的战士腰上已经挂了彩，一听喊出的这句口号，精神为之一振，站了起来向敌人猛打。最后，全排一股劲把敌人打得恨不得长出翅膀好逃命……这一小小的战斗打死打伤敌人23名，缴获迫击炮1门和手枪、冲锋枪各1支。

在我的印象里，最典型也是最成功的，还是一一六师三四六团在师长张峰、团长李德功等师、团指挥员直接指挥下，把祖国人民慰问团赠送的两面红旗插上高旺山这场速战速决、痛歼守敌的战斗。

在朝鲜战场上，美、英侵略军和李承晚伪军已经多次遭到志愿军和朝鲜人民军的沉重打击。为了配合板门店停战谈判，我们决定狠狠地教训一下侵朝美军的帮凶——盘踞在高旺山上的加拿大军队，迫使他们向美军叫苦和施加压力，以促进朝鲜停战谈

第二十三章 士气高涨

判的进程。

正好,祖国人民慰问团在各师进行慰问活动,我们叫三四六团拿出两个过得硬的连队把这一仗打好,向祖国人民慰问团献上一份厚礼。

高旺山西山位于这里主阵地马良山以西3公里,是由4个连绵起伏的小高地构成的人字形地势,阵地编号除西北侧无名高地外,分别为28号、29号、30号,突出伸向前沿227号高地,距我前沿200余米,基本上处于我们三面包围之中。这个突出的高地是敌人防御体系中的一个重要支撑点。守敌是加拿大二十五旅皇家步兵团的贝茨公主伞兵营二连及一连一部共4个排兵力,分别配置在4个高地上。无名高地均构筑环形堑壕一道,堑壕外有3~7道铁丝网,还布有地雷;阵地内筑有防炮洞的地堡群,反斜面有小坑道和掩蔽部。各高地间有交通壕相连接,与高旺山主峰相通,在接近我前沿处常有潜伏哨。

敌我双方的地形是敌高我低,中间有一条约800米的平坦山川相隔。每天上午和黄昏前,敌人均以飞机和炮火封锁山川及各主要路口,阻止我们接近。

攻打高旺山,是三四六团在朝鲜战场上的最后一仗,大家都十分关注的是由哪些连队担任进攻任务。

在团党委会上,大家一致的意见:把主攻任务交给一连和四连这两个在解放战争中打出来的英雄连队,一连曾被授予"先锋连"荣誉称号,四连也曾被授予"常胜连"荣誉称号。

从10月10日起,进攻前的各项准备工作在周密地进行着:营连分别进行思想动员,要求大家发扬先锋连和常胜连的光荣传统,争取更大的荣誉。

李德功团长、张杰参谋长、刘学仁营长组织连、排干部和骨干,5次对高旺山进行潜伏观察和抵近侦察;召集参战分队班以上骨干在沙盘上详细研究进攻战术;在相似的地形上进行7次战术演练;炮兵以不规律的炮火对高旺山进行"欺骗射击";组织小分队在附近地区积极佯攻;派出5个排三昼夜隐蔽在敌前沿60米处,构筑了可容纳500人的屯兵洞;准备了120斤炸药、15根爆破筒、50枚反坦克手雷、400颗手榴弹……

进攻前的一个漆黑的夜晚,天空阴得像一层黑色的幕布笼罩着大地。李德功团长率领着一营长刘学仁、二营参谋长、作战股长肖文泉、先锋连连长李维珍、常胜连副连长许更南出发了。

他们悄悄地越过敌人阵地前沿的3道铁丝网。这里离敌人阵地只有50米,他们选择了攻击目标和进攻路线，确定了屯兵洞的位置。当这一切结束的时候，天空忽然下起了倾盆大雨，把他们进了障碍区时设置的记号冲掉了。大家都为找不到返回的道路而焦急，担心被敌人发现。这里，敌人在铁丝网上挂着照明雷，一触即发。如果到处乱摸，还容易踏响地雷。李德功沉着地对大家说："做好被敌人发现的战斗准备，一定要镇静！"

大雨下了一阵又停了，刘学仁发现了进入障碍区的口子，他们才安全地返回了营地。

在阵地后面的山坡上，两个英雄连集合了。团政治委员齐雷把从祖国人民慰问团接过来的两面红旗，分别交给了常胜连连长吉广贤、指导员张同民和先锋连连长李维珍、指导员李兴林。他们当着团首长的面，又将红旗交给了两个尖刀班的班长。

这是两个英雄连队指战员们盼望已久的愿望得到实现的时刻。以往，他们看到兄弟部队战斗胜利的捷报一张又一张地传来，急得一次又一次地向上级请求战斗任务，眼睛一直盯在高旺山上。他们在接到攻打高旺山的命令之前，就早进行了各项战斗准备。如今，接过了祖国人民慰问团交给他们的红旗，他们怎么不高兴、不激动呢？

齐雷政委把两面写着"祝英雄们把红旗插上高旺山"字样的红旗交给他们的时候说："英雄连队的同志们，这两面鲜艳的红旗，寄托了祖国人民无限的希望。我代表团党委命令你们——不管遇到多大困难，无论付出多少代价，一定要把红旗插到高旺山上！"

"感谢祖国人民对我们的关怀！"

"用生命和鲜血来保卫伟大祖国！"

"坚决把红旗插在高旺山上！"

"用战斗的胜利向祖国慰问团献礼！"

英雄连队响亮的口号声，在山间久久地回荡着。他们把用鲜血写成的决心书交给团首长，血书上写着："如果我负伤，爬也爬到高旺山！""不获全胜，誓不归还！"

明天就要进攻了，张峰师长、朱恒兴副师长在团指挥所把常胜连和先锋连的吉广贤、张同民、李维珍、李兴林叫到跟前，对他们说："这是阵地防御战的最后一仗。你们两个连的担子又重又光荣呀！全军、全师同志们的眼睛都在看着你们哟！你们还有什么困难吗？"

"师首长，保证完成任务！只要我们还活着，就一定把高旺山拿下来！"吉广贤和张同民坚定地说。

"师首长，坚决完成任务！只要我们还有一个人在，就一定把红旗插到高旺山上！"李维珍和李兴林坚决地说。

拂晓前，先锋连和常胜连的勇士们趁着夜暗敌人炮火的间隙，悄悄地运动到敌人鼻子底下的屯兵洞。

这一个又一个屯兵洞，洞口用树枝伪装着，不用说敌人的飞机和大炮，就是人走到跟前也准不会发现。四周都是水淋淋的，地上是一个又一个水坑，战士们一个摸一个躬着腰坐在里面，抬不起头来，不准动也不敢动，不让出声也不敢出声，要咳嗽忍不住就用手帕捂着嘴，饿了啃一块压缩饼干，渴了就喝坑里的水……我们的战士为了当天晚上冲上山去消灭头顶上的敌人，硬是熬过了常人难以忍受的整整一个白天啊！

等待的盼望的时刻终于来到了。

在师、团指挥所里，负责步炮协同的指挥员们记得最清楚也最准确，这是1952年10月23日傍晚17时17分，58门火炮、8门六〇炮、4门无后坐力炮一齐怒吼了，急袭射击的炮弹像暴风雨般卷向高旺山敌人阵地。9挺重机枪、4挺高射机枪吐出了一串又一串长长的火舌。

先锋连和常胜连的勇士们早已按捺不住了，在统一的号令下，以雄健的梯队，多路的箭头，向敌人的阵地猛冲上去。

先锋连在连长李维珍和指导员李兴林率领下，分两路向高旺山的28号高地猛扑上去。李维珍带着一排突破后，遭到敌人火力猛烈袭击，伤亡很大，他负了伤仍然坚持指挥战斗。李兴林带着二排在突破口受阻，李维珍命令一排火力支援二排，突破了敌人前沿阵地。这样，两个排大胆穿插，迂回到敌人侧翼进行攻击，四面包围敌人，猛打猛冲，一举攻占了28号阵地，全歼敌人一个排，李维珍立刻发出命令："三班、六班注意！准备打敌人反击！"

三班和六班占领了有利地形后，先后打退了敌人一至两个排的反冲击。

常胜连在连长吉广贤、指导员张同民的率领下，分成5支直插高旺山主峰的小分队，从左路山脚下冲下去，用棉大衣和炸药扫清前进道路的残存障碍物，穿过敌人拼命阻挠的火力网，五班进到两个外围设有铁丝网的坑道。班长用火力掩护副班长王文和上去把铁丝网和坑道一起炸掉，然后和七班、九班分路向纵深发展。

在突破敌人第一道防线后，敌人战壕里扔出一颗鸭嘴手榴弹，张同民负伤晕倒了，几个战士当场牺牲了。卫生员把张同民抬下去，他清醒过来问道："怎么把我抬下来了？"

"指导员，你身上3个地方挂了彩。"张同民从担架上跳下来又冲上去坚持指挥战斗。

先锋连副连长王友才带着三排分两路向30号高地包抄，接近山头时，他左腿负伤，自己简单包扎了一下就冲上了山头。九班副雷殿元带一路从左侧迂回，排主力从右侧打上去，一下子解决了敌人4个地堡的火力点。冲上山头的九班战士们用爆破筒和手雷杀

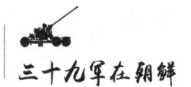

伤敌人。残敌纷纷跳出交通沟逃窜，第一个家伙刚爬上沟崖，三班副赶上来，抓住他的两条腿拖了下来。小战士江义福把一个正在向沟上爬的敌人一枪就搂下来了。

高旺山次峰285高地被勇士们占领了，扼住了敌人的咽喉。

这两个英雄连队，在敌人顽抗中伤亡都很严重。先锋连的连长、副连长负伤，3个排长都牺牲了。常胜连三排长王XX左腿被打断了，坚持爬到山上指挥战斗，战士马XX腿也被打断，硬是爬着向前冲锋。战士们看见干部负伤不下火线，无论重伤轻伤都不下火线，抬担架的同志叫谁下去，谁也不下去。张同民叫喊着："马XX，你的腿都断了，快上担架吧！"

"指导员，三排长的腿也断了，他怎么不上担架？"

是的，当时战士们看到干部们负伤不下去，他们说什么也不下战场。这种场面是很感人的。张同民作为指导员受到深深的感动，多么好的战士啊！战斗发展到最激烈也是最后的阶段了。

先锋连的三排副排长余锡金在冲锋途中负了重伤，他想到自己手中是祖国人民交给的红旗，就一直咬紧牙关，摇摇晃晃地向山顶上冲去。别人要接过他手中的红旗，他说什么也不给。直到最后到达会攻点，终于实现了自己最崇高的愿望——亲手把一面鲜艳的红旗插上了山顶。

常胜连的红旗在担任尖刀班任务的九班长彭辉手里。他是亲自从祖国人民慰问团同志手里接过这面红旗的。现在，他正高举红旗向着高旺山主峰冲去，忽然，敌人火力封锁的子弹打中了他，他倒了下去。紧跟在后面的战士黄新朝，从班长手里接过红旗继续向前冲去。不好！黄新朝又负伤倒在山坡上，后面跟上来的战士叶本理又从黄新朝手里接过红旗。这时候，敌人仍然非常疯狂地用火力封锁通往主峰的道路。好多本连的干部战士看得清清楚楚，叶本理的头部、腿部多处负伤，鲜血在脸上流淌，鲜血浸透了军服，只见他艰难地、忍着剧痛举着红旗插上了高旺山的主峰。

在这里，用"赴汤蹈火，前仆后继"这8个字来形容当时的场面，是一点也不过分的！

这一切激动人心的场景，都发生在12分钟异常激烈的战斗中。具有光荣传统的先锋连和常胜连这两个英雄连队，全歼守敌加拿大军25名、俘敌14人。

这时候，战斗并没有完全结束。敌人进行了3次反冲击，均被勇士们击退。俘虏也没有抓完，下面就是一个只要会喊话就能抓俘虏的故事。

常胜连歼灭敌人占领阵地后，吉广贤连长命令三班副李明带着5个战士监视敌人的动静。他们正走着，忽然战士石树森小声地喊起来："副班长，你看，前面那个黑影。"

第二十三章
士气高涨

李明顺着他手指方向望去，黑乎乎的看不清楚。旁边扛着机枪的机枪组赵常有说："怎么一点也不动弹，是个大石头吧？"

石树森正要举枪射击，李明想起张同民指导员讲过敌人在战场会装死的故事，马上不让石树森开枪打。你说巧不巧，就在这时，敌机扔下了几颗照明弹，照得满山遍野亮亮的。

"动啦！动啦！是个鬼子。"赵常有几乎跳起来喊道。接着，他把最好学的一句英语朝着那个敌人喊了起来："哈罗！哈尔滨大楼（"缴枪不杀"的译音）！哈尔滨大楼！"

李明一边部署不让这个鬼子跑掉，一边也喊了话。那个家伙早吓得魂不附体了，乖乖地举起双手，浑身上下发抖地答道："哈罗！饶命！"他还用汉语说："谢谢！谢谢！"

没有想到，这个鬼子当了俘虏后，又指着那边咕噜咕噜说个没完。李明他们到那边一个炮弹坑里搜索，躲在里面的另一个鬼子也当了俘虏。这个被堵在避弹洞里当了俘虏的加拿大士兵，摊开双手沮丧地说："我们双方阵地之间隔着800米平川，你们炮兵的炮火一延伸，你们步兵就出现在我们阵地上了。简直不可思议！不可思议！"

战斗结束以后，李德功没有料到他以前的一位同学会从祖国寄来这样一张《参考消息》。打开报纸，他看到被歼灭的加拿大二十五旅的皇家步兵团贝茨公主伞兵营二连少校连长受伤在香港住院时回答外国记者的一段话：

记者问："你在这次战斗中有何感想？"

少校连长答："共军的炮火非常厉害，炮弹像雨点般落在我们阵地上，工事被摧毁，我的同僚大部分被打死，有的负了伤。我这次有幸受伤没有死，感谢上帝的保佑。"

就在高旺山战斗胜利结束的第二天——1952年10月24日，军直在寺洞隆重集会欢送在我军胜利完成慰问任务的祖国人民慰问团中南分团的全体同志。会议由军政治部石瑛主任主持。慰问团卢文新副团长发表了热情洋溢的讲话，他怀着十分兴奋的心情说："我们到前线以后，看到的和听到的每一件事情，都值得我们留恋。你们的英雄事迹、钢铁阵地、克服困难的精神和文娱活动，都表现了志愿军高昂的战斗意志和革命乐观主义精神。我们慰问团的同志这次到前线，不仅完成了祖国人民所嘱托的任务，也提高了思想觉悟，丰富了我们的精神生活，鼓舞了我们建设祖国和继续支援你们的信心。我们坚决把志愿军的胜利和英雄事迹，传达到祖国每个角落去，以便鼓舞祖国人民在各种不同的工作岗位上，把祖国建设得更好……"

我在欢送大会上也讲了话。我怀着十分激动的心情说："同志们！这次祖国人民慰问团来到我军，给了我们全体指战员无穷的力量。自从慰问团来到前线的消息传出后，我军从9月18日起发起的反击战到现在已歼灭敌人3500多名。"

第二十四章

安息吧 战友

永远不要忘记他们——把生命和鲜血留在朝鲜国土上的无名英雄们

1952年11月末，在成川休整的一一七师奉命先行回国接替辽东海防。那天，我打电话对代师长韩曙说：

"你们师先回国，要组织好车运。为了避免不必要的伤亡，你们避开成川选个登车点。你要亲自到志后和铁司去，一方面告别一下，另一方面向他们请示铁路运输的一些问题。"

"请军长放心，我会按照您的指示去办。"

12月5日夜，一一七师的部队从新成川以北分乘6列军列回国了。骡马辎重因不便乘车，由新成川徒步出发，途经新仓里、北仓里、宁边、泰川、龟城、新义州等地，过鸭绿江桥回到祖国安东。

不几天，我们接到志司发来的电报：三十九军停止回国，归西海岸指挥部所属，担任战役总预备队，参加反登陆作战准备。我告诉司令部向刚刚回到祖国的一一七师发报，命令他们：不丢一人一枪，全部返回朝鲜。于是，便有了一一七师再次入朝这件事情。1953年1月8日，全师部队由祖国大东港火车站登车，9日拂晓到达朝鲜平安南道，随即进驻顺安地区担负反空降任务。

1953年4月21日，我军奉命与五十四军换防。一一五师于4月26日将防务移交给一三四师后，从温井地区登车回国。28日部队到达安东后经过两天行军到达大东沟和旅大地区的庄河，担负守备海防的任务。一一六师于4月28日将防务移交给一三五师后，由平壤登车回国至本溪地区。我军是西海岸反登陆反空降指挥部的总预备队，担任自朝鲜的铁山半岛至祖国的辽东庄河，鸭绿江南北长达270公里的海防任务，随时准备再次入朝作战。张峰师长和三四七团团长王如庸、三四八团团长高克和炮兵团团长田凤贤留在朝鲜前线帮助一三五师训练连以上指挥员，介绍入朝作战特别是西海岸反登陆反空降的经验，大约一个月后才回国归队。

3年前，我们三十九军秘密地入朝，在朝鲜打了3年仗，如今，我们仍然是秘密地回国。没有鲜花，没有掌声，没有欢送的人群。这正是为了中朝人民的根本利益。由于当时停战谈判协定尚未签字，服从大局严格保密。否则，敌人知道了，对谈判不利。

1953年4月，我正在西海指担任副司令员兼三十九军军长和政委的时候，组织上调

第二十四章
安息吧 战友

我回国担任东北军区副参谋长。

我调走以后，张竭诚任代军长，石瑛任代政委。1953年5月，三十九军军部回国到了凤城。

自1950年10月19日过鸭绿江入朝，至今正式返回祖国，共2年6个半月抗美援朝作战。

这时，我们军接到上级通知：抽调几名团营政工干部前往朝鲜板门店参加对战俘的解释工作。

这天，军政治部主任沈铁兵找一一五师政治部敌工科长曹建华谈话说："朝鲜战争虽然停战了，但是战俘遣返一直是敌我双方斗争最激烈、最复杂的问题。现在，我们的停战谈判代表团的工作进入了一个新的阶段，其中之一就是要成立一个解释代表团，加强对遣返战俘的解释工作。我们军决定抽调你和其他3名同志前去参加这项工作。你有什么意见？"曹建华说："主任，我服从组织上的决定。"沈铁兵最后说"好！这项工作十分光荣但又非常艰巨。你们不仅代表志愿军，而且也代表中国军队，要好好学习，努力工作……"

我们军和曹建华一起调到朝鲜板门店参加遣返战俘解释工作的有：一一五师三四五团政治处主任田茂喜、一一七师三四九团二营副教导员吴秉均和一一六师一位同志。他们坐着一辆汽车直接到了开城。报到的时候，他们看到各军调来参加解释工作的有近百名政工干部，六十八军政治委员李呈瑞担任解释代表团团长，三十八军参谋长李际泰担任副团长。

1953年7月27日上午10时，我方代表团首席代表南日大将与对方代表团首席代表哈利逊中将在停战协定上先行签字。

同日，朝鲜人民军最高司令官金日成元帅于平壤在停战协定上正式签字；联合国军总司令克拉克于汶山在停战协定上正式签字。

次日，中国人民志愿军司令员彭德怀于开城在停战协定上正式签字。

朝鲜战争停战协定签字的当天，金日成元帅、彭德怀司令员向朝鲜人民军和中国人民志愿军发布命令：

"自1953年7月27日22时起，即停战协定签字后的12小时起，全线完全停火。"

至此，从1950年10月至1953年7月历时2年零9个月的抗美援朝战争以中朝人民的胜利而宣告结束。

就在金日成元帅和彭德怀司令员发布停火命令的第二天，一一七师把铁山半岛的防务交给五十军的部队，奉命回国了。出发前，师党委向全师部队颁发了有关遵纪守法和群众纪律的《十大禁令》。

师主力从铁山半岛出发的那天，当地的朝鲜人民倾城出动，男女老少载歌载舞，夹

倪祥明

第一一五师党委追认倪祥明、周元德为共产党员的决定

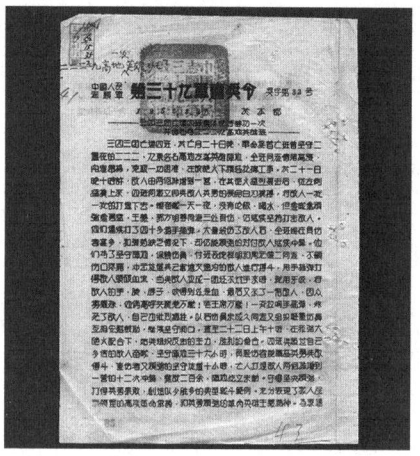

第三十九军给四班记功及命名为一级英雄班的嘉奖令

高云和

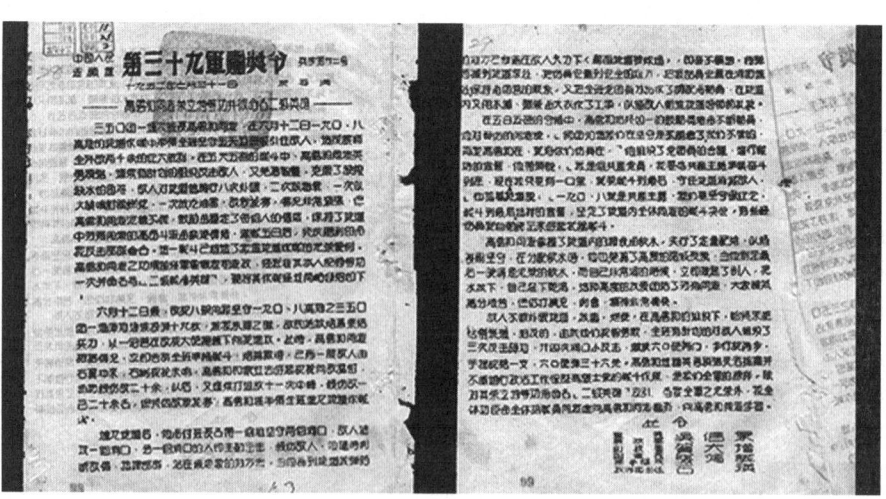

命名高云和为二级英雄的嘉奖令

第二十四章
安息吧　战友

道欢送。全师指战员怀着依依惜别的心情，在朝鲜人民含泪的注视中，登上了开往祖国的列车。当列车驶向鸭绿江大桥时，他们的心情更加激动起来，几乎每个人都挤在车窗口回过头去，再看一眼朝鲜的山山水水，向这块友好邻邦的土地告别，向生活在这块土地的患难与共的朝鲜军民告别："再见吧！朝鲜的父老乡亲们！"

"再见吧，朝鲜人民军的战友们！"

一一七师炮兵团是我们军回国最后的一个团。全师回国时，团长丁文斋和政委薛瑞云率领全团指战员在铁山半岛执行任务，归五十军指挥。9月，他们才接到命令，全团乘火车回国。车过新义州时，列车停下来，接受停战监督委员会波兰、捷克、瑞士、瑞典这些中立国代表的检查。这几个国家的军官来到车上，非常友好地同列车司令丁文斋相互敬礼、握手，然后问道："贵团多少人？携带了多少武器？"丁文斋如实地作了回答，然后陪同这几个外国军人到各个车厢去看了看。

当列车徐徐地驶过鸭绿江大桥安全抵达祖国的前哨城市安东时，这个炮兵团作为东北军区炮兵战略预备队，在安东大休息3天。

越是在我们这些战争中的幸存者返回祖国的时候，我们越是想念那些把生命和鲜血留在朝鲜国土上的无名英雄们！

我们这些活着的战友不会忘记他们，祖国的父老乡亲不会忘记他们！

朝鲜战争结束的若干年后，我曾数次在审阅老部队送来的《中国人民解放军陆军第三十九集团军军史（抗美援朝时期）》的时候，每一次都看到不止一处没有姓名的英雄壮举：在出国第一仗中，"1950年10月29日14时，敌300余人在6辆坦克的掩护下，向一一七师三四九团泥踏洞以南一、二营阵地发起攻击。战斗先后在六连、五连展开。指战员们发扬'人在阵地在，誓与阵地共存亡'的革命英雄主义精神，与敌人进行着殊死搏斗。19时，敌人一个排兵力突入六连二班阵地，二班长手持两根爆破筒冲入敌群，毅然拉燃导火索，与敌同归于尽……"

在阵地防御战中，"1952年6月12日，美四十五师一八〇团在52架飞机、34辆坦克以及炮火的支援下，以两个连兵力分三路向190.8高地发起了37次猛攻，三五〇团一连经5小时激战，毙敌200余人，毁伤敌坦克7辆。10时，敌进占190.8高地东南无名高地，一连五班面对群敌，临危不惧。当敌人突入阵地时，全班同志勇猛冲入敌群，与敌展开了白刃格斗。但终因寡不敌众，除1人脱险外，其余全部壮烈牺牲。"

每每读到这里，一种非常不安的情绪在我心中翻滚着：那个二班长的名字没有留下来；这个五班的全班战士姓名谁都不知道。他们就是这样为着朝鲜人民的解放，为着祖国人民的安全，默默无闻地献出了自己年轻的宝贵生命，却没有留下自己的名字。

我想起了那还是发生在第四次战役的事情：一一六师三四七团指挥所里，第一个回合的仗刚刚过去，战斗间隙显得更加繁忙：什么转运伤员、安葬烈士、遣送俘虏呀！什么战评请功、战斗详报呀！电话铃声没有间断过，政治处主任和组织股的同志分头在研究审查功臣事迹时，给几个营打电话问道：

"有这样一位功臣不知道查出来没有？"

这是一个什么样的没有留下姓名的有功之臣呢？只有团长李刚和参谋长王如庸亲眼看见过。他是在注岩里激烈战斗中涌现出来的英雄。当时，被压缩在注岩里的敌人，用坦克把村庄三面包围起来。构成了村落防御的火力配备，顽强地阻止我军的冲击。我军的攻击部队就这样跟敌人硬顶住了。眼看天快要亮了。李刚在想：如果不在天亮之前解决这股敌人，天一亮敌人就会得到外援，组织突围逃跑。他果断地命令：再用一个步兵连从北面敌人防御弱点突破，发起强攻。

于是，激战就在村子里展开了。敌人的坦克没有支持多久就被我们的勇士们打毁了。这时，一部分攻击部队突进了村庄，村子里燃起了大火。浓烟一股股地冒起，又降落下来，顺着地平线滚荡着。就在这里，我们的战士和美国兵进行了一场逐壕逐屋的争夺战。

天亮了，村子里的战斗更加激烈起来。敌人4架飞机在上空盘旋，一会儿就飞走了。汽车的马达声响成一片，敌人要突围逃跑了。李刚和王如庸举着望远镜看到了新出现的情况：从注岩里村头南边开出了一条黑蛇似的汽车队，头尾夹着坦克，拥挤着顺公路向南驶去。李刚大声命令："吹冲锋号！"团里的号长，营里的号目，连里的号兵都吹起了清脆嘹亮的冲锋号，各路追击部队立即奔向了逃敌。

三四七团指挥所从山上转移到山下，李刚和王如庸也跟着追击部队一起追了下去。敌人从汽车上、坦克里向追击部队开枪打炮，激战转入到公路上展开了。敌人先头的坦克停了下来，拼命地用炮火拦阻追击部队接近公路。

"赶快炸掉这辆坦克！"李刚这样想着，"只有炸掉它，后面笨重装备的敌人才会被堵塞在公路上，成为瓮中之鳖！"

但是，李刚看到自己的追击部队距离这辆坦克三四百米以外就被阻住了。谁来完成炸掉这辆坦克的关键性任务呢？这时，王如庸指着前面说："团长，你看！"

李刚顺着他的手势看去，嗬！在前面不远的一片深坑里，有3个战士在悄悄地蠕动着。李刚把大腿一拍：

"太妙了！这是哪个连的？"

"现在还看不出是哪个连的。"

第二十四章
安息吧 战友

他俩再仔细一看，这3个勇士正在向先头的坦克匍匐奔去。周围敌人炮弹爆炸的烟尘一会儿把他们淹没了，一会儿他们又露出了身影。他们3个人渐渐地逼近了那辆喷着火舌的坦克。当他们离坦克只有十几米的时候，第一个跳出弹坑的战士，躬着腰跑了几步就栽倒不动了。第二个战士又跳出弹坑上去了，但马上也倒下去了。这时候，李刚和王如庸紧张地喘着粗气，两颗心都吊在半空上。倒下一个战士，他俩的心就向下沉坠一下。敌人打过来的炮弹不断爆炸着，烟雾笼罩着地面，什么也看不见了。

"团长，你看第三个！"

"参谋长，你看第三个！"

在李刚和王如庸身旁的警卫员喊了起来。李刚和王如庸定睛看去，烟雾中只见第三个勇士已经离开原来的位置，避开正面，从侧旁一片长满荒草的田地里低姿跟进。他跑几步马上卧下，向前爬一会儿，又跳起来跑几步。"好一个机智勇敢的战士！"李刚一边注视着，嘴里一边感叹着。

现在，这第三个勇士已经接近那先头的坦克了，只要用手雷就可以揍掉它了！突然，一发炮弹打到他身边，掀起了一团黑色的浓烟，接着卷起了火舌。

"糟糕！糟糕！"李刚、王如庸和警卫员同时从嘴里冒出重复着的两个字。他们悬起来的心好像都沉到了底。他们屏住呼吸，眼睛紧紧盯住前面那熊熊烈火，心里又出现另外两个重复的字："完了！完了！"

李刚正要和王如庸商量怎样重新组织力量前去完成这3位勇士未完成的任务——一定要搞掉这辆先头坦克。就在这时，谁也料想不到的奇迹出现了！忽然从前面那火堆里滚出了一团火，直向坦克滚去。

这是极其短暂的一瞬间，也是最为关键的一瞬间！就在这一瞬间，正在转动着炮塔的坦克底下，闪过一团白光，接着就是一声轰隆爆响，坦克摇晃了几晃就跌倒在公路上，第二辆坦克慌忙后退，撞在后面的汽车上不动了。

公路被堵塞住了，敌人混乱地从车上往下跳，往车底下爬，胡乱地打着枪。而我们两侧的追击部队已冲上公路，在敌人中间掀起一片冲杀声。

李刚和王如庸迅速地跑过去，把刚才那英雄壮举看个究竟。在离被炸毁的坦克只有几米的地方，躺着那位勇士：他的衣服已烧成黑灰，皮肤灼烧得辨不清面目，但他的一只胳膊还是向前伸着，保持着原来投弹的姿势。

面对着这位为部队扫清前进障碍的勇士，李刚和王如庸怀着崇敬而激动的心情，就地研究他的英雄行为：原来，当敌人那颗化学迫击炮弹在他身边爆炸时，他敏捷地卧在

一块荒草地上，但终因被炸去一条腿而昏迷过去。当他被烈火烧醒后，意识到敌人坦克尚未炸掉。于是他忍受着巨大的疼痛，带着满身的火焰，向着坦克滚去。他手里只有一颗反坦克手榴弹，他怕不能炸毁这辆坦克，所以一直爬到坦克边才投掷出去。这时，他已经没有力量，而且也来不及躲开了。

他们仔细地搜寻着这3位烈士身上和身边可以证明他们的名字和所在连队的东西。然而，太令人失望了，太叫人遗憾了！在烈士们身上一切纸的或布的东西都被烧焦了，连每个人面目也被烧得无法辨认出来……由于这个团必须尽快地撤出战斗去执行新的任务，李刚和王如庸只好交代前来打扫战场的同志们，将这3位英雄的遗体妥善安葬，设法继续查清烈士们的名字。

三四七团寻找这3位英雄战士的名字，和其他团清查那些与敌人同归于尽的烈士的名字一样，一直也没有结果。我们三十九军在朝鲜战场上，特别是在五次战役中像这样失掉名字的英雄何止三四七团这3位英雄人物！最可贵和最值得我们学习的是这些英雄的战士，在牺牲自己生命的刹那间，并没有想到要留下自己的名字，他们为了完成党和祖国人民交给自己的神圣任务，用自己的牺牲去换取战斗的胜利。

在抗美援朝战争时期，作为军长的我，深感遗憾的事就是对三十九军宣传不够，特别是对许多英雄人物、烈士名字没有完完全全地保留下来。如果三十九军烈士名单都能刻在安东市抗美援朝烈士纪念塔上，那该多好啊！这是我一生最大的憾事，现在趁写回忆录的机会，总算能弥补了一些。

三四四团七连指导员钟晋臣永远不会忘记：在洪川机动防御战中，七班坚守在246高地上，抗击敌人一个连的进攻。钟晋臣在连指挥所用望远镜看到：副排长韩国发牺牲后，班长宋治国指挥大家打退敌人一次又一次进攻。当阵地只剩下宋治国一人时，敌人上来了，他站起来抱着冲锋枪向敌人一阵猛烈射击后与敌人同归于尽了。

三五一团五连副指导员刘兴忠永远不会忘记：第四次战役后，他们走在鸡冠山和北培山进行防御，四天四夜打退了敌人数十次进攻。敌人炮火封锁，饭送不上来，全连干部战士忍饥挨饿，英勇奋战，连长、指导员、副连长都先后壮烈牺牲，全连打到最后只剩下20多人。刘兴忠指挥一排抗击敌人一个营的进攻时，他看到六〇炮班长甘卫庭不用炮架用手抱着炮身向敌人射击。三班战士杨秀杰枪里子弹打光了，就和冲上来的敌人拼刺刀。他一连用刺刀刺死5个敌人后，另外4名敌人用刺刀刺倒了他。牺牲前，他高呼口号："共产党万岁！毛主席万岁！"

入朝后一直跟随军指挥所作战行军的党委秘书孙祥华于1951年4月6日于马山洞写

第二十四章
安息吧 战友

下这样一篇日记：

虽然，我没有见过他的面，但是，他的英雄形象总不能在我的心中削弱下去。

他是一个青年团员。他们一个班受命执行反击任务。从其他师来的一个副班长因为没有战斗经验，表现畏缩。他就激愤地说："你不敢去，我去！"他带这个班胜利地完成任务。恢复了阵地的第二天，敌人一个营又来进攻。他指挥全班人顽强地抗击，给敌人很大杀伤，最后负了重伤。班里奉命转移，文化教员把他从山上背下来，眼看敌人就要追上他们。他对文化教员要求说："把我放下，你赶快走！你还可以留下打敌人，要不咱两个人都死在一起不上算。"文化教员总也不放手，最后敌人实在离得太近了，文化教员才悲痛地答应了他的要求。但离开时总是不断地回头看他。他既不慌张也不动摇，只是镇静地拉着手榴弹的弦，躺在那里。等敌人上来时，文化教员听到他喊了一声："为我报仇！"最后"轰"的一声，他与敌人同归于尽了……

在一一七师三四九团青年股长王众1950年12月5日于华阳里的日记里，写下的却是有名有姓的英雄人物，同样令人感动不已。

过了九龙江，我们在一条山沟里宿营了。正好天已大亮，照例有的同志选好地形在挖防空洞，有的同志在淘米做饭。

前面传来了胜利消息，我们这一仗消灭敌人两个连，同时还传来了很多的英雄事迹。应该被人们仰望和歌颂的是这样一位千秋不朽可歌可泣的英雄——连战士鲁福善同志。他在这次战斗中，怀抱4颗手榴弹冲入敌阵地和敌人同归于尽。他生于天津，今年30岁。在国民党反动派统治时期，他曾亲眼看过美国兵强奸中国妇女的兽行，他也曾亲身挨过美国兵的毒打……他是单身汉，解放后他把革命部队当成家。他对祖国有着无限的热爱，他对美帝国主义有着无限的仇恨。他的英雄壮举不是偶然的。而是在他的心灵深处喷发着复仇的火焰。在首战云山时，他也曾随身带满手榴弹，几次要求前去炸掉打倒我们几名战友的美军坦克。这次战斗中，他同样看到一堆敌人在一块巨大岩石后面占领有利地形用火力伤了我们许多战友，在我方暂时无法歼灭这股顽敌的情况下，他主动要求排长去干掉这股敌人，未等排长答复他就奔下山去了。他向排长说了最后一句话："我去为战友复仇，为保卫祖国和敌人拼了，我死后请求批准我加入中国共产党。"他的英雄壮举，扫清了部队前进道路上的障碍。我们活着的战友无不为他的英雄行为所感动。战后，他的愿望实现了，被追认为中国共产党正式党员，并追记一等功。我们为祖国有这样的好男儿而骄傲！

引用了这两篇日记之后，在我的记忆里还有一个带有传奇色彩的英雄故事。

这是发生在1952年3月间阵地防御战的事情：3月27日那天，一一七师三四九团指挥

所把观察釜沼洞等地敌情的任务交给侦察排，副班长侯昭郎听说后积极地向排长要求担此重任。排长望着这个机智而勇敢的共青团员，想起他在博川战斗中，作为步兵第四连的机枪战斗小组长，配合尖刀班深入敌后打退敌人两次冲锋，消灭40多个敌人，有力地保证尖刀班完成了战斗任务。战后，他本人荣立一大功。他带领机枪战斗小组荣获"模范机枪组"的称号，以后他就被调到团侦察排了，排长看他要求任务坚决，相信他能完成任务，就答应了他。

3月28日拂晓，排长带着侯昭郎和4个侦察员，深入到距敌人不到一里路的佳男洞的山上。排长命令侯昭郎和侦察员王陪龙在一个旧的迫击炮阵地上观察。他自己到别的地方观察，规定黄昏时分集合返回。排长走后，侯昭郎和王培龙把手榴弹卸下来放在坑旁，准备万一敌人上来时好拿起来就打。

敌人占领的山高，而佳男洞低矮，相距又近，结果他俩被敌人发现了，从下午1点到5点，敌人不间断地朝这里打炮。突然，一发炮弹打进了他俩观察点的洞子。侯昭郎和王培龙都负了重伤。手榴弹被打飞，枪也被打坏了。侯昭郎忍着伤痛呼唤着身旁战友的名字：

"王培龙，你怎么样？"

"我……我……"王培龙再也说不出话来了。

不知过了多久，王培龙一点动静也没有了。等侯昭郎再去呼唤他时，一看，他闭上了眼睛。

这时，侯昭郎才看看自己伤得怎么样，左下腿的肉几乎全部被打飞。腿部、左臂等部位共有4处受了伤。爬了一个多小时才爬出100米。在这里，他找到了一个防炮洞，就爬进去了。

侯昭郎四肢无力地躺在防炮洞里，身上的4处伤口均未包扎，肿起来了，火辣辣的疼痛难忍。他没有哭叫，更没有动摇。他这样想着：我是共青团员，在战斗中为祖国人民和朝鲜人民牺牲是值得的，是光荣的！

天已黄昏了，排长在集合地点左等右等，都不见侯昭郎和王培龙的身影。他派侦察员彭明仁去找。彭明仁到那里一看，人没有了，只剩下两支被打坏的枪。他回来报告排长。排长断定：他俩不是挂彩就是牺牲了。于是，又派一个班带着担架再去找。

这个班到达侯昭郎和王培龙原来执行任务的地方，刚开始挖地刨土寻找。不料，敌人上来了一个排企图包围他们。因为他们人少，就撤回去了。

这时候，在洞子里的侯昭郎，忽然听见洞外有人说话的声音。他仔细地侧着耳朵听，能听出有中国人说话的声音。他立刻判断起来：是不是自己人来找他，也可能是敌人带着特务来抓人？

第二十四章
安息吧　战友

　　此刻，他百倍警惕地想着：自己身上还带有共青团员介绍信和入党志愿书。这些东西如果落到敌人手里，将会泄露党和国家的机密。对！这些东西哪怕是张纸片，一个字也决不能让敌人得去。他把身上带的这些东西撕成碎片，再在洞子里用手刨了一个坑埋起来。这样忙了一阵后，他又想到：假如敌人真来了我该怎么办呢？这个时候，手里要有一支冲锋枪，身边要有几颗手榴弹，那该多好啊！敌人来了就可以和他们拼个你死我活！可是，摆在他面前严酷的现实——武器都没有！他开始在这个防炮洞里寻找、搜索，终于让他摸到了一根木棒。他像得到了最好的武器似的，把木棒紧紧地握在手里。一个共青团员的决心从胸中油然升起：决不让敌人抓活的！

　　洞子外面传出了一群人走路的脚步声，由远而近。侯昭郎听得清清楚楚，从说话口气看，不是自己人，而是敌人。声音越来越近。他举起手里的木棒，只要敌人把头伸进洞口，他就一棒子打下去。可是说话声和脚步声又由近而远了……

　　整整一个夜晚的寒冷、饥饿和疼痛，被侯昭郎这个坚强的战士、优秀的团员，用最大的毅力熬过去了。

　　第二天，他想爬回部队去，便开始爬呀、爬呀。可是，他刚爬到洞口，就再也爬不动了。他不得不抑制住了这个念头。这一天的时间，他感到太漫长了，太难熬了。这时候，只有这时候的他，比任何时候都更加强烈地想念着伟大的祖国，想念着自己的家，想念着英雄的连队，想念着可敬可爱的首长和战友……

　　第三天又来临了，侯昭郎全身4处伤口由于没有包扎、没有药，肿得更严重了。寒冷、饥饿、疼痛、口渴袭击着他、折磨着他。他口渴得实在难以忍受，便找到了一个空罐头盒接自己的尿喝了两次。只有20来岁的他，并没有悲伤，更没有流泪。恰恰相反，他为自己能够克服着这一个又一个的困难而感到作为一个志愿军战士的自豪和光荣……

　　二股（侦察股）股长袁步清两次派人寻找侯昭郎都空手而归。他一看三天三夜过去了。便下决心自己亲自带人去找。他向团长张瑶佩请示：

　　"团长，让我带一个班去找侯昭郎，就是牺牲了也要把遗体找回来。"

　　"那是敌占区，你一定要加倍小心。我给一营打个招呼，一旦被敌人发现，我叫他们掩护你们安全返回。"

　　袁步清被团首长这样关心一个普通战士的安危而受到鼓舞，便带着一个班的侦察兵深入到敌后，就在那个防炮洞里找到了侯昭郎。

　　当袁步清躬着腰进洞的那一刹那，侯昭郎手持木棒正要迎面打来，一看是自己日夜思念的侦察股长，哭着喊了一声：

427

"二股长,我没有彻底完成……"

"不!你是好样的!你有骨气,我们向你学习!我们为你请功!"袁步清激动地抱住了侯昭郎这个年轻而坚强的战士。

这一夜,张瑶佩没有合眼,不断地打电话询问:

"你们股长把侯昭郎找回来没有?"

侯昭郎从敌占区回来了!消息传到哪里,哪里的人都高兴得不得了。可是,侯昭郎的伤势太重了,马上用担架转送后方医院治疗去了。从此,他与部队失去联络,不知下落。

朝鲜人民是永远不会忘记我们的。有一件事情深深地留在我们记忆之中。

那是1952年年底,一一六师第二次进入平壤,执行反空降作战的战斗任务。一年前他们收复了平壤,如今又来保卫平壤。全师进驻平壤后,为办理三四七团的指挥关系,张竭诚副军长、张峰师长和王如庸团长来到了中国驻朝鲜大使馆办理手续。倪志亮大使已经回国,临时代办乔晓光热情地接待了他们。

张竭诚、张峰、王如庸乘吉普车到了平壤东面一条山沟里,这里是朝鲜民主主义人民共和国副首相兼民族保卫相崔庸健办公和居住的地方。张竭诚他们知道:崔庸健是讲武堂出身,早年参加过我国的黄埔军校,支援过我们的抗日战争。当他们走进他的会议室,只见墙上挂满了各种地图,崔庸健平易近人,和蔼可亲,操着一口流利的中国话。他介绍了西海岸朝鲜人民军的部署和平壤的布防等情况。张竭诚他们向他汇报了一一六师特别是三四七团在平壤担负的任务。谈话中崔庸健还说了这样一番话:"这场战争,如果你们中国人民志愿军不来,我们朝鲜的情况就很难说呀!你们的彭德怀司令员指挥志愿军作战,短短几个月就把战局稳定下来,这是很了不起的事啊!你们三十九军在国内是四野的主力军,有中国工农红军的老底子嘛!现在,你们来到朝鲜支援我们打击美国侵略军,又是志愿军中的主力军嘛!你们首战云山打败美国骑一师王牌军,收复平壤,突破三八线,解放汉城打了许多漂亮仗。朝鲜人民是永远不会忘记你们的……"

这一天,对于张竭诚、张峰、王如庸来说,又是一个难忘的日子。

白天,他们看了一天地形。晚上,崔庸健陪同他们走进了平壤的牡丹峰剧场。在休息室里,金日成首相接见了这3位志愿军军、师、团指挥员。

崔庸健向金日成一一介绍着:

"这是三十九军副军长张竭诚。"

"这是一一六师师长张峰。"

"这是三四七团团长王如庸。"

第二十四章
安息吧 战友

金日成和他们一一亲切握手，面带笑容地说：

"中国同志们好！欢迎！欢迎！"

"金首相好！"他们3个人同时说道。

崔庸健向金日成继续介绍着：

"两年前，就是他们三十九军部队收复平壤的，现在，他们又到平壤来参加反空降作战的准备……"

金日成听了非常高兴，连声说了几个好字。他禁不住想起志愿军入朝第一战役打的云山那一仗，便问道：

"你们的军长是谁？"

"吴信泉。"

"对！对！我见过，我见过。"

"金首相在什么地方见过？"

"云山战斗，你们三十九军打得漂亮！在志愿军总部，彭德怀司令员总结第一战役的时候，我见过吴将军。"

接着，崔庸健向金日成汇报了平壤反空降的作战计划，他特别提到王如庸担任平壤反空降第四分区司令。

金日成点点头说：

"好呀！朝中两军联合起来反空降，就一定能够粉碎敌人的阴谋！"

战争结束以后，我常常想：如果有机会，再去朝鲜看看，到我曾经指挥过战斗的地方看看今天的朝鲜，那该多有意义啊！我怎么也没有想到一直到40年以后，我的大儿子吴皖湘替我圆了这个梦。

那是1991年夏天，吴皖湘作为中国人民解放军八一体工大队大队长，率领男篮和女篮队员们踏上了到处鲜花盛开的朝鲜国土。

皖湘带领运动员们在朝鲜同志的陪同下，来到了坐落在平壤市区美丽的牡丹峰的一个山冈上的朝中友谊塔。他听解说员介绍：它始建于1958年，在1959年10月25日即中国人民志愿军赴朝参战9周年纪念日落成。1983年根据金日成的指示，朝鲜劳动党中央作出决定，对这座塔进行了扩建，于第二年10月25日前夕完工。

"大家看，朝中友谊塔占地面积12万平方米，塔高30米，塔身是用1025块花岗石和大理石砌成的。1025象征着中国人民志愿军赴朝作战的日子——10月25日。大家再看，塔顶上有一颗以月桂枝环绕、象征胜利和光荣的斗大金星。塔身正面镶嵌着"友谊塔"3

个镏金大字。塔的底层是一个巨大的方形塔座……"解说员熟练的介绍对大家的参观很有帮助。

皖湘他们走进塔内圆形大厅中央,看到解说员从一座大理石石函里打开一个闪闪发光的铜盒,拿出两本志愿军烈士花名册给大家看。皖湘拿过来翻阅着,一本是团以上干部烈士花名册,另一本是志愿军英雄模范烈士花名册。他看到我们军吴国璋、薛剑强、吴书、何凌登、邱世清、赵顺启、王泉、茅霭亭、张和祥这些军、师、团指挥员的名字。他也看到了一级英雄倪祥明、全国战斗英雄王凤江和曹根福的名字。这里共有10本由志愿军政治部送存的烈士名册,虽然只记载了团以上指挥员和英雄模范,但仍不足志愿军烈士人数的1%,可他们却是中华民族优秀儿女之精英,是最可爱的人的突出代表。朝鲜人民的伟大领袖金日成在题词中写道:

"中国志愿军兄弟们!你们流下的鲜血和贡献,朝鲜人民永远不会忘记。"

在朝鲜东海岸元山,皖湘带领的中国人民解放军男女篮球队与朝鲜人民军的男女篮球队举行了友谊比赛。38年前我在西海指担任副司令员指挥作战的地方,如今成了皖湘他们重点参观的西海水闸。

皖湘他们结束了朝鲜的访问,眼看就要启程回国。这天,朝鲜人民军国防部的同志送皖湘他们走的时候说:

"40年前,为了援助我们朝鲜人民抗击美国侵略军,你爸爸吴信泉将军率领志愿军主力军之一的三十九军第一个打败了美国王牌军骑一师,立下了赫赫战功,三十九军广大指战员浴血奋战,英勇顽强,前赴后继,不知多少英雄人物洒下了鲜血,献出生命,朝鲜人民永远不会忘记他们!"

说到这里,朝鲜同志拿出两瓶朝鲜好酒和一个精致花瓶说:

"这份礼物是我们送给你爸爸吴将军的,请你带回去。我们对你爸爸和其他老前辈以及现在三十九军全体指战员的亲切问候、热烈祝福!"

"请放心吧!我一定把你们的问候和祝福带给他们,谢谢你们,谢谢朝鲜人民!"皖湘接过礼物,激动得热泪盈眶。

皖湘从朝鲜回来后,向我和他母亲惠如从头到尾详详细细地述说了一遍访朝的经过。我望着朝鲜人民军国防部的同志送给我的礼物,被深深地感动了。我更加深刻地体验到:朝鲜人民没有忘记我们,更没有忘记那些把生命和鲜血留在朝鲜国土上的英雄们和烈士们!

中朝两国人民和军队的友谊天长地久、世代相传!

抗美援朝战争时期志愿军第三十九军牺牲的团职以上干部

姓　名	部职别	牺牲时间与地点
吴国璋	志愿军第三十九军副军长	1951年10月在朝鲜成川
何凌登	志愿军第三十九军司令部参谋处长	1950年10月在朝鲜龟城
程道健	志愿军第三十九军司令部通信科长	1953年1月在朝鲜成川
史怀珍	志愿军第三十九军司令部管理科长	1953年1月在朝鲜成川
李飏成	志愿军第三十九军后勤部管理科长	1951年3月在朝鲜临津江
邱世清	志愿军第三十九军后勤部副政委	1951年3月在朝鲜临津江
赵顺启	志愿军第三十九军后勤部副部长	1951年8月在朝鲜成川
张和祥	志愿军第三十九军一一六师政治部民运科长	1951年3月在朝鲜占城王
薛剑强	志愿军第三十九军一一六师参谋长	1952年6月在朝鲜朔宁
王　泉	志愿军第三十九军一一六师政治部副主任	1952年6月在朝鲜临津江
王唐照	志愿军第三十九军一一六师政治部文化科副科长	1952年夏在朝鲜遇敌机轰炸
王更召	志愿军第三十九军一一六师政治部宣传科长	1952年在朝鲜临津江遇敌机轰炸
毛霭亭	志愿军第三十九军一一六师三四六团政治处主任	1950年11月在朝鲜云山战斗中
董文才	志愿军第三十九军一一六师三四六团副团长	1951年4月在朝鲜第五次战役中
吴　书	志愿军第三十九军一一七师政治部主任	1951年2月在朝鲜龙头里

我对撰写三十九军抗美援朝回忆录已经酝酿好几年了。为什么要写这个回忆录呢？第一，朝鲜战争是第二次世界大战以来规模最大的一次现代化战争，双方投入兵力近200万左右。朝鲜国土只有22万平方公里，但美国使用的武器数量超过第二次世界大战，包括歼击机、强击机、B52轰炸机、坦克、大炮、凝固汽油弹、化学武器和细菌武器……除原子弹以外，所有的武器都用上了。而我们仅用步兵和炮兵对付以美国为首的"联合国军"的陆、海、空三军。最后，以我们的胜利和敌人的失败而告结束，这是我中国人民解放军历史上值得骄傲的一页。在这场战争中所取得的宝贵经验，对未来的反侵略战争和我军的现代化建设，都具有现实的指导意义。第二，中国人民解放军第三十九军是党和老一辈无产阶级革命家缔造的军队，旷继勋、吴焕先、徐海东、程子华、刘志丹、黄克诚、郭述申等都曾是我们这个军的卓越的领导人。这个军在土地革命战争、抗日战争、解放战争和抗美援朝战争中都作出了卓越的贡献，是有功的部队，是具有光荣革命传统和一不怕苦、二不怕死的优良战斗作风的部队。它英勇善战，战必胜，攻必克，守必坚，追必猛，没有打不败的敌人，没有克服不了的困难。把三十九军广大指战员的英雄业绩如实地记载下来，以教育后人，启迪未来，是有重要意义的。第三，我在这个部队工作时间较长，从1935年冬由中央红军调到这支部队的前身红十五军团起，到1953年离开，有18年的历史。3个师我都工作过，直至任军长兼政委。因此，宣扬三十九军的英雄业绩是我责无旁贷的任务。但是，过去因战争环境的限制和工作繁忙，我没有做好这方面的工作，特别可惜的是许多牺牲的英雄人物的名单没有保留下来，使他们成了无

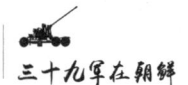

名英雄。如果三十九军烈士名单能够无一遗漏地镶刻在丹东抗美援朝烈士纪念塔上，那该多么好啊！这是我一生最大的遗憾之事。现在，借写回忆录机会，弥补于万一，以了却我长久以来的心愿。要特别提到的是，我写这本回忆录的基本出发点是突出毛主席高瞻远瞩的战略思想，突出彭德怀同志的英明指挥，突出三十九军广大指战员，特别是长眠在朝鲜土地的烈士们浴血奋战、勇于献身的伟大爱国主义和国际主义精神。我是个历史见证人，在彭总的领导下，我和当时先后在这支部队指挥作战的同志：徐斌洲、李雪三、谭友林、沈启贤、吴国璋、张竭诚等，只是根据志司和彭总的意图，靠集体的领导和智慧，做了一些工作，团结全军完成了上级赋予的任务。

经过几年的准备，到1987年，我已收集整理了近百万字的原始材料，写出了初稿，打印出来发给参加过抗美援朝的老同志征求意见，并请他们提供材料。在1988年1月的三十九军军史座谈会和11月抗美援朝座谈会上，当年参加抗美援朝的军、师、团领导，机关工作人员和部队战斗英雄聚集一堂，共同回忆，核实了许多问题，增加了许多生动的材料。一些同志将自己珍藏的日记和撰写的抗美援朝回忆文章提供出来，这些，对写这本书是有极大帮助的。

1989年4月我写出第二稿。1991年2月确定此书由王照运同志帮助整理。在此，我谨向对本书的写作和出版给予热情帮助的同志表示衷心的感谢！他们是：徐斌洲、李雪三、谭友林、贺大增、沈启贤、张竭诚、石瑛、汪洋、任茂如、颜文斌、张峰、陈绍昆、王扶之、韩曙、彭仲韬、薛复礼、赵先顺、朱恒兴、李刚、程国璠、徐鹏、高克、王国英、耍清川、姜石修、汪明德、李兆书、王秀法、左勇、杜博、孙祥华、赵志立、傅秉耀、马盛林、谭乃达、高殿成、罗友礼、李东恒、刘振普、郑仕华、董仕夫、俞惠如。

特别是王照运同志在整理过程中，采访了许多人，花费了许多心血，在此深表感谢。

本书情节力求真实，实事求是。但因年代久远，难免有偏差或遗漏之处，希望三十九军的老同志、老战友和广大读者批评指正。

吴信泉
1991年2月